Von R. K. Lochner ist als
Heyne-Taschenbuch erschienen

Die Kaperfahrten des kleinen Kreuzers Emden · Band 01/5540

R. K. LOCHNER

KAMPF IM RUFIJI-DELTA

Das Ende des Kleinen Kreuzers
»Königsberg«
Die deutsche Marine und Schutztruppe
im Ersten Weltkrieg in Ostafrika

Originalausgabe

WILHELM HEYNE VERLAG
MÜNCHEN

HEYNE ALLGEMEINE REIHE
Nr. 01/6809

ISBN 3-453-02420-6

WIDMUNG

In der Nacht vom 30. Juni zum 1. Juli 1917
tauschte die Schutztruppe in Deutsch-Ostafri-
ka die Parole »Kasirika« gegen eine andere.
Die offizielle Übersetzung der besonders für
Patrouillen wichtigen Parole »Kasirika« lautete
»Ärgere Dich!« Die eigentliche Bedeutung war
aber wohl eher: »Laß mich in Ruhe«, wie alle
Soldaten schmunzelnd wußten, nicht nur die
Kisuaheli-Experten.

Für meine Frau
als Dank dafür, daß sie bei jahrzehntelanger
Mühsal mit allen meinen Manuskripten nie
»Kasirika« zur Parole erwählte

VORWORT

R. K. Lochner hat sich als Marine-Schriftsteller einen Namen gemacht. Er trat sowohl mit fachgerechten Übersetzungen und Kommentierungen von britischen Standardwerken über die Seekriegsgeschichte hervor, wie auch als Autor umfangreicher Tatsachenberichte über verschiedene wichtige Ereignisse der Geschichte der deutschen Marine.

Zu den von ihm übersetzten und kommentierten Werken zählen die Bücher von Geoffrey Bennett: »Die Skagerrakschlacht« (deutsche Ausgabe 1976), »Die Seeschlachten von Coronel und Falkland« (deutsche Ausgabe 1980) und »Seeschlachten im 2. Weltkrieg« (deutsche Ausgabe 1981). Zu seinen eigenen Werken gehören: »Die Kaperfahrten des Kleinen Kreuzers Emden« (erste Auflage 1979) und »Als das Eis brach. Der Krieg zur See um Norwegen 1940« (erste Auflage 1983).

Als Reinhard Karl Lochner am 7. Juni 1984 plötzlich und unerwartet verstarb, hatte er die Arbeiten an dem vorliegenden Buch fast vollständig abgeschlossen. Dank des energischen Einsatzes seiner Familie, insbesondere seiner Frau Lucia, konnte das Manuskript für die Veröffentlichung fertiggestellt werden.

R. K. Lochner hat sein ganzes Leben der marinegeschichtlichen Forschung gewidmet. Geboren am 9. Juni 1927 in Reichenberg/Böhmen und aufgewachsen in Hirschberg im Riesengebirge, hat er sich in der Gebirgsheimat im Rahmen der damaligen Aktivitäten der Marine-Jugend erste seemännische Kenntnisse erworben. Als Heranwachsender stellte er in Heimarbeit eine vielbeachtete Sammlung von Wasserlinienmodellen im Maßstab 1:250 von der ganzen deutschen Flotte her. (Die Sammlung ging leider bei Kriegsende verloren.) Anfang 1945 kam R. K. Lochner als See-Offiziers-Anwärter zur 1. Schiffsstammabteilung nach Stralsund. Am 8. Mai 1945 ging er in amerikanische Kriegsgefangenschaft. Nach dem Krieg studierte er Anglistik, Geschichte und Philosophie und baute in Hamburg als Diplom-Dolmetscher seit 1953 eine erfolgreiche Übersetzer- und Dolmetscher-Praxis auf. Als gesuchter Konferenzdolmetscher, insbesondere für technische Spezialgebiete, nahm er an Kongressen in der ganzen Welt teil. Während dieser ganzen Zeit galt sein unermüdliches Interesse der Seekriegsgeschichte. Als Herausgeber des »Hamburger Rundbriefs« wandte er sich an die Schiffsliebhaber und Sammler von Miniatur-Modellen in aller Welt mit der Absicht, ihre Aktivitäten vom bloßen Hobby zu einem Instrument ernsthafter marinehistorischer Forschung anzuheben. Um auch den Modellbau zu fördern, verfaßte er zusammen mit seinem Bruder Dietmar Lochner eine Anleitung »Schiffsmodelle selber bauen« (1. Auflage 1980).

Einladungen auf Einheiten der Bundesmarine und zu Vorträgen vor Studienkreisen von Marine-Offizieren betrachtete er als Anerkennung seiner schriftstellerischen Tätigkeit.

Nach seinem Tode wurde er, wie er es gewünscht hatte, zur See beigesetzt.

Der vorliegende letzte Tatsachenbericht über Ostafrika erhält, über seine marine- und kolonialgeschichtliche Bedeutung hinaus, mit seinen Hinweisen auf Strategie und Taktik der Guerilla-Kriegführung des Kommandeurs der deutschen Schutztruppe, Paul von Lettow-Vorbeck, besonderes Gewicht. Sowohl die Konflikt- und Friedensforschung als auch die verteidigungspolitische Diskussion können von einer Kenntnisnahme der damaligen Geschichte profitieren. Besonders in einer Zeit, in der zunehmend im Schatten des Atom-Patts und der Abschreckungspolitik der Großmächte überall in der Welt Guerilla-Kriege geführt werden, kann die Abrüstungspolitik von der Möglichkeit einer glaubhaften Abschreckung unterhalb der »konventionellen« Waffen neue Anregungen erhalten.

Obwohl R. K. Lochners Hauptinteresse der Rolle des Kreuzers »Königsberg«, seiner Mannschaft und seiner Geschütze im Kampf um Ostafrika galt, war es unvermeidlich, daß in den Mittelpunkt seines spannenden Berichts die Gestalt des genialen Guerilla-Kriegführers Lettow-Vorbeck trat.

Besonderer Dank gebührt wiederum, wie bei den früheren Büchern, Frau Helga Lucia Lochner für die mühsame Herstellung des Manuskripts, sowie insbesondere Herrn Dipl.-Ing. Dietmar Lochner, Hamburg, der die vielen Graphiken sachverständig angefertigt hat. Seinen Dank an viele andere Personen, die Reinhard Karl Lochner bei seinen Nachforschungen und der Beschaffung von Bildmaterial unterstützt haben, kann er nicht mehr selbst aussprechen: Es sind dies aber weitgehend dieselben Personen und Institutionen, die in den Vorworten seiner früheren Bücher genannt wurden, zusätzlich einer Anzahl von ehemaligen Ostafrikanern und von deren Nachkommen.

Die Herausgeber

INHALT

TEIL I

Kreuzer »Königsberg« in Ostafrika

1. Ausreise der »Königsberg« von Kiel nach Daressalam

Die vorherrschenden Farben im Bild dieser Stadt waren damals — wie heute — das monsunregengetränkte satte Grün der Bäume, das blendende Weiß der Bauten und das strahlende Ultramarin von Wasser und Himmel. Die Lage an der palmenumsäumten Hafenbucht machte und macht sie zu einer der schönsten Tropenstädte: Daressalam — Haus oder Hafen des Friedens — das war der arabische Beiname auch von Bagdad. Von einem still-verträumten kleinen arabisch-indischen Fischer- und Handelsplatz hatte sich Daressalam zu einer für das damalige Afrika sehr großen Stadt (etwa 30 000 Einwohner) entwickelt. In den geschäftigen Araber- und Indervierteln gab es unzählige Läden, Bazare und Arbeitsstätten von Gewerbetreibenden. Die einheimischen Schwarzen hatten allerdings zu jener Zeit noch wenig in Daressalam zu sagen, wie es eben in allen von alters her durch arabische Kaufleute und indische Einzelhändler beherrschten Städten der Fall war. (Heute ist das arabisch-indische Element aus dem Stadtbild Daressalams weitgehend verschwunden, doch der arabische Name ist geblieben.) Im Europäerviertel lagen an breiten, von schattenspendenden Akazien umsäumten Straßen, an der für die Schiffahrt vorzüglich geeigneten Hafenbucht, in strahlendem Weiß der Gouverneurs-Palast und sonstige Regierungsgebäude, Zoll- und Postamt, attraktive Clubanlagen, Hotels, Restaurants und Wohnhäuser. Neben zwei großen Kirchen gab es zahlreiche Moscheen, Schulen, Krankenhäuser, gewerbliche Einrichtungen, eine Zeitung, Läden, Geschäftsniederlassungen. Der Hafen hatte sich prächtig zu einem Emporium für die Region entwickelt. Die deutsche kaiserliche Marine hatte für ein Schwimmdock zur Aufnahme der (damals) größten Schiffe gesorgt, die Deutsche Ost-Afrika-Linie (DOAL) unterhielt einen regelmäßigen Dampferdienst nach Europa.

1885 war Daressalam vom Sultan von Sansibar den Deutschen überlassen und von diesen zur Hauptstadt von

Deutsch-Ostafrika gemacht worden, jenem Schutzgebiet, das nicht ganz so groß war wie das damalige Deutsche Reich, etwa viermal so groß wie die heutige Bundesrepublik.

Erwartungsfreudiger Trubel herrschte in Daressalam im Frühjahr 1914: Im Sommer würde sich das Land seit 30 Jahren in deutschem Besitz befinden. Dies und das 25jährige Jubiläum der Schutztruppe sollten durch eine große Ausstellung und glanzvolle Festlichkeiten gefeiert, die Fortschritte der wirtschaftlichen Entwicklung des Schutzgebietes eindrucksvoll gezeigt werden. Seit Monaten waren umfangreiche Vorbereitungen im Gang, seit Monaten war dies das Gesprächsthema Nummer Eins. Die Ausstellung sollte die Errungenschaften der Wirtschaft des Schutzgebietes, Produkte des Landes, aber auch Waren aus dem Mutterland gebührend vorstellen. Darbietungen der im Schutzgebiet wohnenden Volksstämme und eine Darstellung ihrer Lebensweise waren beabsichtigt. Auf einer großen Freiluftfläche entstanden runde und viereckige Hütten, Temben und Krale, die von Angehörigen verschiedener Stämme errichtet wurden. Mit ihren Familien, ihrem Vieh und Werkzeugen waren viele Eingeborene auch aus weit entfernten Gebieten in der Hauptstadt eingetroffen oder befanden sich auf dem Weg dorthin.

Mit einem regen Besuch der Ausstellungen und Festlichkeiten nicht nur durch deutsche Pflanzer, Siedler und Einwohner des Schutzgebietes selbst wurde gerechnet, sondern auch mit Ausstellern aus den Nachbarkolonien: Belgier aus dem Kongo und Briten aus Kenia und Sansibar waren dabei, eigene Ausstellungspavillons zu errichten, um die Produkte auch ihrer Kolonialgebiete vorzustellen. Aus allen umgebenden Kolonien wurden Gäste und Besucher erwartet, ebenso wie natürlich aus der Heimat, unter ihnen Persönlichkeiten des politischen Lebens, Mitglieder des Reichskolonialamts und Parlamentarier. Einige von ihnen waren noch auf Ostafrika-Dampfern unterwegs, andere schon im Schutzgebiet eingetroffen.

Ganz besonders freuten sich die Daressalamer darüber, daß das Mutterland zugesagt hatte, anläßlich der Jubiläums-Ausstellung ein repräsentatives Kriegsschiff nach Ostafrika zu senden.

Seit langer Zeit hatten wiederholt das Reichskolonialamt, Siedler, Kommandanten von Stationskreuzern und zuletzt das Organisationskomitee der Daressalamer Landesausstellung die deutsche Marineleitung um Heraussendung eines modernen deutschen Kreuzers nach Ostafrika gebeten. Seit vielen Jahren war die kaiserlichdeutsche Marine aus Ersparnisgründen und wegen der Konzentration aller Kampfeinheiten in den Heimatgewässern nur durch veraltete Kreuzer an der ostafrikanischen Küste vertreten gewesen, zuerst »Seeadler«, dann »Geier«. Aber am 17. März 1914 hatte Kaiser Wilhelm II. eine entsprechende Order erlassen: »Mein Kleiner Kreuzer ›Königsberg‹ soll nach Herstellung der Seebereitschaft die Ausreise auf die afrikanische Station durch den Suezkanal antreten.« Schließlich sollte das Deutsche Reich in Daressalam während der großen Ausstellung würdig vertreten sein.

Der Kleine Kreuzer »Königsberg« stellte daraufhin am 1. April in Kiel unter Fregattenkapitän Looff in Dienst. In eiliger Arbeit wurde das Schiff ausgerüstet und auf einen längeren Auslandsaufenthalt vorbereitet.

Am 25. April 1914 war der Tag des Auslaufens gekommen. Am frühen Morgen machte die »Königsberg« seeklar, drei Schornsteine dampften Rauch in den klaren Himmel über dem Kieler Hafen. Letzte Boote brachten die verheirateten Besatzungsmitglieder an Bord, die noch einen Abend bei der Familie hatten verbringen können. Sirene und Heuler gaben der erwachenden Stadt das bekannte Signal: Wieder einmal ging ein Kriegsschiff in See. Auf Brücken und am Ufer versammelten sich die Menschen, um die Vorbereitungen der »Königsberg« zu beobachten. Pünktlich um 9.00 Uhr ging das Signal »Flagge A« am Vormast nieder. Das Schiff hatte von der Boje losgemacht und ging in See. Der Kommandant befahl dem I.O.: »Leinen los! Los von der Boje!« »Königsberg« verließ Kiel, zwischen den Linienschiffen der Hochseeflotte hindurch, die in der weiten Bucht vor Bellevue gerade

UGANDA

BELGI-
SCHER

Kisumu

BRITISCH-
OSTAFRIKA

Viktoria-
See

XXI

Kiwu-See

Kissenji

XXII

XVII

Nairobi

Uganda-Bahn

XXII

Kilima-
ndscharo

Tave-
ta

XVI

Makatau

XII

In
Bau

Mittellandbahn

Aruscha

Mombasa

Vanga

I

II

III

Pemba

Tanganjika-See

Mlagarasi

XIII

XV

geplante Stichbahn

IV

Sansi-
bar

KONGO

XIV

Mbweni

Daressalam

Ruaha

Kilossa

V

VI

Mafia

XIX

Rufiji

XVIII

Abercorn

XI

Alt-Langenburg

Ruhudji

XX

Luwego

Matandu

VII

VIII

Igamba

RHODESIEN

Njassa-See

Langenburg-See

Wied-
hafen

X

Lukuledi

IX

Rowuma

km
0 100 200 300 400 500

NJASSA-
LAND

MOSAMBIK

Deutsch-Ostafrika

Wappen von Deutsch-Ostafrika

Bezirksämter von Deutsch-Ostafrika

I Wilhelmstal	XII Tabora
II Tanga	XIV Dodoma
III Pangani	XV Kondoa-Irangi
IV Bagamojo	XVI Moschi
V Morogoro	XVII Muansa
VI Daressalam	XVIII Bismarckburg
VII Rufiji (in Mohoro)	XIX Iringa
VIII Kilwa	XX Mahenge
IX Lindi	XXI Bukoba
X Ssongea	XXII Ruanda
XI Langenburg	XXIII Urundi
XII Udjidji	

XIX Iringa ⎱ Militär-
XX Mahenge ⎰ Bezirke

XXI Bukoba ⎱
XXII Ruanda ⎰ Residen-
XXIII Urundi ⎰ turen

Vorbereitungen zu einer längeren Übungsfahrt trafen und Kohlen und Proviant übernahmen. Die Fahrt ging durch den Kaiser-Wilhelm-Kanal. In Wilhelmshaven sollten auch die dort beheimateten Besatzungsmitglieder Gelegenheit zum Abschied von ihren Familien haben. Am Mittag des 28. April verließ der Kreuzer Wilhelmshaven. Die Nordsee empfing ihn während der ersten Nacht mit einer dicken Nebelbarriere. Ein großer Passagierdampfer hatte bei Annäherung des Kreuzers gestoppt, der Baß des »Königsberg«-Heulers hatte ihm Respekt abgezwungen.

Mit dem Passieren der Linie Dover-Calais am 29. April 1914 begann für den Kreuzer der Zustand als »alleinfahrendes Schiff«. Das wurde der Besatzung durch Verlesung der Kriegsartikel bekanntgegeben. Am Nachmittag dieses Tages begegnete »Königsberg« zwei britischen Linienschiffen, der »Dreadnought« und einem Schiff des Typs »Vanguard«. Da »Dreadnought« die Vizeadmiralsflagge führte, salutierte der deutsche Kreuzer mit 15 Schuß. Das britische Geschwader erwiderte den Gruß.

Am 3. Mai überschritt »Königsberg« die Linie Tanger-Cadiz und trat damit in das Stationsgebiet des Mittelmeeres ein. Am Nachmittag dieses Tages ankerte sie vor Almeria (Spanien) und verließ die Reede am Vormittag des 5. Mai zur Weiterfahrt nach Sardinien. Dort ankerte der Kreuzer am Vormittag des 7. Mai auf der Reede von Cagliari, diesem prachtvoll gelegenen Hafen an der Südküste Sardiniens. Der Kommandant tauschte Besuche aus mit dem Duce de Aosta, einem Admiral der italienischen Marine, der sich an Liebenswürdigkeiten für den damaligen Bundesgenossen selbst überbot. Die Grüße des Herzogs an den deutschen Kaiser, die der Kreuzer noch übermittelte, waren wohl die letzten dieser Art. Am 8. Mai vormittags verließ »Königsberg« Cagliari zur Weiterfahrt nach Neapel. Dort machte der Kreuzer am Vormittag des 9. Mai fest, an einem Liegeplatz unmittelbar neben dem ebenfalls in Neapel anwesenden deutschen Schlachtkreuzer »Goeben« von der deutschen Mittelmeerdivision.

Der vorsichtige und mit Vorschriften und Schriftkrieg vertraute Kommandant des Kreuzers meldete aus Neapel vorsorglich an seine Vorgesetzten, auf der Fahrt von Wilhelmshaven nach Almeria sei festgestellt worden, daß infolge des erhöhten Tiefgangs seines Kreuzers die seinem Reiseplan zugrunde gelegte Durchschnittsgeschwindigkeit vom 13 Seemeilen nur unter Überschreitung des für ökonomische Fahrt festgestellten Kohleverbrauchs hatte gehalten werden können. Er wollte der Kritik sparsamkeitsbedachter Vorgesetzter vorbeugen.

Aus Neapel lief die »Königsberg« am 12. Mai vormittags zur Reise nach Mersina (Türkei) aus. Zur Zeitersparnis wurde der Weg nördlich von Kreta gewählt. Zunächst kam aber am 12. Mai die Insel Stromboli in Sicht, die Straße von Messina wurde am Nachmittag passiert, am Abend das Kap Spartivento; nun setzte der Kreuzer Kurs auf Matapas. Am 13. Mai kam nachmittags das griechische Festland in Sicht, dann die Insel Sapientza, am Abend das Kap Matapas (Griechenland). Das Kap Spatha (Kreta) wurde nachts passiert, am 14. Mai die Inseln Christiana, Sofrana und Scarpanto (Karpathos) und vom Kap Prasonisi das Kap Anamur (Türkei) angesteuert. Am Spätnachmittag des 15. Mai ankerte »Königsberg« auf der Reede von Mersina (heute Mersin) an der türkischen Südküste. Am 17. Mai begann die Weiterfahrt nach Alexandrette (heute Iskenderun), ebenfalls in der Türkei. Der Kreuzer ankerte dort am Vormittag des 18. Mai und verließ den Hafen am Abend des nächsten Tages, passierte am 20. Mai nachmittags Haifa und machte am Vormittag des 21. Mai im Bassin Sherif von Port Said fest. Als »Königsberg« am 23. Mai vormittags Port Said wieder verließ, wurde sie wieder zum »alleinfahrenden Schiff«. Im Suez-Kanal mußte der Kreuzer zweimal festgemacht werden, erreichte am 23. Mai abends Suez und blieb dort zur Abgabe von Telegrammen einige Stunden auf Reede. Um unter allen Umständen rechtzeitig (zur Ausstellung) in Daressalam einzutreffen, ließ der Kommandant jetzt mit 14 Seemeilen bis Aden dampfen. Die Straße von Bab-el-Mandeb passierte »Königsberg« am 27. Mai morgens. Um 13.00 Uhr dieses Tages begegnete der Kreuzer dem DOAL-Dampfer »Admiral«. Er hatte die heimreisende

Ablösungsmannschaft der deutschen Kriegsschiffe »Geier« und »Möwe« von der ostafrikanischen Station an Bord. Die Schiffe passierten auf so kurze Entfernung, daß die fröhlichen Rufe hin und her klar verstanden wurden. Die einen jubelten, weil es zurück in die Heimat ging, die anderen, weil sie hinaus in die Ferne fuhren. Die Klänge der Schiffskapellen hallten übers Meer, vom Kreuzer kam »Deutschland, Deutschland über alles«, und die Dampferkapelle spielte »Wem Gott will rechte Gunst erweisen, den schickt er in die weite Welt«.

Am Abend des 27. Mai ankerte »Königsberg« im Innenhafen von Aden. Den Kommandanten des deutschen Kreuzers überraschte der Gouverneur der britischen Felsenfestung mit einer Bemerkung, die er beim förmlichen Dinner machte, als ihm das Reiseziel genannt wurde und er »sachkundig« nickte: »Daressalam? Oh, ich weiß, Ferner Osten?« Am Spätnachmittag des 29. Mai verließ »Königsberg« Aden wieder, und am 31. kam Kap Guardafui am frühen Morgen in Sicht. Ein auffrischender Südwest-Monsun begrüßte den deutschen Kreuzer beim Runden des Kaps. Schwer stemmten sich ihm die hoch auflaufenden Wogen des Indischen Ozeans entgegen. Nach der brütenden Hitze im Roten Meer und vor Aden durchzog endlich wieder eine kühlende Brise die überhitzten Räume des Schiffes. Aber die stark stampfenden Bewegungen des nun gegen die See fahrenden Kreuzers forderten auch von solchen Besatzungsmitgliedern ihre Opfer, die sonst nicht so leicht seekrank wurden. Am 3. Juni wurde der Äquator überquert. Im Morgengrauen des 6. Juni wies der Leuchtturm von Makatumbe in die Einfahrt von Daressalam.

Auf die Minute pünktlich zu der am Vorabend gefunkten Zeit (um 8.00 Uhr) rundete »Königsberg« die scharf gekrümmte, enge Hafeneinfahrt von Daressalam und machte an der bereitgehaltenen Boje am Eingang zum Creek fest. Im Hafen lag als einziges Kriegsschiff der Kleine Kreuzer »Geier«, den »Königsberg« als Stationär ablösen sollte. Das Vermessungsschiff »Möwe« war auf einer Einsatzfahrt.

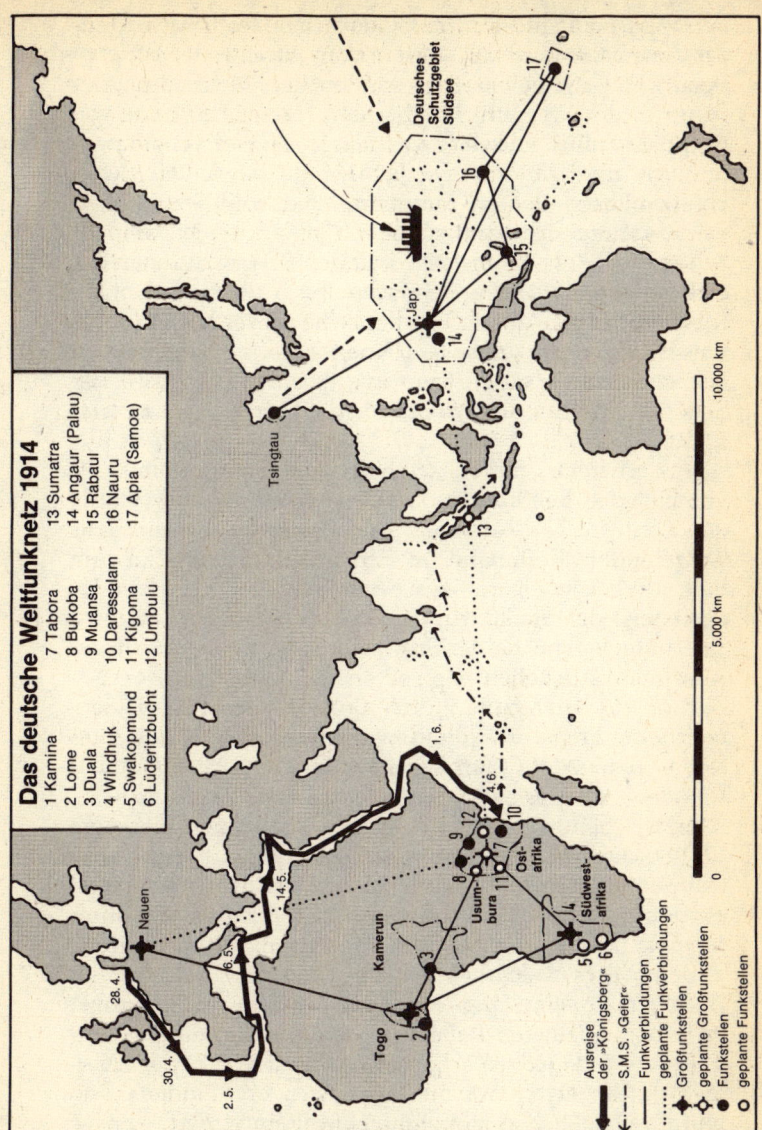

Das deutsche Weltfunknetz 1914

1 Kamina	7 Tabora
2 Lome	8 Bukoba
3 Duala	9 Muansa
4 Windhuk	10 Daressalam
5 Swakopmund	11 Kigoma
6 Lüderitzbucht	12 Umbulu

13 Sumatra
14 Angaur (Palau)
15 Rabaul
16 Nauru
17 Apia (Samoa)

Deutsches Schutzgebiet Südsee

Tsingtau

Nauen

Kamerun

Togo

Usumbura

Ost-afrika

Südwest-afrika

10.000 km

5.000 km

0

Ausreise der »Königsberg«
S.M.S. »Geier«
Funkverbindungen
geplante Funkverbindungen
Großfunkstellen
geplante Großfunkstellen
Funkstellen
geplante Funkstellen

28.4.
30.4.
2.5.
6.5.
14.5.
1.6.
4.6.

23

Donnernd hallte nun der Gouverneurssalut des Kreuzers, vielfach zurückgeworfen vom Strand der inneren Bucht, von Kirchen und Gebäuden der »Stadt des Friedens« in der Morgenstille über den Hafen. Hunderte von Europäern und Tausende von Eingeborenen versammelten sich am Strand. In wenigen Minuten war das Schiff von zahllosen Booten umgeben. Und S.M.S. »Königsberg« konnte sich wahrlich sehen lassen, sie hatte mehr Schornsteine als die meisten fremden Kriegsschiffe an der ostafrikanischen Küste. Sehr schnell war die Nachricht die Küste entlang gelaufen: Der deutsche Kaiser hat ein »Manowari ya bomba tuta« (ein Kriegsschiff mit drei großen Feuerrohren) entsandt. Denn die Anzahl und Größe der Schornsteine galt als Symbol für die Stärke eines Kriegsschiffs.

Das offizielle Empfangszeremoniell begann. Vom Gouverneur, den Behörden, von »Geier« und »Möwe« wurde der Kreuzer ebenso begrüßt und besucht wie vom Stellvertretenden Kommandeur der Schutztruppe. Für ihn hatte die »Königsberg« zur bevorstehenden Feier des 25. Bestehens der Schutztruppe ein Ehrengeschenk der Marine mitgebracht. Große Schiffsmodelle, die auch auf der Ausstellung zu sehen sein sollten.

Vom Kommandanten des Kleinen Kreuzers »Geier« übernahm Fregattenkapitän Looff die Geschäfte des Ältesten Offiziers der Ostafrikanischen Station. Allen Landbehörden stattete er entsprechende Antrittsbesuche ab.

Inzwischen war der alte Kleine Kreuzer »Geier« am 12. Juni nachmittags, durch »Königsberg« und die Schutztruppe verabschiedet, ausgelaufen. Dazu war die in Daressalam stehende Kompanie der Schutztruppe mit ihrer Musikkapelle an der Ausfahrt angetreten. Mit ihr, wie mit »Königsberg«, wechselte der alte Kreuzer »Drei Hurras«. Dann trat er seine lange Reise an: Er sollte am 1. Oktober in seinem Zielhafen Rabaul in Deutsch-Neu-Guinea eintreffen, wurde jedoch schon in Singapur vom Krieg überrascht, traf sich dann mit dem Kreuzer »Emden« und wurde schließlich in Honolulu, Hawaii, interniert.

Die Ausreise der »Königsberg« aus der Heimat war et-

was überstürzt erfolgt. Es galt nun, den Ausbildungs-
stand der Besatzung durch Übungsfahrten an der Küste
weiter zu vervollkommnen, wobei der Kreuzer auch Tanga und Bagamojo anlief. Die Besatzung und der Kommandant der »Königsberg« sahen mit Freude einer längeren
friedlichen Tätigkeit an der afrikanischen Küste entgegen.
So rechnete auch der vom Ältesten Offizier der Ostafrikanischen Station am 1. Juli 1914 in Daressalam aufgestellte
»geheime Verwendungsplan« für die deutschen Kriegsschiffe mit keinerlei politischen, geschweige denn kriegerischen Verwicklungen.

Für den Kreuzer war, nach der ersten Rundreise im
Norden der Kolonie, ein kurzer Besuch in Lindi im Südteil
Deutsch-Ostafrikas vorgesehen. Im August sollte die »Königsberg« dann natürlich während der Eröffnungsfeier-
lichkeiten für die Landesausstellung in Daressalam liegen.
Für September war eine längere Inspektionsfahrt in den
Süden der Kolonie angesetzt, während welcher sich auch
der Kaiserliche Gouverneur an Bord der »Königsberg«
einschiffen wollte.

Für das Vermessungsschiff »Möwe«, das Anfang Juli
1914 in Tanga während seiner Kesselreinigungsarbeiten
den Hafen weiter vermessen sollte, waren für die zweite
Hälfte des Monats Vermessungsarbeiten im Mafia-Kanal
vor dem Rufiji-Delta vorgesehen. Auch »Möwe« sollte
während der Landesausstellung im August in Daressalam
liegen und dann zur Durchführung weiterer Vermessungsarbeiten wieder nach dem Mafia-Kanal gehen.

Aber das Schicksal wollte es ganz anders.

2. Drohende Wolken über Afrika

In die Vorbereitungen und Vorfreude auf die große Jubiläums-Ausstellung in Daressalam platzte am 29. Juni 1914
die Nachricht vom Attentat von Sarajewo, der jedoch —
wie in Europa — zunächst keine größere Bedeutung bei-
gemessen wurde. (Kaiser und Hochseeflotte hatten ihre
übliche Sommerreise angetreten.) Die spätere Zuspitzung

der Lage kam für die in Übersee Lebenden noch unerwarteter als für die Menschen in Europa. Es herrschte — in dieser noch medienarmen Zeit — eine rechte Informationsnot, aber eine Inflation an Gerüchten und Meinungen. Zum einen lag dies am schleppenden Eingang verläßlicher Nachrichten (Briefe aus der Heimat brauchten auch bei Beförderung mit den schnellsten Reichspostdampfern etwa drei Wochen). Einzige telegrafische Verbindung mit der Außenwelt war ein britisches Kabel über Sansibar. Von dort war ein Anschlußkabel zum deutschen Küstenort Bagamojo verlegt. Auf diesem Wege erhielt Deutsch-Ostafrika alle amtlichen und privaten Telegramme. Allgemeine Nachrichten konnten den knappen Meldungen des Wolffschen Nachrichtenbureaus in Berlin entnommen werden, die ausführlicheren Reuter-Nachrichten aus London gelangten zumeist auf deutschen Schiffen nach Daressalam.

Die Hauptstadt Deutsch-Ostafrikas besaß auch eine Funkstation. Sie konnte jedoch nur den Nahverkehr mit afrikanischen Stationen oder nahe in See befindlichen Schiffen abwickeln. Die Errichtung einer großen Funkstation im Inneren des Landes bei Tabora war geplant. Sie sollte über Kamina in Togo die Verbindung mit der Großfunkstation Nauen in Deutschland herstellen. Doch war das Projekt in Tabora zugunsten der Errichtung einer Funkstation in Windhuk (Deutsch-Südwestafrika) aufgeschoben worden. (Wesentliche Großteile für die Funkstation Tabora befanden sich bei Kriegsausbruch an Bord des Afrikadampfers »General« auf der Ausreise nach Ostafrika. Der Dampfer wurde im Mittelmeer angehalten und nach Konstantinopel umgeleitet. Die Anlagenteile wurden später für die Errichtung einer Funkstation in der verbündeten Türkei verwendet.) Außer in Daressalam besaß Deutsch-Ostafrika lediglich zwei Funkstationen in Muansa und in Bukoba am Viktoriasee für den lokalen Verkehr dieser beiden nicht durch Telegrafenleitung verbundenen Orte. Versuche zur Verständigung zwischen Daressalam und der neuen Großfunkstelle in Kamina hatten ergeben, daß Sendungen von Kamina unter günstigen Umständen in Daressalam empfangen werden konnten. Die Sendeleistung der Daressalamer Station war jedoch zu schwach, um ihrerseits in Westafrika empfangen zu werden.

Die Weltsicht der Menschen in Übersee war anders als in Europa. Ganz allgemein wurde mit einem Krieg (besonders in Afrika) nicht gerechnet. Auch als am 7. Juli über den Kreuzer »Königsberg« der Gouverneur Kenntnis vom Telegramm des Admiralstabs erhielt: »Politische Lage nicht einwandfrei. Klarheit ist zu erwarten in 8—10 Tagen«, machte man sich noch keinerlei Sorgen, ebensowenig wie auf die telegrafische Mitteilung am 9. Juli hin, wonach »kriegerische Verwicklung zwischen Österreich und Serbien möglich und das Hineinziehen des Dreibundes nicht ausgeschlossen« sei.

Am 11. Juli konnte dann ein Funkspruch des Admiralstabs in Berlin an das Kreuzergeschwader in Fernost aufgefangen werden. »Lage unverändert. England voraussichtlicher Gegner, falls es zum Kriege kommt.« Diese Warnung beweist, daß im Gegensatz zum Auswärtigen Amt und dem Reichskolonialamt die Marinebehörden ein besseres Gespür für die Entwicklung der Lage hatten. Angesichts der bedrohlichen Nachrichten aus Europa unterbrach der Kreuzer »Königsberg« seine Reise in die Nordhäfen der Kolonie und lief am 24. Juli in Daressalam ein. Die beiden »reichsunmittelbaren« Verantwortlichen, der kaiserliche Gouverneur und der Kommandant der »Königsberg« als dem Kaiser direkt unterstellter Ältester Seeoffizier der Ostafrikanischen Station, wollten persönlich miteinander beraten. Im Gegensatz zu dieser »Rangstufe« des Kreuzerkommandanten, war die Stellung des Kommandeurs der Schutztruppe eine dem Gouverneur untergeordnete.

Am 25. Juli warnte der Admiralstab erneut: »Österreich-Ungarn hat 23. Juli Note an Serbien gerichtet. Entwicklung läßt sich noch nicht übersehen.« Dann wurde auch die Überreichung des österreichischen Ultimatums an Serbien bekannt.

Am 27. Juli traf, nach Unterbrechung seiner Routineaufgaben, auch das herbeibefohlene Vermessungsschiff »Möwe« in Daressalam ein. Und an diesem Tag erhielt der Kommandant der »Königsberg« erneut ein Telegramm des Admiralstabs: »Diplomatische Beziehungen zwischen Österreich-Ungarn und Serbien sind abgebrochen. Rußland freundlich für Serbien. Politische Spannungen zwischen Zweibund (d. h. Frankreich und Rußland) und Dreibund (d. h. Deutsches Reich, Österreich-Ungarn, Italien) möglich.« Als Anzeichen für die Zuspitzung der Lage konnte man es werten, daß dieses Telegramm mit dem Zusatz »es ist anzunehmen, daß England abwartende Haltung bewahrt« auch allen Kommandanten alleinfahrender deutscher Kriegsschiffe im Ausland zum erstenmal direkt zuging. Der Admiralstab in Berlin suchte die Kommandanten deutscher Kriegsschiffe über die Entwicklung in Europa möglichst gut zu informieren. Der Gouverneur von Deutsch-Ostafrika dagegen wurde von seiner vorgesetzten Behörde, dem Reichskolonialamt, bei weitem weniger gut unterrichtet, was in diesen Wochen der Spannung besonders nachteilig war. Natürlich gab jedoch der Kreuzer »Königsberg« alle Heimatnachrichten sofort an den Gouverneur weiter.

Nun berief der Gouverneur eine Sitzung aller Dienststellen ein, um die Lage generell zu besprechen, da ihm das vorgesetzte Reichskolonialamt keine Weisungen hatte zugehen lassen. Es wurden vorsorglich alle bei Kriegsausbruch erforderlichen Maßnahmen, wie Mobilmachung der Seestreitkräfte, Sicherung der Küsten, Häfen und Handelsschiffe und ähnliches besprochen. Mit Major Kepler, dem Stellvertreter des im Inneren des Landes weilenden Kommandeurs v. Lettow, wurden die Möglichkeiten zur Sicherung von Daressalam gegen einen Überfall von See für den Fall erörtert, daß sich auch Großbritannien, dessen Haltung nach wie vor abwartend zu sein schien, an einem Krieg beteiligte. Würde es »nur« zu einem Krieg mit Rußland und Frankreich kommen, so drohte dem Schutzgebiet keine unmittelbare Gefahr. An Belgien dachte niemand.

Bei den deutschen Zivilbehörden herrschte die Ansicht

vor, die Gegner würden beim Ausbruch eines europäischen Krieges die Bestimmungen der Kongo-Akte von 1885 anwenden und alle zumindest in Mittelafrika gelegenen Kolonien für neutral erklären.

Es wurde aber auch die schnelle Weitergabe aller Nachrichten an die »Königsberg« nach deren Inseegehen vorbereitet. Dafür hatte man geheime Codewörter vereinbart. Die militärische Leitung des Nachrichtendienstes zwischen Ostafrika und »Königsberg« übernahm der Kommandant des Vermessungsschiffes »Möwe«. An diesem 27. Juli begann der unter britischer Kontrolle stehende Kabelverkehr über Sansibar unregelmäßig zu arbeiten. Versuche zur Kontaktaufnahme mit deutschen Vertrauensleuten in Südafrika und Mosambik, u.a. zur Ausrüstung von Hilfsschiffen und zur Sicherung von Kohlenbeständen, schlugen fehl. Die britische Marine schien auf alles bereits ihre Hand gelegt zu haben. Es standen also nur die in Deutsch-Ostafrika lagernden Kohlenbestände und sonstige Vorräte zur Verfügung.

Am 29. Juli urteilte der Admiralstab wieder etwas optimistischer: »Es scheint, England will vermitteln, Frankreich scheut den Krieg, Rußland noch unentschieden.«

Man hatte aber begonnen, ernsthafter als bisher auch über die Möglichkeiten zur Verteidigung von Deutsch-Ostafrika nachzudenken. Noch waren ja keine bestimmten Weisungen des Reichskolonialamts erfolgt. Die militärischen Grundvorstellungen des Gouverneurs entstammten einer Denkschrift von 1912, obwohl der im Januar 1914 in Ostafrika eingetroffene neue Kommandeur v. Lettow inzwischen Gegenvorschläge unterbreitet hatte. Wegen des Ausbleibens einer ausdrücklichen Billigung dieser neuen Gedanken sah der Gouverneur den alten Plan nach wie vor für die Kriegführung als verbindlich an.

Diese Denkschrift gründete auf der Ansicht, die Schutztruppe sei zu schwach, um neben der Aufrechterhaltung von Ruhe und Ordnung im Land auch offensive Operationen gegen feindliche Streitkräfte durchführen zu können. Daher sollten die Küste geräumt und die Verteidigung ins Landesinnere verlegt werden. Die über das Land verstreut stationierten Feldkompanien sollten zum lokalen Schutz in ihren Bezirken bleiben. Eine Verteidigung auch der Küstenorte war nicht beabsichtigt. Es waren auch keinerlei Befestigungsanlagen vorhanden. Selbst Daressalam war eine offene und unverteidigte Stadt, obwohl sie Hauptstadt der Kolonie und Sitz der Regierung war. (Erst später, nach einem heiklen und unerfreulichen Umdenkprozeß sollte sich der neue Verteidigungsplan v. Lettows als Grundlage für das militärische Vorgehen durchzusetzen beginnen. Im Anfang aber bestanden schwerwiegende Unstimmigkeiten über die Art der Kriegführung zwischen dem Gouverneur und dem Kommandeur der Schutztruppe.)

So traf denn auch der Stellvertreter des Kommandeurs seine vorbereitenden Maßnahmen für die Mobilmachung im Sinne der alten Ordnung: Abtransport aller Bestände aus Daressalam ins Innere und Vorbereitung der Mobilmachungsbefehle. Der Älteste Offizier der ostafrikanischen Station, der Kommandeur der »Königsberg«, traf entsprechende Dispositionen.

Am 30. Juli schien sich die Lage wieder zu verschlechtern. Vom Admiralstab ging das Telegramm ein: »Beziehung zwischen Zweibund und Dreibund gespannt. Englands Haltung abwartend«, und in der Nacht darauf: »Krieg ist ausgebrochen zwischen Österreich-Ungarn und Serbien, politische Spannung ist ausgebrochen zwischen Dreibund und Großbritannien, Frankreich, Rußland.« Im Laufe des 31. Juli kam noch die Mitteilung: »Lage ernst, drängt auf Entscheidung in kurzer Zeit. Nachrichtenorganisation wird mit Abgang dieses Befehls mobilgemacht, es bestehen Zweifel der Zuverlässigkeit an der Bündnistreue Italiens. Reichsmarineamt genehmigt sofort Verschiffung von 10 000 Tonnen Kohle aus Tsingtau-Lager für Kreuzergeschwader. Handelsschiffahrt Deutschlands ist gewarnt am 30. Juli.«

Man schien nun wirklich am Rand eines Krieges zu stehen. Die deutschen Kriegsschiffe im Ausland liefen aus ihren Stützpunkten aus. Am 31. Juli verließ der Kleine Kreuzer »Emden« Tsingtau; auch »Königsberg« machte an diesem Tag für 16.30 Uhr seeklar. Unter allen Umständen wollten sich die deutschen Auslandskreuzer ihre Bewegungsfreiheit bewahren.

3. »Königsberg« läuft aus Daressalam aus

Es war ein heißer, drückender Tag in Daressalam, jener 31. Juli 1914. An der Boje im Hafen lag ausgerüstet und auslaufbereit der Kreuzer »Königsberg« und wartete letzte Meldungen ab. Und diese Nachrichten aus Europa waren immer bedrohlicher geworden. Die ersten Mobilmachungen waren erfolgt, und im Deutschen Reich war »drohende Kriegsgefahr« angeordnet worden. Allerdings hatte ein Telegramm des Reichskolonialamts in Berlin zu verstehen gegeben, Afrika werde aufgrund der Kongo-Akte aus dem Krieg herausgehalten werden; in diesem Sinn suchte auch Gouverneur Dr. Schnee die Bevölkerung zu beruhigen.

Aber vieles war kaum zu enträtseln: Über britische Kabel beförderte Nachrichten gelangten verstümmelt oder verzögert nach Daressalam. Auch über den Äther geleitete Meldungen (das deutsche weltweite Funksystem war ja erst im Aufbau) mußten durch mehrere Stationen an der afrikanischen Westküste weiter übertragen werden, und so kam manches unverständlich an. Mit den deutschen Postbehörden hatte der Kreuzer Abmachungen getroffen, daß bei Eingehen von Funksprüchen oder Kabeln aus der Heimat durch Hissen eines Flaggensignals auf dem Dach der Hauptpost von Daressalam »Königsberg« sofort benachrichtigt würde. War der Kreuzer auf See, so sollte dies durch Funk geschehen.

Fregattenkapitän Looff hatte für einen Kriegsfall den Auftrag, Kreuzerkrieg im Indischen Ozean zu führen. Er mußte daher den Hafen unbedingt vor Ausbruch von Feindseligkeiten verlassen und weitere Entwicklungen auf hoher See abwarten, um nicht von überlegenen Streitkräften im Hafen eingeschlossen zu werden. Das Schutzgebiet wollte die »Königsberg« während eines eventuellen

Krieges nicht wieder aufsuchen, das war mit dem Kaiserlichen Gouverneur und der Schutztruppe abgesprochen.

Mit großer Spannung behielt das Signalpersonal auf dem auslaufbereiten Kreuzer das Dach des Postgebäudes auf ein eventuelles, verabredetes Signal im Auge. Und unmittelbar bevor die »Königsberg« von ihrer Boje loswerfen wollte, ging dieses Signal noch einmal hoch. Schnell wurde der Kreuzer-Kutter zu Wasser gelassen und pullte an Land, um das Telegramm an Bord zu holen. Erwartungsvoll blickte die Besatzung auf den Kommandanten, als dieser das Telegramm öffnete. Doch dann verbreitete sich allgemeine Heiterkeit. Der Steuermann wurde von der Brücke heruntergerufen. Laut las er das an ihn gerichtete Telegramm vor: »Gesunder Junge angekommen.« Erlöstes Gelächter und Freude. »Kein Krieg, sondern ein Stammhalter.« Nun konnte der Kreuzer in See gehen.

Zu Hunderten standen Menschen auf beiden Seiten der schmalen Hafeneinfahrt, als die gefechtsklare »Königsberg« passierte: viele Zuschauer, und alle mit sehr unterschiedlichen Empfindungen. Die einen waren voller Enttäuschung, daß der Kreuzer die Hauptstadt verließ, weil bekannt geworden war, daß ihn die gestellten Aufgaben in den Indischen Ozean führen würden und seine Rückkehr nach Deutsch-Ostafrika planmäßig nicht vorgesehen war. Manche mögen ehrlichen Kummer gefühlt, den Kreuzer ob der überlegenen britischen Streitkräfte, die sicher schon auf ihn lauerten, und seine Besatzung bereits »bei den Fischen« gesehen haben. Andere wiederum mag es gewurmt haben, daß die in den Nachrichten des Reichskolonialamts genannte Kongo-Akte sie nun der Möglichkeit beraubte, für das Vaterland zu kämpfen. Die Vielzahl der Siedler aber dürfte ein Gefühl der Erleichterung empfunden haben: Mit dem Auslaufen des Kreuzers war dem potentiellen Gegner ein wesentlicher Vorwand für einen Angriff auf den Hafen genommen.

Vor dem Hafen begegnete die auslaufende »Königsberg« dem gerade von Europa ankommenden Dampfer »Tabora« der Deutsch-Ostafrika-Linie. Er war noch am selben Tag im Hafen von Sansibar gewesen. Dem Kommandanten der »Königsberg« überbrachte der Kapitän des deutschen Passagierschiffs wichtige Nachrichten: In Sansibar lägen viele Schiffe, das britische Kap-Geschwader — drei Kreuzer — werde vor Sansibar erwartet, und man habe gesehen, daß Geschützbatterien am Strand errichtet wurden und vieles andere mehr.

Die kurze tropische Dämmerung sank über den Küstenstreifen von Daressalam. Blutrot ging die Sonne hinter den Palmenwäldern unter. »Königsberg« passierte mit langsamer Fahrt den Leuchtturm auf der Insel Makatumbe, der einlaufende Schiffe vor den vielen Felsenriffen vor der »Stadt des Friedens« warnte. Lange sahen die Männer auf dem Kreuzer dem immer kleiner werdenden Leuchtturm nach, der im stets gleichen Rhythmus seine Leuchtstrahlen um den Horizont kreisen ließ, das letzte, was sie von Deutsch-Ostafrika wahrnahmen. Ob sie es je wiedersehen würden?

Die neue Heimat in Übersee war verlassen. Nun galt es, nach vorn zu schauen. »Königsberg« steuerte die Südspitze der Insel Sansibar an. In der rasch zunehmenden Dunkelheit kamen dann unversehens am noch klaren nordöstlichen, östlichen und südöstlichen Horizont drei dunkle Schattenrisse in Sicht, die sofort als Kriegsschiffe, wahrscheinlich die erwarteten drei britischen Kreuzer des Kap-Geschwaders, ausgemacht wurden. Die unbekannten Schiffe lagen in langsamer Fahrt auseinandergezogen, offenbar auf Beobachtungsstellung, und fuhren mit abgeblendeten Lichtern.

»Königsberg« setzte zunächst den Kurs mit mäßiger Fahrt von zwölf Seemeilen fort, während der eine britische Kreuzer (er wurde als »Pegasus« angesprochen) nach Norden in Richtung Sansibar abdrehte. Der zweite Kreuzer, »Astraea«, wurde zwei Strich Backbord voraus, der dritte und größte, »Hyacinth«, sechs Strich an Backbord gesichtet. »Astraea« und »Hyacinth« schienen einen drohenden Kurs auf die »Königsberg« abzusetzen.

Dieses britische Geschwader hatte sich auf einer Routine-Fahrt von Kapstadt nach Mauritius befunden, als das

Telegramm der britischen Admiralität (am 27. Juli) einging, die politische Lage ließe einen Krieg nicht völlig ausgeschlossen erscheinen. Die Schiffe der Zentralmächte seien zu beschatten. Konteradmiral King-Hall vereinigte sein Geschwader in Diégo-Suarez (Madagaskar) und trat von dort aus den Marsch nach Sansibar an, um die »Königsberg« zu beschatten. Außerdem hatte Admiral Peirse, Chef der ostindischen Station, dem Kleinen Kreuzer »Dartmouth« Befehl erteilt, in Bombay beschleunigt auszudocken und ebenfalls nach Sansibar zu gehen. Peirse hielt wohl die drei Kreuzer des Kap-Geschwaders wegen ihrer unzureichenden Geschwindigkeit für ungeeignet, die moderne »Königsberg« zu stellen, die eine Gefahr für die alliierte Handelsschiffahrt im Indischen Ozean darstellte. Von den späteren Absichten des deutschen Ost-Asien-Geschwaders, auch die schnelle »Emden« in den Indik zu entsenden, konnte weder der britische Befehlshaber noch der Kommandant der »Königsberg« etwas ahnen.

Auf »Königsberg« herrschte zunächst einmal große Spannung wegen des unerwarteten Zusammentreffens mit diesen drei britischen Kriegsschiffen in der einbrechenden Nacht. Das als drohend interpretierte Verhalten der britischen Seestreitkräfte hätte sehr leicht schon jetzt zu einem kriegerischen Zusammenstoß führen können. Auf jeden Fall mußte vermieden werden, daß »Königsberg« den ersten Schuß abgab. Die Spannung wuchs daher noch, als sich die britischen Kreuzer der voll gefechtsbereiten »Königsberg« näherten. Schweigend beobachtete die deutsche Brückenbesatzung alle Bewegungen der Briten. Die Geschützbedienungen waren an den geladenen, auf die Gegnerschiffe gerichteten Geschützen bereit, der Torpedo-Offizier stand am Zielapparat der Torpedorohre. Der deutsche Kreuzer war bereit, beim ersten Schuß des Gegners den Kampf auch mit dieser Übermacht aufzunehmen. Eine Kriegserklärung war aber der »Königsberg« noch nicht bekannt, daher waren äußerste Vorsicht und Klugheit geboten.

Der Kreuzer »Astraea« drehte allmählich in eine vorli-

Begegnung der »Königsberg« mit dem britischen Kap-Geschwader

vor Kriegsbeginn am 31. 7. 1914

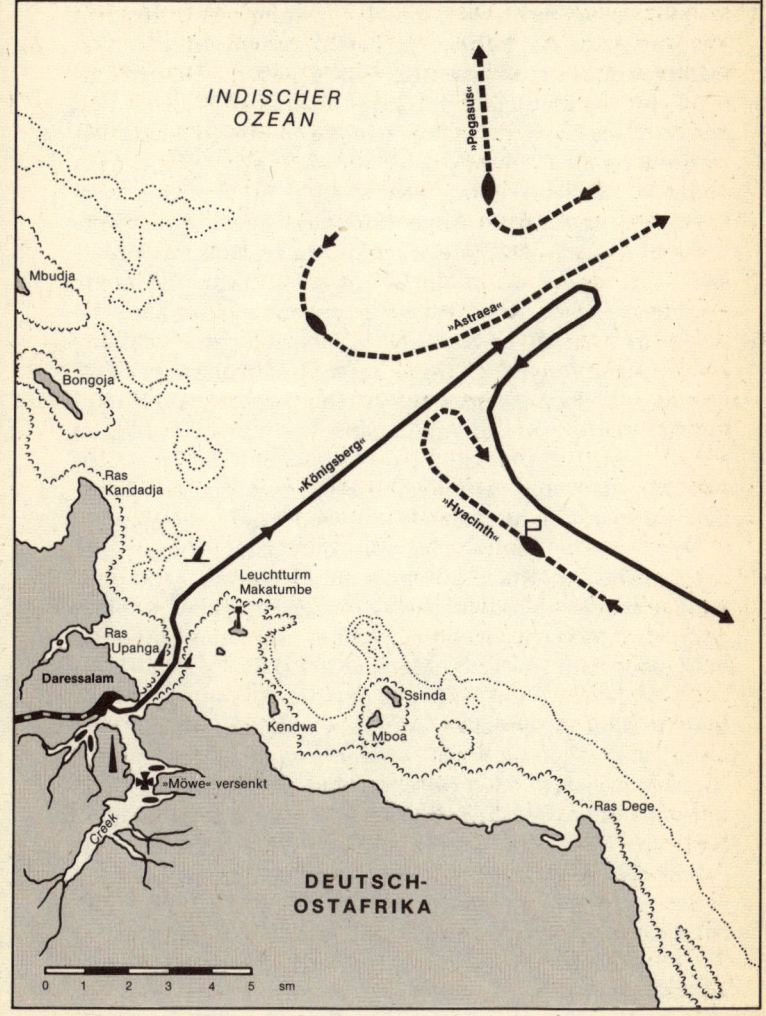

INDISCHER OZEAN

»Pegasus«

»Astraea«

»Königsberg«

»Hyacinth«

Mbudja

Bongoja

Ras Kandadja

Leuchtturm Makatumbe

Ras Upanga

Daressalam

Kendwa

Ssinda

Mboa

»Möwe« versenkt

Creek

Ras Dege

DEUTSCH-OSTAFRIKA

0 1 2 3 4 5 sm

35

che Position zu »Königsberg«, setzte sich dann 3000 Meter vor das deutsche Schiff, Kurs und Fahrt entsprechend regelnd. »Hyacinth« scherte ebenfalls an die »Königsberg« heran, kam dann vier Strich achteraus in der Dunkelheit außer Sicht. Bei erster Sichtung der britischen Kreuzer hatte Kapitän Looff Befehl zum beschleunigten Dampfaufmachen in allen Kesseln gegeben. Als der Leitende Ingenieur meldete »Dampf auf für 22 Meilen« und der britische Kreuzer »Astraea« etwa 45 Minuten lang seine Stellung als Fühlungshalter vor »Königsberg« nicht geändert hatte, ließ Looff den Kurs seines Kreuzers in einem besonders unsichtigen Augenblick auf Gegenkurs umwerfen und steuerte diesen etwa 10 Minuten lang mit äußerster Kraft, drehte dann allmählich auf südlichen Kurs ab. »Astraea« schien ihren Kurs beizubehalten und kam daher sehr rasch außer Sicht. Dafür aber tauchte nach kurzem Abdampfen auf Südkurs, zwei Strich voraus an Steuerbord von »Königsberg« aus gesehen, der dunkle Rumpf der »Hyacinth« in einem Abstand von nur 1000 Metern auf. Das britische Flaggschiff wurde deutlich erkannt, einige Minuten lang waren seine Steuerbordpositionslaternen sichtbar, die dann aber wohl wieder gelöscht wurden.

Der britische Kreuzer lag nun quer zur »Königsberg« mit nördlichem Kurs, anscheinend langsame Fahrt laufend. Wollte er den deutschen Kreuzer abfangen? Kapitän Looff drehte nach Backbord und passierte den potentiellen Gegner auf etwa 600 Meter. Kurz danach ging »Hyacinth« auf hohe Fahrt, was aus der starken Rauchentwicklung und dem schnellen Aufdrehen des Schiffes hinter »Königsberg« geschlossen werden konnte. Der deutsche Kreuzer passierte das britische Flaggschiff auf Gegenkurs mit der hohen Geschwindigkeit von jetzt 22,5 Seemeilen. Schon nach einer halben Stunde war »Hyacinth«, die vergeblich Fühlung zu halten suchte, achteraus gesackt und außer Sicht gekommen. »Königsberg« setzte ihren südlichen Kurs noch etwa eine Stunde fort. Als die Nordspitze der Insel Mafia querab lag, drehte der deutsche Kreuzer auf östlichen Kurs, den er bis 6.00 Uhr morgens am nächsten Tag — es war der 1. August 1914 — weiter verfolgte, allerdings unter Verringerung auf zwölf Seemeilen, die für »Königsberg« bei Dauerfahrt wirtschaftlichste Geschwindigkeit. Dann ging der Kreuzer auf Nordkurs, auf das beabsichtigte Operationsgebiet am Eingang des Golfs von Aden zu.

Durch Funkspruch an den Gouverneur und den Kommandanten des Vermessungsschiffs »Möwe« meldete Looff das Zusammentreffen mit den britischen Kreuzern, um Deutsch-Ostafrika vor einem Überfall zu warnen. Denn die Anwesenheit der drei britischen Kreuzer vor jeder Kriegserklärung Großbritanniens in unmittelbarer Nähe des deutschen Hafens Daressalam erschien als Beweis, daß Großbritannien schon in den letzten Julitagen fest mit der Beteiligung am Krieg rechnete. Und Aufgabe des Kap-Geschwaders mußte es dann zweifellos sein, die moderne »Königsberg« zu beschatten, sie möglichst zu blockieren und zu vernichten, bevor sie in den Weiten des Ozeans verschwinden und dort dem alliierten Handel Schaden zufügen konnte. Da sich »Königsberg« mit unbekanntem Ziel hatte absetzen können, hielt es Admiral King-Hall aufgrund eines »Warning Telegrams« der britischen Admiralität (vom 29. Juli) für geboten, mit »Hyacinth« nach Kapstadt zurückzukehren. Die Kreuzer »Astraea« und »Pegasus« beließ er an der Küste Deutsch-Ostafrikas. Während der deutsche Kreuzer seinen Marsch unerkannt nach Norden fortsetzte, suchten die beiden britischen Kreuzer, in der Annahme, »Königsberg« habe einen geschützten Liegeplatz an der buchtenreichen Südküste Deutsch-Ostafrikas aufgesucht, viele Buchten dieses Teils der Küste ab. In einige der von See her nicht einzusehenden Buchten entsandten die Briten ihre Beiboote.

4. Der Gouverneur

In den Morgenstunden des 1. August 1914 gelang es der Funkstation Daressalam, direkt aus Nauen ein Admiralstabs-Telegramm aufzufangen, das »Drohende Kriegsgefahr« ankündigte und alle deutschen Schiffe vor dem Anlaufen französischer, russischer und englischer Häfen warnte.

Gouverneur Dr. Schnee ließ die ersten Mobilmachungs-maßnahmen in Deutsch-Ostafrika anlaufen: Die Ausfuhr von Lebensmitteln wurde verboten. Unter Mitwirkung der Marine wurden an der Küste Schutzmaßnahmen getroffen, insbesondere Fahrwasserbezeichnungen und Seezeichen eingezogen, auf der Daressalam vorgelagerten Insel Makatumbe ein Bewachungsdienst eingerichtet. Die Ausrüstung von Hilfsschiffen lief an.

Bei der Schutztruppe befahl der stellvertretende Kommandeur Major Kepler zunächst die Verlegung der 13. Feldkompanie von Kondoa-Irangi nach Aruscha sowie die Aufstellung einer neuen Kompanie aus Polizei-Askaris in Neu-Moschi durch Oberleutnant Lincke. In den Grenzbezirken Aruscha und Moschi übernahm Hauptmann Kraut den Befehl. Laut Schutztruppenordnung war ursprünglich festgelegt: »Die Schutztruppen dienen zur Aufrechterhaltung der öffentlichen Ordnung und Sicherheit in den afrikanischen Schutzgebieten, insbesondere zur Bekämpfung des Sklavenhandels.« Eine Verwendung gegen einen äußeren Feind war dagegen nicht vorgesehen. Mit Ausnahme des Marinestützpunkts Tsingtau waren in deutschen Schutzgebieten an keiner Stelle Befestigungen errichtet worden. Diese Verteidigungsmöglichkeit fehlte also völlig, sowohl an der Indik-Küste, wie an den Küsten der großen Seen Ostafrikas. Die Einschätzung der Lage durch Gouverneur Schnee ging davon aus, daß die Hauptstadt Daressalam ungeschützt an der Küste lag und daß sie von britischen Kriegsschiffen von Sansibar aus in wenigen Stunden erreichbar war. Alle Küstenorte waren offene Plätze, denen sich feindliche Seestreitmächte ungehindert auf nächste Entfernung nähern konnten. In Daressalam standen lediglich einige alte Salut-Geschütze. Im Inneren des Landes waren an wichtigen Punkten mit hohen Mauern versehene fortähnliche Kasernen angelegt, sogenannte Bomas, die aber nur als Stützpunkte bei inneren Unruhen angesehen werden konnten.

Daressalam konnte auch nicht durch Minensperren geschützt werden: Die für »Königsberg« vorgesehene Minendotation von 80 Stück war bei der Ausreise des Kreuzers auf Anweisung des Admiralstabs in Deutschland zurückgelassen worden.

Gouverneur Dr. Schnee entschloß sich zur Einhaltung der Regelung von 1912. Eine Verteidigung der offenen Küstenstädte gegen den mit überlegenen Kriegsschiffen und Truppenstärken auftretenden Gegner erachtete er als nicht möglich. Daher sollte die Verteidigung, unter Aufgabe der Küstenorte, in das Innere des Landes zurückverlegt werden. Angesichts der schwachen eigenen Streitkräfte war grundsätzlich die Defensive mit nur gelegentlichen Offensivstößen ins Auge gefaßt. Die näheren Anweisungen für die Truppe im Mobilmachungsfall, wie sie der Gouverneur bei seinem Amtsantritt im Juli 1912 vorgefunden hatte, waren unter diesen allgemeinen Gesichtspunkten vom damaligen Kommandeur der Schutztruppe, Oberstleutnant Freiherr v. Schleinitz, unter Billigung des seinerzeitigen Gouverneurs Freiherr v. Rechenberg erlassen und vom Reichskolonialamt in Berlin gebilligt worden. Gouverneur Schnee hielt also die vorgesehenen Anweisungen aufrecht und ergänzte sie nur durch Maßnahmen zur Verbringung von Regierungsgeldern ins Innere und einzelne Maßnahmen auf dem Gebiet der zivilen Verwaltung für den Kriegsfall.

Deutsch-Ostafrika war im Krieg von allen Verbindungen mit dem Mutterland abgeschnitten. Nach der Verfassung lag daher die oberste Entscheidungsgewalt und damit die Verantwortung in allen Angelegenheiten, den zivilen wie den militärischen — mit Ausnahme der eigentlichen militärischen Führung — allein beim kaiserlichen Gouverneur. Gemäß der kaiserlichen Verordnung über die Schutztruppen in deutschen Schutzgebieten vom 16. Juli 1896 war die Schutztruppe dem Reichskanzler (dann dem Kolonialamt, Kommando der Schutztruppe), in der weiteren Folge dem Gouverneur und schließlich dem Kommandeur der jeweiligen Schutztruppe unterstellt. In den vom Reichskanzler erlassenen Ausführungsbestimmungen (vom 25. Juli 1898) zu dieser Verordnung, war ebenfalls festgelegt, daß dem Gouverneur die oberste militärische Gewalt im Schutzgebiet auch im Kriegsfall zustand. Daran hielt Dr. Schnee fest. Die Notwendigkeit, daß die oberste Leitung in einer Hand, und zwar der des mit den Eingeborenenverhältnissen vertrauten und mit deren Regelung erfahrenen Gouverneurs verblieb, ergab sich für Dr. Schnee insbesondere auch aus der seiner Meinung nach ausschlaggebenden Bedeutung der Haltung der Eingeborenen in einem Krieg, angesichts einer weißen deutschen Bevölkerung von kaum 6000 unter fast 8 Millionen eingeborenen Landesbewohnern. Eine längere Verteidigung des Schutzgebietes war nur möglich, wenn sich die Bevölkerung friedlich verhielt und sich deutschen Anweisungen gegenüber willig zeigte. Die Schutztruppe war ja zur Rekrutierung von Soldaten (Askaris) und Trägern auf die einheimische Bevölkerung angewiesen. Nach Unterbrechung jeder Zufuhr von außen war das Land auch hinsichtlich der Ernährung und der sonstigen Versorgung im wesentlichen von der eingeborenen Bevölkerung abhängig. Der Ausbruch von Aufständen, wie er vom Gegner wohl zunächst erhofft wurde, hätte die Widerstandskraft der Schutztruppe schnell völlig lahmgelegt. Auch ein nur passiver Widerstand der Einheimischen hätte zu unüberwindlichen Schwierigkeiten geführt. Vornehmlichste Sorge war daher für den Gouverneur, die Ruhe unter der Eingeborenen-Bevölkerung aufrechtzuerhalten und von allen Landesbewohnern die in Krisenzeiten erforderlichen Leistungen bei möglichster Vermeidung von übermäßigem Druck zu erzielen. Ein weiterer wesentlicher Gesichtspunkt war für Dr. Schnee die Lage der weißen Bevölkerung. Unruhen hätten nicht nur der Kriegführung durch die Schutztruppe geschadet, sondern das Leben der wenigen Europäer, insbesondere auch der Frauen und Kinder, gefährdet, wie dies schon wiederholt in Kolonien anderer Länder in Krisenzeiten der Fall gewesen war. Daher war der Gouverneur in jeder Weise bemüht, alle Maßnahmen zu treffen, die Leben und Eigentum der weißen Bevölkerung schützten. Mit den Reichsbehörden in Berlin, insbesondere dem ihm direkt vorgesetzten Reichskolonialamt, hoffte er zuversichtlich, daß die Kriegsgefahr an der Kolonie vorbeigehen würde.

Am Morgen des 2. August 1914 wurde jedoch, wieder direkt von Nauen, das Telegramm aufgenommen: »2. August, erster Mobilmachungstag.« Der oder die Gegner waren nicht genannt; die Kriegsbeteiligung Großbritanniens konnte jedenfalls den Optimisten immer noch zweifelhaft sein. Dennoch verfügte der Gouverneur jetzt die Einziehung der Reservisten und Beurlaubten auch der Schutztruppe sowie die Bildung einer weiteren Kompanie aus Polizei-Askaris. Das Kommando der Schutztruppe ließ alle Feldkompanien planmäßig mobilmachen und formierte eine weitere Kompanie aus dem Rekrutendepot.

In Daressalam lief der DOAL-Dampfer »Feldmarschall« ein. Eine Funkanfrage an »Königsberg«, ob dem als Versorger für den Kreuzer vorgesehenen Dampfer »Somali« ein Teil der einberufenen Marinereservisten mitgegeben werden solle, verneinte Fregattenkapitän Looff. Korvettenkapitän Zimmer hatte die Leitung der Marine-Etappe übernommen und an diesem 2. August die an der Mittellandbahn wohnenden Reservisten und Beurlaubten der Marine (230 Mann) sowie Teile der in der Küstenfahrt tätigen Dampferbesatzungen der DOAL vom Gouverneur angefordert: zur Auffüllung von Besatzungen der Begleitdampfer sowie für die als Hilfskreuzer vorgesehene »Tabora«, für die unter anderem die »Möwe«-Besatzung und die des Dampfers »Feldmarschall« gedacht waren. Nach »Somali« wurde auch der Dampfer »König« (Kapitän Coltzau) als Begleitdampfer ausgerüstet, der seinen Kohlenvorrat aus dem Marine-Kohlenlager (250 Tonnen), von der Firma Hansing (500 Tonnen) und der Eisenbahngesellschaft (300 Tonnen) sowie Proviant und Vorrat der »Feldmarschall« übernehmen sollte.

Insgesamt standen Korvettenkapitän Zimmer für die Marine-Etappe folgende Schiffe zur Verfügung: In den Häfen von Deutsch-Ostafrika lagen bei Kriegsausbruch nur deutsche Schiffe (ausländische Schiffe konnten also nicht zu Prisen erklärt werden). An Regierungsdampfern waren vorhanden: der kleine Dampfer »Kaiser Wilhelm

II.« (1200 BRT, 10 Knoten; er sollte am 17. August 1914 bei der Beschießung von Daressalam durch den britischen Kreuzer »Hyacinth« schwer beschädigt werden; Menschenverluste traten dabei nicht ein); ferner die winzigen Binnensee-Dampfer »Wami« und »Kingani« (je 20 BRT), »Rowuma« (200 BRT, 8 Knoten), der Dampfleichter »Hedwig« der DOAL (800 BRT), sowie die Dampfer »Somali« (2550 BRT, 11,5 Knoten, Kapitän Herm) und »König« (5034 BRT, 12 Knoten, Kapitän Coltzau), ebenfalls von DOAL.

In Funkreichweite hatten sich folgende Schiffe befunden: (1) »Tabora« (DOAL, 8022 BRT, 13,5 Knoten, Kapitän Grauhe). Der Dampfer hatte wertvolle Ladung an Bord, u. a. 20 für England bestimmte Kisten Gold aus Südafrika. (2) Der Dampfer »Feldmarschall« (DOAL, 6182 BRT, 13 Knoten, Kapitän Jantzen) hatte am 1. August 1914 eilends Mombasa in Britisch-Ostafrika verlassen und über Tanga kommend ebenfalls Daressalam angelaufen, wo er am 2. August eintraf. Er hatte eine reiche Ladung Lebensmittel, besonders Konserven sowie Güter für die geplante Landesausstellung in Daressalam an Bord. (3) Der DOAL-Dampfer »Markgraf« (3758 BRT, 11,5 Knoten, Kapitän Schade), mit einer Reisladung aus Indien, hatte eigentlich Mombasa anlaufen sollen. Er wurde gewarnt, indem ihm der Vertreter der DOAL den Dampfleichter »Hedwig« entgegenschickte, und nach Tanga beordert. Um die Briten nicht aufmerksam zu machen, hatte man nicht über Funk gewarnt. »Markgraf« lief am 6. August 1914 in Tanga ein und begann mit der Löschung seiner Ladung. (4) Der DOAL-Dampfer »Präsident« (3335 BRT, 10,5 Knoten, Kapitän Schütt) lag Anfang August 1914 in Mosambik (Portugiesisch-Ostafrika). Er hatte eine wertvolle Ladung, u. a. Lebensmittel, an Bord, die für Portugiesisch-Ostafrika bestimmt war. »Präsident« wurde bei Nacht aus dem Hafen von Mosambik herausgeführt und erreichte unbehindert am 4. August den Hafen von Lindi. Im Lukuledi-Fluß erhielt er einen Liegeplatz, der von See her nicht einzusehen war. (In Lindi wurde er schließlich am 29. 7. 1915 durch britische Kriegsschiffe fahruntüchtig gemacht.)

Von den genannten Dampfern hatte keiner größere Kohlenvorräte an Bord, so daß die Kohlenversorgung schwierig war, denn an Land gab es auch keine nennenswerten Vorräte. Mit Ausnahme von »Somali« blieben die deutschen Dampfer für den Kriegsverlauf in Deutsch-Ostafrika, wurden von deutscher bzw. britischer Seite zunächst fahruntüchtig gemacht, später beschossen und durch Brand oder Sprengungen versenkt. Lediglich »Feldmarschall« konnte nach dem Krieg wieder fahrbereit gemacht werden. (Er beförderte als »Field Marshal« im Februar 1919 die deutschen Gefangenen und Internierten in die Heimat zurück.)

Zunächst wurde der DOAL-Dampfer »Somali« mit 1200 Tonnen Kohlen aus dem Marinelager in der Stadt und Vorräten des Dampfers »Feldmarschall« ausgerüstet. Arbeiten gestalteten sich schwierig, weil gleichzeitig die Ladung gelöscht und neue Leute an Bord genommen werden sollten. Es standen dafür aber nur neun Holzprähme und drei eiserne Prähme zur Verfügung, sowie ein kleiner Dampfschlepper und drei kleine Dampfboote, die mit den unhandlichen Prähmen im starken Gezeitenstrom des Hafens nur unter größten Schwierigkeiten manövriert werden konnten. Außerdem lagen die Kohlenprähme bei Ebbe trocken. »Somali« erhielt die Funkstation und das Signalpersonal des Vermessungsschiffes »Möwe«.

Zur Ausrüstung von Begleitdampfern und Hilfskreuzern standen zwei 8,8-cm-Geschütze mit Munition von der »Königsberg« zur Verfügung, die der »Möwe« übergeben worden waren. Der Dampfer »König« wurde als weiteres Hilfsschiff für »Königsberg« ins Auge gefaßt, die Ausrüstung der »Tabora« als Hilfskreuzer vorgesehen.

Im weiteren Verlauf des 2. August 1914 erhielt Gouverneur Dr. Schnee ein chiffriertes Telegramm des Reichskolonialamts: »Großmächte sind bemüht zur Erhaltung europäischen Friedens österreichisch-serbischen Krieg zu lokalisieren. Beruhigt Ansiedler da unsere Schutzgebiete außerhalb Kriegsgefahr. Weitere Drahtnachrichten folgen. Solf.« (Dr. Solf war Staatssekretär im Reichskolonialamt,

d. h. deutscher Kolonialminister.) Diese »weiteren Draht-nachrichten« trafen aber nie mehr ein.

Der Gouverneur fühlte sich jedoch durch dieses Tele-gramm mehr als erleichtert. Mit entsprechenden Anwei-sungen gab er es an alle Verwaltungsstellen im gesamten Schutzgebiet weiter. Für ihn hatte diese Nachricht die von Anfang an gehegte Hoffnung neu bestärkt, internationale Abmachungen würden den Krieg von den Kolonien fern-halten, wie ja durch die Kongo-Akte (Mitunterzeichner u. a. Deutschland, Großbritannien, Belgien und Portugal) festgelegt worden war.

Aber war das eine zutreffende Interpretation? Genau betrachtet, sprachen die Bestimmungen des Artikels 12 dieser auf der Internationalen Konferenz von Berlin am 26. Februar 1885 unterzeichneten Konvention die Neutra-lisierung des durch die Konvention begrenzten mittelafri-kanischen »Kongo-Beckens« keineswegs direkt aus. Es war damals mehr eine Absichtserklärung gewesen, die in dieser Zone liegenden Kolonien der Signatarmächte im Falle eines Krieges zu neutralisieren. Innerhalb der durch die Konvention festgelegten Gebietsgrenzen lagen außer Deutsch-Ostafrika sämtliche an das deutsche Schutzge-biet angrenzenden fremden Kolonien: im Norden Bri-tisch-Ostafrika, im Westen der belgische Kongo, im Süd-westen Britisch-Nord-Rhodesien und Britisch-Nyassa-Land, sowie im Süden Portugiesisch-Ostafrika (Mosambik).

Aufgrund des klaren Telegramms des Reichskolonial-amts nahm Dr. Schnee wieder fest an, nach den Bestim-mungen der Kongo-Akte würde Deutsch-Ostafrika neu-tralisiert, d. h. aus dem Krieg herausgehalten werden. Da das Schutzgebiet von der Außenwelt völlig abgeschnitten war, mußte die Nachricht über die Neutralisierung natür-lich von den potentiellen Gegnern übermittelt werden, die ja eine ungestörte Kabelverbindung mit ihren Heimatlän-dern unterhielten. Solange eine derartige Benachrichti-gung ausblieb, konnte zwar eine Neutralisierung nicht stattgefunden haben, und man mußte jederzeit mit feind-lichen Angriffen rechnen, andererseits aber mußten alle Angriffs- und Kriegshandlungen sorgfältig vermieden

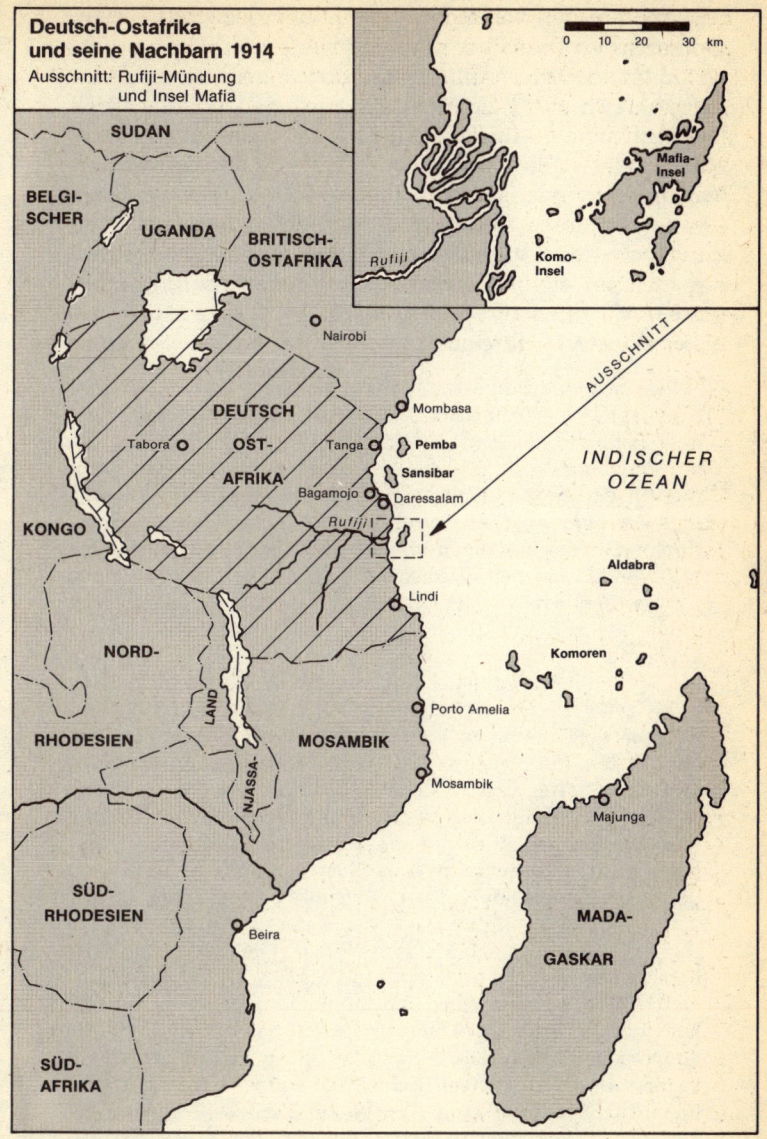

Deutsch-Ostafrika und seine Nachbarn 1914

Ausschnitt: Rufiji-Mündung und Insel Mafia

0   10   20   30 km

SUDAN

BELGI-
SCHER

UGANDA

BRITISCH-
OSTAFRIKA

Mafia-
Insel

Rufiji

Komo-
Insel

Nairobi

DEUTSCH

Mombasa

OST-

Tabora

Tanga

Pemba

AFRIKA

Sansibar

Bagamojo

Daressalam

Rufiji

KONGO

AUSSCHNITT

INDISCHER
OZEAN

Lindi

Aldabra

NORD-

Komoren

LAND

Porto Amelia

NJASSA-

RHODESIEN

MOSAMBIK

Mosambik

Majunga

SÜD-
RHODESIEN

Beira

MADA-

GASKAR

SÜD-
AFRIKA

45

werden, um den wahrscheinlich in Gang befindlichen diplomatischen Prozeß der Neutralisierungserklärung nicht zu stören, zu unterbrechen oder gar zunichte zu machen.

Frankreich und Belgien mögen für eine kurze Zeit vielleicht an eine Neutralisierung à la Kongo-Akte gedacht haben. Aber alles Nachsinnen über die Kongoverträge war müßig, jede Rücksichtnahme auf den potentiellen Gegner verlorene Liebesmüh, denn die alliierte Entscheidung betreffend die Ausweitung des europäischen Krieges auch auf die überseeischen Besitzungen der kriegführenden Mächte sollte blitzschnell fallen. Dazu Marineminister Winston Churchill:

»Eines schönen Augustmorgens ereignete sich das seltsame Schauspiel einer britischen Kabinettsitzung respektabler liberaler Politiker, die sich zu dem Zweck zusammensetzten, um mit vorbedachter Arglist die Wegnahme aller deutschen Kolonien in der ganzen Welt zu planen! Mit welcher Entrüstung und welchem Abscheu hatten die meisten Teilnehmer dieser Kabinettsitzung nur einen Monat zuvor alle solchen Gedanken weit von sich gewiesen! Aber unsere Seeverbindungen hingen ganz wesentlich von der schnellen Ausschaltung aller dieser möglichen Stützpunkte oder Zufluchthäfen deutscher Kreuzer ab. Ferner war Belgien inzwischen von den deutschen Armeen fast völlig überrannt; jeder war nun der Meinung, wir dürften keine Zeit verlieren, Geiselpfänder für die schließliche Wiederfreigabe Belgiens an uns zu bringen. Daher wurde nun, mit Landkarten und Bleistiften, die ganze Welt in Augenschein genommen. Sechs verschiedene Expeditionen wurden grundsätzlich genehmigt und an die Stäbe zur weiteren Planung und Ausführung überwiesen: Bereits bei Ausbruch des Krieges war ein unternehmungsfreudiger Captain (F. C. Bryant) in der deutschen Kolonie Togo eingefallen. Nun schlugen wir vor, gemeinsam mit den Franzosen Kamerun anzugreifen, ein sehr viel umfassenderes Unternehmen. General Botha hatte bereits seinen Entschluß bekanntgegeben, in Deutsch-Südwest-Afrika einzudringen; und die Regierungen von Neuseeland und Australien wünschten sowohl Samoa wie auch alle anderen deutschen Besitzungen im Stillen Ozean umgehend in ihren Besitz zu bringen. Schließlich wurde auch eine anglo-indische Expedition zum Angriff auf Deutsch-Ostafrika genehmigt ... Der gleichzeitige Transport aller dieser Expeditionsstreitkräfte in all diese verschiedenen Richtungen, während die hohe See noch von deutschen Kreuzern unsicher gemacht wurde, bürdete der Admiralität eine weitere schwere Aufgabe auf.«

Von derartigen Überlegungen in London konnte man natürlich in Deutsch-Ostafrika nichts wissen. Aber auf jeden Fall mußten vorsorglich alle in einem Krieg notwendigen Maßnahmen ohne Rücksicht auf die feste Hoffnung auf Neutralisierung getroffen werden. Daher wurde die planmäßige Mobilmachung der Schutztruppe verfügt.

Insbesondere weil weitere eingehende Nachrichten nun auch die Teilnahme Großbritanniens an einem Krieg wahrscheinlich erscheinen ließen, ordnete der Gouverneur noch am 2. August 1914 auch die generelle Einberufung aller wehrfähigen Deutschen an, wobei die tatsächlichen Einberufungen dem Kommandeur überlassen und den Bezirksämtern die vorläufige Befugnis zur Erteilung von Unabkömmlichkeits-Erklärungen zugesprochen wurde. Die endgültige Bestimmung über Einziehungen hatte der Gouverneur nach Anhörung des Kommandeurs zu erlassen. Durchführungsbestimmungen aber waren, da erst kurz vor dem Krieg neue Wehrbestimmungen in Kraft getreten waren, noch nicht vorhanden.

Für das schutzlos an der Küste liegende Daressalam, in dem jederzeit mit dem Auftreten feindlicher Kriegsschiffe gerechnet werden mußte, wurde eine besondere Einberufungsverfügung erlassen, wonach sich bei einem feindlichen Angriff alle Wehrpflichtigen auf dem Bahnhof zu versammeln und die Hauptstadt zu verlassen hatten.

Vom 3. August an verhinderten britische Stellen die Übermittlung chiffrierter Telegramme und mit Ablauf dieses Tages überhaupt jeden Telegrammverkehr zwischen dem Schutzgebiet und der Außenwelt. Am Morgen waren jedoch noch Meldungen von den Großfunkstellen Windhuk und Kamina abgenommen worden.

In der Nacht zum 4. August lief »Somali« nach vollständiger Auffüllung der Bestände bei unsichtigem trüben Wetter aus dem Hafen von Daressalam aus. Der Dampfer konnte die Bewachungslinie britischer Kriegsschiffe, die schon vom 2. August an häufig in Sichtweite des Hafens kreuzten, ungesehen durchbrechen. Um das Auslaufen zu beobachten, hatten Männer der »Möwe«-Besatzung den Makatumbe-Leuchtturm und den Turm der Funkstation als Beobachtungsposten bezogen. Durch eine Dau kamen in dieser Nacht auch ausführlichere Reuter-Nachrichten von Sansibar, das ja nur wenige Stunden Fahrt von Daressalam entfernt lag, nach Bagamojo. Die Gefahr des Eingreifens von Großbritannien war immer bedrohlicher geworden. In Sansibar sei alles in Kriegszustand versetzt. Deutsche Dampfer hatten die Nachricht aufgefangen, daß Kriegsgefahr mit Großbritannien, Frankreich und Rußland bestünde. Deutsche Schiffe waren angewiesen worden, neutrale Häfen anzulaufen. Man mußte jetzt also mit dem plötzlichen Erscheinen britischer Kriegsschiffe vor Daressalam und den anderen Küstenorten rechnen, vielleicht sogar, ohne daß Deutsch-Ostafrika vorher überhaupt eine sichere Nachricht vom tatsächlichen Kriegsausbruch erhielt.

5. Der Kommandeur

Es war am späten Abend dieses 3. August, daß übermüdet, gespannt, nervös und über die Lage völlig im unklaren, der Kommandeur der Schutztruppe, Oberstleutnant v. Lettow, in der Hauptstadt eintraf. Auf einem schmutzigen Güterzug war er mitgefahren. In seinem Quartier fand er lediglich eine Abschrift jener Stellungnahme des Gouverneurs zu seinen Vorschlägen über die Kriegführung vor, die schon im Juni dem Kommando der Schutztruppe zugegangen war. Alle Vorbereitungsmaßnahmen und Entscheidungen waren bereits getroffen. Es ist vorstellbar, mit welchen Gefühlen v. Lettow die Kriegszügel bei der Schutztruppe ergriff. Wer war übrigens dieser Oberstleutnant Paul v. Lettow-Vorbeck, der, wenn es wirklich zu einem Krieg kam, als Kommandeur der deutschen kaiserlichen Schutztruppe in Deutsch-Ostafrika wohl nicht ganz unwichtig war!

Oberstleutnant v. Lettow war im Herbst 1913 zunächst zum Kommandeur der deutschen Schutztruppe in Kamerun ernannt, dann aber mit der Wahrnehmung der Geschäfte des Kommandeurs der Schutztruppe von Deutsch-Ostafrika beauftragt worden.

Als er am 17. Januar 1914 in Daressalam ankam, konnte er natürlich nicht im entferntesten ahnen, welche Aufgaben binnen kürzester Frist auf ihn zukommen würden.

Durch seine Teilnahme an der ostasiatischen Expedition (1900/01) und bei den Operationen während des Aufstands in Deutsch-Südwest-Afrika (1905/06), seine Tätigkeit als Adjutant des XI. Armeekorps und als Kommandeur des II. Seebataillons sowie durch seine Kommandierung zum Generalstab hatte er eine vielseitige militärische Laufbahn hinter sich, hatte Kriegserfahrungen, Kommandierungen im Ausland und in den Kolonialgebieten absolviert, hatte Einblicke in die Mentalität anderer Nationen, insbesondere der Briten, gewonnen und Sprachkenntnisse erlangt, kurz Weitblick und Flexibilität erworben, die weit über das hinausgingen, was damals bei einem Berufsoffizier das Übliche gewesen sein mag. Als erstes wollte er sein neues Wirkungsfeld Deutsch-Ostafrika kennenlernen. Antrittshöflichkeiten in Daressalam beschränkte er auf ein Mindestmaß. Noch im Januar 1914 brach er zu einer ersten Inspektionsreise auf, um Land und Leute in Augenschein zu nehmen und einige der verstreut stationierten Einheiten zu inspizieren.

Anfang 1914 bestand die deutsche Schutztruppe in Deutsch-Ostafrika aus 14 über die ganze Kolonie verteilten Feldkompanien. Das Kommando (der Stab) mit einigen Basisabteilungen lag in Daressalam, ein Munitionsdepot in Tabora. Ferner gab es eine in Abteilungen verschiedener Stärke gegliederte Polizeitruppe, die den zivilen Bezirksämtern unterstand. Das Polizeidepot befand sich ebenfalls in Daressalam.

Die erste Erkundungs- und Besichtigungsreise führte den neuen Kommandeur von Daressalam zu Schiff nach Tanga, und von dort fuhr er weiter mit der Usambara-Eisenbahn. In Usambara traf er mit dem ihm von der Kriegsschule her bekannten Hauptmann a. D. v. Prince zusammen, der Lettow darüber informierte, daß im Gebiet von Usambara, um den Kilimandscharo und Meru-

Berg freiwillige Schützenkorps der deutschen Pflanzer bestanden, denen alle wehrfähigen Männer der Nordregion angehörten. In Wilhelmstal besuchte Lettow eine Polizeiabteilung und marschierte weiter von Neu-Moschi, dem Endpunkt der Usambara-Bahn, nach Marangu, wo er den bei einem britischen Pflanzer auf Besuch weilenden britischen Konsul King aus Daressalam kennenlernte. Von der Kilimandscharo-Region begab sich v. Lettow weiter nach Aruscha. Alle deutschen Pflanzer, die er auf seiner beschwerlichen Reise besuchte, nahmen den neuen Kommandeur gastfreundlich auf.

Lettow lernte besonders die Pflanzungen des Kapitänleutnants a. D. Niemeyer bei Aruscha und die seines Nachbarn, Korvettenkapitän a. D. Schoenfeld, kennen. Auch die Kaffeeplantage des Freiherrn v. Ledelur besuchte er und traf dort den Freiherrn v. Bock. Gute persönliche Beziehungen nahmen ihren Anfang.

In Aruscha konnte der neue Kommandeur seine erste Askari-Kompanie besichtigen. Geist und Disziplin gefielen Lettow, der Stand der Gefechtsausbildung weniger. Vor allem mißfiel ihm, daß die Kompanie (wie die meisten anderen auch) immer noch mit dem veralteten Gewehr 71 bewaffnet war. Hier hatte man absichtlich die Bewaffnung mit modernen Gewehren unterlassen, da die Schutztruppe bisher stets nur als Schutz bei Eingeborenen-Aufständen gedacht war und bei solchen Scharmützeln das große Kaliber als vorteilhaft angesehen wurde. Die Nachteile der starken Rauchentwicklung, die den Schützen verrieten, hatte man geglaubt vernachlässigen zu können. Lettow war jedoch davon überzeugt, daß gegen einen mit rauchlos feuernden Gewehren bewaffneten Gegner nicht nur bei großen Gefechtsentfernungen in der Ebene, sondern auch im Busch, wo die Soldaten auf nur wenige Meter Entfernung aufeinandertreffen würden, das alte deutsche Gewehr weit unterlegen war. Der mit rauchloser Munition schießende Soldat blieb schließlich verborgen, und Rauchwolken verrieten nicht nur den scharfen Augen der Eingeborenen, sondern auch dem afrika-unerfahrenen weißen Soldaten, wo der Feind steckte.

Die Aufsplitterung der Schutztruppe in einzelne, isolierte und nur zur lokalen Verteidigung vorgesehene Feldkompanien über das gesamte Schutzgebiet brachte zudem den Nachteil, daß die Führung von Verbänden von mehr als Kompaniestärke nicht geübt worden war.

Die Aruscha-Kompanie führte dem neuen Kommandeur folgende Übung vor: Sie marschierte durch den dichten Busch und wurde auf dem Marsch überfallen. Der »Feind« wurde durch Merukrieger in vollem Kriegsschmuck dargestellt. Auf wenige Schritt Entfernung stürzten sie sich mit Kriegsgeheul auf die Safarikolonne der Kompanie. In einem solchen Nahkampf war 1891 die kleine deutsche Expedition v. Zelewski bei Iringa durch Eingeborene aufgerieben worden. Bei einer derartigen Gefechtslage und der geringen Entfernung mußten Entscheidungen augenblicklich getroffen werden. Die Truppe ballte sich um ihre Offiziere und ging dem Gegner zu Leibe. Für diese Art von Buschkrieg hatte man bisher geübt. Eine moderne Schieß- oder Maschinengewehr-Ausbildung war als unwichtig erachtet worden. Lettow konnte jedoch die jüngeren Europäer bei der Truppe bald vom Kampfwert des Maschinengewehrs im modernen Gefecht überzeugen. Insgesamt reichte also die Ausbildung der Schutztruppe für einen Kampf mit Eingeborenen, nicht aber für kriegerische Konflikte mit einem modern bewaffneten Gegner. Viele ältere Schutztruppenoffiziere stimmten v. Lettow allerdings nicht zu. Wie die meisten »alten Afrikaner«, die Beamten und die Kaufmannschaft der vielen Handelsfirmen, wollten sie an die Möglichkeit der Einbeziehung Deutsch-Ostafrikas in einen Krieg nicht im entferntesten glauben. Und diese Einstellung vertrat, mit ausdrücklicher Billigung des Reichskolonialamts, auch der kaiserliche Gouverneur, ja er hatte sogar die Ansicht vom Schutz der Kolonie durch die Kongo-Akte zum offiziösen politischen Axiom des ganzen Landes erhoben. Nur der neue Kommandeur war völlig anderer Meinung: Auch wenn jede Kriegsgefahr äußerst gering war, Aufgabe der Truppe war es, vorbereitet zu sein.

Die weitere Reise, die den Kommandeur über die Mission Ufiome nach Kondoa-Irangi und zu immer neuen Orten führte, verstärkte den Eindruck dieser ersten Besichtigungsfahrt, daß es noch viel zu tun gab, wenn man wirklich für die Möglichkeit eines modernen Krieges in den Kolonien gewappnet sein wollte. Maschinengewehre mußten eingesetzt, das Vorurteil betreffend die Leistungsfähigkeit von Europäern in den Tropen überwunden und die Umbewaffnung der Schutztruppe beschleunigt werden. Dies nahm er sich vor allem vor. In der kurzen Zeit von Januar bis August 1914 gelang es Oberstleutnant v. Lettow jedoch nicht, die maßgebenden Stellen davon zu überzeugen. Vielmehr herrschte in weiten Kreisen die Auffassung, derzeit sei das Verhältnis mit Großbritannien ja außerordentlich gut, geradezu freundschaftlich. Und wenn es tatsächlich, was ja eigentlich völlig unwahrscheinlich sei, dennoch zum Krieg in Europa kommen sollte, dann würden die zivilisierten Staaten ihren Krieg sicher nicht in ihre Kolonien exportieren.

Nicht nur bezüglich der militärischen Aspekte war die Inspektionsreise für Lettow aufschlußreich. Nach Boma la Ngombe, zwischen Moschi und Aruscha, wo viele alte Askaris der Truppe angesiedelt worden waren, war ihm die Nachricht vom Eintreffen des neuen Bwana Kommandeurs vorausgeeilt. Die alten schwarzen Soldaten versammelten sich überall am Weg und begrüßten den neuen Befehlshaber ihrer Truppe. Lettow gewann den Eindruck, daß diese Loyalität keine äußerliche war. Was redeten denn die Zivilbehörden immer von Eingeborenen-Aufständen? Seine schwarzen Scouts, die ihm die Kompanien zur Begleitung mitgaben, lernte er zutiefst schätzen.

Auch bei Kondoa-Irangi und bei Ssingida strömten ehemalige Soldaten von weit her zusammen und stellten sich zur Begrüßung am Wege auf. In Ssingida besuchte Lettow ein Gestüt und zog dann den Mpondifluß nach Kilimatinde entlang, wo er sich die Entspannung einer Büffeljagd gönnte. Als Spurenleser und Begleiter nahm er einige Askaris der Kondoa-Kompanie mit. Auf diesen Zügen durch das Pori erfuhr der neue Kommandeur zu seiner Überraschung, daß es selbst im afrikanischen Busch schwer war, spurlos zu verschwinden. Eines Tages war er losgezogen, ohne eine Nachricht über sein Ziel zu hinterlassen. Auf dem Marsch, mitten im Busch, erschienen dann einige Tage später Eingeborene und überbrachten ihm Überseepost. Durch Zurufe, Feuerzeichen und Signaltrommeln traten Dörfer miteinander in Verbindung; Nachrichten, aber auch Gerüchte, breiteten sich mit unglaublicher Geschwindigkeit aus.

Nach seiner Rückkehr von der ersten Besichtigungsreise im März 1914 nahm Lettow in Daressalam sogleich die Umbewaffnung von drei weiteren Kompanien (bisher waren nur drei modern bewaffnet) in die Hand. Diese Ersetzung der »Jägerbüchse 71« durch das Gewehr 98 war seit 1913 im Gange, sollte aber nach den Plänen erst 1916 abgeschlossen sein. Es wurden sofort mit Mitteln aus anderen »Etat-Titeln« der Truppe moderne Gewehre in Deutschland bestellt. — Im April begab sich Lettow nach Lindi zur 3. Feldkompanie. Auf dieser Reise zog er sich im unübersichtlichen Busch durch den Sturz in ein Steinloch eine schwere Knieverletzung zu, so daß er nach seiner Rückkehr in Daressalam eine Ruhepause einlegen mußte.

Nun hatte er Gelegenheit, die vom Kommando der Schutztruppen in Berlin erstellte Denkschrift über die für einen Mobilmachungsfall zu treffenden Vorbereitungen, die mit Erlaß vom 27. April 1912 an den Gouverneur herausgegangen war, genau zu studieren. Zum erstenmal wurde in diesen Anweisungen weniger von Aufstandsgefahr und Schutz durch die Kongo-Akte gesprochen, sondern die Möglichkeit eines Krieges gegen einen äußeren Feind angedeutet. Zwar wurde es auch weiterhin für unmöglich gehalten, Küstenorte gegen übermächtige feindliche Seestreitkräfte und über See herangeführte Kolonialtruppen zu halten. Ein Rückzug ins Landesinnere sollte jedoch erst nach »Kampf« erfolgen. Vorstöße an den Grenzen gegen feindliche Stationen, Telegrafenlinien und Eisenbahnen wurden empfohlen.

Aber der seinerzeitige Kommandeur der Schutztruppe, Major Freiherr v. Schleinitz, hatte 1912 in seiner an den Gouverneur gerichteten Stellungnahme zu dieser Denkschrift das alte Szenario entwickelt: Bei Ausbruch eines äußeren Krieges würde sofort ein Eingeborenenaufstand ausbrechen. Eine Kräfteverschiebung von Truppen käme nur dort in Frage, wo man Soldaten mit der Eisenbahn schnell hin- und herbewegen konnte. Durch einen allgemeinen Befehl vom 20. Juni 1912 gab der damalige Kommandeur der Schutztruppe die Anweisung, im Falle eines äußeren Krieges ins Landesinnere zu marschieren.

Das Berliner Kommando der Schutztruppen wartete allerdings auf eine endgültige Stellungnahme zu seiner Denkschrift aus Daressalam. Als Oberstleutnant v. Lettow-Vorbeck das Kommando übernahm, waren noch die alten Direktiven in Kraft. Aber er machte sich nicht nur die Hinweise der Berliner Denkschrift zu eigen, sondern ging noch einen Schritt weiter: Die deutschen Hauptkräfte sollten im Kriegsfall im Kilimandscharo-Gebiet konzentriert werden und von dort Britisch-Ostafrika bedrohen. Die Offensive an diesem Punkt war für ihn nicht nur wichtig zum Schutz dieses wertvollsten Teils der Kolonie, sondern weil generell der Angriff die beste Verteidigung ist.

Am 15. Mai 1914 legte Lettow in einem Schreiben an den Gouverneur seine Ansichten zur Berliner Denkschrift von 1912 nieder. Eindringlich bat er um Genehmigung der von ihm erläuterten operativen Grundzüge für eine Kriegführung: Es sei doch sehr fraglich, ob beim derzeitigen Stand der Entwicklung der Besiedlung und der Bahn und der beabsichtigten Erweiterungen, der bisherige Plan einer allgemein passiven Verteidigung aufrechterhalten werden könne und dürfe. Ein Krieg dürfe in der Kolonie nicht völlig als Episode für sich aufgefaßt werden. Der Krieg in der Kolonie und der große Krieg würden sich gegenseitig beeinflussen. Ein energisches Vorgehen würde den Abtransport britischer Truppen verhindern und den Gegner vielmehr zwingen, Verstärkungen über See heranzuführen und zu deren Schutz Kriegsschiffe zu binden. Dadurch aber gewönnen eigene Kreuzer Vorteile für den Kaperkrieg. Habe also die Schutztruppe auch nur einige Aussicht, Einfluß auf den großen äußeren Krieg, etwa in Europa, zu gewinnen, so müsse sie alles daransetzen, diesen Einfluß so stark und so lange wie möglich in die Waagschale zu werfen.

Nach diesem Schreiben über seine strategischen Überlegungen an den Gouverneur trat Lettow Ende Mai 1914 eine weitere Besichtigungsreise an. Bei der Ankunft des Kreuzers »Königsberg«, dessen Kommandant auch der neue Älteste Seeoffizier der Ostafrikanischen Station und dadurch dem Kaiser — wie der Gouverneur — direkt unterstellt war, befand sich Lettow nicht in Daressalam. Der neue Marinebefehlshaber hatte bald ein gutes Einvernehmen mit dem Gouverneur.

Gouverneur Dr. Schnee legte seine Stellungnahme zu den Ausführungen Lettows mit Schreiben vom 9. Juni 1914 fest: »Nach meiner Auffassung werden hiernach lediglich die bisher vorgeschlagenen Maßnahmen ohne grundsätzliche Änderung weiter auszugestalten sein.« Der Gouverneur teilte die Ansichten des neuen Kommandanten keineswegs. Auch im persönlichen Bereich scheinen die diplomatische Exzellenz und der neuangekommene Oberstleutnant nicht eben stark harmoniert zu haben.

Beide Stellungnahmen zur Berliner Denkschrift von 1912, die des früheren Kommandeurs sowie Lettows neue Gedanken, gingen erst am 11. Juli 1914 beim Reichskolonialamt ein, als ein Krieg bereits in bedrohliche Nähe gerückt war. Der Kommandeur der Schutztruppen in Berlin, Oberst von Below, stimmte den Gedanken Lettows weitgehend zu. Er ließ eine Denkschrift für den Gouverneur von Deutsch-Ostafrika aufsetzen, in der im wesentlichen ausgeführt wurde, daß beim derzeitigen Ausbau des Verkehrsnetzes im Schutzgebiet und bei der zunehmenden Besiedelung des Kilimandscharo und Meru-Gebiets der Gedanke an ein angriffsweises Vorgehen nicht mehr wie früher grundsätzlich von der Hand gewiesen werden könne. Der mögliche ungünstige Eindruck einer Besitzergreifung unverteidigter Küstenplätze durch den Feind auf die Eingeborenen könne durch entschlossene und erfolgreiche Angriffe auf feindliches Gebiet wohl am schnellsten wettgemacht werden. Würden durch einen gelungenen

Angriff die Maßnahmen des Gegners auf die Abwehr in seinem eigenen Gebiet beschränkt, so bedeute dies den besten Schutz des Landes. Nach Umbewaffnung sei die Truppe sehr wohl befähigt, auch gegen überlegene britische Streitkräfte mit Erfolg zu kämpfen. Daher bestünden keine Bedenken, daß durch entsprechende Vorarbeiten der durch den neuen Kommandeur jetzt vorgeschlagenen Kriegführung Rechnung getragen werde.

Diese Stellungnahme des Kommandos der Schutztruppen in Berlin, die für Lettow außerordentlich wichtig gewesen wäre, sollte durch Staatssekretär Dr. Solf, den Kolonialminister des Deutschen Reiches, am 18. Juli 1914 unterzeichnet werden. Er hatte jedoch Bedenken (waren ihm diese auf direktem Weg von seinem früheren Südsee-Adlatus Dr. Schnee ans Herz gelegt worden?), denen sich auch das Auswärtige Amt anschloß. Oberst von Below wurde am 23. Juli davon in Kenntnis gesetzt und wies umgehend und dringlich darauf hin, daß solche Vorarbeiten für die Mobilmachung eine unausweichliche militärische Pflicht seien, welche ohne Rücksicht auf die jeweilige politische Lage von den verantwortlichen militärischen Stellen ausgeübt werden müsse. Daher dürfe auch in diesem Fall eine Stellungnahme nicht unterbleiben.

Dennoch entschied das Reichskolonialamt gegen die Absendung dieser Stellungnahme des Schutztruppen-Kommandos in Berlin. Und am 5. August 1914 vermerkte Dr. Solf auf der Meldung des Obersten v. Below: »Durch die Ereignisse überholt.« Die leitenden Männer in Deutsch-Ostafrika wurden vom Krieg ohne jegliche neueren Hinweise auf Grundzüge der anzustrebenden Operationen überrascht. Aber auch jetzt wäre es möglich gewesen, von Berlin aus durch Funk oder auf anderem Weg in Deutsch-Ostafrika Klarheit zu schaffen. Die Nichtabsendung der klaren Stellungnahme des Schutztruppen-Kommandos in Berlin wird man als Beweis dafür werten müssen, daß Kolonialminister Dr. Solf den gleichen Standpunkt einnahm wie Gouverneur Dr. Schnee.

Dies ergibt sich aus der Tatsache, daß viel später, im Jahre 1916, zwei an das Reichskolonialamt gelangende und für den Kaiser als Oberste Instanz bestimmte Meldungen des Kommandeurs der Schutztruppe über Eingriffe des Gouverneurs in die Kriegführung, von Dr. Solf nicht weitergegeben wurden. Er enthielt sich auch dabei jeder Maßnahme, die eine Entscheidung herbeigeführt hätte. Sollten doch die Leute draußen vor Ort sehen, wie sie zurechtkamen.

Und in einem nach dem Krieg erschienenen Aufsatz »Schnee und Lettow-Vorbeck« (Die Deutsche Nation, Ausgabe Februar 1920) äußerte sich Dr. Solf in diesem Sinne und ergriff nun doch, gegen jede bisherige diplomatische Vorsicht, auch öffentlich Partei für Schnee und gegen Lettow.

Deutsch-Ostafrika sollte also in diesen Krieg verwickelt werden, ohne daß sich die leitenden Männer einig waren. Das mußte zu schweren Konflikten führen, wenn starke Persönlichkeiten auf den eigenen Standpunkten beharrten, die Reichsbehörden in Berlin aber nicht regelnd eingriffen.

Von all dem konnte Oberstleutnant v. Lettow-Vorbeck natürlich während seiner dritten Reise im Mai/Juni 1914 nichts ahnen. Er war diesmal an die Westgrenze aufgebrochen. Der Verkehr auf der Zentralbahn von Daressalam war erst bis Tabora freigegeben, der Bahnbau jedoch schon so weit vorangetrieben, daß Lettow bis Kigoma am Tanganjika-See mit einem Bauzug fahren konnte. Auf der langen Reise lernte er dies wichtige Verkehrsmittel kennen und schätzen, das die Küste des Landes mit dem Tanganjika-See und seinen dichtbesiedelten angrenzenden Gebieten und dem großen Stromsystem des Kongo verband. Als Schwachstelle des Eisenbahnsystems — Straßen im heutigen Sinn waren so gut wie nicht vorhanden — erkannte er aber sofort die fehlende Querverbindung zwischen der Usambarabahn und der Zentralbahn. Nach Ausbruch des Krieges ließ er mit aller Energie Abhilfe schaffen, und so wurden auf das allerschnellste behelfsmäßig neue Straßen auf dieser Querverbindung und später sogar eine Feldbahnverbindung wenigstens von Mombo an der Nordbahn bis Handeni hergestellt.

In Kigoma fand Lettow den neuen deutschen Dampfer

Die Dislokation der Feldkompanien in Deutsch-Ostafrika im Juli 1914

Die Fähnchen geben die Standorte der einzelnen Feldkompanien (FK) und ihre Nummern an

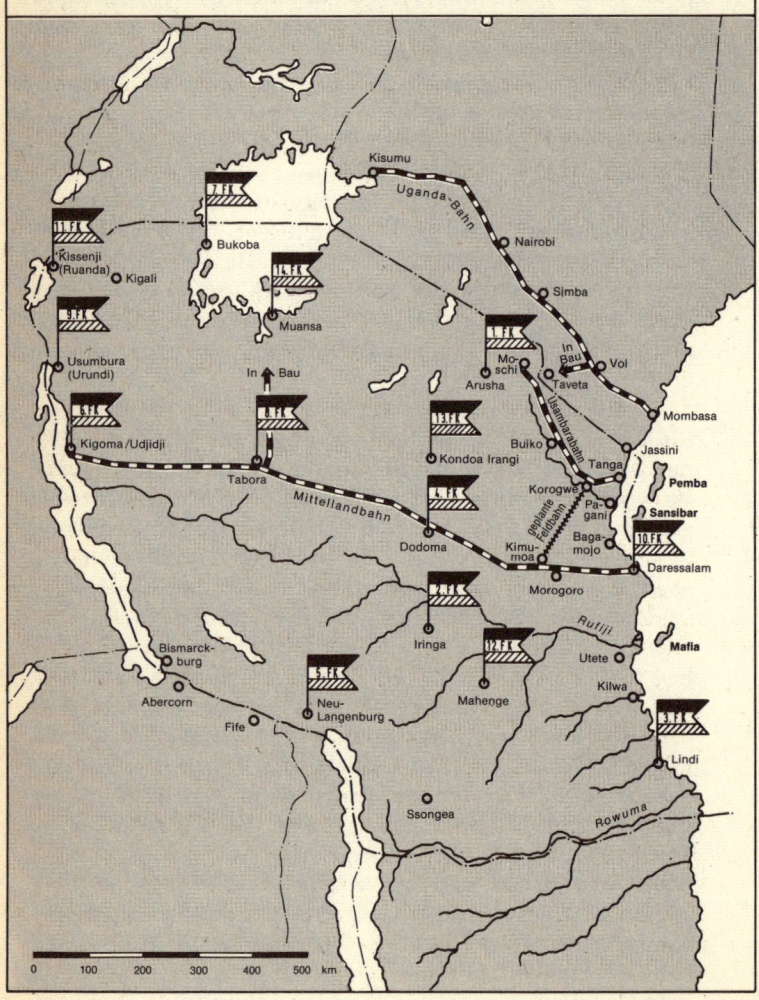

»Goetzen« im Bau, fuhr mit dem kleinen Dampfer »Hedwig von Wißmann« nach Bismarckburg und von dort weiter nach Baudouinville in Belgisch-Kongo.

Die folgenden Reisen zeigten Lettow, wie fruchtbar und dicht besiedelt jene Region um Langenburg und Ssongea war, die nur durch eine einzige Feldkompanie geschützt wurde und mit der nicht einmal eine unmittelbare Telegrafenverbindung bestand. Wollte man z. B. die Feldkompanie in Langenburg telefonisch erreichen, so war dies von Daressalam aus nur über britische Telegrafenleitungen und über Südafrika möglich.

Die vorhandene heliographische Verbindung von Iringa bis Langenburg war kein ausreichender Ersatz. Heliographen waren in vielen Gebieten und in den Zeiten vor der Erfindung von Funk-, Telegraf- oder Fernsprechmitteln ein wichtiges, besonders für militärische Zwecke eingesetztes Fernmeldesystem. Mit drehbaren Spiegeln wurden Sonnenlichtblitze längerer oder kürzerer Dauer über weite Entfernungen »gesendet«. Durch Kombination von längeren und kürzeren Blitzen wurde ein Alphabet gebildet (z. B. Morsekode). Bei klarem Wetter konnten solche Heliographen bei entsprechend unbehinderter Sichtlinie Nachrichten über bis zu 100 Kilometer Entfernung vom Sender zum Empfänger übermitteln. Die auffälligen Blitze wurden auf der Empfangsseite notfalls mit Fernrohr oder Feldstecher abgenommen. Der große Nachteil des Systems: Bei bedecktem Himmel, nachts oder zwischen zwei Punkten ohne freie direkte Sichtverbindung, war natürlich keine Nachrichtenübermittlung möglich. Immerhin haben solche Heliographenstationen der Schutztruppe im folgenden Krieg hervorragende Dienste erwiesen. Da die Kolonie mit Telegraf- und Fernsprechverbindungen nicht übermäßig reich gesegnet war, waren sie häufig das einzige schnelle Kommunikationsmittel.

Bei Iringa marschierte Lettow durch Gebiete, in denen Häuptling Kwawa während der ersten Zeit der deutschen Herrschaft rebelliert hatte. Bei Rugano ließ sich v. Lettow von älteren Eingeborenen und Pflanzern deren Erinnerungen an die Vernichtung der deutschen Expedition

v. Zelewski erzählen. Der Tatsache bewußt, daß er bei den alten Afrikanern als »Neuling« galt, bemühte sich Oberstleutnant v. Lettow, sein neues ostafrikanisches Aufgabengebiet schnell und intensiv kennenzulernen. Auf einem solchen Marsch von der Heliographenstation Kidodi nach Kilossa geschah es am 1. August 1914, daß ein Eilbote den Schutztruppenkommandeur erreichte und ihm ein Telegramm des Gouverneurs aushändigte: Er müsse sofort nach Daressalam zurückkehren. Am nächsten Tag kam die Nachricht, der Kaiser habe die Mobilmachung befohlen, der Kriegszustand bezöge sich aber nicht auf die Schutzgebiete.

In Kilossa konnte Lettow-Vorbeck mit einem Güterzug weiterreisen. Als er am Abend des 3. August in der Hauptstadt ankam, schien sie ihm einem aufgescheuchten Bienenschwarm zu gleichen. Die Kriegserklärung war mitten in die Vorbereitungen zur großen Landesausstellung hineingeplatzt, zu deren Programm auch die feierliche Eröffnung der Tanganjika-Bahn gehören sollte. Die zahlreichen schon eingetroffenen Besucher konnten nicht wieder abreisen. Sie umlagerten, zusammen mit aufgeregten Geschäftsleuten und Siedlern, die Ämter.

Lettow ging sofort an die Klärung der Frage, ob seine Schutztruppe und die Kolonie in diesem Krieg, in den ja nun wohl auch Großbritannien eingreifen würde, neutral blieben oder nicht. Er war davon überzeugt, daß es nicht für das Deutsche Reich, sondern für den Gegner von großem Nachteil wäre, wenn der Krieg auch auf die Kolonien übersprang. Da ein offizieller Operationsentwurf gegen einen äußeren Feind nicht zur Verfügung stand und der Gouverneur der Schutztruppe den Befehl gegeben hatte, Daressalam zu räumen, glaubte v. Lettow, sich zunächst diesem Befehl nicht widersetzen zu können, obwohl er anderer Meinung war. Für ihn stand fest, daß das Deutsche Reich in einen Existenzkampf eingetreten war und daß daher auch in den Kolonien stehende Streitkräfte die Pflicht hatten, etwas zur Unterstützung des Kampfes der Heimat beizutragen. Bestand dazu nur die geringste Möglichkeit, dann war es auch Pflicht, möglichst viele

Gegner auf dem ostafrikanischen Kriegsschauplatz in Kämpfe zu verwickeln und somit dem Mutterland Erleichterung zu verschaffen. Dabei ging es v. Lettow eben nicht vornehmlich um die Verteidigung von Deutsch-Ostafrika oder um militärische Waffenerfolge. Wenn es aber gelang, gegnerische Truppen durch den eigenen Einsatz der Heimat vom Halse zu halten, dann war dies eine wichtige Aufgabe; es ging dann also nur noch um die Frage, wie ein solches Ziel zu erreichen war. Sicher nicht durch eine sich verzettelnde Verteidigung des gesamten Territoriums. Vielmehr galt es, im gegnerischen System einen schwachen, aber lebenswichtigen Punkt ausfindig zu machen, dort anzugreifen und dadurch den Gegner zu zwingen, seine Seestreitkräfte und Truppen, z. B. aus Indien und Südafrika, statt nach Europa zu senden, zum Schutz der eigenen Kolonien zu verwenden. Diese Schwachstelle erkannte Lettow in der vom Viktoria-See über Nairobi nach Mombasa führenden britischen Uganda-Bahn, die nur wenige Tagesmärsche von der deutschen Grenze entfernt verlief. Daher betrieb er eine Konzentration seiner Streitkräfte an der deutsch-britischen Grenze in der Gegend des Kilimandscharo. Aber er hatte mittlerweile auch erkannt, daß zwischen ihm und dem Gouverneur die Auffassungen so weit auseinanderlagen, daß der Graben nicht überbrückbar erschien. Dies mußte zu Reibungen und zur Erschwernis der Kriegführung führen, was der Kommandeur zunächst gehorsam hinzunehmen hatte. Und diese vorgegebene Kompetenzverteilung führte zu einer Belastung des militärischen Kommandeurs gerade in dem Augenblick, in dem viele Entscheidungsnotwendigkeiten auf ihn einstürzten.

Die Beschießung Daressalams durch die Briten Anfang August sollte jedoch bald Klarheit darüber bringen, daß von einer Neutralität der Kolonien in Afrika keine Rede mehr sein konnte. Es gelang v. Lettow daher auch bald, das Einverständnis des Gouverneurs zur Zusammenziehung des Hauptteils der Schutztruppe in der Gegend vom Kilimandscharo zu erreichen. Lettow begab sich in sein Hauptquartier in Moschi am Kilimandscharo und erkundete das dortige Gebiet, prüfte aber auch Verteidigungsmöglichkeiten an der Küste, und suchte bei den Kommandeuren der Truppe und den Chefs der Zivilverwaltungen eine übereinstimmende Auffassung herbeizuführen. Dabei waren sich die meisten Beteiligten ausgesprochen oder unausgesprochen durchaus darüber im klaren, daß sie notfalls vom strikten Gehorsam gegenüber dem Buchstaben vom Gouverneur ausdrücklich erteilter Befehle würden abweichen müssen.

Krieg, wie und was das werden sollte, konnte sich damals ohnehin wohl niemand so recht vorstellen, in Daressalam wie in ganz Deutsch-Ostafrika nicht, der Gouverneur ebensowenig wie deutsche Pflanzer und Plantagenbesitzer und die Vertreter der Handelshäuser, Banken und Schiffahrtslinien. Und ähnliches galt sicher auch für die Gegnerseite.

Krieg mit Frankreich, ja, ihn hatte Preußen-Deutschland 1870/71 erlebt, kurz und siegreich, außerhalb des Landes. Und die kurzen Kriege mit Dänemark 1864 und Österreich 1866 — eigentlich eher blutige Manöver-Episoden — hatten auch nicht recht »gezählt«; auch sie waren außerhalb der Grenzen des eigenen Landes geführt worden und schnell beendigt gewesen.

Mit dem heimlich oder offen bewunderten seemächtigen Großbritannien hatte es schließlich noch nie Konflikte gegeben. Im Gegenteil: Zur Zeit der Freiheitskriege war man eng verbündet, hatte den Franzosen-Kaiser gemeinsam geschlagen, und schließlich hatten Blücher und Wellington bei Waterloo den von Elba noch einmal angetretenen Napoleon endgültig vernichtet. Schon zu des Großen Friedrichs Zeiten war man verbündet gewesen. Deutsche Soldaten hatten Gibraltar erobern und Nordamerika im amerikanischen Unabhängigkeitskrieg — wenn auch in diesem Fall erfolglos — für England verteidigen geholfen. Deutsche Übersee-Kaufleute und Reeder hatten ihren letzten großen Krieg zu Napoleons Zeiten erlebt. Und das war schon Generationen her.

Allerdings hatte es schon einen modernen Krieg gegeben, in fernen Landen zwar, der einen Vorgeschmack vom jetzt ausgebrochenen Weltbrand hätte geben können, wenn man ihn in Europa überhaupt nur richtig zur Kenntnis genommen und nicht als exotisches Ereignis in einem noch exotischeren Land abgetan hätte: den amerikanischen Bürgerkrieg.

Tapsig und gentlemanlike, unsicher und unbeholfen wie so viele deutsche Einwohner und Amtsträger, verhielten sich auch manche Kommandanten britischer Kriegsschiffe vor der Küste von Deutsch-Ostafrika. Unentschlossen, vor allem darauf bedacht, das ihm anbefohlene Schutzgebiet überhaupt aus dem Krieg herauszuhalten, lavierte Gouverneur Schnee, unterstützt von der öffentlichen Meinung in Deutsch-Ostafrika. Die Weichen für einen nicht mehr dynastischen, sondern nationalistisch-ideologischen und wirtschaftlichen Vernichtungskrieg waren in Europa aber längst gestellt.

Einige ahnten allerdings von der Furchtbarkeit der angebrochenen Auseinandersetzung. Dieser mehr oder weniger aus Zufall gerade in diesem Moment entstandene Krieg würde zu einer »Abrechnung« zwischen den Staaten und Völkern werden und auf die Vernichtung einer Seite hinauslaufen, nicht aber auf einen Versöhnungsfrieden. Und kein Land der aufgeteilten Welt würde ausgespart bleiben.

So bestanden auch in Deutsch-Ostafrika zwei Meinungsblöcke eine Zeitlang nebeneinander: jener der Neutralisten, die immer noch glaubten, sich mit ihrem zivilen Besitz aus einem europäischen Krieg heraushalten zu können, und jener der »Kampfbereiten«, die wußten oder ahnten, daß die Wahl in diesem Streit der Völker nur lautete: Kapitulation oder Kampf. Mit dieser Auffassung stand der neue Kommandeur außerhalb der Schutztruppe zunächst recht allein da, gestützt von nur wenigen Freunden und Bekannten, aber mehr und mehr von den vielen »kleinen Leuten«, die jetzt von weit her heraneilten, um dem Vaterland zu dienen, und vor den Rekrutierungsbüros Schlange standen.

Dieser Neuling, meinten viele Eingesessene — auch manche Offiziere der Schutztruppe — sei »kriegswütig«.

Diese Kleingläubigen, ereiferte sich die andere Gruppe, diese lendenfaulen Pfeffersäcke. Nein, Deutsch-Ostafrika war nicht nur auf eine kriegerische Verwicklung denkbar unvorbereitet, die Kolonie war auch auf der »obersten Ebene« völlig uneins. Daß die führenden Männer dazu noch von so unterschiedlichem Temperament waren, so entgegengesetzte Motivationen hatten, war natürlich alles andere als hilfreich für die Lösung des Führungskonflikts.

In Erinnerung an die fanatischen Mahdi-Kämpfer des Sudan-Krieges, die den britischen General Gordon und seine Truppen in Khartoum massakriert hatten, apostrophierten die »alten Afrikaner« den neuen Kommandeur und die, die jetzt zu ihm hielten, als »Tolle Mullahs«.

Problematisch waren auch noch die »Befehlsverhältnisse«: Während der Zeit der drohenden Krise konferierte der Gouverneur mit dem Ältesten Marineoffizier der Ostafrikanischen Station, dem Kommandanten des Kreuzers »Königsberg«, wie mit seinesgleichen — schließlich waren sie beide dem Kaiser direkt unterstellt. Der Schutztruppenkommandeur v. Lettow — war dies vielleicht für ihn ein günstiger Zufall? — befand sich bei Ausbruch der Krise fast unerreichbar im Landesinneren. Ihn brauchte man erst zu holen, wenn es wirklich Krieg gab. Und dann sollte er den Befehlen des Gouverneurs gehorchen, der nach dem alten Plan vorzugehen gedachte: Küstenstädte räumen, in das Innere ausweichen, die Verkündigung des Neutralitätsstatus abwarten und um Himmels willen die potentiellen Gegner nicht reizen. Ein Krieg war durch die Kolonie ohnehin gar nicht oder nicht lange zu führen. Falls es wirklich dazu kam, würde man mit ein paar Scharmützeln der Flaggenehre Genüge tun und dann angesichts der erdrückenden Überlegenheit des Gegners und der eigenen Isolation mit allen militärischen Ehren kapitulieren. Leben und Eigentum wären geschützt und würden nach dem Krieg selbstverständlich vom Gegner wieder herausgegeben werden, diesem Gegner, der ja aus den bewunderten Freunden und Gastfreunden von gestern bestand.

Und so ging der kaiserliche Gouverneur mit der An-

Oben: S.M.S. »Königsberg« im Hafen von Daressalam.

Unten: Der Gipfel des Kilimandscharo (Kibo) von Neumoschi aus.

Links:
Askari-Schildwache.

Unten: Die Usam-
bara-Bahn.

Oben: Askari-
Feldkompanie.

Rechts:
Gouverneur Dr.
Heinrich Schnee
und Kommandeur
Paul v. Lettow-
Vorbeck.

*Links: Fregatten-
kapitän Max Looff,
Kommandant S.M.S.
»Königsberg«.*

*Mitte: Kreuzer
»Königsberg« läuft
aus.*

*Links: »Königsberg«
vor Arabien.*

schauung in die Krisenzeit, auch im Kriegsfall sei es seine vornehmlichste Pflicht, das ihm anbefohlene Schutzgebiet vor Schaden zu bewahren. Jedenfalls sollten feindliche Beschießungen der Küstenorte vermieden werden, um keine Personen- und Sachverluste zu erleiden. Besondere Sorge galt auch der Möglichkeit von Aufständen gegen das deutsche Gouvernement. Insgesamt war dies also ein Kriegs-Szenario der Art »Ruhe ist die erste Bürgerpflicht«. Der Krieg war ausschließlich Sache des Militärs. Auch etwas vom romantisch-hypokritischen »Gentleman-War«, vom »christlichen oder humanen Krieg«, vom »Krieg nach Spielregeln«, gerade wie bei einem Match, gaukelten sich die Anhänger der »neutralistischen Seite« vor.

Lettow hingegen sah realistisch die Entwicklung eines totalen Krieges voraus. Und wenn schon ein Krieg ausbrach, dann ließ er sich nicht unkriegerisch bestehen. Daher wäre ihm, auch wenn der Gegner dies zugestanden hätte, eine Neutralisierung Ostafrikas als Schädigung der Kriegsanstrengungen des Deutschen Reiches erschienen. Angesichts dieser diametral entgegengesetzten Ansichten über den kommenden Krieg sollte ein Zusammenstoß der beiden wichtigsten Männer in der deutschen Kolonie nicht lange auf sich warten lassen.

6. Krieg in Ostafrika

Der 4. August verstrich, ohne daß weitere wichtige Nachrichten eingingen. Der Gouverneur erließ die Anordnung, daß gemäß Verteidigungsplan die offene Stadt Daressalam im Falle eines Krieges mit Großbritannien gegen feindliche Seestreitkräfte nicht zu verteidigen sei. Der Schutztruppe gab er Befehl, Daressalam zu räumen. Die drei in Daressalam liegenden Kompanien marschierten mittags ab und bezogen ein Lager bei Mbaruku. Aus Tabora wurde die 8. Feldkompanie auf der Mittellandbahn bis Ngerengere herangezogen.

Am 5. August um 6.15 Uhr wurde in Daressalam der

von Windhuk aufgegebene Funkspruch »England erklärte am 4. August an Deutschland den Krieg« aufgenommen. Die aus Windhuk und Kamina (Togo) aufgefangene Nachricht des Kriegszustands zwischen Deutschland und England wurde an die »Königsberg« weitervermittelt. Gouverneur Dr. Schnee erließ einen Aufruf an die Bevölkerung von Deutsch-Ostafrika:

»Auch England hat unserem Vaterland den Krieg erklärt. Wir müssen damit rechnen, daß der Feind in Deutsch-Ostafrika einzudringen versucht. Den ungeschützten Städten an der Küste, in erster Linie Daressalam, das so viele deutsche Frauen und Kinder beherbergt, wird, wie wir hoffen, der Schrecken des Krieges erspart werden. Durch Verstärkung der Polizeitruppe auf das Doppelte und andere erforderliche Anordnungen ist für die allgemeine Sicherheit auch dann gesorgt, wenn die wehrpflichtigen Männer ihrer Pflicht bei der Fahne genügen. Von allen Bürgern wird erwartet, daß sie die zur Aufrechterhaltung der Ruhe und Sicherheit getroffenen Maßnahmen durch ihr Verhalten unterstützen werden. Deutsche Ostafrikas: Der in Europa zweifellos bereits ausgebrochene Kampf wird die schwersten Opfer an Gut und Blut von unseren deutschen Brüdern daheim fordern. Auch von uns wird erwartet, daß wir, obschon fern von der Heimat, den uns anvertrauten deutsch-ostafrikanischen Boden treu bis zum Tode behaupten. Jeder tue seine Schuldigkeit für unseres Volkes Ehre. — Der Kaiserliche Gouverneur. Schnee.«

Die Nachricht vom Kriegsausbruch mit Großbritannien ließ Schnee sofort an alle mit Telegraph versehenen Verwaltungsstellen durchgeben und von dort mit Boten an nicht angeschlossene Stellen im Landesinneren weitersenden.

Der schließliche Eingang der Kriegsnachricht war nach den langen Wochen der Spannung für viele keine Überraschung mehr. Aber die Stimmung der deutschen Bevölkerung war gemischt: Die einen waren gefaßt und ruhig, andere feurig-patriotisch und tatendurstig, und in den völlig ungeschützten Küstenstädten, einschließlich der Hauptstadt, wo jetzt jeden Augenblick britische Kriegsschiffe erscheinen konnten, herrschte teilweise auch wohl Aufregung und Sorge. Eine allgemeine Hochstimmung, wie sie in Europa bei Kriegsausbruch teilweise zu registrieren war, blieb in Deutsch-Ostafrika aus.

Schwer lastete die Verantwortung auf dem Gouverneur. Mit allem hatte er während seiner Amtszeit in diesem Lande gerechnet, nur nicht mit Krieg. Da der Kriegsausbruch mit Großbritannien die Kolonie von jeder Nachrichtenverbindung abgeschnitten hatte, mußte er zunächst versuchen, mit den Behörden im angrenzenden Belgisch-Kongo eine Verbindung herzustellen. Denn vom Ausbruch des Krieges auch mit Belgien war nichts bekannt. Dr. Schnee beauftragte daher das Bezirksamt in Udjidji am Tanganjika-See, durch Verhandlungen mit belgischen Behörden über die Kongo-Kolonie eine regelmäßige Nachrichtenverbindung mit Europa herzustellen.

Der dortige Bezirksamtmann sandte auch am 6. August 1914 einen Assessor mit einer Dau über den Tanganjika-See in den belgischen Ort Albertshafen. Dort wurde der deutsche Beamte am folgenden Tag zunächst hingehalten. Dann teilten ihm belgische Offiziere mit, auch Belgien befände sich mit Deutschland im Krieg; er werde am Ort festgehalten, bis weitere Anweisungen vom belgischen Gouverneur eingegangen seien; die Dau sei beschlagnahmt, er selbst, wie die Besatzung, interniert. Der pflichtgetreue Beamte entkam aber in der folgenden Nacht. Da seine Dau bewacht wurde, bemächtigte er sich mit Hilfe einiger seiner farbigen Bootsleute eines Einbaums und überquerte den Tanganjika-See. Am 8. August war er wieder in Udjidji und überbrachte die Nachricht vom Krieg auch an dieser Grenze.

Im Süden grenzte die portugiesische Kolonie Mosambik an Deutsch-Ostafrika. Hier bestanden nur einige Tage Zweifel, ob auch Portugal in den Krieg eingetreten war. Auf welcher Seite, das war keine Frage. Der nach Anlaufen portugiesischer Häfen in Lindi eingelaufene Dampfer »Präsident« der DOAL brachte das Gerücht mit, Portugal nehme am Krieg gegen Deutschland teil. Ferner trafen aus dem Süden Nachrichten ein, deutsche Reservisten seien auf portugiesischem Gebiet von den Behörden festgehalten worden.

Deutsch-Ostafrika verfügte jedoch über keine Telegraphenverbindung über die portugiesische Grenze. Daher ließ der Gouverneur zur Klärung der Lage vom Bezirksamt Lindi einen Beamten nach Palma entsenden, den ersten portugiesischen Ort mit Telegraphenverbindung. Für den Neutralitätsfall forderte er gleichzeitig die sofortige Freigabe aller deutschen Reservisten. Daraufhin teilte der portugiesische Generalgouverneur in Lourenço Marques telegraphisch mit, Portugal sei neutral. Die in Palma festgehaltenen deutschen Reservisten konnten ihre Reise nach Deutsch-Ostafrika fortsetzen. Der Gouverneur wies nun umgehend alle militärischen und zivilen Stellen telegraphisch an, gegenüber Portugal strikte Neutralität zu üben. Aufgrund der falschen Nachricht, Portugal sei in den Krieg eingetreten, waren bereits Truppenbewegungen eingeleitet worden. Sie konnten noch vor einer Grenzüberschreitung rückgängig gemacht werden.

Im innersten Teil des Bezirks Lindi, mehrere Tagesmärsche von der nächsten Telegraphenstation entfernt, kam es jedoch zu einem militärischen Zusammenstoß. Die Nachricht darüber ging erst später in Daressalam ein. Eine kleine deutsche Schutztruppen-Abteilung hatte auf Eingeborenen-Nachrichten über Kriegsvorbereitungen in den Bomas auf der portugiesischen Seite dem Gegner zuvorkommen wollen, hatte die portugiesische Grenzfestung Maziwa angegriffen und eingenommen. Dabei war ein portugiesischer Unteroffizier ums Leben gekommen. Gewehre und Munition wurden von der deutschen Abteilung als Beute weggeführt. Gouverneur Schnee hatte nun die delikate Aufgabe, dem portugiesischen Gouverneur von Mosambik sein Bedauern über diesen Vorfall zu vermitteln und das erbeutete Material zurückgeben zu lassen. Dieser Zwischenfall hatte zunächst keine weiteren Folgen.

Für Daressalam bestand also jetzt Gewißheit: Krieg mit Großbritannien im Norden und Südwesten und mit Belgien im Westen, jedoch Neutralität an der Südgrenze zu Portugiesisch-Ostafrika.

Auch nach der Erklärung vom Kriegszustand in

Deutsch-Ostafrika verblieben zivile Gerichtsbarkeit und Verwaltung einschließlich der Verfügung über die Polizei bei den Zivilbehörden. Nur in dringenden Fällen sollte die vollziehende Gewalt auf den Militärbefehlshaber des jeweiligen Bezirks übergehen.

Lettow hatte inzwischen neben der 8. Feldkompanie auch die 4. Feldkompanie aus Kilimatinde und die 6. Feldkompanie aus Udjidji per Eisenbahn nach Pugu, 20 Kilometer westlich von Daressalam, herangezogen. Am Vormittag des 5. August verlegte er sein Hauptquartier auch nach Pugu, um von dort die Konzentration der Hauptkräfte zu organisieren. In Daressalam war nur ein Bahnhofskommandant zurückgeblieben, der den Abtransport aller Bestände und Schiffsladungen sowie der Reservisten nach Pugu leitete.

Nach Bekanntwerden der Kriegserklärung Großbritanniens hatten sich für die Marine Schwierigkeiten im Hafen von Daressalam dadurch ergeben, daß ein Teil der Prähme und teilweise auch der Schlepper an die Schutztruppe abgegeben werden mußten, um die Räumung der an der Ostseite des Innenhafens gelegenen Artillerie- und Munitionsdepots durchzuführen und die mit dem Dampfer »Feldmarschall« eingetroffenen Kraftfahrzeuge an Land zu schaffen.

Immerhin war der Dampfer »König« seeklar geworden und fast ausgerüstet. Da am Vormittag dieses 5. August gegnerische Kreuzer vor dem Hafen nicht gesichtet waren und in nördlicher und nordöstlicher Richtung schweres, in südlicher Richtung leichteres Regenwetter herrschte, gab Korvettenkapitän Zimmer um 10.30 Uhr dem Dampfer »König« den Befehl, als Versorger der »Königsberg« in See zu gehen. Der Dampfer hatte bis dahin etwa zwei Drittel der vorgesehenen Ausrüstung und Ladung an Bord nehmen können. Das Vermessungsschiff »Möwe« lag längsseits von »Tabora«, damit die Besatzung auf den Dampfer übersteigen und die Ausrüstung als Hilfskreuzer durchführen konnte.

In einer Sitzung am frühen Morgen dieses Tages hatte der Gouverneur erklärt, die Schutztruppe werde entsprechend dem im Frieden von den Reichsbehörden genehmigten Richtlinien Daressalam sofort räumen und außerhalb der Stadt eine befestigte Stellung beziehen. Ein Kampf in Stadt und Hafen würde unterbleiben. Im Interesse der Schonung der vielen dort ansässigen Frauen und Kinder sowie der Eingeborenen würde Daressalam zur offenen, unverteidigten Stadt erklärt. Der als Vertreter der Marine anwesende Korvettenkapitän Zimmer erwiderte, er müsse seine Handlungsweise jeweils von den Umständen abhängig machen. Dieser Einrede gab Gouverneur Schnee nach und gewährte damit der Marine mehr Spielraum, als der ihm direkt unterstellten Schutztruppe.

Der Dampfer »König« wurde jedoch von einem britischen Kreuzer gejagt und beschossen und lief um 12.30 Uhr wieder ein. Nun gab Zimmer die Absicht auf, diesen Dampfer erneut auslaufen zu lassen. Ein unbemerktes Ausbrechen hielt er auch bei Nacht nicht mehr für möglich.

Zimmer ließ alle Regierungs- und Handelsdampfer im inneren Hafen ankern und die Hauptabsperrventile für die Dampfrohrleitungen an Land bringen, um zu verhindern, daß sie fahrbereit in die Hände des Gegners fielen. Auch sein eigenes Schiff, das Vermessungsschiff »Möwe«, folgte und wurde aufgelegt. Nur ein Wachkommando blieb an Bord. Das Schiff wurde zur sofortigen Sprengung und Versenkung klargemacht.

Ferner gab Zimmer auch den Plan auf, den Dampfer »Tabora« zum Hilfskreuzer auszurüsten. Seine auffallende und bekannte Form würde nach seiner Meinung eine Entdeckung auf See sehr leicht gemacht haben. Zwar hatte »Tabora« etwa 1000 Tonnen Durban-Kohle an Bord, aber der Dampfer erreichte mit dieser Kohle nur eine Geschwindigkeit von elf Seemeilen. Das Heizerpersonal waren Araber aus Aden, also britische Untertanen. Sie konnte man kaum auf einem Hilfskreuzer gegen England verwenden. Es schien zweifelhaft, ob durch Matrosen ergänztes deutsches Heizerpersonal den Anforderungen des mörderischen Klimas genügen konnte.

Die Schutztruppe erhielt daher an diesem Tag eine Verstärkung: Zimmer stellte seine 106 Mann starke »Möwe«-Besatzung und den von »Königsberg« übergebenen Hilfs-kreuzerzuschlag (die zwei 8,8-cm-Geschütze mit ihrer Munition) der Schutztruppe zur Verfügung. Im Gegenzug übertrug der Gouverneur nun auch die Verfügung über die Reservisten und Beurlaubten der Marine an die Schutztruppe.

(Mit diesem Teil der Zimmerschen Maßnahmen war Looff später überhaupt nicht einverstanden: »Die Verwendung der ›Möwe‹-Besatzung im Inneren des Schutzgebietes entsprach zunächst nicht meinen Absichten, ich mußte die Entschließung des Korvettenkapitäns Zimmer aber nachträglich gutheißen, da er nicht mit der Rückkehr der ›Königsberg‹ rechnen konnte.«)

Daressalam war auf Befehl des Gouverneurs geräumt worden. Nun standen keine deutschen Truppen mehr in Küstenorten, ausgenommen die 3. Feldkompanie in Lindi; aber dort war vorerst nicht mit feindlichen Handlungen zu rechnen. Auf gegnerische Landungen an anderer Stelle mußte man jedoch gefaßt sein, da dem Gouverneur am 6. August zugehende zuverlässige Nachrichten besagten, in Sansibar werde für die folgende Nacht der britische Kreuzer »Dartmouth« mit 500 Mann indischer Truppen und später weitere Kriegsschiffe aus Indien erwartet, die Transporter mit indischen Truppen nach Mombasa geleiten sollten. Maßregeln für das Verhalten der deutschen Zivilverwaltung bei feindlichen Landungen enthielt eine telegraphische Anweisung des Gouverneurs vom 6. August an alle Bezirksämter der Küstenbezirke Deutsch-Ost-afrikas:

»Entbehrlicher Teil Polizei wird rückwärtig in angemessene Entfernung verlegt, so daß feindlichem Zugriff entzogen, aber für Dienststelle erreichbar. Vorsteher Dienststelle bleibt am Platz, verhandelt mit feindlichem Parlamentär, erklärt, daß offener Platz, daher kein Widerstand, beantragt Belassung Polizei mit Waffen unter Befehl Vorstehers, falls dieser abgelehnt, macht Feind aufmerksam auf seine internationale Verpflichtung zur Aufrechterhaltung Sicherheit und Ordnung. Polizei, wenn möglich, auch die zunächst am Platze verbliebene, dann geeigneten Punkt im Inneren verlegen und schnellstens Nachricht hersenden. Weitere Instruktion für Polizei folgt dann. Unterstützt ferner Postagentur gemäß deren gleichzeitig abgehenden Instruktionen. Dienstbetrieb nach Möglichkeit aufrechterhalten, insbesondere Ruhe der Eingeborenen, in Einzelheiten handelt nach pflichtgemäßem Ermessen. Verlegt Polizei, soweit bereits jetzt an Küste entbehrlich, an geeigneten Punkt im Innern und drahtet darüber.«

Dies kam den Absichten des Gegners entgegen, weil diese Maßnahmen die kampflose Preisgabe aller Küstenorte bedeuteten. Eine Rückkehr der »Königsberg« war nicht vorgesehen, das Auslaufen von Versorgungsschiffen und Hilfskreuzern aufgegeben. Daher war in Daressalam in der Nacht vom 5. zum 6. August auf Anregung von Korvettenkapitän Zimmer das Schwimmdock in der Hafeneinfahrt versenkt worden. Das Eindringen gegnerischer Schiffe sollte dadurch verhindert werden. Am 7. August hatte Lettow den Gouverneur darauf aufmerksam machen lassen, daß vom Funkturm aus die deutschen Stellungen und Bewegungen landeinwärts einzusehen waren. Darauf hatte der Gouverneur den Feldpostdirektor Rothe angewiesen, den Turm umzulegen, sobald eine Landung erfolgte. Die Funkanlagen der Schiffe waren bereits teils (leider) zerstört, teils abmontiert worden, um landeinwärts wieder aufgebaut zu werden. Die Dampfer hatte man fahruntüchtig gemacht, »Tabora« war am 6. August vom Roten Kreuz als Hospitalschiff angekauft worden und führte nun die Genfer Flagge.

7. Erste Beschießung von Daressalam

Am 8. August morgens eröffneten die Geschütze der Kreuzer »Astraea« und »Pegasus« von der Außenreede aus das Feuer auf Daressalam. Gouverneur Schnee ließ die weiße Flagge so schnell hissen, daß schon nach dem 7. Schuß das Feuer eingestellt wurde. Schäden waren nicht entstanden, der Funkturm nicht getroffen worden. Auf das Signal eines der britischen Kreuzer, es solle schnellstens ein Boot gesandt werden, wies der Gouverneur den Hafenmeister, Kapitän Berndt, an, mit dem Boot hinauszufahren und dem Kreuzer mitzuteilen, eine Verteidigung Daressalams sei nicht beabsichtigt, zu weiteren Verhandlungen sei er nicht legitimiert, aber die Entsendung eines britischen Parlamentärs sei anheimgestellt. Seinen Stellvertreter, den Geheimrat Methner, beauftragte der Gouverneur schriftlich, »die etwaigen Verhandlungen mit dem Feinde wegen Übergabe Daressalams zu führen, und zwar in solcher Weise, daß ein Bombardement Daressalams unter allen Umständen vermieden wird«. Dann erhielt die Polizeiabteilung Befehl, auf Pugu abzumarschieren. Alle noch nicht eingezogenen Reservisten und sonstigen Wehrpflichtigen sammelten sich befehlsgemäß auf dem Bahnhof und wurden nach Pugu abtransportiert. Der Gouverneur begab sich ebenfalls zum Bahnhof, um mit seinem Zug zur Verlegung des Amtssitzes ins Landesinnere, nach Morogoro, abzufahren, sobald ein britischer Parlamentär Daressalam beträte.

Als um 10.30 Uhr vom Kreuzer »Astraea« ein Parlamentärsboot abstieß, wurde der Befehl zur Sprengung des Funkturms gegeben. Gleichzeitig versenkte ein Wachkommando das Versorgungsschiff »Möwe«. Der britische Parlamentär hatte inzwischen die Versenkung des Schwimmdocks festgestellt und kehrte um, als um 11.00 Uhr die Sprengung des Funkturms erfolgte. Captain Sykes, der Kommandant der »Astraea«, zugleich Ältester See-Offizier an der Ostküste Afrikas, hatte zwar noch am Morgen dem Hafenmeister mitgeteilt, es käme ihm nur darauf an, den Funkturm unbrauchbar zu machen; nun aber setzte er in einem an den Gouverneur oder dessen Bevollmächtigten gerichteten Schreiben die Bedingungen fest, unter denen er die weiße Flagge über Daressalam respektieren wolle:

»1. Ich habe das Recht, die Geräte Ihrer Funkstation zu entfernen und zu zerstören.
2. Das gleiche gilt für die Funkanlagen aller im Hafen liegenden Schiffe.
3. Sie versichern, daß kein weiterer feindlicher Akt während des Krieges durch Sie begangen wird.

4. Ich verlange die Versicherung, daß sich keine Geschütze (›guns‹), Munition oder Kohlen in Ihrem Hafen befinden, die einem unserer möglichen Feinde nützlich sein könnten. Sie ermächtigen den Überbringer, sich von der Einhaltung meiner Bedingungen selbst zu überzeugen.
5. Ich erkläre alle im Hafen liegenden Kriegs- und Handelsschiffe zur Prise und verlange die Versicherung, daß die Kapitäne dieser Schiffe keinen weiteren Versuch machen, in See zu gehen oder am Krieg teilzunehmen.
6. Ich verlange die Versicherung, daß das versenkte Schwimmdock, welches die Einfahrt zum Hafen sperrt, nicht gehoben wird.«

Diese Bedingungen müßten bis 14.00 Uhr angenommen sein, sonst würden die erforderlichen Maßnahmen getroffen werden. — Mit diesem Schreiben traf Lieutenant-Commander Turner (vom Kreuzer »Pegasus«) als bevollmächtigter Parlamentär etwa um 12.00 Uhr im Regierungsgebäude ein. Bei Besprechung der einzelnen Punkte erklärte er zu den Punkten 1, 2 und 4:

»Wenn mir Gelegenheit gegeben wird, mich selbst vom Vorhandensein oder Nichtvorhandensein der erwähnten Einrichtungen oder Gegenstände zu überzeugen, sehe ich dies als eine mir geleistete Zusicherung an.« Zu Punkt 3: »Die Versicherung des Gouverneurs, daß kein feindlicher Akt während des Krieges begangen werde, bezieht sich nur auf die Verwaltung des Hafens und des Stadtgebietes von Daressalam. Unter ›guns‹ sind Geschütze und Maschinengewehre zu verstehen.« Zu Punkt 5: »Unter Erklärung der ›Schiffe zu guter Prise‹ ist das zu verstehen, was nach den internationalen Abkommen, denen auch Großbritannien beigetreten ist, gültig ist.«

Ferner dürfe nach Abschluß des Übereinkommens auf den im Hafen liegenden Schiffen nichts zerstört werden, daher seien sofort alle Anordnungen zu treffen, um eine Zerstörung von Schiffen oder Gegenständen auf diesen zu verhindern.

Darauf erklärte der Stellvertretende Gouverneur, er nähme die im Schreiben enthaltenen Bedingungen an. Sodann fragte er, was unter Respektierung der weißen Flagge zu verstehen sei, und wies auf die Notwendigkeit der Verwaltung hin, Ruhe und Sicherheit in der großen Eingeborenenstadt aufrechtzuerhalten. Der Parlamentär entgegnete: »Wir beabsichtigen nur, hier den Erfordernissen unserer Flotte zu entsprechen; die Verwaltung soll nach den bestehenden Gesetzen weitergeführt werden.« Diese Erklärung könne er allerdings nur namens seines vorgesetzten Befehlshabers, nicht aber namens der britischen Regierung abgeben.

Über die Verhandlung wurde ein Protokoll in zwei Originalen gefertigt, die jeweils von Geheimrat Methner als Stellvertretender Gouverneur und Lieutenant-Commander Turner unterzeichnet wurden. Turner unterschrieb erst, nachdem er die Funkanlagen an Land und auf einigen Schiffen sowie das Kohlenlager besichtigt und die Funkanlage der »Tabora« noch weiter zerstört hatte.

Die Annahme dieser Bedingungen mußte die wegen der ohnehin gegensätzlichen Anschauungen bestehende Spannung zwischen Gouverneur und Kommandeur zum offenen Konflikt ausbrechen lassen.

Als in Pugu am Morgen dieses Tages schweres Geschützfeuer von Daressalam her aufklang, ließ Lettow die in Mbaruku und Pugu liegenden fünf Kompanien marschbereit machen. Telegrafisch zog er auch die Feldkompanie aus Usumbura und Kissenji heran.

Das Kommando war über die Ereignisse in Daressalam bis zum Zeitpunkt vor dem Eintreffen des britischen Parlamentärs durch Telegramme des Gouverneurs mehr oder weniger informiert. Daß über Daressalam die weiße Flagge wehte und der Stellvertretende Gouverneur beauftragt worden war, Verhandlungen wegen der Übergabe Daressalams zu führen, hatte Lettow jedoch nicht erfahren.

Als bei der Durchfahrt des Gouverneurs durch die Station Pugu im Eisenbahnzug eine kurze Besprechung stattfand, zeigte sich der Gouverneur von den britischen Feindseligkeiten überrascht. Sowohl Lettow wie sein Generalstabsoffizier, Hauptmann Freiherr v. Hammerstein, verstanden die Erklärungen des Gouverneurs so, als habe er den Briten durch den Hafenmeister sagen lassen, daß er nicht verhandeln wolle. Aller Eingriffe in die Kriegführung der Schutztruppe wolle er sich enthalten. Die gesamte Truppe, Telegraf und Eisenbahn, stünden zur Verfügung des Kommandos. Während dieser Besprechung ging die Meldung ein, ein britischer Kreuzer mache bei Kondutschi Landungsversuche. Daraufhin meldete der Kommandeur dem Gouverneur, er beabsichtige, diesen Gegner anzugreifen. Damit erklärte sich der Gouverneur einverstanden.

Nach dieser Besprechung wies der Gouverneur telegrafisch alle Bezirksämter entsprechend an:

»Nachdem mit Angriffen beträchtlicher englischer Streitkräfte zu rechnen ist, geht Verfügung über sämtliche Wehrpflichtigen und Polizeitruppen ausschließlich auf die Militärbefehlshaber über, ebenso Verfügung über die Verkehrsmittel, einschließlich Post, Telegrafie und Eisenbahn ... Bezirksämter haben Requisitionen der Militärbehörden wegen Material und Proviantlieferungen stattzugeben.«

Der Kommandeur rückte mit den alarmierten fünf Kompanien nach Kondutschi ab. Die 6. Feldkompanie sollte nach Eintreffen folgen. Das Schützenkorps, die Polizeiabteilung und die Batterie wurden zur Sicherung der Daressalamer Front eingesetzt.

In Mbaruku begegnete das Kommando am Abend dieses Tages einem Daressalamer Gouvernementsbeamten, der Abschriften eines britischen Schreibens und eines Verhandlungsprotokolls bei sich hatte, die er dem Gouverneur überbringen sollte. Zu seinem Erstaunen erfuhr Lettow, daß Verhandlungen tatsächlich stattgefunden hatten. Über den Inhalt der Abmachungen war er empört, glaubte jedoch sicher, sie seien ohne Einwilligung des Gouverneurs getroffen worden; er sah nur flüchtig in die Papiere und maß ihnen keinerlei Bedeutung zu, da er es nach der Besprechung in Pugu am Nachmittag für ausgeschlossen hielt, daß diese Abmachungen die Billigung des Gouverneurs finden könnten.

Die auf Kondutschi angesetzten Kompanien trafen nachts bei Wilhelmshöhe ein, rückten jedoch schon am nächsten Nachmittag wieder in ihre Lager zurück, da sich die Meldung von feindlichen Landungsversuchen als Irrtum erwiesen hatte. Jedoch wurde Bootsverkehr zwischen den britischen Kreuzern und dem Land festgestellt und daß in Daressalam die weiße Flagge wehte. Also waren doch weitere Verhandlungen im Gange? Hauptmann Tafel fuhr mit einem Kraftwagen mit folgendem schriftlichen Befehl Lettows zum dort zuständigen Bezirksamtmann Kausch:

»Die vollziehende Gewalt im Bezirk Daressalam, Stadt und Land, geht an mich über. Mit meiner Vertretung beauftrage ich den Bezirksamtmann Kausch. Etwaige Verhandlungen hat der Älteste Offizier der großbritannischen Streitkräfte ausschließlich mit mir zu führen.«

Nun wies der Stellvertreter des Gouverneurs, Geheimrat Methner, den schriftlichen Befehl des Gouverneurs vor und setzte telefonisch den Gouverneur von dem Befehl Lettows in Kenntnis. Der Gouverneur ließ Hauptmann Tafel an das Telefon kommen und diktierte ihm folgenden Befehl für den Kommandeur der Schutztruppe:

»Ihre Anordnungen betreffs Daressalam Stadt und Hafen sind ungültig. Ich genehmige die von meinem Vertreter getroffenen Anordnungen und verbiete Ihnen, irgendwelche Anordnungen dagegen vorzunehmen. Übernahme der vollziehenden Gewalt im Bezirk Daressalam außerhalb Stadt und Hafen durch Sie genehmige ich, dagegen verbleibt die vollziehende Gewalt in Stadt und Hafen meinem Vertreter. Es ist unter allen Umständen zu vermeiden, daß in Stadt und Hafen irgendwelche Maßnahmen getroffen werden, die ein Bombardement Daressalams zur Folge haben können. Ich mache Sie für strikte Befolgung dieses Befehls persönlich verantwortlich.«

Zwei Stunden später ergänzte der Gouverneur diesen Befehl durch ein an Lettow persönlich gerichtetes Telegramm:

»Ich wiederhole den mündlich gegebenen Befehl, daß Stadt und Hafen keinesfalls, auch nicht bei einem Vorgehen der Engländer auf dem Festland, von unseren Truppen angegriffen werden dürfen. Die Operationen im Bezirk Daressalam sind auf das Gebiet außerhalb des Stadt- und Hafengebietes zu be-

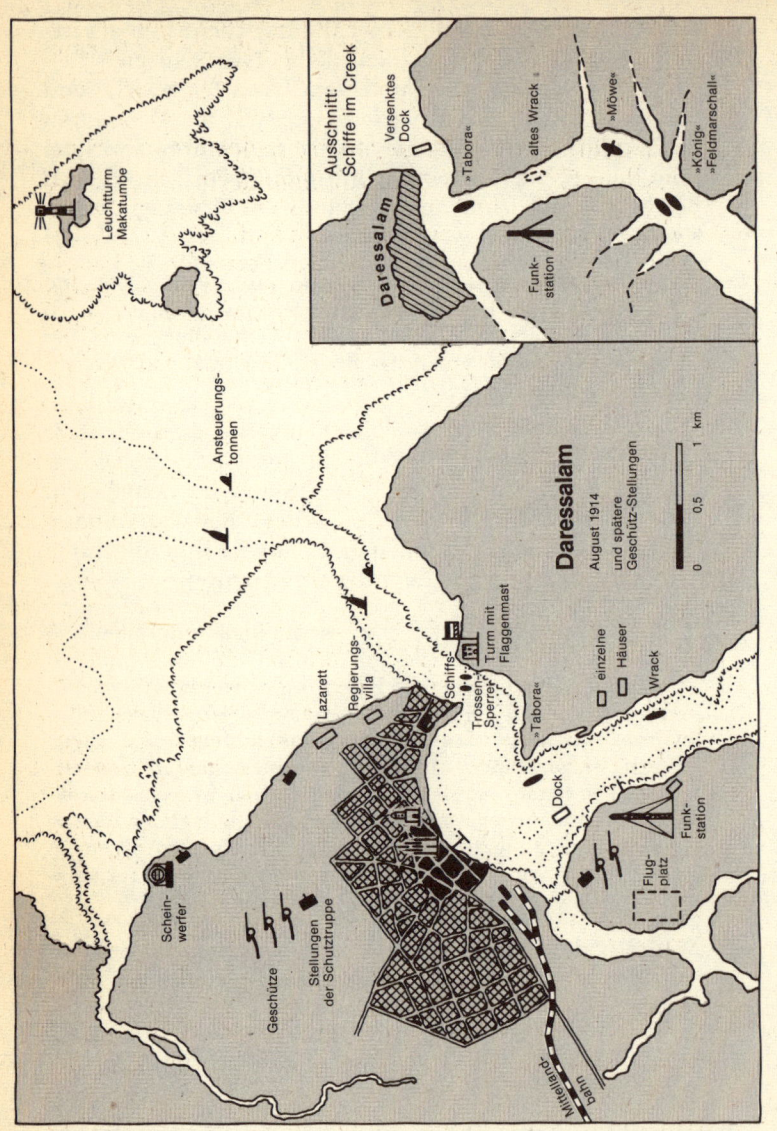

Ausschnitt:
Schiffe im Creek

Versenktes Dock

»Tabora« altes Wrack »Möwe«

Daressalam

Funk-station

»König«
»Feldmarschall«

Leuchtturm
Makatumbe

Ansteuerungs-tonnen

Daressalam

August 1914
und spätere Geschütz-Stellungen

0   0,5   1 km

Lazarett

Regierungs-villa

Schiffs-

Turm mit Flaggenmast

Trossen-Sperre

»Tabora«

☐ einzelne   ☐ Häuser   Wrack

Dock

Funk-station

Schein-werfer

Stellungen der Schutztruppe

Geschütze

Flug-platz

Mittelland-Bahn

schränken und genügend weit von letzterem entfernt zu halten, um jede Gefahr eines Bombardements der Stadt auszu-
schließen.«

8. Eskalation der Meinungsverschiedenheiten zwischen Gouverneur und Kommandeur

Die Form der Gegenbefehlserteilung mußte Lettow als äußerst verletzend ansehen, und der Bericht des Hauptmanns Tafel und dessen schriftliche Unterlagen machten
nun klar, daß der Gouverneur nicht nur die mit dem Gegner getroffenen Abmachungen billigte, sondern sogar die
Absicht hatte, Daressalam zu übergeben. Lettow war entschlossen, eine solche Übergabe mit allen Mitteln, auch
gegen den Befehl des Gouverneurs, zu verhindern. Zum
offenen Eklat kam es jedoch nicht, da inzwischen die gelandeten britischen Marinesoldaten Daressalam wieder
verlassen hatten und die Kreuzer gegen Abend in Richtung Sansibar abfuhren.

Das Abkommen empörte den Kommandeur; er hielt es
für unwürdig und militärisch schädlich, denn es gestattete
Gegnerschiffen die Benutzung Daressalams als Kohlen-
station und Stützpunkt. Deutschen Schiffen, z. B. der
»Königsberg«, versagte es jedoch die gleichen Gegeben-
heiten. Ferner bot das Abkommen dem Gegner die Möglichkeit, Stadt und Hafen Daressalams jederzeit zu besetzen und als Operationsbasis für weiteres Vordringen ins
Innere und damit zur Eroberung des Landes zu benutzen.
Die zwischen Gouverneur und Kommandeur ohnehin bestehende Kluft der Auffassungen war durch dieses Zuge-
ständnis des Gouverneurs an den Gegner noch weiter geworden.

Am 12. August erschienen die beiden britischen Kreuzer erneut vor Daressalam. »Astraea« forderte durch Signal eine Unterredung an Bord. Der älteste in Daressalam
anwesende Zivilbeamte, Regierungsrat Dr. Humann, ließ
sich telefonisch vom Gouverneur die Genehmigung dazu
geben. Dort teilte ihm der britische Älteste See-Offizier
mit, er habe die Abmachungen vom 8. August seinem

Kommandierenden Admiral zur Kenntnis gebracht, aber noch keine Antwort erhalten. Außer einigen nebensächlichen kleineren Forderungen verlangte er nun aber, Verzeichnisse sämtlicher Besatzungen der im Hafen liegenden Dampfer der Deutsch-Ostafrika-Linie zu erhalten. Soweit die Besatzungen nicht dem Schutz des Roten Kreuzes unterstünden, müßten sie sich schriftlich verpflichten, während des weiteren Krieges an Bord zu bleiben und keine feindlichen Handlungen gegen Großbritannien zu unternehmen. Diese Listen und Erklärungen sollten spätestens um 16.30 Uhr von Brücke I abgesandt werden. Mit Lieutenant-Commander Turner, der mit Humann an Land gefahren war, wurde vereinbart, daß das Hospitalschiff »Tabora« nur ein Besatzungsverzeichnis, nicht aber die Verpflichtung abzugeben habe. Regierungsrat Humann verständigte den Gouverneur sofort telefonisch und telegrafisch. Der Hafenmeister fuhr zu den beiden Dampfern, um den Kapitänen die britischen Forderungen zu überbringen. Auf dem Dampfer »Feldmarschall« gaben 40, auf »König« sieben Mann ihre Unterschrift. Die übrigen gingen von Bord, um sich bei der Truppe zu melden. Teilen der an Bord gebliebenen Mannschaften kamen später Zweifel, ob sie rechtlich einwandfrei gehandelt hatten. Sie meldeten die Umstände, unter denen ihnen die Verpflichtungserklärung abgenommen worden war, dem Kommando, das durch das Bezirksgericht Daressalam eine offizielle Untersuchung einleiten ließ. Diese ergab, daß vom Hafenmeister eine Beeinflussung im Sinne der Unterschriftsleistung ausgeübt worden war.

Trotz des Protests des Vertreters der Deutsch-Ostafrika-Linie, Herrn Bisse, der dabei übergangen wurde, aber bei Regierungsrat Humann vorstellig geworden war, sobald er Kenntnis von den Vorgängen erhalten hatte, wurden die Listen und Erklärungen fristgerecht zu den Kreuzern gesandt.

Am 13. August kam Lieutenant-Commander Turner wieder an Land, um mit Geheimrat Methner, der von Besprechungen mit dem Gouverneur zurückgekehrt war, über den Austausch von in Deutsch-Ostafrika ansässigen, derzeit aber in Sansibar befindlichen Indern gegen solche zu verhandeln, die in umgekehrter Lage waren. Danach fuhren die Kreuzer wieder ab. Das Kommando ersuchte den Gouverneur telegrafisch um Ablehnung einer Rückkehr der Inder aus Sansibar, da sie nur Spione und unnötige Esser seien.

Der Kreuzer »Pegasus« erschien schon am 15. August erneut und verlangte die Niederholung der Rote-Kreuz-Flagge auf »Tabora«. Folge man den Forderungen der Genfer Konvention an Lazarettschiffe, dann entspräche das Schiff diesen in seiner Ausrüstung nicht, zudem könne ein fahruntüchtiges Schiff überhaupt nicht als solches angesehen werden. Auch die Besatzung der »Tabora« müsse sich, wie die anderen Dampferbesatzungen, dazu verpflichten, nicht gegen Großbritannien zu kämpfen. Der Stellvertretende Gouverneur entgegnete, das Schiff diene als Ergänzung des nicht ausreichenden Gouvernements-Krankenhauses an Land und sei daher als stationäre Sanitätsanstalt anzusehen. Die übrigen Forderungen lehnte er ab. Die Antwort war ein bis 14.00 Uhr befristetes Ultimatum; danach würde die »Tabora« durch Geschützfeuer vernichtet. Der Stellvertretende Gouverneur veranlaßte daraufhin die Niederholung der Rote-Kreuz-Flagge unter gleichzeitiger Hissung des Signals »Gezwungen«. Um nicht bei weiteren Forderungen des Gegners mitwirken zu müssen, ließ Geheimrat Methner abends das bei Bagamojo die Küste erreichende und am 5. August auf deutscher Seite gekappte Seekabel noch einmal anschließen und telegrafierte an den britischen Residenten von Sansibar: »Mitteilt Seebefehlshaber, daß ich weitere Verhandlungen ablehne.« Dann suchte Methner beim Gouverneur um Abkömmlichkeit nach. Das Gesuch wurde am 20. genehmigt. Methner trat als Oberleutnant zur Schutztruppe und wurde Führer der 15. Feldkompanie. Es erwies sich also, daß auch in Kreisen höchster Beamter der Zivilverwaltung die Handlungsweise des Gouverneurs mißbilligt wurde.

Am nächsten Tag wurde der Besatzung der »Tabora«

durch den Hafenmeister die gleiche Verpflichtungsformel vorgelegt, wie den Männern der anderen Schiffe. Von 76 Mann verweigerten nur sechs die Unterschrift. Auch weitere Besatzungen der beiden anderen Dampfer, die bei der militärärztlichen Untersuchung für untauglich befunden worden waren, kehrten auf ihre Schiffe zurück und unterschrieben den Revers. Über diese Leute wurden Nachtragslisten angefertigt und ebenfalls dem Gouvernement eingereicht.

Inzwischen hatte der empörte Kommandeur einen Rechtsanwalt aus Daressalam, Oberleutnant Müller, nach Morogoro zum provisorischen Gouverneurssitz geschickt, um beim Gouverneur wegen der Übergabe von Daressalam und Unterlassung aller Maßnahmen, die zur Beschießung der Küstenplätze führten, vom rechtlichen Standpunkt aus vorstellig zu werden. Lettow ließ dem Gouverneur darlegen, daß einer Übergabe Daressalams seiner (Lettows) Auffassung nach völlig eindeutige Vorschriften des Reichsstrafgesetzbuches und des Militär-Strafgesetzbuches entgegenstünden. Es verfügten

§ 81 (3) des Strafgesetzbuchs für das Deutsche Reich: »Wer außer in den Fällen des § 80 es unternimmt ..., das Bundesgebiet ganz oder teilweise einem fremden Staate gewaltsam einzuverleiben, oder einen Teil desselben vom Ganzen loszureißen ..., wird wegen Hochverrats mit lebenslänglichem Zuchthaus oder lebenslänglicher Festungshaft bestraft ... Neben der Festungshaft kann auf Verlust der bekleideten öffentlichen Ämter, sowie der aus öffentlichen Wahlen hervorgegangenen Rechte erkannt werden.«

§ 58,1 des Militär-Strafgesetzbuchs des Deutschen Reiches: »Wegen Kriegsverrats wird mit dem Tode bestraft, wer mit dem Vorsatze, einer feindlichen Macht Vorschub zu leisten oder den deutschen oder verbündeten Truppen Nachteil zuzufügen ..., eine der im § 90 des Deutschen Strafgesetzbuchs bezeichneten strafbaren Handlungen begeht ...«

§ 90 des Deutschen Strafgesetzbuchs: »Lebenslängliche Zuchthausstrafe tritt im Falle des § 89 ein, wenn der Täter 1. Festungen, Pässe, besetzte Plätze oder andere Verteidigungsposten ... oder Angehörige der deutschen oder einer verbündeten Kriegsmacht in feindliche Gewalt bringt ...«

§ 89 des Deutschen Strafgesetzbuchs: »Ein Deutscher, welcher vorsätzlich während eines gegen das Deutsche Reich ausgebrochenen Krieges einer feindlichen Macht Vorschub leistet oder der Kriegsmacht des Deutschen Reiches oder der Bundesgenossen desselben Nachteil zufügt, wird wegen Landesverrats mit Zuchthaus bis zu 10 Jahren oder mit Festungshaft von gleicher Dauer bestraft.«

Das war nun wirklich »starker Tobak«. Dieser Vortrag konnte nichts anderes bedeuten, als daß der militärische Kommandeur seinem höchsten Vorgesetzten — weil ein »Am-Portepee-Fassen« nichts gefruchtet hatte oder zu fruchten schien — schlicht und einfach, zunächst allerdings nur intern, den Verdacht des beabsichtigten Landesverrats vorhielt und mögliche Konsequenzen andeutete. Dem Gouverneur mußten diese möglichen Konsequenzen klar sein: Würde Lettow ihn vielleicht sogar offiziell anklagen lassen, notfalls verhaften und die vollziehende Gewalt übernehmen? Es war dies ein hartes Pokerspiel zweier starker Persönlichkeiten mit diametral entgegengesetzten festen Auffassungen. Der Kommandeur würde wohl vor solchen letzten Konsequenzen zurückschrecken und nicht den Rubicon zum völligen Ungehorsam gegenüber ihm, dem kaiserlichen Gouverneur, seinem vorgesetzten »obersten Kriegsherrn« überschreiten, zumal die Auffassungen des Militärbefehlshabers im Lande insgesamt, aber auch bei der Schutztruppe selbst, keinesfalls unumstritten waren und er noch keine militärischen Erfolge hatte für sich buchen können.

Diese Einschätzung des internen »Kräftespiels« am damaligen 14. August 1914, zwei Wochen nach dem völlig unerwarteten Ausbruch des europäischen Krieges, schien den Realitäten zu entsprechen. Im Kampf der beiden starken Willen glaubte der Gouverneur, den Kompetenzkampf weiterführen zu können, ja zu müssen, denn innerlich war er doch wohl davon überzeugt, daß Deutsch-Ostafrika und seine Schutztruppe in einem Krieg gegen England und Frankreich keinerlei Chancen hatten: Nach einigen Scharmützeln würde man irgendwo vor der überwältigenden Übermacht des Gegners ehrenvoll die Waffen strecken. Je weniger Schaden jetzt geschah, um so besser. Und wenn der Kommandeur der Schutztruppe so unvernünftig war, durch rücksichtslose Verteidigung größere Schäden oder sogar Menschenverluste in den Küstenstädten zu verursachen, dann war wohl klar, was sein weiteres Los nach der ohnehin ja nur kurzen kriegerischen Verwicklung der Kolonie war. Und war es nicht so, daß einige seiner eigenen älteren Offiziere diesen in Deutsch-Ostafrika neuen Kommandeur mit vorgehaltener Hand einen »Tollen Mullah« nannten? Er war schließlich ein dem Gouverneur unterstellter schlichter Oberstleutnant. Der Gouverneur aber war Stellvertreter des Kaisers und Exzellenz, bei Isolation vom Reich Oberster Kriegsherr, mit eigener Flagge und dem Recht auf 21 Schuß Salut. Die Gesetze kannte man schließlich selber und besser. Aber darum ging es hier gar nicht. Wurde der Kommandeur vielleicht größenwahnsinnig? Wollte er sich offen auflehnen? Das wäre ja noch schöner! Das hat es noch nie gegeben! Da könnte ja jeder kommen! Das haben wir schon immer so gemacht! Wo kämen wir denn da hin? Alle diese Erfahrungssätze des beamteten Diplomaten mögen auf einmal auf die Exzellenz eingestürmt sein, als sie sich für einen Kollisionskurs entschied.

Und so führte denn dieser juristische Vortrag beim Gouverneur für das Kommando der Schutztruppe zunächst nicht zum erhofften Ergebnis. Die Exzellenz kniff keinesfalls. Jedenfalls jetzt noch nicht. Im Gegenteil: Gleich am 15. August genehmigte der Gouverneur schriftlich ausdrücklich die in Daressalam getroffenen Abmachungen, und in zwei Schreiben an den Kommandeur wiederholte er nicht nur sein Verbot, Daressalam zu verteidigen, sondern dehnte es auch auf alle übrigen Küstenplätze aus: »Dem Kommando teile ich ergebenst mit, daß ich ebenso wie für Daressalam auch für die offenen Küstenplätze Tanga, Pangani, Bagamojo, Sadani, Kilwa, Lindi und Mikindani, deren Verteidigung gegen Kriegsschiffe mit Aussicht auf Erfolg nicht möglich ist und lediglich zu einem für uns nutzlosen Bombardement der doch nicht zu haltenden Städte führen würde, die Instruktion erteilt habe, daß im Falle feindlicher Landung in den genannten Orten kein Widerstand zu leisten ist. Diese Anordnung, die sich nur auf die namentlich aufgeführten offenen Küstenplätze bezieht, gilt auch für die Schutztruppe.«

Lettow-Vorbeck, der westlich von Daressalam nun über fünf aktive und vier neuausgebildete Feldkompanien (von denen je vier in die Bataillone Kepler und Baumstark zusammengefaßt waren) sowie über drei aus Europäern gebildete Schützenkompanien verfügte, hatte sich in dieser »innerpolitischen« Lage und weil die britischen Kriegsschiffe ohne Landungsversuche abgefahren waren, dazu entschlossen, jetzt nicht ohne zwingenden Grund den Konflikt mit dem Gouverneur auf die Spitze zu treiben, sondern seine Hauptkräfte an die Nordgrenze zu verlegen. Dort im Grenzgebiet wollte er den Gegner packen und schwächen, ehe er Verstärkung erhielt. Allerdings mußte auch hierfür erst der Gouverneur gewonnen werden. Erschwerend kam jetzt für Lettow hinzu, daß wegen der vom Kommando in den Nordbezirken angeordneten Maßnahmen die Bezirksamtmänner von Tanga und Moschi, die Westdeutsche Handels- und Plantagengesellschaft, die in Tanga erscheinende *Usambara-Post* und auch Einzelpersonen seit dem 9. August fast unaufhörlich in Telegrammen beim Gouverneur gegen das Kommando warnend vorstellig wurden. Bereits am 13. August hatte der Gouverneur deshalb an das Kommando telegrafiert:

»Die nach Meldung aus Nordbezirken erfolgende völlige Entblößung derselben von Waffen und wehrfähigen Personen widerspricht meinen früher gegebenen Anordnungen. Es sind den Bezirken zum Schutz gegen Eingeborene ausreichende Waffen für Verwendung durch dort verbleibende Europäer zu belassen. Verwendung der zur Truppe eingezogenen Wehrpflichtigen und Freiwilligen zu offensivem Vorgehen außerhalb des Schutzgebietes im Norden unserer Kolonie hat wegen Gefahr Eingeborenen-Aufstands zu unterbleiben. Bestätigt drahtlich Empfang dieses Befehls.«

Immerhin waren die Vorbereitungen für eine Nordkonzentration eingeleitet worden. Am 13. August hatte die Schutztruppe mit der Anlegung von Nachschublinien von

Dodoma und Saranda aus über Kondoa-Irangi nach Aruscha sowie entsprechenden Straßenverbesserungen begonnen, und auch eine Verbindung zum Viktoria-See von Tabora aus war im Aufbau.

Am 14. August waren von Ngerengere und Mikesse aus Offiziere zur Erkundung der nach Handeni führenden Wege angesetzt worden. Die Bezirksämter Pangani und Morogoro waren zur Sicherstellung von Verpflegung und zur Instandsetzung der Wasserstellen auf diesen Operationswegen aufgefordert worden. Denn bevor das Kommando die alleinige Stützung auf die Mittellandbahn aufgeben konnte, mußte das ganze Etappenwesen organisiert sein.

Am 17. August lief der britische Kreuzer »Pegasus« unter Parlamentärsflagge in Tanga ein. Bezirksamtmann Dr. Auracher begab sich an Bord und unterzeichnete folgende Abmachung:

»Es dürfen keine feindlichen Akte während des Krieges gegen England und seine Verbündeten unternommen werden. Deutsche Kriegsschiffe und solche verbündeter Mächte dürfen nicht unterstützt werden, auch nicht durch Informationen oder Materiallieferungen. Schiffe, die Eigentum der Regierung sind, und Kauffahrteischiffe, Leichter und Schlepper, die sich gegenwärtig im Hafen befinden, sind als gesetzliche Prise durch ›Pegasus‹ beschlagnahmt. Die Eigentümer und die Besatzung dieser Schiffe dürfen keine weiteren Versuche machen, ihre Schiffe aus dem Hafen zu bringen oder sie weiterhin zu beschädigen. Offiziere und Mannschaften dieser Schiffe dürfen sich am Kriege nicht weiter beteiligen. Keinerlei Beschädigung darf an Gebäuden und Material der Regierung vorgenommen werden. Telegrafenapparate in der Stadt Tanga, welche die Verbindung mit den südlichen Plätzen der Küste herstellen, sind für die Dauer des Krieges unbrauchbar zu machen. Diese Abmachung gilt nur für den Stadtbezirk Tanga. Zum Schutze der Stadt und ihrer Bewohner dürfen nur 50 Askaris, sonst keine Streitmacht unter Waffen gehalten werden. Landesübliche Segelfahrzeuge dürfen nicht weiter als innerhalb der Drei-Seemeilengrenze von der Küste an verkehren. Die Kohlenbestände der Stadt und an Bord des ›Markgraf‹ müssen, mit Ausnahme von 25 Tonnen für lokale Zwecke, ihrem Bestand nach erhalten werden.«

9. Aufgabe der Hafenstädte?

Damit waren beide Hauptstädte Deutsch-Ostafrikas, Daressalam und Tanga, praktisch neutralisiert und nach Ansicht des Kommandeurs sogar geradezu zu feindlichen Stützpunkten geworden. Im Bezirk Tanga standen nur schwache Polizeikräfte. Das wiederholte Erscheinen britischer Kreuzer in den Buchten nördlich und südlich von Tanga machte baldige Landungen wahrscheinlich. Daher entschloß sich Lettow, die 15. Feldkompanie am 18. August von Morogoro aus über Handeni in Richtung Korogwe in Marsch zu setzen. Der Feldpostdirektor wurde angewiesen, eine Telegrafenlinie von Morogoro über Handeni nach Korogwe verlegen zu lassen.

Am 19. August erfuhr Oberstleutnant v. Lettow, daß der Gouverneur durch Pugu nach Daressalam fahren wollte. Entschlossen nutzte der Kommandeur dies zu einer persönlichen Aussprache über die militärisch nachteiligen Anordnungen des Gouverneurs für die Küstenplätze. Ferner wollte er ihn für die Truppenverschiebung nach dem Norden gewinnen. Die Vermeidung von Beschießung dürfe schließlich nicht oberster Grundsatz sein, erklärte Lettow. Dadurch würde der Gegner jeder Sorge vor einer Gefahr enthoben, könne mühelos eine Operationsbasis gewinnen und außerdem seine Munition schonen. Es gelang Lettow jedoch nicht, den Gouverneur zu einer Änderung seiner Einstellung zu bewegen. (In einer Verfügung vom 21. August bestimmte der Gouverneur in Ergänzung seiner Anweisung vom 6. August allerdings, daß bei Einlaufen feindlicher Kriegsschiffe keinerlei Abmachungen zu treffen seien, welche die Aktionsfähigkeit der Schutztruppe bei gegnerischen Landungen beeinträchtigten.) Dafür gab der Gouverneur seine Zustimmung zur Verlegung eines Teils der Schutztruppe nach Norden. Er machte aber nochmals ausdrücklich darauf aufmerksam, daß der Kommandeur an die von seinem Vorgänger aufgestellten Direktiven, also »Defensive mit Offensivstößen«, gebunden sei. Allerdings verstand der Gouverneur darunter wohl eher eine reine Defensive, wie aus einem Schrei-

ben vom 2. Oktober hervorging, in dem er den Kommandeur wegen der »im Gegensatz zu den erteilten Anweisungen« erfolgten Offensivstöße zur Rede stellte. An Offensivstöße dachte der Gouverneur nur für den Fall eines
gegnerischen Angriffs. Diese unterschiedliche Auffassung
mußte zwangsläufig zu weiteren Konflikten über die
Kriegsführung führen.

Am 20. August setzte Lettow sechs Feldkompanien
nach Handeni in Marsch. Die Wege wurden so gewählt,
daß man Wasser- und Verpflegungsschwierigkeiten vorbeugen und Erfahrungen für die von der Mittellandbahn
zur Nordbahn einzurichtende Etappenstraße sammeln
konnte. Zwei weitere Kompanien erhielten Befehl, am 24.
von früh ab marschbereit zu sein. Der Kommandeur hatte
die Grundlage für eine seinen eigenen Vorstellungen eher
entsprechende Kriegsführung legen können. Allerdings
schätzte er das Nachgeben des Gouverneurs, den Hauptteil der Truppe an der britischen Grenze versammeln zu
können, eher als den Wunsch ein, ihn, Lettow, auf diese
Weise von Daressalam und der Küste loszuwerden. Und
sicher war es ein klassisches Understatement, wenn Lettow bemerkte, »das Verhältnis zum Gouverneur blieb
schwül«. Wie und wo würde das Gewitter ausbrechen,
wen würden die Blitze treffen?

Am Morgen des 23. August erschien der Kreuzer »Pegasus« vor Bagamojo. Wieder setzte er die Parlamentärsflagge, woraufhin der deutsche zivile Bezirksleiter Michels
an Bord fuhr. Oberleutnant von Chappuis, der sich zufällig mit seiner Feldkompanie auf dem Durchmarsch durch
Bagamojo befand, bat sofort telefonisch beim Kommandeur um Instruktionen. Lettow befahl ihm, Verhandlungen nicht zuzulassen und jeden Landungsversuch mit der
Waffe zu verhindern. Daraufhin wurde den Besatzungen
von drei britischen Booten, die angeblich die Kabellan-
dungsstelle und die Post besichtigen wollten, das Betreten
von Land verweigert. Zugleich mit dem zurückkommen-
den Boot des deutschen Bezirksleiters wollten auch zwei
britische Boote landen, ein Offizier die mit dem Bezirksleiter getroffenen Abmachungen überbringen. Oberleut-

nant von Chappuis erklärte diese Verhandlungen für ungültig. Der britische Offizier setzte eine Frist von 90 Minuten, nach deren Ablauf der Ort beschossen würde. Das telefonisch verständigte Kommando übertrug Oberleutnant von Chappuis die vollziehende Gewalt. Nach Abgabe von etwa 30 Schuß, die bis auf eine Beschädigung des Zollgebäudes wirkungslos blieben, fuhr »Pegasus« wieder ab.

Diese Nachricht löste bei der Schutztruppe Begeisterung aus. Auf den Gouverneur aber wirkte sie, wie wohl nicht anders zu erwarten war, wesentlich anders: Erneut hatte sich die Schutztruppe über seine ausdrücklichen Anweisungen hinweggesetzt. Daher hob er die Übernahme der vollziehenden Gewalt durch die Truppe für den Bezirk der Stadt Bagamojo nicht nur sofort wieder auf, sondern schränkte seine Verfügung vom 5. August weiter ein. Nunmehr sollte der in Fällen dringender Gefahr erfolgende Übergang der vollziehenden Gewalt auf den Militärbefehlshaber des betreffenden Bezirks sich nicht mehr auf die offenen Küstenplätze erstrecken. Es folgten weitere schriftliche Auseinandersetzungen zwischen Gouverneur und Kommandeur, in deren Verlauf der Gouverneur drohend äußerte, er müsse sich weitere Maßnahmen gegen den Kommandeur vorbehalten.

Diese amtlichen Züchtigungen schien Lettow indessen — wenigstens äußerlich — mit stoischer Ruhe über sich ergehen zu lassen und allen »Weiterungen« gelassen entgegenzusehen. Aber man darf sich nicht darüber hinwegtäuschen, daß der vom staatlichen System geschaffene Konflikt unklarer Kompetenzen den Kommandanten innerlich betroffen haben muß. Wenigstens während der ersten Monate dürfte dieser »innere Krieg« um die Kriegführung den zu soldatischem Gehorsam erzogenen Lettow, den nun seine Überzeugung zur Rebellion gegen die ihm vorgesetzte bürokratische Ordnung zwang, sicher stärker belastet haben, als die kriegerischen Auseinandersetzungen mit dem Gegner in dieser Periode — bis dann britische Aktionen zu jener Machtprobe führten, aus welcher der Kommandeur als Sieger hervorging.

Äußerlich unbeirrt scheinend, traf Lettow seine weiteren Dispositionen: Am 24. August wurden die beiden in Bereitschaft gehaltenen Feldkompanien nach Handeni in Marsch gesetzt. Weitere Verstärkungen sollten folgen. An der Mittellandbahn verblieb ein Detachement zum Schutz von Küste und Bahn. Aus Lindi sollte die 3. Feldkompanie herangezogen werden, die Befehl erhalten hatte, nach Klärung der Frage der Neutralität Portugals, über die noch Zweifel bestanden, nach Soga an der Mittellandbahn zu rücken. Die Besatzung der »Möwe« wurde nach Kigoma verlegt, Korvettenkapitän Zimmer zum Militärbefehlshaber am Tanganjika- und Kiwu-See sowie in den Residenturen Ruanda, Urundi und im Bezirk Udjidji ernannt. Die gesamte Logistik-Organisation war am 27. August einsatzbereit. Zum Chef der Etappenleitung und zugleich Militärbefehlshaber an der Mittellandbahn, mit Sitz in Morogoro, wurde der sich bei Kriegsausbruch zufällig im Schutzgebiet aufhaltende Generalmajor Wahle ernannt, der sich dem Kommando unterstellt hatte. Die Aufgabe seiner Etappentruppe war es — neben dem Schutz von Bahn, Magazinen und Verbindungen, auch in den Bezirken Daressalam bis Pangani —, wenigstens im Rahmen der durch die Anordnungen des Gouverneurs möglichen Einschränkungen einen Küstenschutz einzurichten.

Der Kommandostab sollte am 30. August die Mittellandbahn bei Kimamba verlassen. Bei der Durchfahrt durch Morogoro am 28. August meldete sich der Kommandeur erneut zu einer Aussprache beim Gouverneur. Eindringlich versuchte er diesem nochmals auseinanderzusetzen, daß die Besetzung der Küstenplätze, besonders der Eisenbahnanfangspunkte, für den Gegner sehr vorteilhaft wäre, da er sich dadurch die gegebene Operationsbasis für ein weiteres Vordringen ins Innere schaffe. Demgegenüber betonte der Gouverneur, eine Schonung der Küstenplätze um jeden Preis böte für die Kolonie, speziell die Zivilbevölkerung, aus Wohn- und Verpflegungsgründen die größten Vorteile.

Dann kam es zu einer juristischen Debatte bezüglich des am 14. August erfolgten Vortrags durch das Komman-

do. Aus den angeführten übergeordneten Gründen, so erklärte der Gouverneur, komme natürlich jede Annahme
des Bestehens eines strafbaren »Vorsatzes«, d.h. des Be-
wußtseins, durch Übergabe der Küstenplätze dem Gegner
Vorschub zu leisten, überhaupt nicht in Frage.

Lettow blieb in seiner Auffassung ebenso fest: Er sei
sich darüber völlig klar, daß er genau dieses Bewußtsein
habe, nämlich gegnerische Unternehmungen zu begünsti-
gen, wenn er solche Befehle des Gouverneurs befolge.
Ausdrücklich berief sich Lettow jetzt auf § 47,2 des Militär-Strafgesetzbuchs:

> »Wird durch die Ausführung eines Befehls in Dienstsachen ein
> Strafgesetz verletzt, so ist dafür der befehlende Vorgesetzte al-
> lein verantwortlich. Es trifft jedoch den gehorchenden Unter-
> gebenen die Strafe des Teilnehmers: Wenn ihm bekannt gewe-
> sen ist, daß der Befehl des Vorgesetzten eine Handlung betraf,
> welche ein bürgerliches oder militärisches Verbrechen oder
> Vergehen bezwecke.«

Lettow berief sich auch auf § 62:

> »Wer im Felde eine Dienstpflicht vorsätzlich verletzt und da-
> durch bewirkt, daß die Unternehmungen des Feindes beför-
> dert werden oder den kriegführenden deutschen oder verbün-
> deten Truppen Gefahr oder Nachteil bereitet wird, ist mit
> Zuchthaus bis zu 10 Jahren oder mit Gefängnis oder Festungs-
> haft bis zu 10 Jahren zu bestrafen.«

Die Gegensätze blieben also unüberbrückbar. Weiteren
Auseinandersetzungen ging der Kommandeur fortan aus
dem Wege, da die Lage schwierig genug war und zunächst die erforderlichen militärischen Operationen nur
im Norden gestattete, wo er glaubte, freie Hand erlangt
zu haben.

Indessen war es unausbleiblich, daß dieser Meinungs-
und Kompetenzstreit — die Maßnahmen des Gouverneurs und die Reaktionen des Kommandeurs der Schutztruppe — äußerst nachteilige Folgen für die — wie man
heute sagen würde — »innere Führung« von Deutsch-
Ostafrika während der Anfangsmonate des Weltkriegs
hatte. Nach Überzeugung Lettows und seiner Anhänger

wurde, wenn auch ungewollt, durch die Anweisungen des Gouverneurs ein Geist der kleinlichen Unterwerfung gezüchtet. Waren die Gefühle der deutschen weißen Bevölkerung bei Kriegsausbruch ohnehin gemischt, so gewannen zunächst zeitweise Hoffnungslosigkeit, Kleinmut, Miesmacherei und Meckerei an der Küste die Oberhand. Es mehrten sich Erwägungen über den Schutz materieller Interessen; die *Usambara-Post*, die eine von zwei in der Kolonie erscheinenden Zeitungen, verurteilte in ihrer Nummer vom 29. August das Verhalten von Oberleutnant von Chappuis in Bagamojo als »Widerstand gegen unabwendbare Dinge« und gab der Hoffnung Ausdruck, daß die wirtschaftlichen Werte der Kolonie in Zukunft geschützt würden. Immer offener richtete das Blatt Angriffe gegen die vom Kommandeur beabsichtigte Art der Kriegführung. In Daressalam hatten bereits am 20. August einige Bürger, darunter sogar ein Offizier des Beurlaubtenstandes, beim Gouverneur die Absetzung des Kommandeurs beantragen wollen. Die Voraussetzung für die Kriegführung der allein auf sich gestellten Kolonie, nämlich eine geschlossene Haltung, fehlte zunächst jedenfalls und war nicht einmal bei den Truppen voll vorhanden.

Für diesen Krieg, wenn er unumgänglich war und der Gegner zu Kampfhandlungen zwang, hatte sich Lettow die Frage aufgedrängt:

»Was ist die Aufgabe von uns Ostafrikanern bei einem Krieg gegen England? Meine Antwort war, wir müssen von dem entscheidenden europäischen Kampf möglichst viel feindliche Streitkräfte auf unseren ostafrikanischen Nebenkriegsschauplatz ablenken; und das um so mehr, wenn der Krieg sich zu einem Weltkrieg erweitert. Es geht dann um Bestand und Zukunft unseres Vaterlandes, und da haben wir keine Zuschauerrolle, sondern müssen handeln. Deutschland hat in seinen Schutzgebieten an 20 Millionen tüchtiger Menschen, die in einem Kampf um Deutschlands Existenz nicht brachliegen dürfen. Allerdings besteht keine Aussicht, sie auf dem entscheidenden europäischen Kriegsschauplatz zu verwenden; wir können nicht nach Europa gelangen, denn England beherrscht die See. Aber wir müssen den Feind zwingen, Kräfte gegen Ostafrika einzusetzen, die dann im europäischen Kampf ausfallen. Wir müssen den Feind in Britisch-Ostafrika angreifen, müssen unsere Truppe versammeln zum Angriff gegen ein Objekt in der britischen Kolonie, das der Feind unbedingt schützen muß. Dieses Objekt sah ich in der britischen Uganda-Bahn, der Lebensader von Kenia, die parallel unserer Nordgrenze verläuft. Daß sie bei ihrer großen Länge überhaupt nicht sicher geschützt werden konnte und Massen von Sicherungstruppen erforderte, war für uns eine willkommene Chance.«

Am 3. September 1914 schließlich wurde der Gouverneur mit einer völlig unvermuteten Komplikation konfrontiert, die ihn zwang, einen Teil seiner vom Kommandeur der Schutztruppe hartnäckig bekämpften Ansichten und Anordnungen zu revidieren: Ganz überraschend hatte der Kreuzer »Königsberg«, mit dessen Rückkehr niemand gerechnet hatte, seinen Versuch der Kreuzerkriegführung abbrechen müssen und war völlig unvorhergesehen in das Rufiji-Delta eingelaufen. Der Kreuzer hatte den feindlichen Handel im Indischen Ozean zwar gestört, aber auf hoher See — im Gegensatz etwa zu »Karlsruhe« oder »Emden« — keine Prisenschiffe mit Kohle oder Lebensmitteln aufbringen können. Als einziger Rückhalt war dem Kommandanten Deutsch-Ostafrika erschienen. Jetzt brauchte der Kreuzer Material, Verpflegung und Kohlen. Kohlenvorräte aber lagen in den »neutralisierten« Häfen Daressalam und Tanga. Vor allem aber brauchte der Kreuzer während seiner Liegezeit im Rufiji Küstenschutz gegen Entdeckung, Bekämpfung und vielleicht sogar Landungen. Der Gouverneur sah sich daher gezwungen, seine Anweisungen für die Küstenplätze am 5. September dahin abzuändern, daß nunmehr deutsche Kriegsschiffe wieder zu unterstützen seien. Aber auch die übrigen bisherigen Weisungen mußten ihm plötzlich in einem neuen Licht erscheinen.

Für die Strategie des Gouverneurs war die Rückkehr der »Königsberg« eine Belastung; denn die mit den britischen Seestreitkräften getroffenen Abmachungen mußten durchlöchert oder gebrochen werden.

Eigentlich hätten Kohlen und dazu benötigte Leichter

und Hilfskräfte nach dem Neutralisierungsabkommen gar nicht verwendet werden dürfen. Außerdem war jetzt eine Besetzung der Küste um die Rufiji-Mündung herum erforderlich. Sicher machte die Anwesenheit der »Königsberg« erneute intensive britische Suchaktionen, Blockademaßnahmen, ja Kampfhandlungen an der auf Befehl des Gouverneurs von deutschen Kräften entblößten Küste mehr als wahrscheinlich. Aber natürlich mußte Seiner Majestät Schiff »Königsberg« Unterstützung gewährt werden. Sie notfalls selbst zu beschaffen, hatte die Marine allerdings nun auch die Kompetenz erhalten; denn in der Person des Kommandanten der »Königsberg« war der Älteste Seeoffizier der Ostafrikanischen Station, ein dem Kaiser unmittelbar unterstellter Befehlshaber, zurückgekehrt.

»Innenpolitisch« sollte dem Gouverneur aber in der Person des Kapitän z. S. Looff aus mancherlei Gründen ein mächtiger Verbündeter entstehen, der sich möglicherweise auch gegen den an Einfluß gewinnenden Kommandeur der Schutztruppe ausspielen ließ, zumal ja in den beiden Monaten vor dem Kriegsausbruch zwischen der Exzellenz und dem Ältesten Seeoffizier ein gutes Einvernehmen zustandegekommen schien.

Aber was hatte eigentlich der Kreuzer in der Zwischenzeit erlebt, als die Daressalamer so ganz mit ihren eigenen Angelegenheiten vollauf beschäftigt waren und sicher nur wenige gelegentlich einen Gedanken auf die Hohe See hatten hinausschweifen lassen?

10. Kreuzer »Königsberg« im Indischen Ozean

Nach dem Auslaufen aus Daressalam und dem Abschütteln der beschattenden britischen Kreuzer am Abend des 31. Juli war der Marsch der »Königsberg« im Indischen Ozean in Richtung Norden ohne Zwischenfälle verlaufen. Täglich mehrmals, insbesondere nachts, suchte der Kreuzer mit deutschen Schiffen Funkverbindung aufzunehmen, um sie über die drohende Kriegsgefahr zu informieren und vor dem Anlaufen möglicher Gegnerhäfen zu warnen.

Vor allem lag Kapitän Looff daran, recht bald mit dem Reichspostdampfer »Zieten« des Norddeutschen Lloyds und dem Dampfer »Reichenfels« der DDG Hansa in Verbindung zu kommen. »Zieten« (Kapitän v. Senden) hatte außer einer wertvollen Ladung auch den fast 100 Mann umfassenden, von der Südsee heimkehrenden Ablösungstransport des Vermessungsschiffes »Planet« unter Oberleutnant z. S. Brocks an Bord. Die ersten Warnungen der »Königsberg« erhielt »Zieten« beim Passieren von Sokotra auf dem Weg zum Golf von Aden. Damit hatte der Dampfer den von »Königsberg« genannten Treffpunkt bei Kap Guardafui bereits passiert. »Zieten« lief mit östlichem Kurs zurück, zur großen Beunruhigung der an Bord befindlichen britischen Passagiere, die sich bereits in britischem Schutz wähnten.

Mit dem Dampfer »Reichenfels« (Kapitän D. Kühlken), der sich mit der für den Krieg so überaus wichtigen Ladung von 6000 Tonnen Kohle auf der Fahrt von Aden nach Colombo in Funkbereichweite der »Königsberg« befinden mußte, gelang es trotz aller Bemühungen der Funker nicht, eine Verbindung herzustellen. War die Funkstation auf dem Frachter nicht richtig besetzt? Diese Funkpanne hatte schwerwiegende Folgen. »Reichenfels« wurde bei seiner ahnungslosen Ankunft in Colombo zur britischen Beute. Vor allem aber war die überlebenswichtige Kohle verloren, die »Königsberg« für längere Zeit jeder Sorge enthoben und große Bewegungsfreiheit gegeben hätte.

Auf die Funkanrufe der »Königsberg« meldeten sich auch einige andere deutsche Schiffe, aber zumeist mit so schwacher Lautstärke, daß man auf dem Kreuzer außer dem »Verstanden«-Zeichen nur wenig aufnehmen konnte.

Jenseits vom Kap Guardafui sollte »Königsberg« in das Seegebiet seiner ersten Kreuzerkrieg-Operationen eintreten. Dem Kommandanten aber erschien seine Lage keineswegs günstig: Der Kohlenvorrat des Kreuzers war durch den Anmarsch bereits von 830 auf 200 Tonnen ge-

schrumpft. Allein das Höchstfahrtmanöver zum Abschütteln der britischen Kreuzer am Abend des 31. Juli hatte
120 Tonnen Kohle verschlungen. Und auf der Fahrt nach
Norden war der Kohlenverbrauch auch bei wirtschaft-
lichster Fahrt tatsächlich höher gewesen, als theoretisch
berechnet. Der Aktionsradius des Kreuzers war also geringer, als nach bisherigen Berechnungen zu erwarten
war, und die Maschinenanlage hätte schon vor Beginn der
Operationen einer Überholung bedurft.

Von jetzt an galt, wie auf allen allein operierenden
Kreuzern, auch auf »Königsberg« die Kohle als Sorge
Nummer Eins.

Solche Versorgungsprobleme hatten alle Dampf-Kriegs-
schiffe, deren Kessel mit Kohle befeuert wurden. Zur Versorgung ihrer gewaltigen Flotte hatte die britische Marine
die Weltkugel in allen wichtigen Gebieten mit einem Netz
von britisch kontrollierten Kohlestationen überzogen.
Von diesen Stützpunkten aus hatten britische Kommandanten auch stets ausgezeichnete Telegraphen-Verbin-
dungen mit aller Welt, vor allem mit ihren regionalen Befehlshabern und der Admiralität in London. Deutsche
Kriegsschiffe dagegen waren in einem Krieg mit Großbritannien und Frankreich von jeder derartigen Versorgung
abgeschnitten. Die Nachführung von Munition und Ersatzteilen aus der Heimat war unmöglich. In den wenigen
eigenen oder neutralen (nicht England hörigen) Häfen
wurden die einzelnen deutschen Kriegsschiffe sehr
schnell von überlegenen Gegnern blockiert.

Zwar hatte für die Kohleversorgung allein operierender
Schiffe die deutsche Marineleitung in fast allen Teilen der
Welt eine sogenannte »Etappe« aufgebaut, ein System
von Vertrauensleuten, die den Nachschub organisieren
sollten. In den meisten Fällen jedoch, und trotz Bemü-
hung und Unterstützung durch viele deutsche Handelsschiffe, kam diese Organisation kaum zum Tragen. Denn
auch in neutralen Häfen legten britische Agenten die
Hand der Admiralität auf Kohlenlager und Telegrafensta-
tionen. Ein Nachrichtenverkehr war nur über Funk möglich. Alle großen Kabel- und Telegrafennetze der Welt wa-

ren in britischer oder französischer Hand. Den isolierten deutschen Kreuzern standen zwar Funkanlagen zur Verfügung. Aber wegen der kurzen Reichweite der damaligen Sender/Empfänger gab es bald keine »Gesprächspartner« mehr, da die deutschen Landstationen in Westafrika, in der Südsee und in China schnell, eine nach der anderen, von den Alliierten überwältigt wurden.

Kohle und Proviant mußten sich deutsche Kriegsschiffe, wenn sie operieren wollten, aus Prisenschiffen besorgen, sofern sie nicht mehr oder weniger zufällig deutschen Dampfern begegneten. Deutsche Schiffe aber waren nach Kriegsausbruch bald von den Meeren verschwunden, von ihren Reedereien zum Anlaufen neutraler Häfen angewiesen, wo sie den (als kurz angenommenen) Krieg schadlos abwettern sollten.

Die auf so vorzügliche, weltumspannende Landstützpunkte, Kohlen- und Telegrafen-Stationen gegründete operationelle Infrastruktur der britischen Marine hatte allerdings zu einer schematischen Denkweise geführt, die einige der aufsehenerregenden Erfolge der allein operierenden deutschen Kreuzer begünstigte: Infolge der Kommunikationsschwierigkeit über (fremde) Telegrafen- und Kabelnetze war die Funkausrüstung deutscher Kriegs- und Handelsschiffe damals technologisch besser. Mangel an ungefährlichen Kohleversorgungsorten ließ deutsche Kommandanten schon stärker an Versorgung auf hoher See oder bei Inselatollen denken und diese praktizieren. Die Jagd auf feindliche Handelsschiffe war für deutsche Kreuzer einerseits operationeller Auftrag zur Schädigung des Gegners, andererseits aber auch eine Frage des Überlebens für diese wahren Kohlenfresser.

Aus diesen Nöten sollten die deutschen Kreuzer-Kommandanten — wenn auch mit unterschiedlichem Glück, Nachdruck und Wagemut — eine Tugend machen. Vor allem wollten sie möglichst in den Weiten der Ozeane operieren. Die britische Marine dagegen ließ zunächst mit ihren vielen Einheiten vor allem in der Nähe von Häfen, Buchten und größeren Inseln nach den deutschen »Raiders« suchen. Irgendwo mußten sie doch Stützpunkte haben, denn die Konzeption der Versorgung auf hoher See hielt man in London für praktisch undurchführbar. Gelang es den einzelnen deutschen Kreuzern also, die hohe See zu gewinnen und sich zunächst aus eigenen, dann aus gekaperten fremden Schiffen mit Kohle und Proviant zu versorgen, so waren ihre Tage keineswegs so gezählt, wie die britische Admiralität hoffen konnte und die deutsche Marineleitung fürchten mußte.

Inzwischen hatte der Kreuzer »Königsberg« ein geeignet erscheinendes Operationsgebiet erreicht: das Seegebiet von Kap Guardafui. Der Abend des 5. August war für die Decksbesatzung des Kreuzers wie Tag, so hell strahlte der Vollmond über dem Indischen Ozean. Ein wuchtiger Monsun trieb das Wasser vor sich her, setzte den im Mond scheinenden glitzernden Seen Schaumkronen auf. Lange Spritzer ließen weißen Gischt über den Kreuzer huschen.

Mit lang ausholenden Pendelbewegungen rollte die »Königsberg« gleichförmig von Backbord nach Steuerbord und zurück, den scharfen Bug tief eintauchend oder ihn hoch über den Horizont werfend. Die hohen Masten beschrieben große Elipsen am Tropenhimmel, wenn der Schiffskörper schräg in ein Wellental tauchte und der Flaggenknopf des Großmastes sich nach vorn zu verschieben schien. Von achtern auflaufende Seen rollten dumpf unter dem Heck durch und zischten an den grauen Seiten entlang. Pfeifend sang der Monsun in der Takelage.

Weit im Westen, hinter der Kim, lag der glühendste Teil Afrikas, die Sandwüsten von Somaliland. Das Segelhandbuch schwieg sich aus über diese Küste. Seefahrer hatten berichtet, daß Nomaden die Überlebenden vieler gestrandeter Schiffe überfallen und sie ins Innere des Landes verschleppt oder erschlagen hätten.

Dreimal hatte Italien versucht, auf dem berüchtigten Kap Guardafui einen Leuchtturm zu errichten. Dreimal war er von eingeborenen Somalis zerstört worden. Nun lag das mächtige Vorgebirge dunkel aus dem Wasser aufragend vor dem Kreuzer.

Wachfreie Männer lehnten an der Reling. Die Offiziere

auf der Kommandobrücke bedachten die Lage. Deutschland hatte ja inzwischen mobilgemacht. Würde es wirklich zum Krieg kommen? Wie die meisten Menschen in der Welt glaubte die »Königsberg«-Besatzung auch jetzt noch nicht an einen Krieg. Sicher würden die Völker und ihre Regierungen vor einem solchen Schritt zurückschrekken.

Der Mond war weiter emporgestiegen, Wachablösung. In der Funkstation des Kreuzers herrschte gespannte Aufmerksamkeit, denn um diese Zeit sollte sich Daressalam wieder melden.

»Königsberg« steuerte nach Norden. Wie ein wildes Pferd bäumte sich der Bug in der anlaufenden See empor, so daß der fast am Horizont stehende Polarstern aus der Sicht der Brückenbesatzung verschwand. Dann krachte das Vorschiff wieder in die Tiefe, nach beiden Seiten wurden weiß schäumende Wasserberge weggeschleudert.

Stumm beobachtete der Rudergänger die erleuchtete Kompaß-Scheibe. In ihren zweiachsigen Aufhängungsringen pendelte sie hin und her. Fest hielt er das Ruder, legte es einige Drehungen nach Backbord, dann wieder nach Steuerbord, um das stark gierende Schiff zu stützen. Das Rattern und Klirren des Rudergestänges war der einzige Laut, der die See übertönte. Posten, Ausgucks, Scheinwerferbesatzungen sahen schweigend dem Spiel der See zu. Auf der Laufbrücke, zwischen Hütte und Back, eng an den zwei Schornsteinen vorbeiführend, kämpfte sich eine Gestalt gegen den Monsun nach vorn — ein Offizier, den die Hitze nicht schlafen ließ. Er leistete dem Wachoffizier Gesellschaft. In der äußersten Nock der Kommandobrücke, frei über den Ozean hinaushängend, sprachen die beiden von Krieg und Frieden. Es war nach 23.00 Uhr. Noch immer war der Funkoffizier nicht auf die Brücke zurückgekommen. Einer der Offiziere stolperte über das Mitteldeck nach achtern, alle paar Schritte über Haltetaue kletternd. Sie waren gespannt worden, um zu verhindern, daß beim starken Schlingern des Schiffs jemand den Halt verlor oder sogar außenbords geschleudert wurde. Ein mächtiger Brecher kam über und warf den Offizier wie einen Sack auf das nasse Deck. In der Messe war Licht. In der Ecke saß der Funkoffizier über Chiffrierbücher gebeugt. »Egima«, sagte er ernst. Das war das mit Daressalam verabredete Codewort für »Krieg mit Rußland, Frankreich und Großbritannien«.

Mächtig holte in diesem Augenblick der Kreuzer über. Irgendwo klirrte ein Gegenstand an Deck. In der Messe fiel ein Buch dumpf zu Boden, unterbrach die Stille dieses Augenblicks: Krieg mit der Royal Navy!

Trappeln an Deck. Das Schiff erwachte mitten in der Nacht, alle Offiziere wurden geweckt. Kommandant und I. O. gingen erregt auf der Hütte auf und ab. Auf der Brücke herrschte die Spannung des Augenblicks: Also doch Krieg. Aber der Mond leuchtete wie vorher, die See rauschte in den Mastleinen, als habe sich nichts verändert.

Vielen Männern erschien die Fahrt jetzt zu langsam, der Seegang zu weich, der Sturm zu schwach. Gedanken im Überfluß an hier, an zu Hause. Jeder wollte sich mitteilen. Überall bildeten sich kleine Gruppen von Männern, die sich gedämpft unterhielten. Auf dem unteren Deck an den langen Stricktauen standen Matrosen und Heizer und diskutierten.

Nach Mitternacht nahm der Wind an Stärke noch zu. Immer mächtigere Brecher ließen Kaskaden auf die Back stürzen, prallten polternd vom Wellenbrecher ab. Dröhnend schlugen die zwischen Spill und Klüsen liegenden Ankerketten auf der Back hin und her. Im weißen Schaum der abrauschenden Gischt sahen sie aus wie große schwarze Schlangen.

In Fetzen zerrissen fegte die Rauchfahne der drei Schornsteine über den Kreuzer, huschte über den Mond, ließ ihn einen Augenblick lang rötlichbraun erscheinen. Das Heulen in der Takelage war so stark geworden, daß es selbst das Surren der Ventilationsmaschine übertönte. »Königsberg« behielt den Kurs bei.

Der Kreuzer befand sich im Krieg.

Am nächsten Vormittag wollte er den Dampfer »Zieten« treffen. Funkverbindung war bereits hergestellt. Aber man mußte äußerst vorsichtig sein. Auf dieser stark befahrenen Route durften die nun zumeist gegnerischen Schiffe nichts von der Position des Kreuzers erfahren und weitermelden.

Trotz des Monsuns ließ die drückende Hitze gegen Morgen nach und wich einer erfrischenden Kühle. Soweit es der Seegang erlaubte, ließ der Kommandant Bullaugen und Luken öffnen, um die stickige Luft im heißen nach Öl und Männerdunst riechenden Schiffsinneren zu vertreiben.

Der Himmel verfärbte sich, die Sterne verblaßten, blauschwarzer Dunst lag auf dem Horizont. Der graue Himmel zog gelbe und rötliche Streifen, zeigte schon erste feurige Tropenmorgenwölkchen, darunter die dunklen Wolkenballen, die noch nicht von der Sonne erreicht wurden.

Mit tropischer Schnelligkeit erschien der Tag. Das Morgenlicht zeigte nur die weite See und einen leeren Horizont, bis auf die kleine Stelle an Backbord, wo runde 20 Seemeilen entfernt die hohe Steilküste der Somali-Wüste fast rechts voraus in Sicht kam, mit dem Löwenhaupt des Kap Guardafui.

Beim Umsteuern des Kaps mußte mit einem Zusammenstoß mit gegnerischen Schiffen gerechnet werden. Gegen 11.00 Uhr wurde »Klar Schiff zum Gefecht« angeschlagen. Das Kap war aufgekommen. Dicht an Backbord ragte es empor, ein zerklüfteter kahler Sandberg, in dessen steilen Abfällen mächtige Regengüsse tiefe Rinnen gegraben hatten. Ein breiter Schaumstreifen lag zu den Füßen des Kaps: der anprallende Indische Ozean.

Aber dann der Ruf: »Rauchwolke an Steuerbord.« Am Horizont hatte sich eine hohe Rauchsäule pinienartig nach oben ausgebreitet. Gespannt spähte man von der Brücke des Kreuzers durch das Glas. Ein gelber Schornstein schob sich über die Kimm, dann ein helles Aufbaudeck. Das mußte »Zieten« sein. Das Schiff hielt auf den deutschen Kreuzer zu. Hunderte von Menschen standen auf dem Promenadendeck und winkten herüber. Es war »Zieten«, dessen Bordkapelle spielte. Der große Dampfer hatte Schlagseite nach Backbord über, so viele Menschen,

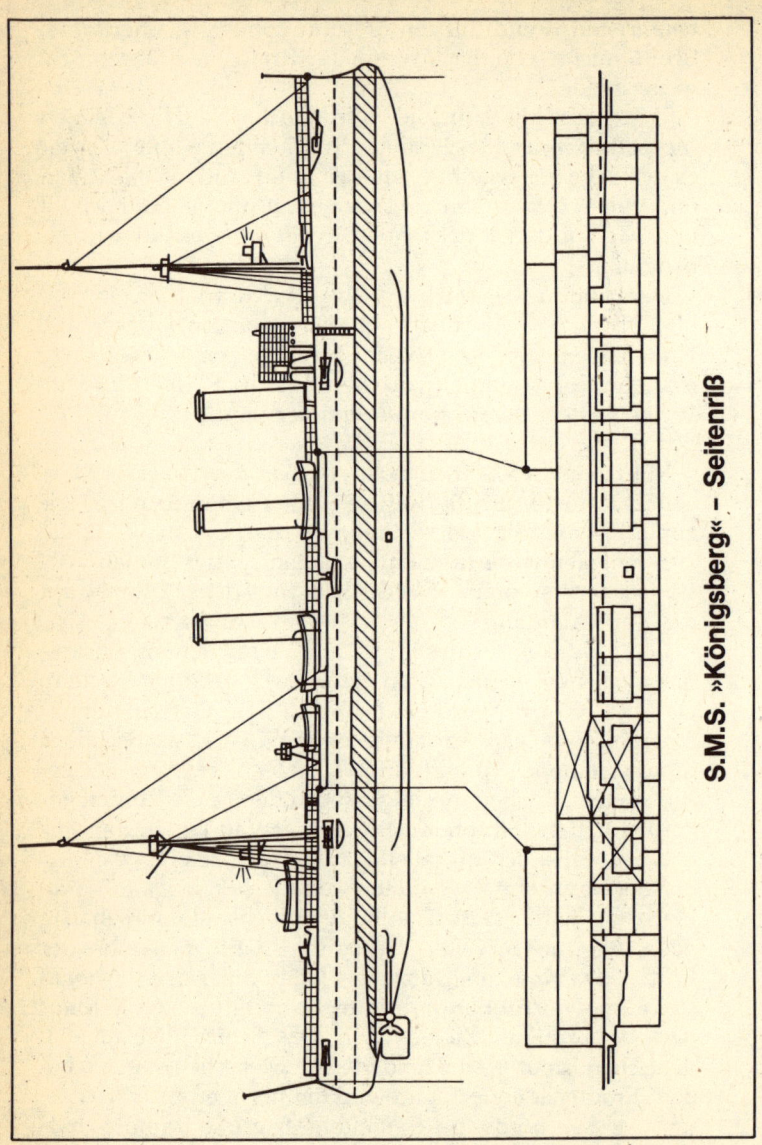

S.M.S. »Königsberg« – Seitenriß

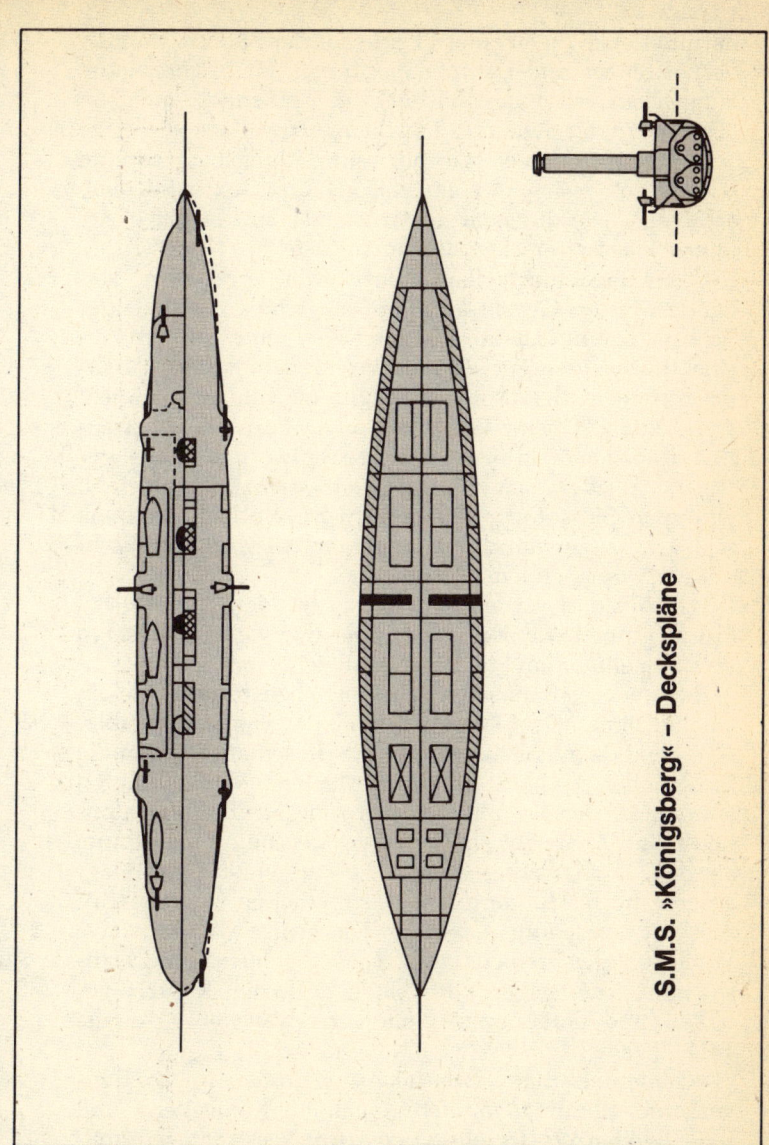

S.M.S. »Königsberg« – Deckspläne

darunter auch die »Planet«-Leute aus der Südsee, standen dort. Kreuzer und Dampfer begannen, Nachrichten auszutauschen. Aber der Ausguck im Krähennest meldete: »Drei Strich an Steuerbord starke Rauchwolke.«

Das konnte nur ein Gegner sein. »Königsberg« drehte schnell auf, »Zieten« sollte folgen. Kap Guardafui blieb achteraus. Die dunstige heiß-zitternde Luft lag über der immer blasser verschwimmenden Küste.

Unter der Rauchwolke nahmen zwei lange schräg stehende Masten Gestalt an, dann ein schwarz glänzender Schornstein. Ein Handelsdampfer also, mit Kurs nach Westen, nach Aden. Er mußte den Kreuzer längst ausgemacht haben. Der Dampfer begann mächtig zu qualmen, er erhöhte also seine Fahrt. Ein kurzes Funksignal befragte ihn nach seinem Namen. Keine Antwort. Nochmaliger Anruf. Wieder keine Antwort. Sodann Signalbefehl: »Stoppen Sie sofort.« Keine Antwort. Noch dicker quoll schwarzbrauner Rauch aus den Schornsteinen, vermischt mit emporstiebendem Funkenregen.

Der Abstand verminderte sich. Aber der Dampfer lief fast so schnell wie der Kreuzer, der nun weitere Kessel in Betrieb nehmen mußte, um aufzuholen.

Ein weiteres Funksignal fruchtete ebensowenig wie ein Flaggensignal. Der Dampfer konnte das Signal nicht ablesen, die dichte Rauchwolke versperrte seinem Kapitän die Sicht. Aber der Abstand wurde kleiner. Mit 20 Knoten Fahrt jagte der Kreuzer das fliehende Schiff. Dann donnerte dem Ausreißer ein Schuß vor den Bug. Eine Minute verging. Der Dampfer stoppte. Er war gefaßt. Seine Flagge ging hoch. Hunderte von Augen hielten von der »Königsberg« gespannt Ausschau. Die Flagge war Schwarz-Weiß-Rot. Der Bremer Dampfer »Goldenfels« (DDG Hansa) hatte »Königsberg« für einen britischen Kreuzer gehalten und entkommen wollen. Es war der 6. August 1914, 15.00 Uhr.

»Goldenfels« hatte zwar noch eine größere Menge Bunkerkohle, allerdings minderer Qualität. »Königsberg«, mit ihrer heiklen Wasserrohr-Kriegsschiffskesselanlage, mußte sich diese Kohlen versagen. Kapitän P. Diedrichsen er-

hielt Befehl, »Königsberg« auf einem geschützten Ankerplatz bei den Kuria-Muria-Inseln an der arabischen Süd-
ostküste (Oman) zu erwarten. Dort sollte über die weitere
Verwendung des Dampfers entschieden werden.

Inzwischen war »Zieten« wieder herangekommen und
folgte »Königsberg«. Er hatte nur noch Kohle für vier Tage
Fahrt an Bord. Weiteres Heizmaterial für die Heimfahrt
war in Aden bestellt worden. Auch »Zieten« war daher
als Begleitschiff für den Kreuzer nicht geeignet, denn der
Dampfer brauchte selbst Kohlen für die Fahrt nach einem
sicheren neutralen Hafen. Die Versorgung der vielen,
meist britisch-australischen Passagiere auf »Zieten« für
längere Zeit hätte Proviant- und Wasservorräte erfordert,
die weder »Zieten« oder »Königsberg« noch »Goldenfels«
besaßen. Um 17.00 Uhr wurde »Zieten«, nach Besprechung mit dem Führer des »Planet«-Transports, Oberleutnant z. S. Brocks, zunächst nach dem kleinen Hafen Burum an der Südküste Arabiens (Yemen) beordert, wo der
Dampfer auf »Königsberg« warten sollte.

Nach Außersichtkommen der »Zieten« setzte »Königsberg«, die einen südöstlichen Tarnkurs gesteuert hatte, ihre Fahrt in Richtung auf den Golf von Aden fort. Auf den
dort zusammenlaufenden Schiffahrtsstraßen sollte nun
der Kaperkrieg beginnen, sofern die alliierte Schiffahrt inzwischen nicht völlig eingestellt worden war.

Zwar war wegen des geringen Kohlenbestands für die
»Königsberg« jedes Zusammentreffen mit gegnerischen
Kreuzern in dem eng begrenzten Seegebiet gefährlich;
doch hoffte Kapitän Looff, daß fremde Handelsschiffe in
unmittelbarer Nähe des Stützpunkts Aden mit einem
deutschen Kreuzer nicht rechneten. Der reichliche Funkverkehr der »Königsberg« aber schien die britischen Behörden in Aden und Perim gewarnt zu haben. Die Schiff-
fahrt nach Osten war angehalten worden, von Osten kommende Dampfer erhielten die Warnung, sie sollten sich
außerhalb der üblichen Schiffahrtswege halten.

An diesem 6. August, gegen 21.00 Uhr, sichtete »Königsberg« am östlichen Horizont die Lichter zweier
Dampfer, welche auf die Bucht von Aden zuliefen. Der er-

ste wurde durch Morseanruf zum Stoppen aufgefordert. Er erwies sich jedoch als japanischer Passagierdampfer der Nippon Yusen Kaisha und erhielt die Erlaubnis zur Weiterfahrt. Die neugierige Frage »What ship?« beantwortete »Königsberg« mit einigen unverständlichen Morsezeichen.

11. Das Ende der »City of Winchester«

Mit hoher Fahrt steuerte »Königsberg« nun den zweiten Dampfer an. In der sicheren Überzeugung, einen britischen Kreuzer vor sich zu haben, stoppte dieser sofort und teilte seinen Namen mit: »City of Winchester«, ein großes Passagierschiff, das zur Hall Line gehörte. Mit seiner kostbaren, hauptsächlich aus Tee bestehenden Ladung hatte der auf der Heimreise von Calcutta befindliche Dampfer am 30. Juli Colombo verlassen und erst am 6. August die Kriegsnachricht und Funkwarnung vor deutschen Kreuzern erhalten. Nun wurde die »City of Winchester« durch ein Prisenkommando aufgebracht und erhielt die Anweisung, der »Königsberg« zu folgen, während diese in den Nachtstunden mit langsamer Fahrt quer zu den Dampferstraßen patrouillierend auf weitere Beute lauerte. Bei Tagesanbruch steuerte »Königsberg« die arabische Südküste an und lief bei heißen orkanartigen Böen dicht unter Land bis in die Bucht von Burum, die am 7. August um 16.00 Uhr erreicht wurde. Dort lag »Zieten« bereits vor Anker. Kurz nach »Königsberg« traf dort auch der auf der Heimfahrt nach Karachi befindliche Dampfer »Ostmark« der Hamburg-Amerika-Linie (Kapitän B. Peter) ein, den »Königsberg« am Morgen über Funk dorthin bestellt hatte. Die Besprechung mit den deutschen Kapitänen über Vorräte an Kohlen, Material und Proviant ergab jedoch ein unerfreuliches Bild: Keiner der Dampfer konnte Kohle abgeben. »Königsberg« hatte nur noch 150 Tonnen Kohle an Bord. »Ostmark« wurde am Abend des 7. August auf Wunsch ihres Kapitäns nach dem italienischen Hafen Massaua am Roten Meer entlassen (Italien

war damals noch neutral). Er konnte nur kleine Schamott-
bestände für die Kesselanlagen des Kreuzers abgeben.
Der Zustand der Maschinen der »Ostmark« ließ den Kapitän die Fahrt gegen den Monsun nach Mosambik in das
neutrale Portugiesisch-Ostafrika nicht wagen. Der geringe
Kohlenvorrat der »Ostmark« hätte auch kaum für eine
solche Fahrt ausgereicht. (Der Dampfer passierte am
Abend des 9. August die Straße von Perim und erreichte
Massaua am Morgen des 11. August 1914.)

Östlich von Aden, inmitten des monsunigen Indischen
Ozeans, lagen die mächtigen rot-gelben Felsblöcke der
Kuria-Muria-Inselgruppe, nach Süden zu das Felsmassiv
der Insel Hallanij und weiter nördlich die glattkantige Insel Soda, vierkantig wie eine Pyramide, klotzig, 200 Meter
hoch, kaum zwei, drei Kilometer lang. Weithin leuchteten
die rötlich glänzenden Wände des Felsblocks ohne Baum
und Strauch.

»Königsberg«, die am 7. August gleichzeitig mit »Ostmark« und »Zieten« Anker gelichtet hatte, suchte trotz
des geringen Kohlenvorrats nochmals die Dampferstraße
nach gegnerischen Handelsschiffen ab. Aber es wurde
kein Schiff gesichtet. Sie nahm daher ebenfalls Kurs nach
den Kuria-Muria-Inseln, wo sie am 10. August hinter der
Insel Soda bei der schon dort liegenden »Goldenfels« zu
Anker ging. »Goldenfels« führte eine hauptsächlich aus
Kopra bestehende Ladung, die im Notfall als Kesselheiz-
material verwendet werden konnte. Der Vorrat des
Dampfers an Bunkerkohle reichte für die Fahrt nach nie-
derländisch-indischen Häfen, und bei Ausnutzung der
Kopraladung ergab sich sogar ein Überschuß. Diesen gab
»Goldenfels« nun an »Königsberg« ab, die nur noch 80
Tonnen Kohle an Bord hatte. Dann ging der Kreuzer nach
der 50 Seemeilen entfernten Insel Hallanij, wo »Zieten«
längsseits des Prisenschiffes »City of Winchester« Vorräte
ergänzte. Auf ein Signal der »Goldenfels«, die ein gegnerisches Kriegsschiff meldete, mußte »Königsberg« nochmals beschleunigt nach Soda zurückkehren. Dort aber erwies sich diese Nachricht als falsch: Die Beobachter hatten
sich durch eine am Horizont passierende Rauchwolke täu-

schen lassen. Die beschleunigte Fahrt bei heftigem Gegenwind hatte den knappen Kohlenvorrat des Kreuzers weiterhin schwinden lassen. Am Nachmittag des 11. August traf »Königsberg« erneut bei Hallanij ein und ging bei »City of Winchester« längsseits, um den Bestand von 400 Tonnen Kohle sowie Frischwasser und Proviant (Mehl und Tee) zu übernehmen.

Am nächsten Vormittag wurde der Rest der Besatzung der Prise an Bord des Kreuzers genommen, der Dampfer »City of Winchester« durch Öffnen der Ventile und einige Schuß aus den Geschützen der »Königsberg«, die dabei auch zum erstenmal mit scharfer Munition abgeschossen wurden, versenkt. Granaten wühlten sich in den Leib des britischen Schiffes, der große Dampfer neigte sich auf die Seite und versank mit seinen Schätzen an bestem indischen Tee, persischen Teppichen, Gold und Silberbarren. Die »City of Winchester« war übrigens das erste britische Handelsschiff, das im ersten Weltkrieg von einem deutschen Kreuzer auf hoher See gekapert wurde. Dafür hatte ein deutscher Patriot eine Geldprämie ausgesetzt, die 1920 der »Königsberg«-Besatzung tatsächlich zugesprochen werden sollte.

Der Kreuzer brachte den Besatzungsrest der Prise auf den Dampfer »Goldenfels«, der bis zum Eintreffen der »Somali« (auf die die »Königsberg« wegen deren Kohlenladung so sehr wartete) bei Hallanij verankert blieb und dann zur Fahrt nach Padang auf Sumatra entlassen wurde. (Am 28. August 1914 traf »Goldenfels« dort schließlich nach Aufbrauch seiner gesamten Kohlen und Verbrennen von Teilen der Kopraladung ein.)

Am 12. August hatte »Königsberg« die erste Funkverbindung mit dem in der Nacht vom 3. zum 4. August von Daressalam auslaufenden Begleitdampfer »Somali« erhalten. Ihm wurde die Anweisung erteilt, Hallanij anzusteuern. Aber würde die »Somali«, die auf der Fahrt erhebliche Seeschäden erlitten hatte, zum Kreuzer stoßen und die lebenswichtigen Kohlen bringen können?

Zu diesem Zeitpunkt wurde Funkverkehr großer Lautstärke abgehört, der nur von einer gegnerischen Station ausgehen konnte, von einem Gegner, der in unmittelbarer Nähe stand. Der Funkoffizier der »Königsberg« meldete ferner, daß zahlreiche fremde Schiffsstationen sich teilweise in offenen Anrufen miteinander unterhielten. Sie mußten sich der »Königsberg« in den letzten Stunden beträchtlich genähert haben. Aus den Anrufen war zu entnehmen, daß außer dem ostindischen Geschwader auch Kreuzer der Mittelmeerflotte im Golf von Aden standen. Bis zu 13 Schiffsstationen wurden gezählt. In der Tat hatte die britische Admiralität umfangreiche Maßnahmen zur Verfolgung der »Königsberg« getroffen, nachdem das Erscheinen des Kreuzers im Golf von Aden durch das Anhalten des japanischen Dampfers am 6. August und das Ausbleiben der »City of Winchester« bekanntgeworden war.

Das Scheinwerferleuchten und der abgehörte Funkverkehr veranlaßte Kapitän Looff, den Liegeplatz hinter der Insel Hallanij zu räumen und in See zu gehen. Bei dem dauernd mit Stärke 7 bis 8 wehenden Monsun und der schweren See hielt er eine Handelskriegstätigkeit im Golf von Aden, mit der beschwerlichen Untersuchung von Handelsschiffen, der Umschiffung von Besatzungen und Gütern, für ausgeschlossen. Er beschloß, sein Operationsgebiet am Eingang des Roten Meeres zu räumen. Dem Begleitdampfer »Somali« gab er einen Treffpunkt südlich des Monsungebietes auf. Dort sollte auf offener See gekohlt werden, um danach in südafrikanische Gewässer zu laufen.

Dieser Plan scheiterte jedoch, denn am Tage nach dem Auslaufen von Hallanij meldete der Leitende Ingenieur, daß infolge der schlechten von »City of Winchester« übernommenen Kohle der Verbrauch an Heizmaterial jetzt auch bei langsamer Fahrt dem Verbrauch bei hoher Fahrt von 18 bis 20 Meilen entspräche. Dabei machte der Kreuzer jetzt gegen den Monsun nur etwa sieben Seemeilen pro Stunde vorwärts. Auch war zu befürchten, daß die alte »Somali« bei der Fahrt gegen den Monsun leckspringen und sinken könnte. Dann war »Königsberg« mit ihrem geringen Vorrat an schlechter Kohle in eine kritische Lage geraten. Daher entschloß sich der Kommandant, in der verlassenen Bucht von Ras Hafun an der afrikanischen Küste, etwa 50 Seemeilen südlich von Kap Guardafui, aus »Somali« Kohle zu ergänzen.

Der Kreuzer suchte, Zickzackkurse steuernd, nochmals die in den Golf von Aden führenden Dampferstraßen ab. Aber nichts kam in Sicht. Der britische Schiffsverkehr war eingestellt worden.

Bei Annäherung des Kreuzers an die Insel Sokotra flaute der Monsun schnell ab, die See wurde ruhiger. Starkes Meeresleuchten zeigte sich neben dem scharfen Bug des Schiffs. Scharen von Seevögeln umflatterten plötzlich das Schiff, ließen sich auch auf der Takelage nieder. »Königsberg« passierte in Lee von Sokotra eine von Süden nach Norden laufende kalte Meeresströmung. Aber die Ruhe war nur kurz. Bald setzte der Monsun in voller Stärke wieder ein. Hoch auflaufende See warf sich gegen den Kreuzer.

Zeitweilig blieben die Funkmeldungen der »Somali« überhaupt aus, deren Funkantennen durch das schwere Stampfen des Schiffs öfter beschädigt wurden. Das Wetter wurde noch stürmischer. Daher steuerte »Königsberg« den innersten Winkel der Bucht von Ras Hafun an und warf dort am 19. August auf felsigem Grund Anker. In den Bunkern befanden sich noch 70 Tonnen Kohle. Bei sparsamsten Verbrauch reichte dies für 14 Tage Hafenbetrieb (Wassererzeugung, Licht- und Funkentelegrafie). Das Überleben des Kreuzers hing jetzt vom Eintreffen der »Somali« ab. Da der Kreuzer nicht mehr fahren konnte, wurden die Maschinen zur gründlichen Überholung auseinandergenommen.

Was sollte geschehen, wenn »Somali« nicht eintraf? Den Kreuzer sprengen und an Land gehen? Aber größere Siedlungen im Norden wie im Süden lagen über tausend Kilometer weit. Noch keiner Besatzung, die hier Schiffbruch erlitten hatte, war es geglückt, sie zu erreichen. Vielen Schiffen war das Kap Ras Hafun schon zum Verhängnis geworden, als sie von Osten kommend nach langen Sturmtagen im Indik die Kaps verwechselten und glaubten, den weiten Golf von Aden vor sich zu haben. Da waren manche Schiffe mit voller Fahrt auf den Strand gelaufen.

Aber ein Weiterfahren war ebenso unmöglich wie ein einfaches Abwarten, denn bald würde das Wasser ausgehen. Um Hilfe funken? Aber wer sollte helfen, auf Tausende von Meilen im Umkreis gab es nur Gegner, die den Kreuzer suchten. Waren Aufgeben und Gefangenschaft die einzige Aussicht, wenn die »Somali« nicht kam?

Diese Nacht muß für den Kommandanten voll schwerer Gedanken gewesen ein. Nur den I. O. weihte er in seine Pläne ein: Sollte »Somali« ausbleiben, dann wollte Kapitän Looff durch Funk den Gegner herbeirufen, die Besatzung in die Boote gehen lassen und bei Annäherung des Gegners seinen Kreuzer sprengen.

In der Sorge wegen des drohenden Wassermangels sollte ein Boot an Land geschickt werden, die Besatzung in den Sanddünen nach Wasser graben. Ein sicherlich vergebliches Bemühen, aber Not kennt kein Gebot. Als Führer des an Steuerbord hängenden Rettungskutters erhielt Leutnant Wenig den Befehl, an Land zu fahren. Seine Kuttergäste waren stämmige Leute. Sie schnallten sich Mauserpistolen um, Gewehre wurden unter den Duchten festgebunden, Schaufeln ins Boot gelegt.

In gleichmäßigem Takt pullte der Kutter die See hinauf, schlingerte auf der anderen Seite wieder hinunter. Obwohl sie die Dünung mit sich hatten, kam das Boot nur langsam vorwärts, denn der Wind blies ihm entgegen. Fast eine Stunde lang bemühte sich die Bootsbesatzung, die weißschäumende Brandung zu erreichen, die weit an den flachen Sandufern dicht vor der Küste lag. Kriegsschiffsboote sind schlechte Brandungsboote. Aber von einer mächtigen See wurde dann das Boot erfaßt, schlug quer und wurde wie ein Spielzeug mit seiner ganzen Besatzung im hohen Bogen auf den Sand geworfen. Alle Männer hatten überlebt und standen nun staunend in dieser glühenden Wüsteneinsamkeit. Schweigend griffen die Männer zu den Schaufeln, erdrückt von der Großartigkeit der heißen Wüstenberge und zugleich der Aussichtslosigkeit ihres Beginnens, hier nach Wasser zu graben.

Das Loch war schon mehrere Meter tief, aber der Sand dort unten ebenso knochentrocken und heiß wie an der Oberfläche. Plötzlich zeigte einer nach Westen auf einen tiefen Einschnitt der Wüstenberge: »Eingeborene.« Eine immer länger werdende Reihe schwarzer Punkte bewegte sich immer schneller auf die Eindringlinge zu. Witterten sie Beute?

»Kutter klar«, wurde nun befohlen, aber der Kutter lag hoch und trocken auf dem heißen Sand. Mit vereinten Kräften stemmten die Männer der »Königsberg« das schwere Boot hinunter, schoben es in die Brandung. Die schwarzen Punkte bewegten sich immer näher, wurden zu Menschenkörpern, als plötzlich eine gelbe Sandwolke aufbrauste und mit voller Wucht auf das Wasser traf. Einige Sekunden lang wurde die Brandung niedergehalten, sie reichten aus: Der Kutter schwamm wieder. Aber wie sah er aus: Die Hälfte der Riemen fehlte, ein Teil der Besatzung hing noch außenbords am Dollbord festgeklammert. Doch alle Männer konnten geborgen werden, und dann begann der Kampf gegen die Dünung auf dem Rückweg. Der Kutter gewann die See, bevor die schwarzen Gestalten das Ufer erreicht hatten. Endlich war auch die »Königsberg« erreicht. Der Kutter ging längsseits, die erschöpfte Besatzung kletterte an Deck.

Als sich am 21. August 1914 die Morgennebel hoben, ging auch der Dienstbetrieb weiter. Plötzlich ein Ruf: »Kriegsschiff am Horizont — Klarschiff zum Gefecht.« Ein Kriegsschiff? Das konnte nur ein Gegner sein. Und hier lag die »Königsberg«, bewegungslos, mit auseinandergenommenen Maschinen. Hunderte von Augenpaaren suchten den Horizont ab. Hinter der östlichen Kimm ragten nun zwei Masten empor. Aber es waren kurze Masten, sehr schräg, ohne Scheinwerfermarse und Funkrahen. Der Dampfer kam näher, steuerte direkt in die Bucht von Ras Hafun hinein. Näher und näher hatte sich der schwarze Rumpf geschoben, drehte etwas, zeigte seine Seitenansicht, und es war — »Somali«. Die Spannung machte der Freude Platz. Leinen flogen herüber und hinüber, bald lagen die beiden Schiffe Bord an Bord festgemacht. Die Luken wurden geöffnet, Winden kreischten, Spills klapperten, Kohlenkörbe flogen hin und her. Den ganzen Nachmittag, die ganze Nacht, den nächsten Tag und den Vormittag des dritten Tages dauerte die harte Arbeit der Kohlenübernahme. Dann war es geschafft. »Königsberg« legte von »Somali« ab, aus einem lahmen Wrack wieder zum Kreuzer geworden. Gegen Mittag lichtete auch »Somali« die Anker und nahm Kurs in Richtung Komoren. Dort in der Nähe sollte sie den Kreuzer wiedertreffen.

Der Kreuzer hatte seine Kohlenvorräte bis zur Grenze der Seefähigkeit aufgefüllt. 850 Tonnen hatte er jetzt an Bord. Selbst an Deck standen Kohlen in Säcken, zu Bergen aufgetürmt. Aber »Somali« hatte auch Post und Proviant mitgebracht. Mit neuer Zuversicht richtete »Königsberg« den Kurs nach Osten und Südosten und verließ am 23. August das ursprünglich vorgesehene Operationsgebiet.

12. Kreuzer »Königsberg« vor Madagaskar

Es war die Absicht des Kommandanten, in den Gewässern von Madagaskar die französische Handelsschiffahrt zu stören und die an der Küste von Deutsch-Ostafrika kreuzenden britischen Streitkräfte nach dem südlichen Indischen Ozean abzuziehen. »Somali« wurde zur Insel Aldabra nordwestlich von Madagaskar beordert.

Während der Fahrt nach Süden flaute der Monsun ab, ruhiges Wetter trat ein. Dennoch war die See nie so, daß die ursprüngliche Absicht des Kommandanten, südlich des Monsungebiets auf hoher See von »Somali« Kohlen zu übernehmen, verwirklicht werden konnte. Auch gegnerische Schiffe traf der Kreuzer auf den verschiedensten Handelsstraßen nicht an. Und die Sorge um die weitere Kohlenversorgung beschäftigte den Kommandanten auch weiterhin. Wäre es vielleicht besser, in die Gewässer Süd-

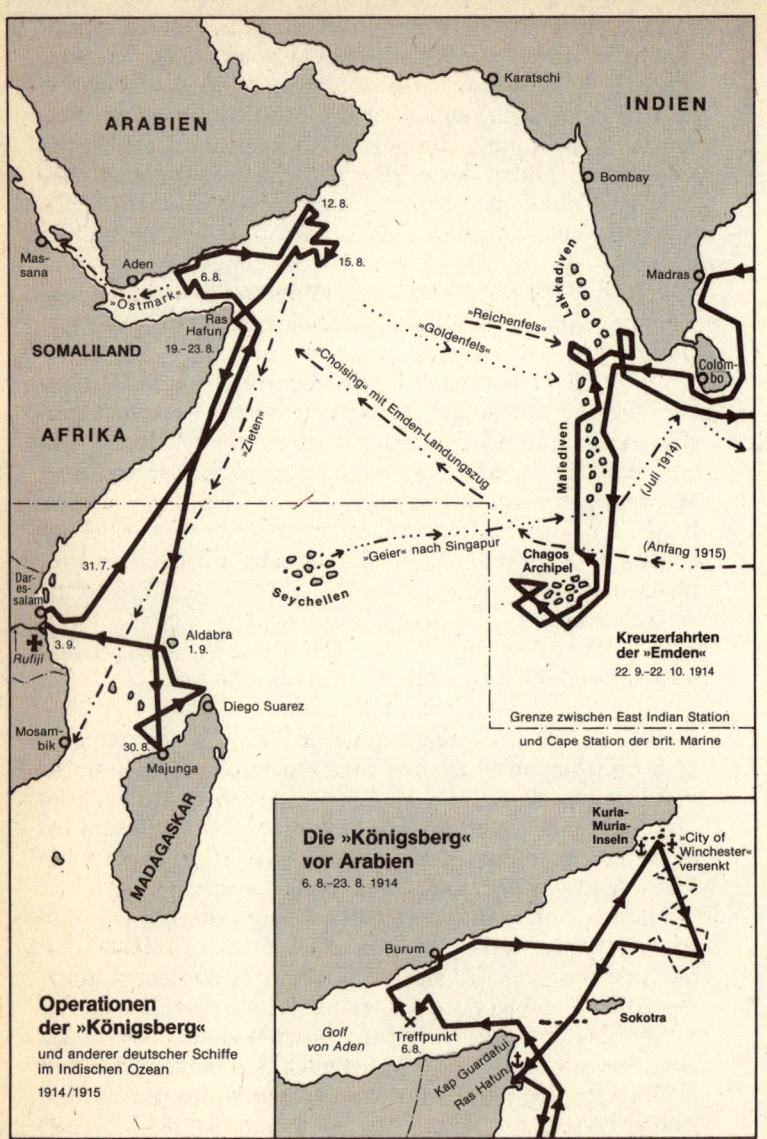

Karatschi

INDIEN

ARABIEN

Massana

Aden

»Ostmark«

6. 8.

12. 8.

15. 8.

Bombay

»Reichenfels«

»Goldenfels«

Madras

Lakkadiven

Ras Hafun

19.–23. 8.

SOMALILAND

Colombo

AFRIKA

»Choising« mit Emden-Landungszug

»Zieten«

Malediven

(Juli 1914)

31.7.

»Geier« nach Singapur

(Anfang 1915)

Dares-salam

3.9.

Rufiji

Aldabra
1.9.

Seychellen

Chagos
Archipel

Kreuzerfahrten
der »Emden«
22. 9.–22. 10. 1914

Mosambik

30. 8.

Diego Suarez

Majunga

Grenze zwischen East Indian Station
und Cape Station der brit. Marine

MADAGASKAR

Die »Königsberg«
vor Arabien
6. 8.–23. 8. 1914

Kuria-Muria-Inseln

»City of
Winchester«
versenkt

Burum

Sokotra

**Operationen
der »Königsberg«**

und anderer deutscher Schiffe
im Indischen Ozean

1914/1915

Golf
von Aden

Treffpunkt
6.8.

Kap Guardafui
Ras Hafun

afrikas zu gehen, wo der Schiffsverkehr vielleicht reger war? Vom Erfolg des Handelskrieges, der allein die benötigten Kohlenmengen liefern konnte, hing ja die Lebensfähigkeit des Kreuzers ab. Aber durch die Fahrt bis Madagaskar hatte »Königsberg« schon wieder zwei Drittel des gesamten Kohlenbestands verbraucht, und auf »Somali« warteten bei Aldabra nur noch etwa 250 Tonnen Kohle. Kapitän Looff entschloß sich zu einem Vorstoß gegen Madagaskar.

Am 30. August 1914 stand »Königsberg« bei Tagesanbruch vor Majunga, dem Haupthafen der Westküste Madagaskars. Die Ansteuerung konnte noch bei Nacht erfolgen, da alle Seezeichen in Betrieb waren. Um 5.00 Uhr morgens lief der deutsche Kreuzer in den inneren Hafen ein. Aber der war leer, selbst die kleinsten Fahrzeuge, Prähme und Boote hatte man in schwer zugänglichen Flußarmen versteckt. Das alte Fort von Majunga, das nach den an Bord vorhandenen Unterlagen dicht am Strand stehen sollte, existierte nicht. Die Funkstation stand inmitten von Häusern dicht neben einem die Rote-Kreuz-Flagge tragenden großen Gebäude. Von einer Beschießung sah der Kommandant der »Königsberg« daher ab. Ein längerer Aufenthalt im Hafen erschien zwecklos. Schnell verließ der Kreuzer die Szene.

Nach diesem vergeblichen Vorstoß nach Majunga kreuzte »Königsberg« auf den Dampferrouten nördlich von Madagaskar. Aber außer einigen dicht unter Land kreuzenden Daus wurde keinerlei Schiffsverkehr gesichtet. Das Erscheinen des deutschen Kreuzers in dem mit Funkstation ausgerüsteten Majunga hatte die gesamte Schiffahrt um Madagaskar zum Stillstand gebracht und damit den Kreuzer der Möglichkeit beraubt, seinen Kohlenvorrat aus einem aufgebrachten Schiff zu ergänzen.

Am 1. September 1914 steuerte »Königsberg« bei Tagesanbruch die Insel Aldabra an, wo der Kreuzer zur Kohlenauffüllung bei der dort wartenden »Somali« längsseits ging. Aber diese Kohlenübernahme ging nur mit großen Schwierigkeiten vonstatten: »Somali« rollte heftig in der langen Dünung. Nach der Übernahme von etwa 200 Tonnen mußte das Kohlen aufgegeben werden. Infolge Kentern des Stromes hatten sich beide Schiffe quer zur Dünung gelegt und waren dabei so stark gegeneinander geschlagen, daß Spanten von »Somali« zu brechen begannen und es auch am Rumpf des Kreuzers Beschädigungen gab.

»Königsberg« steuerte nunmehr mit westlichem Kurs auf die Küste Deutsch-Ostafrikas zu. Der Kommandant hatte sich entschieden, mit den letzten verfügbaren Kohlen in die Nähe des einzigen als Stützpunkt verbliebenen Gebiets — Deutsch-Ostafrika — zu fahren. Die Hoffnung, feindliche Handelsschiffe mit Kohlen aufzubringen, hatte er zunächst aufgegeben.

Vor Aldabra hatte sich der Kommandant mit dem Kapitän der »Somali«, dem die ostafrikanischen Küstenverhältnisse besonders vertraut waren, eingehend besprochen: Für »Königsberg« mußte ein von See her nicht einzusehender und dem Gegner nicht zugänglicher Liegeplatz gefunden werden. Als ein solcher Ort empfahl sich das erst Anfang 1914 vom Vermessungsschiff »Möwe« neu vermessene Mündungsdelta des Rufiji-Flusses an der südlichen Küste von Deutsch-Ostafrika. Außer den Gouvernementsdampfern und einzelnen kleinen Dampfern der Deutsch-Ostafrika-Linie kannte sonst niemand die Befahrbarkeit einzelner Arme des Deltas auch für größere Schiffe.

Das Rufiji-Delta umfaßte sechs große Arme, von denen zwei, die Ssimba-Uranga-Mündung und die Kikunja-Mündung für größere Schiffe mit einem Tiefgang bis zu fünf Metern und bis zu einer Entfernung von bis zu 15 Seemeilen von den an der Mündung vorgelagerten Barren aufwärts schiffbar waren. Die dritte Nordmündung, die Kiomboni-Mündung, war, ebenso wie die Südmündungen, nur für größere Boote passierbar.

Der Mündung waren große Riffe vorgelagert, die »Königsberg« nur bei Springhochwasser passieren konnte. Dann aber boten sie dem Kreuzer einen natürlichen und guten Schutz.

Alle übrigen dem Kreuzer zugänglichen Küstenplätze

Deutsch-Ostafrikas waren leicht einzusehen. Von neutralen Häfen kam nur noch Mosambik in Frage, dort aber lag der gesamte Kohlenhandel in britischen Händen.

Aus all diesen Gründen entschloß sich Kapitän Looff am 3. September, die Insel Mafia vom Süden her anzusteuern. Als das Springhochwasser ein Passieren der vorgelagerten Barre gestattete, ging er mit dem Kreuzer durch die Ssimba-Uranga-Mündung den Rufiji-Fluß stromaufwärts. Bei der etwa zehn Seemeilen von der eigentlichen Mündung entfernten Forst- und Zollstation Ssasale machte der Kreuzer im Strom fest. »Königsberg« war unfreiwillig und völlig überraschend nach Deutsch-Ostafrika zurückgekehrt.

13. Kreuzer »Königsberg« zurück in Ostafrika

Alle Beteiligten waren noch dabei, die weitreichenden politischen und militärischen Konsequenzen der Rückkehr der »Königsberg« zu überdenken, als sich die Neutralisierungsvereinbarung erneut als »innenpolitisch« brisant erwies: Der Kreuzer »Pegasus« und der sansibarisch-britische Sultansdampfer »Khalifa« waren am 8. September im Hafen Tanga erschienen und hatten die Auslieferung der am 17. August zur Prise erklärten Leichter verlangt. Anderenfalls würden Marinesoldaten landen. Der gerade in Korogwe anwesende Lettow war (bezeichnenderweise?) nur durch ein Privattelegramm davon verständigt worden. Die ebenfalls in Korogwe eingetroffene 8. Feldkompanie erhielt Befehl, nach Tanga weiterzufahren, um etwaigen Landungen entgegenzutreten. Gleichzeitig war das Bezirksamt telegrafisch aufgefordert worden, die Leichter zu zerstören. Dies hatte das Bezirksamt jedoch abgelehnt und sich dem britischen Kommandanten gegenüber auf den förmlichen Protest beschränkt, die Fahrzeuge seien Privateigentum. Die Briten nahmen fünf Leichter und den kleinen Schleppdampfer »Usagara II« in Schlepp und dampften wieder ab. Für den Fall, daß die im Hafen liegenden Leichter weggenommen oder zerstört würden, war die Stadt mit Beschießung bedroht worden. Die 8. Feldkompanie war nicht mehr rechtzeitig eingetroffen und hatte nachts unverrichteter Dinge wieder nach Korogwe zurücktransportiert werden müssen, um der Nordoperation erhalten zu bleiben.

Bei Bekanntwerden dieser Ereignisse beantragte der Kommandeur telegrafisch beim Gouverneur, gegen den oder die Schuldigen wegen der Übergabe der Leichter an die Briten auf Grund der Bestimmungen des Reichsstrafgesetzbuchs offiziell einzuschreiten. Neben § 89 berief sich der Kommandeur dabei auch auf § 90,2:

>>Lebenslängliche Zuchthausstrafe tritt im Falle des § 89 ein, wenn der Täter ... Festungswerke, Schiffe oder Fahrzeuge der Kriegsmarine, öffentliche Gelder, Vorräte von Waffen, Schießbedarf oder anderen Kriegsbedürfnissen, sowie Brücken, Eisenbahnen, Telegrafen und Transportmittel in feindliche Gewalt bringt oder zum Vorteil des Feindes zerstört oder unbrauchbar macht ...<<

Das Antworttelegramm des Gouverneurs lautete jedoch:

>>Verwaltung Tanga hat sich an Bestimmungen Abkommen zu halten und darf Fahrzeuge nicht zerstören. Falls Zerstörungen militärisch wichtig, könnten sie nur durch Militär vorgenommen werden, das durch Abkommen nicht gebunden. Bezirksamtmann ist angewiesen, sich in diesem Fall auf schriftlichen Protest zu beschränken.<<

Die Interpretation, daß jetzt nur die Verwaltung, nicht aber Truppen an die Abkommen gebunden seien, war zwar etwas Neues; aber hinsichtlich der durch diese neue Auslegung vielleicht erlangten größeren Handlungsfreiheit war der Kommandeur skeptisch. Er zögerte jedoch nicht, sofort entsprechende praktische Folgerungen zu ziehen.

Oberstleutnant v. Lettow schickte den mit den Verhältnissen in Tanga vertrauten und ihm gut bekannten Korvettenkapitän Schönfeld am 9. September nach Tanga. Er sollte dort verhindern, daß dem Gegner noch mehr Schiffsmaterial in die Hände fiel, ferner die Kohlenbestände des Dampfers »Markgraf« bergen. Dem Bezirksamt Tanga sollte er erklären, die Truppe halte sich nicht an Abkommen, welche durch das Gouvernement mit dem Gegner getroffen waren. Außerdem sollte Schönfeld die Tangaküste auf für gegnerische Landungen geeignete Stellen hin erkunden, da die Briten die abgeschleppten Fahrzeuge offenbar zu Landungsunternehmen an der deutschen Küste benutzen wollten.

Werner Schönfeld war Pflanzer in Deutsch-Ostafrika. Im Juli 1914 hatte er sich in der Steppe zwischen Kilimandscharo und dem Meru-Berg auf einer Safari befunden. Von der Farm Krantz ritt er zur Farm Weber. Er wollte ihm gehörendes Vieh, das er dort eingestellt hatte, besichtigen. Auf dem Ritt durch die hitzegeschwängerte Buschsteppe dachte er vornehmlich an kühle Getränke und seine Rinder. Eines Tages hielt er einen eingeborenen Boten an, der an ihm vorbeilaufen wollte. Dem jungen Schwarzen hatte man einen Zettel in die Hand gegeben und von Farm zu Farm geschickt. Die deutschen Worte auf dem Zettel konnte der Bote nicht lesen. Schönfeld las: »Kriegsausbruch.« Es war der 2. August 1914.

Pflanzer Schönfeld versuchte, seine Gedanken von Sonnenglut, Steppe, Viehzucht und Lust auf ein kaltes Bier nun auf das Gelesene zu konzentrieren. Er erinnerte sich, daß er sich als ehemaliger Seeoffizier, Korvettenkapitän a. D. der Marineartillerie, im Mobilmachungsfall bei der Marinestation der Nordsee in Wilhelmshaven zu melden hatte. Vom Kilimandscharo zur Nordsee in den Krieg?

Aber er machte sich sofort auf den Weg. Er würde sich schon durchschlagen. Doch bereits bei der deutschen Bezirksverwaltung von Moschi mußte er ungläubig feststellen, daß die eigenen Behörden eines der größten Hindernisse waren. Er war durchdrungen von seinem Entschluß, seinem Kaiser zu Hilfe zu eilen, auch um die halbe Welt. Geld hatte er nur wenig bei sich und keinen Reisepaß. In diesen Zeiten würde ihm doch jeder helfen, dachte er. Aber nicht einmal eine Eisenbahnfahrkarte nach Tanga wollte man ihm ohne Sicherheit geben, einen Paß das Bezirksamt nicht ausstellen, und der geld- und paßlose Krieger wurde eine Zeitlang sogar als Spion aufgehalten. Doch nach energischen Protesten ließ man ihn ziehen, und er schlug sich nach Tanga durch. Dort erfuhr er, daß auch Großbritannien in den Krieg eingetreten war. Da mußte man wohl seine Reisepläne aufgeben. Aber die Kolonie mußte verteidigungsbereit gemacht, die Marine bei der Ausrüstung von Hilfskreuzern unterstützt werden. So kam er ins Gespräch mit Schiffsoffizieren des DOAL-Dampfers »Markgraf«. Der Erste Offizier des Schiffs erzählte ihm, sein Dampfer habe gegen 800 Tonnen Kohle an Bord. Auf die Frage, ob jemand versucht habe, wegen der Kohlen etwas zu unternehmen, erhielt Schönfeld die Antwort: »Ja, schon, aber der Kapitän hat das Löschen abgelehnt.«

Schönfeld, dem die Wichtigkeit der Kohlenversorgung für Kriegsschiffe nur zu bekannt war, eilte sofort zum zivilen Bezirksamt. Dem Bezirksamtmann Münch machte er sich erbötig, falls notwendig, das Löschen dieser Kohlen selbst zu leiten. Das Bezirksamt sagte zunächst eine Unterstützung zu.

Schnell fuhr Schönfeld, der erkannt hatte, daß in der Kolonie jeder Mann gebraucht wurde, noch einmal heim, um auf seiner Pflanzung alles »für die Zeit des Krieges« zu regeln. Als er einen Tag später wieder nach Tanga zurückgekehrt war, erfuhr er zu seinem Erstaunen, daß die von ihm für das Löschen der Kohlen angeforderten Prähme und Schlepper nicht bereitgestellt waren. Verzweifelt und wütend eilte er vom Bezirksamt zur Tangaer Handelsbank, zur Deutsch-Ostafrika-Gesellschaft, zur DOAL und wieder zurück: Überall wurden ihm Schwierigkeiten gemacht. Unglücklich schrieb er in sein Tagebuch: »Was hier geschieht, grenzt an Hochverrat!« Am 7. September rief ihn ein Telegramm zu Lettow-Vorbeck, der ihn mit Anweisungen des Kommandos ausstattete.

Unter schriftlichem Protest des Bezirksamtmanns führte Schönfeld seinen Auftrag aus. Außer den dienstfähigen Europäern der Stadt zog er auch die Besatzung des Dampfers »Markgraf« kurzerhand ein, die sich nach dem Abkommen nicht weiter am Krieg beteiligen durfte. Als er zu deren Bewaffnung auch Gewehre requirieren ließ, erfolgte sofort der telegrafische Befehl des Gouverneurs, alle beschlagnahmten Waffen seien den Besitzern umgehend wieder auszuhändigen und alle derartigen Requisitionen in Zukunft zu unterlassen.

Nun wollte Schönfeld die Kohlen des Dampfers »Markgraf« löschen und den Dampfer bergen, trotz allen Sträubens der Zivilbehörden. Er stürmte auf den Dampfer, ließ die Besatzung wecken, antreten und »militarisieren«. Um eine Wegnahme des Schiffs durch britische Streitkräfte zu vermeiden, wollte er die achtere Abteilung vollaufen lassen.

Zum Verhalten des Hafenkapitäns verzeichnete Schönfeld mit Bitternis, wie dieser mit der Uhr in der Hand auf dem Mittelschiff des Dampfers gestanden hatte, damit die Handelsschiffsbesatzung durch »Parole« sich für die Dauer des Krieges zu Nichtkombattanten erklären sollte. Ein Vorgang, der kriegsgeschichtliche Folgen haben sollte. Bei all diesen Schwierigkeiten hatte Schönfeld in Tanga und Daressalam »das Gefühl, als befände man sich in Feindesland«.

Der Tangaer Vertreter der DOAL, ein Herr Memel, zeigte ihm in Gegenwart von Gouvernementssekretär Münth allergrößtes Erstaunen, als Schönfeld wegen der Kohlen vorsprach: Man dürfe die Kohlen nicht aus dem Dampfer löschen. Dazu könne er als Vertreter der Linie keine Zustimmung geben. Denn Kohle würde nach dem Krieg sehr teuer und schwer zu beschaffen sein. Außerdem müsse »Markgraf« laut Auftrag der Reederei fahrbereit gehalten bleiben.

Bei DOAL und DOAG beschlagnahmte Schönfeld alle Leichter sowie Waffen. Schließlich verlangte er vom Bezirksamtmann: »Wir müssen das Schiff requirieren.« Aber der Bezirksamtmann bedeutete ihm, daß er dafür keine Machtbefugnisse habe. Schönfeld, der etwas laut wurde, wurde aufgefordert, das Bezirksamt zu verlassen. (Er schrieb in sein Tagebuch: »Typisch privates Großkapital!«)

Als Schönfeld beim Gouverneur telegrafisch nachsuchte, Tanga im Falle einer feindlichen Landung verteidigen

zu dürfen, erhielt das Kommando am 11. September folgendes Telegramm:

> »Meine Anordnung, daß Tanga als offener Küstenplatz nicht
> zu verteidigen, wird aufrechterhalten. Schönfeld benachrich-
> tigt.«

Für die Entschlüsse der Schutztruppe konnten auch die
neuen, abgeänderten Anordnungen keinen Wert haben.
Daher begnügte sich das Kommando mit den in Tanga
von Korvettenkapitän Schönfeld getroffenen Maßnahmen
und konzentrierte sich im übrigen auf das Ziel einer Britisch-Ostafrika bedrohenden Operation.

Inzwischen aber wirkte sich die Notwendigkeit der Unterstützung des Kreuzers »Königsberg« als weitgehende
Einschränkung auf das Daressalamer Abkommen aus.
Der von der Schutztruppe, welcher die Besatzung der
»Möwe« vor Auslaufen der »Königsberg« unterstellt worden war, zum Befehlshaber von Kigomo ernannte Korvettenkapitän Zimmer wurde — sicher nicht zur Freude des
Kommandeurs — zunächst kurzerhand zur Küste beordert. Nach Eilmärschen kam er von Kigoma und Daressalam nach Kissidju und traf von dort mit einer Dau am
12. September am Liegeplatz des Kreuzers in Ssalale ein.
Kapitän z. S. Looff betrieb eine Politik des Aufbaus eines
»zweiten Wehrmachtsteils« in Deutsch-Ostafrika und
wollte alle mit »Königsberg« verbundenen Fragen möglichst in ihm unterstellte Marinenhände gelegt wissen.

Korvettenkapitän Zimmer ließ durch den Dampfleichter
»Hedwig«, den kleinen Dampfer »Rowuma« und andere,
von den Briten schon für beschlagnahmt erklärte kleine
Fahrzeuge aus Daressalam sowie auch durch Daus aus
Beständen des in der Lindi-Bucht liegenden Dampfers
»Präsident« nicht weniger als 590 Tonnen Kohle zur Ver-
sorgung des Kreuzers nach der Rufiji-Mündung bringen,
die dort am 13. September eintrafen. (Dies sollte aller-
dings später eine erste Ursache für die Entdeckung der
»Königsberg« durch den Gegner werden.)

14. Versenkung des Kreuzers »Pegasus« vor Sansibar

Mit dem Bezirksamtmann Häuser, der am Tage nach der Ankunft der »Königsberg« im Rufiji nach zehnstündiger Fahrt im Einbaum von Utete an Bord des Kreuzers eingetroffen war und mit dem Leiter der Forststation Ssalale, wurden Maßnahmen zur Proviantergänzung vereinbart.

Der Planung für das nächste Unternehmen lagen Meldungen der Küstenbeobachtungsstationen zugrunde, wonach mindestens zwei britische Kreuzer an der Küste von Deutsch-Ostafrika operierten. Außerdem war ein weiterer Drei-Schornstein-Kreuzer vom Süden des Schutzgebiets her gemeldet worden. Ein Zwei-Schornstein-Kreuzer, vielleicht »Astraea«, sollte am 17. September am nördlichen Eingang zum Mafia-Kanal dicht unter Land vor Anker gelegen haben und am 19. September morgens in Richtung Sansibar abgedampft sein, wie Küstenposten bei Ras Kansi südlich von Daressalam und in Bagamojo gemeldet hatten.

Da dieser britische Kreuzer schon etwa 14 Tage lang dauernd an der Küste gesichtet war, wurde angenommen, daß er einige Tage, jedenfalls wohl über das kommende Wochenende, zum Kohlennehmen vor Sansibar liegen würde. Der Kommandant der »Königsberg« beschloß daher, diesen Kreuzer, der durch sein Erscheinen die deutschen Küstenorte ständig beunruhigt hatte, am frühen Morgen des 20. September vor Sansibar überraschend anzugreifen.

Der nach seiner ersten Versorgungsfahrt wieder in Daressalam liegende Dampfleichter »Hedwig« erhielt Befehl, in der Nacht vom 19. zum 20. noch einmal nach dem Rufiji auszulaufen, um letzte Kohlen zu überführen. Diese erneute Versorgungsfahrt der »Hedwig« wurde nicht behindert, so daß »Königsberg« also bei Rückkehr in den Rufiji erneut Kohle vorfinden würde.

Bei Springhochwasser verließ »Königsberg« am 19. September nachmittags die Rufiji-Mündung und steuerte, während der Nacht abgeblendet, Sansibar von Süden her zwischen Tschumbe-Insel und Nyange-Riff an. Der Kapitän der »Somali« versah Lotsen- und Navigationsdienste an Bord des Kreuzers. Er kannte die Ansteuerung des Zielhafens genau.

In schneller Fahrt schob sich der Kreuzer durch die blaue, fast ruhige See nach Norden. An Backbord, wenige Seemeilen entfernt, glitt die Küste mit ihren langwelligen grün-blauen Hügelketten vorbei, die weit nach Westen im bläulichen Dunst verschwanden. Die Sonne senkte sich. Tiefdunkle Schatten fielen auf den Ostteil der Küste. Nur ab und zu leuchtete der rote Feuerstreifen eines Steppengrasbrandes.

Dann blitzte an Backbord ein Blinkfeuer auf: der Leuchtturm von Makatumbe vor der Hafeneinfahrt von Daressalam. Die Männer der »Königsberg« freuten sich, noch eine genaue Schiffsposition feststellen zu können, bevor die im Dunkeln liegende britische Operationsbasis Sansibar angesteuert wurde.

Das Einlaufen in diesen Hafen (es war eigentlich eine offene Reede) war schon in Friedenszeiten und bei Tag keineswegs einfach, denn er war von zahllosen Riffen und Inseln umsäumt. Um so schwieriger war es jetzt bei Nacht und ohne Befeuerung des Fahrwassers. Nach Mitternacht kam an Backbord ein Licht in Sicht. Der deutsche Kreuzer verminderte die Fahrt, steuerte vorsichtig weiter. Bald war das Licht achteraus verschwunden. An der Ansteuerungstonne in der Südeinfahrt lag ein kleiner armierter Dampfer als Wachfahrzeug (der von den Briten aus Tanga entführte Tender der Deutsch-Ostafrika-Linie »Helmuth«). Dieses Wachschiff gab zwar Alarm, konnte die Annäherung des fremden Kriegsschiffs aber nicht rechtzeitig nach Sansibar melden.

Schon gegen 2.00 Uhr war an Steuerbord im Osten eine dunkle Landmasse aufgetaucht, die Südspitze von Sansibar. Gegen 5.00 Uhr rötete sich mit fahlem Schimmer der östliche Horizont. Hoch ragte an Steuerbord die Küste von Unguja. Es wurde schnell hell. Einzelheiten der Küste waren bereits zu erkennen. Nun kam es auf jede Minute an, denn der Kreuzer konnte von Land aus bereits gese-

hen und gemeldet worden sein. Auf dem mächtigen Fels-
vorsprung an Steuerbord ragte der Leuchtturm von Sansibar (Tschumbe-Island) dunkel auf. Aber sein Feuer war
bei Kriegsbeginn gelöscht worden.

Noch verbargen weiße Dunststreifen die innere Reede,
aber die inneren Hafenfeuer waren schon zu erkennen.
Rechts voraus, hinter einer grünbewachsenen waldigen
Landzunge, wuchsen die weißen Häuser der Stadt ver-
schwommen im Morgennebel empor, darunter sich wuch-
tig emporreckend der berühmte Palast des Sultans.

»Königsberg« war längst klar zum Gefecht. Durch Ziel-
fernrohre der Geschütze, Entfernungsmeßgeräte und
Ferngläser aus allen Luken blickten scharfe Augen. Der
graue Rumpf eines Kriegsschiffs mit zwei Schornsteinen,
zwei Masten, einer hohen Brücke, wurde erkannt: ein
Kreuzer, dicht unter Land bei Ras Shangani vor Anker liegend. Er wurde als der britische Kreuzer »Astraea« angesprochen. (Später entpuppte er sich als »Pegasus«, die zur
Reparatur ihrer Maschinenanlage vor Sansibar lag. Diesen
Liegeplatz hatte der britische Kommandant gewählt, obwohl der Ankerplatz nicht gegen Überraschungsangriffe
gesichert war. Er hatte jedoch Befehl, Sansibar zu sichern.
Daher glaubte er, selbst zur Überholung seiner Kessel und
Maschinen nicht nach dem besser gesicherten Mombasa
gehen zu dürfen, weil damit Sansibar schutzlos gewesen
wäre.)

Die Annahme, der stärker bewaffneten »Astraea« ge-
genüberzustehen, veranlaßte Kapitän Looff, zunächst auf
größere Entfernung nur ein Artilleriegefecht zu führen.
Dabei verloren die stärkeren, aber älteren Geschütze des
Briten (15,2 und 12 cm) gegenüber der schwächeren, aber
moderneren Armierung der »Königsberg« (10,5 cm) ihren
Vorteil. Die gelungene Überraschung sicherte »Königsberg« gleich zu Beginn des Angriffs die Feuerüberlegen-
heit. Der Gegner lag etwa 200 Meter von Land vor Anker,
frei von anderen Schiffen, und bot seine volle Breitseite
als gutes Ziel. »Königsberg« dagegen stand noch unter
dem dunklen westlichen Himmel, halb verdeckt durch die
hinter ihr liegende Insel Tschumbe. Noch rührte sich

nichts an Bord des britischen Kreuzers. »Königsberg«
drehte nach Steuerbord, die Mündungen der Geschütze
an der Backbordseite hoben sich. Noch lag morgenländi-
sche Ruhe über der weiten Reede.

Um 5.10 Uhr heißte »Königsberg« die Toppflaggen, der
Kommandant gab Feuererlaubnis. Die Gefechtsentfernung betrug bei Beginn des Gefechts etwa 6000 bis
7000 Meter, am Ende der Begegnung 5000 Meter. »Salve
Feuer«, befahl der I. AO. Dröhnend zerriß Geschützdonner die friedliche Stille des Tropenmorgens. »Aufschlag.«
Fünf hohe Wassersäulen stiegen aus dem Wasser, »Kurz«.
»Feuer«, dicht an der Bordwand des britischen Kreuzers
standen weiße Kaskaden. Und wieder: »Feuer.« Schwarzer Rauch, herumfliegende Einzelteile, der Gegner war
getroffen. Sausen und Dröhnen. Die vierte Salve flog
noch durch die Luft, während die fünfte schon wieder abgefeuert wurde. Schon kurz nach dem Feuerüberfall zeigten dichte Rauchwolken über den Schornsteinen des britischen Kreuzers, daß er nun Dampf aufmachte. Nach drei
Salven hatte sich die Artillerie der »Königsberg« eingeschossen und erzielte sichtbare Treffer, von denen einer
eine größere Explosion im Vorschiff hervorrief. Der vordere Schornstein knickte ein, das Schiff geriet an mehreren
Stellen in Brand und krängte nach Backbord. Aber der
Gegner war nun erwacht und wehrte sich. Fünf weiße
Wölkchen standen an seiner Bordwand; Granaten kamen
angesaust, zu kurz, zu weit.

Der Ausgang dieses Gefechts blieb nicht lange zweifelhaft. In einer schwarzen, weit über die Masten ragenden
Riesenwolke lag der Gegnerkreuzer, sein Vorschiff in
schwelend braun-gelben Qualm gehüllt. Die weißen
Wölkchen erschienen nicht mehr gleichzeitig, die Geschütze feuerten nur noch einzeln. Ein Teil des Achterschiffs brannte, und alle sechs Sekunden schlug der Ei-
senhagel einer Salve auf dem Schiff ein. Dann schwieg der
Gegner. Fünf lange Minuten feuerte »Königsberg« noch
weiter, dann ertönte der Ruf »Er zeigt die weiße Flagge!«
Kapitän Looff ließ das Feuer einstellen.

Auf dem britischen Kreuzer schien sich nichts mehr zu

rühren. Die Entfernung war auf 5000 Meter gesunken. Eine masthohe dunkle Rauchwolke zog von achtern her über sein Mitteldeck und verhüllte die Sicht auf alle Flaggen und Masten. Also doch keine weiße Flagge? Dann mußte weitergefeuert werden. »Salve Feuer.« Von neuem hagelten Granaten auf das Gegnerschiff ein, das sich nicht mehr wehrte. Langsam neigte es sich auf die Backbordseite. »Königsberg« ließ von ihm ab. Lange Rauchschwaden zogen über das Wrack. Eine unter Land liegende Dampferbarkasse wurde durch ein paar Schuß versenkt.

Kaum tausend Meter vor den Toren des Sultan-Palastes lag das Wrack des britischen Kreuzers. Am Ufer waren Menschengruppen zu erkennen, als »Königsberg« langsam nach Süden drehte und den Hafen verließ. Der deutsche Kreuzer hatte in diesem Gefecht keinen einzigen Treffer erhalten. Das Feuer der »Pegasus« hatte durchweg zu kurz gelegen. Acht Minuten nach Feuereröffnung, während derer »Pegasus« etwa 50 Schuß gefeuert hatte, waren alle Geschütze in Feuerluv außer Gefecht gesetzt. Wahrscheinlich war die Feuerleitung auf »Pegasus« durch sofort erfolgende Trefferwirkung gleich ausgefallen, da kein Salvenfeuer, sondern immer nur Einzelschüsse abgegeben worden waren. (Auf »Pegasus« waren in dieser Phase nicht nur der 1. Offizier, sondern auch der Artillerie-Offizier gefallen.)

Nach der Feuereinstellung näherte sich »Königsberg« dem Ufer bei Ras Mbweni, um die Funkstation von Sansibar auszumachen, deren genaue Lage durch den Kapitän der »Somali« auf der Karte angegeben worden war. Im indirekten Schießverfahren wurden acht Schuß auf die Funkstation abgegeben. Sie wurde getroffen. Zwei von vier Funkmasten fielen um, in einer davor angelegten Erdwerk-Befestigung wurden 45 eingeborene Soldaten getötet. Die Funkstation blieb sieben Tage außer Betrieb, antwortete jedenfalls auf die dringenden Anrufe anderer Stationen nicht. (Britische Quellen gaben jedoch stets an, es habe sich um eine Schein-Funkstation gehandelt.)

»Königsberg« fuhr davon, im Fahrwasser des Südpasses in Zickzackkursen zwischen den Untiefen von Penfold

Rock, Mtwana Sandbank, Nyange Riff und Tschumbe-Insel. Jetzt wurden vorbereitete, große mit Sand gefüllte Petroleumfässer deutlich sichtbar über das Heck ins Wasser geworfen, um das Legen einer Minensperre vorzutäuschen. Der Geschützdonner hatte viele Beobachter an den Strand gelockt. Es konnte daher angenommen werden, daß das Aufklatschen der schweren Fässer bemerkt und als Minenwerfen interpretiert würde. Diese Annahme war richtig. Vom Gefechtstag an wurde für längere Zeit von allen Schiffen, die Sansibar anliefen, nur die nördliche Einfahrt, English Pass, benutzt. Britische Kreuzer haben vierzehn Tage nach dem Gefecht den sonst nicht befahrenen Western Pass zwischen der Kabelinsel Bawi und dem Fungu Mapapa und Murogo-Riff durch Bojen gekennzeichnet und dann ständig benutzt.

In Sansibar herrschte nach dem Gefecht größte Aufregung. Kundschafter berichteten, daß überall weiße Flaggen geweht hatten, ein 25 000 Liter Öltank nach See entleert und der Leuchtturm auf der Tschumbe-Insel von den Briten selbst unbrauchbar gemacht worden seien. Offensichtlich erwartete man weitere deutsche Maßnahmen, sogar eine Landung. (In der Tat gab es deutsche Pläne für solche Unternehmungen, insbesondere die von Korvettenkapitän Schönfeld.)

Wenige Tage nach dem Gefecht trafen jedoch vor Sansibar britische Kriegsschiffe ein und ließen die weißen Flaggen entfernen. Der in Sansibar ansässige Inder Allidina Dulla wurde später der Beihilfe am Überfall angeklagt und (obwohl unschuldig) öffentlich auf dem Marktplatz von Mombasa gehängt.

Das Ansehen der Royal Navy war schwer erschüttert worden. Die Vernichtung der »Pegasus« erregte großes Aufsehen, und bis ins Innere Afrikas drang die Nachricht vom Erfolg der »Königsberg«.

Aus britischen Quellen wurde nach dem Krieg bekannt, daß »Pegasus« tatsächlich die weiße Flagge gezeigt hatte. Nach dem Bericht eines britischen Handelsschiffs-Offiziers lag »Pegasus« am 20. September morgens auf der Kriegsschiffreede von Sansibar zu Anker mit aufgebänk-

Oben: Das Wrack der »Möwe«.

Unten: Askari-MG.

Oben: Askari-Lager.

Unten: Kompanie im Feld.

*Oben: »Goliath« vor
Sansibar.
Mitte: Britischer
Kreuzer »Pegasus«.
Rechts: »Pegasus«-
Masten.*

Oben: Die Bucht von Tanga.

Unten: Askari im Angriff.

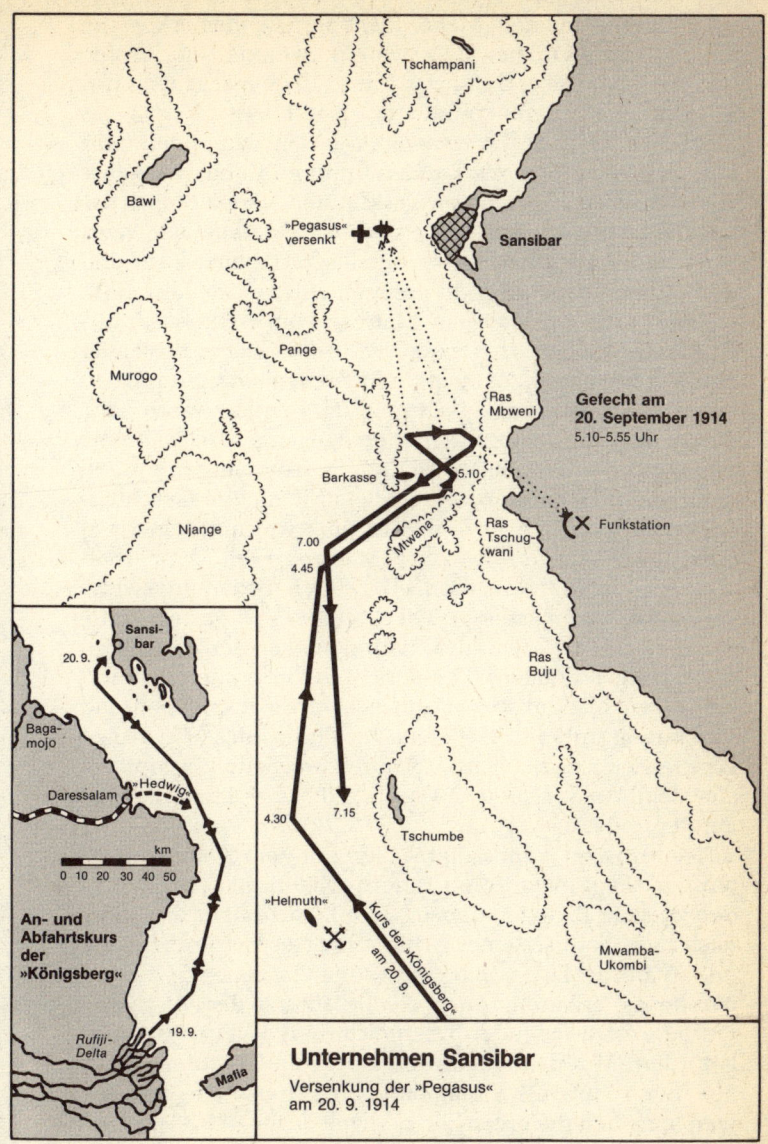

Tschampani

Bawi

»Pegasus«
versenkt

Sansibar

Pange

Murogo

Ras
Mbweni

Gefecht am
20. September 1914
5.10–5.55 Uhr

Barkasse

5.10

Njange

Mtwana

7.00

4.45

Ras
Tschug-
wani

Funkstation

Ras
Buju

4.30

7.15

Tschumbe

»Helmuth«

Kurs der »Königsberg«
am 20. 9.

Mwamba-
Ukombi

20. 9.

Sansi-
bar

Baga-
mojo

Daressalam

»Hedwig«

km
0 10 20 30 40 50

An- und
Abfahrtskurs
der
»Königsberg«

19. 9.

Rufiji-
Delta

Mafia

Unternehmen Sansibar

Versenkung der »Pegasus«
am 20. 9. 1914

ten Feuern. In der Morgendämmerung bemerkte der wachhabende Offizier, daß sich ein Dampfer von Westen her der südlichen Einfahrt näherte. Das mit großer Geschwindigkeit herankommende Schiff erwies sich als deutscher Kreuzer. Er versenkte eine in der Südeinfahrt auf Vorposten liegende Barkasse und eröffnete das Feuer auf »Pegasus«. In den zwölf Minuten verlor »Pegasus« fast die Hälfte der Besatzung und setzte darauf eine weiße Flagge, die aber bei der Windstille nicht auswehte und deshalb vom Gegner nicht gesehen wurde. Als dann nach weiteren drei Minuten ein Matrose vom Achterdeck aus eine weiße Flagge schwenkte, stellte der Gegner das Feuer ein. Die Granaten des deutschen Kreuzers hatten mit außerordentlicher Genauigkeit getroffen, einige waren ganz durch den Schiffskörper hindurchgegangen. Das Innere der »Pegasus« war ein vollständiger Trümmerhaufen und das Deck ein Chaos an verbogenem Metall und Geschützteilen. Das vordere 10,2-cm-Geschütz war aus seiner Lafette geworfen. Von der zwölf Mann starken Mannschaft dieses Geschützes wurden elf getötet. Schätzungsweise verfeuerte »Königsberg« 300 Granaten. »Pegasus« hatte 33 Tote und 59 Verwundete (von denen später zehn ihren Verletzungen erlagen). Der Bericht der britischen Admiralität erklärte lakonisch: »Pegasus« wurde angegriffen und vollständig unbrauchbar gemacht. Photos des »Pegasus«-Wracks zeigten deutlich, daß nur gebrochene Mastspitzen aus dem Wasser ragten. Das Schiff lag völlig gesunken auf der Seite.

Die britische Admiralität schien mit dem Kommandanten der »Pegasus«, Commander Inglis, nicht recht zufrieden zu sein: Bis zum Nobember 1917, d.h. über drei Jahre nach dem Verlust seines Schiffs, hielt er sich in Sansibar und später in Daressalam auf, ohne ein neues Bordkommando zu erhalten. Auch die Besatzung der »Pegasus« wurde trotz dringender Bitten nicht in die Heimat zurückbefördert. Von dem gefallenen I.O., Kapitänleutnant Turner, der so oft als Parlamentär in Daressalam gewesen war, sprachen die britischen Berichte dagegen in Ausdrükken höchster Anerkennung: Obwohl ihm beide Beine abgeschossen worden seien, habe er seine Männer bis zuletzt zum Aushalten angespornt.

Auf eine Bergung der Verwundeten der »Pegasus« hatte sich »Königsberg« nicht einzulassen brauchen, da beobachtet worden war, daß bei Feuereinstellung sich von Land aus zahlreiche Boote dem Wrack näherten, also keine Gefahr bestand, daß Verwundete mit dem sinkenden Schiff untergehen würden. Außerdem war bekannt, daß sich in Sansibar ein großes britisches Marine-Krankenhaus befand.

Man hat sich später gefragt, warum dieser Erfolg nicht weiter ausgenutzt wurde, ganz Sansibar hätte jetzt leicht besetzt werden können, meinten die Kritiker. — Wie dem auch sei, nach dem Gefecht dampfte »Königsberg« an Daressalam vorbei wieder in die Rufiji-Mündung zurück. Am Nachmittag des 20. September lief sie bei Hochwasser in den Fluß ein. Hätte sie dieses Springhochwasser verpaßt, hätte sie nicht weniger als zwölf Tage außerhalb der Barre vor dem Rufiji bleiben müssen und wäre während dieser Zeit sicher dem Angriff überlegener britischer Kriegsschiffe ausgesetzt gewesen.

Besonders in Daressalam löste die Nachricht von der Versenkung des britischen Kreuzers »Pegasus«, der so häufig vor dem und im Hafen mit Parlamentären und immer neuen Forderungen erschienen war, Freude und Genugtuung aus. »Königsberg« war auf dem Gipfel ihrer Popularität. Nach der Unternehmung gegen »Pegasus« beabsichtigte Fregattenkapitän Looff, das Rufiji-Delta als Stützpunkt für weitere Vorstöße zu benutzen.

Zur Sicherung der Mündung hatte er die Besatzung der »Möwe« verwenden wollen, die dazu natürlich unter sein Kommando treten sollte. Aber die »Möwe«-Leute waren inzwischen längst zum Tanganjika-See transportiert, der Schutztruppe unterstellt und von dieser dort für unentbehrlich erklärt worden. Mit dieser Maßnahme hatte sich auch Korvettenkapitän Zimmer einverstanden erklärt.

Die Schutztruppe betraute nun Korvettenkapitän Schönfeld mit dem für »Königsberg« erforderlichen Küstenschutz. Von Tanga eilte er nach Daressalam und bildete eine neue Abteilung Delta, die sich hauptsächlich aus den noch an Bord befindlichen Besatzungsangehörigen der im Hafen liegenden Handelsdampfer zusammensetzte. Dazu brachte er durch List die noch im Regierungsgebäude liegenden Verpflichtungserklärungen an sich und erklärte die Mannschaften der drei Schiffe ihres als durch die Verhältnisse erzwungen anzusehenden Wortes ledig. Die Abteilung fuhr auf den beiden Schiffen, die schon für die Kohlezufuhr zum Rufiji-Delta benutzt worden waren, in der Nacht vom 25. zum 26. September von Daressalam ab.

Der energische Schönfeld (wie bisher unschwer zu erkennen war, ein Anhänger Lettowscher Ansichten), hat schnell und tatkräftig den Küstenschutz organisiert und auch die Insel Mafia in das Verteidigungssystem des Rufiji-Deltas einbezogen. In den beiden südlich anschließenden Bezirken Kilwa und Lindi wurden aus eingezogenen Europäern, Polizeiaskaris und Hilfskriegern Küstenschutzabteilungen gebildet.

Die erneute Rückkehr des Kreuzers »Königsberg« schien seinem Kommandanten deshalb notwendig, weil die schon auf der Ausreise und bei der Kreuzfahrt im Indischen Ozean an der Maschine erkannten Materialschäden ihm Vorsicht bei der Beanspruchung aufzuerlegen schienen. Eine längere Verwendung des Kreuzers fern von Stützpunkten hielt Looff daher vor allem von einer weiteren ausreichenden Kohlen- und Materialversorgung abhängig und daher zunächst für ausgeschlossen. Jetzt sollten vor allem die Maschinen gründlich überholt und schadhafte Teile ersetzt werden. Nach dem Einlaufen im Delta war ein Teil der Schäden durch das Maschinenpersonal des Kreuzers selbst behoben worden. Größere Maschinenteile mußten jedoch zur Werkstatt nach Daressalam gesandt und dort neu gegossen werden. Die Transporte der schweren Teile verursachten Schwierigkeiten. Aber Looff fand Unterstützung beim Bezirksamt des Rufiji-Bezirks und den Pflanzern im Delta-Gebiet, die kundige Führer, Träger und Transportmittel zur Verfügung stellten. Die schweren Maschinenteile wurden ausschließlich durch Träger über viele Flußarme geschafft und waren dann auf schmalen Pfaden durch tiefen Sand und Busch zu transportieren, und das einmal hin und wieder her.

Nach der Rückkehr des Kreuzers machte sich Schönfeld auch Gedanken über eine weitere wirksame Kriegführung mit den vorhandenen Mitteln. Sicher konnten doch durch Handstreich die vor der Küste gelegenen Inseln Sansibar und Pemba besetzt werden. Mit diesem Plan begab er sich zum Kommandanten der »Königsberg«: Es müsse doch etwas geschehen. Zu Schönfelds Freude zeigte sich Looff zunächst dem Vorschlag geneigt. Er erweiterte den Plan noch und schlug einen Angriff auf Pemba durch die Abteilung Zimmer vor (von Kigoma sollte die »Möwe«-Abteilung herangezogen werden); dafür sei der in Daressalam liegende Regierungsdampfer »Kaiser Wilhelm II.« geeignet.

Jedoch verstrich ein Monat ohne Entscheidung. Der Kommandant schien wohl Rücksprache mit dem Gouverneur genommen zu haben. Als dann alles so weit war, war es zu spät, denn inzwischen hatte der Kreuzer »Chatham« den Dampfer »Kaiser Wilhelm II.« verwendungsunfähig geschossen.

Später machte Schönfeld den Vorschlag, seine Abteilung Delta solle mit Unterstützung der »Königsberg« einen Handstreich gegen die Insel Mafia und/oder Tschale unternehmen. Auch dieser Plan stieß nicht auf Gegenliebe.

Aber die bloße Existenz des Kreuzers im Delta hatte bereits ihre Wirkung, insbesondere als nur zwei Tage nach der weltweit Aufsehen erregenden Versenkung des britischen Kreuzers »Pegasus« vor Sansibar die Beschießung des Hafens von Madras in Indien durch den Kreuzer »Emden« folgte. Dies brachte die Pläne der britischen Admiralität im Indischen Ozean in Verwirrung, Transporte australisch-neuseeländischer Truppen nach den europäischen Kriegsschauplätzen erlitten Verzögerungen. Die neuseeländische Regierung zog ihre Zustimmung zur Abfahrt eines großen Transports von Wellington zurück. Eine Neuverteilung der britisch-australisch-japanischen

Streitkräfte im westpazifischen Ozean wurde notwendig, um der Forderung der australischen und neuseeländischen Regierungen nach vorheriger hinreichender Sicherheit der Transporte zu entsprechen.

Die Truppentransporte aus indischen Häfen erlitten dagegen keine Unterbrechung. Am 20. September gingen von Bombay 29 Transportschiffe unter dem Geleit des Linienschiffs »Swiftsure«, des Kreuzers »Fox« und des Hilfskreuzers »Dufferin« in See. Am 21. liefen elf Schiffe unter dem Schutz des Kreuzers »Dartmouth« und des Hilfskreuzers »Hardinge« aus Karachi aus. Aus diesem Konvoi wurden drei Transporte unterwegs abgezweigt und im Geleit der Kreuzer »Dartmouth« und »Fox« nach Mombasa geschickt. Auf die Nachricht von der Vernichtung des Kreuzers »Pegasus« wurde der britische Kleine Kreuzer »Chatham«, der ein Geleit im Roten Meer durchführte, angewiesen, »Königsberg« aufzuspüren. Ihm sollte sich die »Dartmouth« anschließen, sobald sie mit ihrem Transport Mombasa erreicht hatte. Ferner wurde vom Mittelmeer der Kleine Kreuzer »Weymouth« in den Indischen Ozean in Marsch gesetzt, um sich an der Jagd auf »Königsberg« zu beteiligen. Als Geleit für indische Truppentransporte wurden selbst die Linienschiffe »Ocean« und »Goliath« herangezogen. Bei Mombasa verblieb der Kreuzer »Fox«, um einen von Indien erwarteten Geleitzug mit einem Expeditionskorps zu erwarten.

Denn die oberste britische Kriegsleitung hatte sich inzwischen zu einem großen gegen Deutsch-Ostafrika gerichteten Invasionsunternehmen entschlossen. Nach Zwischenanlaufen und Sammeln der Invasionskräfte in Mombasa sollte eine großangelegte Landung bei Tanga erfolgen.

Jedes Landungsunternehmen aber durchläuft eine kritische Anfangsphase, wenn entweder die Landverteidigung stark ist oder wenn der Verteidigung Seestreitkräfte zur Verfügung stehen, die gegen die unbeholfene und mit Ausschiffungsarbeiten an unbekannter Küste beschäftigte und daher hilflose Landungsflotte Überraschungsangriffe vortragen konnten. Die britischen Seestreitkräfte waren im Indischen Ozean in jener Phase des Krieges noch nicht übermäßig zahlreich. Auch bestanden sie zumeist aus älteren langsamen Schiffen. Im Indischen Ozean aber hatten sich die schnellen Kreuzer »Emden« und »Königsberg« vor Madras und Sansibar einen Namen gemacht und an den Küsten des Indik Schrecken erregt. Blitzartig waren sie aufgetaucht und ebenso schnell wieder verschwunden. Solange ihr Aufenthalt nicht ermittelt war, mußte immer damit gerechnet werden, daß gerade in den kritischen Augenblicken britischer Operationen ein oder sogar zwei schnelle deutsche Kreuzer — denn Kohlen-, Versorgungs- oder Kommunikationsschwierigkeiten schienen sie, wie aus ihren Erfolgen zu schließen war, nicht zu haben — plötzlich aus der Weite des Indischen Ozeans zu Torpedo- und Artillerie-Überfällen an Brennpunkten auftauchten.

Und so machte das spurlose Verschwinden der »Königsberg« nach dem Erfolg vor Sansibar den britischen Befehlshabern in diesem Seegebiet die größte Sorge. Neben der beabsichtigten Operation gegen Deutsch-Ostafrika galt es ja auch, unzählige Truppentransporte und die alliierte Handelsschiffahrt in diesem riesigen Ozean zu schützen. Vor dem Wagnis einer Landung in Deutsch-Ostafrika mußten also zunächst die beiden deutschen Kreuzer ausgeschaltet sein und sichergestellt werden, daß sie nicht eingreifen konnten.

Inzwischen suchte »Königsberg« vom Rufiji aus den Gegner durch Funken irrezuführen. Außer der Funkstation des Kreuzers war dafür die auf »Somali« eingebaute Funkstation des gekaperten britischen Dampfers »City of Winchester« vorhanden. Damit konnte der Funkverkehr dreier verschiedener Stationen vorgetäuscht werden. Die »Königsberg« gab von Zeit zu Zeit unter Beibehaltung gleicher Schiffsanrufe Funksprüche ab, wie sie bei der gemeinsamen Operation mehrerer Einheiten üblich waren, z. B. Kurs-, Zeit- und Kohlenbestandssignale, Lautstärke wie Gebeart wurden ständig verändert. Der Funkverkehr sollte den Eindruck erwecken, »Königsberg« befände sich auf hoher See und habe mehrere Dampfer bei sich.

15. Die Entdeckung der »Königsberg« im Rufiji-Delta

Am 9. Oktober brachte der Kreuzer »Dartmouth« den deutschen Tender »Adjutant« auf, der auf der Fahrt von Beira nach Mosambik in portugiesischem Hoheitsgebiet geankert hatte. Am 19. Oktober suchte »Chatham« zum viertenmal den Hafen von Lindi ab. Dort wurde der Dampfer »Präsident«, der die Rote-Kreuz-Flagge, nicht aber die sonstigen Abzeichen eines Lazarettschiffes führte, durchsucht und fahrtunfähig gemacht.

Dabei ereignete sich auf deutscher Seite ein fast unglaublicher Vorfall. Obwohl jedermann klar war, daß den Anweisungen des Gouverneurs entsprechend Küstenplätze nicht verteidigt wurden, und obwohl Lindi schon dreimal von den Briten untersucht worden war, hatte die Schiffsführung des Dampfers »Präsident« nicht daran gedacht (oder es aus bürokratischem Ordnungssinn unterlassen), alle Papiere zu vernichten oder in Sicherheit zu bringen, soweit sie dem Gegner wertvolle Aufschlüsse u. a. über den Aufenthalt der »Königsberg« geben konnten. So konnte ein britisches Untersuchungskommando eine Reihe von Papieren der »Präsident« beschlagnahmen, bei deren genauer Analyse die Briten feststellten, daß darunter eine Empfangsbescheinigung über die Mitte September von »Präsident« an »Königsberg« bei Ssalale gelieferte Kohle war.

Die sofort bei Eingeborenen an der Küste angestellten britischen Erkundungen führten wegen Namensverwechslungen zunächst zu keinem Erfolg. Auch lenkten Gerüchte die britischen Kreuzer immer wieder auf falsche Fährten. Aber noch etwas anderes hatte die Aufmerksamkeit der Briten erregt: Zu ihrer Überraschung zeigten ebenfalls von »Präsident« mitgenommene Seekarten, daß der Rufiji-Fluß für Schiffe vom Tiefgang der »Königsberg« von der Mündung noch eine beträchtliche Strecke stromaufwärts befahrbar zu sein schien. Britische Karten hatten dagegen den Fluß als für größere Schiffe unbefahrbar ausgewiesen. Der Kreuzer »Chatham« ging daran, die

Ssimba-Uranga-Mündung auszuloten und Eingeborene einiger der von deutschen Posten bisher unbesetzten Küstenorte auszufragen.

Im Zuge dieser Operationen hatte der britische Kreuzer am 29. Oktober wieder einmal ein Boot mit einer kleinen Landemannschaft an der Küste abgesetzt. Wie schon so oft an anderen Stellen, erkletterte ein Mann der Bootsbesatzung routinemäßig einen besonders hohen Baum, um Ausschau zu halten. Sein Blick schweifte über die schier unendlichen Mangrovenwälder. Aber was war das? Der britische Seemann hatte die über die Baumwipfel hinausragenden Masten eines Handelsschiffs (»Somali«), dann noch höhere Kriegsschiffsmasten (»Königsberg«) ausgemacht. Aufgeregt meldete er seine Beobachtung, die ein Offizier nachprüfte. Eilends verließ das Boot das Ufer und fuhr zum Kreuzer zurück.

An Bord von »Somali« und »Königsberg« hatte offensichtlich niemand daran gedacht, daß bei Fluthochwasser die Mastenstengen weit über den Blätterwald herausragten. (Später aufgenommene Photos zeigen, daß man auf »Königsberg«, als der Kreuzer sich im Flußgewirr gegen Artilleriebeschuß verstecken mußte, sehr wohl alle Stengen gefiert und die Masten weitgehend gekürzt hatte; aber da war es schon zu spät.)

Die Annäherung der Boote war sowohl von »Königsberg«, die dauernd Beobachtungsposten im Krähennest auf Wache hielt, als auch von den das Mündungsgebiet sichernden Posten beobachtet worden. Aber die britischen Boote waren nach dieser Entdeckung so schnell an Bord des Kreuzers zurückgekehrt, daß sie nicht mehr abgefangen werden konnten. Sofort nach dem Anbordkommen der Bootsbesatzung setzte auf dem Kreuzer ein reger Funkverkehr ein, der von »Königsberg« abgehört wurde. Dies ließ mit Sicherheit darauf schließen, daß der Aufenthalt des deutschen Kreuzers im Rufiji entdeckt war. Und so war es auch: »Chatham« funkte die elektrisierende Nachricht sofort an seinen Vorgesetzten, der sie an das Kreuzergeschwader und an die britische Admiralität in London weitergab.

»Chatham«, der »Königsberg« an Geschwindigkeit und Bewaffnung überlegen, erhielt Befehl, die Mündung zu bewachen, bis Verstärkung eintraf. Der Vogel sollte nie wieder sein Nest verlassen dürfen. »Chatham« machte gefechtsklar. Der entdeckte deutsche Kreuzer, so erwartete man, würde sofort einen Ausbruch unternehmen und nicht warten, bis britische Verstärkung herankam. Besonders nach Einbruch der Dunkelheit wurde daher scharf Ausguck gehalten, aber nichts Ungewöhnliches entdeckt. Erleichtert stellte man beim nächsten Sonnenaufgang fest, daß der deutsche Kreuzer noch da war.

Nach Angaben von Kapitän Looff war sein Kreuzer zu dieser Zeit nicht fahrbereit. Der Maschine fehlten Teile, die aus der Werkstatt in Daressalam zurückerwartet wurden. Das Schicksal hatte es gewollt, daß die Teile erst nach der Entdeckung eingingen.

Dieses Auffinden der »Königsberg« und ihre Blockierung mußten Auswirkungen haben; denn einen Tag zuvor, am 28. Oktober 1914, war »Emden« vor dem Hafen von Penang in Malaya erschienen und hatte dort den russischen Kreuzer »Schemtschug« und den fanzösischen Zerstörer »Mousquet« versenkt.

Zum erstenmal war die britische Admiralität über die Standorte der beiden deutschen Kreuzer genau informiert: »Emden« stand am anderen Ende des Ozeans, »Königsberg« war im Rufiji so gut wie dingfest gemacht.

Nun konnte man auch an die geplanten Landungsoperationen an der Deutsch-Ostafrikanischen Küste denken.

16. Vorstöße gegen die Uganda-Bahn

Bereits am 15. August 1914 hatte eine kleine deutsche Kampfgruppe unter Oberst v. Bock und Leutnant Böll die deutsch-britische Grenze nach Kenia überschritten, die kleine britische Stadt Taveta eingenommen und diesen Erfolg auszuweiten gesucht. Sie drang weiter auf britisches Gebiet vor, bedrohte ernstlich die versorgungswichtige

Uganda-Eisenbahn und bereitete auch einen Vorstoß in Richtung auf den Hafen Mombasa vor. Aber die in diesem Raum stehenden britischen Kolonialtruppen, The King's African Rifles (abgekürzt KAR) unter dem Kommando von Oberst L.E.S. Ward, wurden schnell zur Abwehr des nur schwachen deutschen Angriffs herangeführt. Da Lettow auf Grund der bindenden Weisungen von Gouverneur Schnee keine weiteren Truppen bei diesen Vorstößen engagieren konnte, sondern mit der Hauptmacht seiner Schutztruppe südöstlich des Kilimandscharo stehenblieb, konnten die britischen Kräfte den deutschen Vormarsch bald aufhalten.

Immerhin bewog die von Deutsch-Ostafrika her drohende Gefahr den Gouverneur von Britisch-Ostafrika, Sir Henry Belfield, sich mit der Bitte um Unterstützung nach London zu wenden. Das ihm vorgesetzte Colonial Office übertrug die Angelegenheit dem India Office, das indische Truppen für verschiedene Kriegsschauplätze bereitzustellen hatte. Der Hilferuf aus Ostafrika wurde auch dem britischen Reichsverteidigungsausschuß unterbreitet. Dieser beschloß die Aufstellung zweier Expeditionskorps in Indien: eines zur Einnahme von Daressalam, das andere zur Unterstützung des KAR in Kenia. Dieses nach Mombasa entsandte Expeditionskorps (Force 'C') bestand aus dem 29. Punjabi-Regiment, zwei Bataillonen des Imperial Service (zusammengesetzt aus Halb-Bataillonen aus Indien: Bharatpur, Jind, Kapurthala und Rampur), der 27. Gebirgsbatterie der Royal Artillery, der 1. Batterie der Calcutta Volunteers und einer Maschinengewehr-Kompanie. Den Befehl über dieses Expeditionskorps erhielt Brigadegeneral J. M. Stewart. Von allem Anfang an gingen also Lettows Pläne auf, möglichst starke Kräfte des Gegners zu binden.

Bald nach Kriegsbeginn waren an der Nordgrenze deutsche Kampfgruppen bis zur Kompaniestärke ausgesetzt worden, um gegnerische Abteilungen von Wasserstellen zu vertreiben, den Briten Verluste beizubringen und den Weg für Unternehmungen gegen die Uganda- und Makatau-Bahn freizumachen. Der leitende Gedanke

Lettows war es dabei immer wieder, gegen die Uganda-Bahn als neuralgischen Punkt durch energische Störaktionen und Sprengpatrouillen vorzugehen.

Unternehmungen mit größeren Einheiten ließen sich nicht durchführen, denn in vieltägigen Durstmärschen mußte vor jedem Angriff erst die weite wasser- und menschenarme Steppe durchquert werden. Die gesamte Verpflegung und das Wasser mußten mitgeführt werden, denn außer gelegentlicher Jagdbeute gab es nichts Eßbares in diesem Gebiet. Dadurch begrenzte sich die Stärke der einzusetzenden Abteilungen ohnehin. Auch mußten für solche Unternehmungen durch verpflegungs- und wasserlose Gebiete erst im Verlauf des Krieges Erfahrungen bei der Truppe gemacht werden. Für den Durchmarsch durch die Steppe war eine Kompanie zu groß, denn wenn sie nach mehrtägigem Marsch einen Angriffspunkt an der Uganda-Bahn erreicht hätte, hätte sie wieder umkehren müssen, da ein Nachschub nicht aufrechtzuerhalten war.

Der Zweck wurde daher durch kleine Kampfpatrouillen verfolgt. Von Engare-Nairobi aus umritten kleinere Gruppen feindliche Lager, die sich bis zum Longido vorgeschoben hatten, und lauerten an den rückwärtigen Verbindungen. Telefonapparate wurden an britische Leitungen angeschlossen. Man wartete ab, bis größere oder kleinere Abteilungen oder Wagentransporte des Gegners vorbeizogen. Sie wurden dann aus dem Hinterhalt bekämpft, Gefangene und Beute gemacht. Schnell verschwanden die Parouillen dann wieder in der endlosen Steppe. Vor allem galt es, Gewehre, Munition und Versorgungsgüter aller Art zu erbeuten.

Mit Pferden und Maultieren, die auf solche Weise in die Hände der Deutschen gefallen waren, wurden berittene Einheiten aus Askaris und Europäern zusammengestellt, die im weiten Steppengebiet nördlich des Kilimandscharo bis zur Uganda- und Makatau-Bahn herumstreiften, Brükken zerstörten, Bahnposten überfielen, Sprengkörper an Bahnschienen anbrachten, Geleise sprengten und sonstige überraschende Unternehmungen zwischen Bahn und gegnerischen Lagern ausführten. Aber bei all diesen Vorhaben mußte stets an den weiten Rückweg durch die wasserlose Steppe gedacht werden.

Die kleineren Bahnsprengpatrouillen bestanden aus ein oder zwei Europäern, zwei bis vier Askaris und fünf bis sieben Trägern. Sie schlichen sich durch gegnerische Sicherungen hindurch, wobei sie aber oft von eingeborenen Spähern des Gegners gemeldet wurden. Die meisten erreichten ihr Ziel, waren gelegentlich über zwei Wochen unterwegs. Geschossenes Wild war die Hauptverpflegung. Strapazen und Durst in der brennenden Hitze waren groß; manche Männer verdursteten, andere hatten gelegentlich ihren Urin trinken müssen. Schlimm erging es Kranken oder Verwundeten. Trotz des besten Willens konnten sie nicht zurücktransportiert werden. Man konnte nur hoffen, daß der Gegner sie bald fand. Es gab Fälle, in denen Verwundete, dies alles einsehend, klaglos im Busch zurückblieben und den Rückmarschierenden ihr Gewehr und ihre Patronen aufdrängten. Allmählich aber vervollkommnete sich das Patrouillenwesen. Die Verluste sanken, die Vertrautheit mit dem Land wuchs, die Kenntnisse der Technik des Steppen- und Buschkrieges stieg.

Kampfpatrouillen waren jetzt meist 20 bis 40 Askaris stark, von mehreren weißen Offizieren und Unteroffizieren geführt. Manche hatten sogar ein oder zwei Maschinengewehre bei sich. Im dichten Busch kam es immer wieder zu überraschenden Zusammenstößen. Auf alles mußten die Kampfgruppen gefaßt sein, und selbständiges Handeln war der wichtigste Faktor. Schwierigkeiten brachte auch die Knappheit an Munition, worunter insbesondere die Schießausbildung litt. Aber Erfolge steigerten die Unternehmungslust der deutschen Weißen und Askaris.

Die von den Briten inzwischen vorangetriebene Stichbahn von Voi nach Makatau war Lettow ein Dorn im Auge. Der Bau dieser Zweigstrecke von der Uganda-Bahn bis in Richtung Taveta deutete darauf hin, daß ein Angriff stärkerer Gegnerkräfte gegen das deutsche Schutzgebiet vorbereitet wurde. Mit erneuter Anstrengung wurden daher Unternehmungen gegen die Uganda-Bahn vorgetrieben.

Durch die stete Bedrohung der wichtigen Bahn war der Gegner zu umfassenden Sicherungsmaßnahmen gezwungen. Längs der Geleise hatten die Briten breite Schutzstreifen freigeschlagen, die nach außen durch Dornverhaue abgesperrt waren. In regelmäßigen Abständen wurden Blockhäuser oder Verschanzungen angelegt, von denen aus Wachen ständig den Bahnkörper absuchten. Bereitschaften von Kompaniestärke wurden beweglich gehalten, Panzerzüge und Extrazüge zum Schutz herangefahren. Außerdem waren Sicherungsabteilungen in Lager vorgeschoben worden, die in Zangenbewegungen die deutschen Patrouillen bei der Rückkehr von der Bahn abschneiden sollten. Späher wurden ausgeschickt, starke britische Lager an übersichtlichen Punkten aufgebaut. Insgesamt aber wurden auf diese Weise starke britische Kräfte im Gebiet der Uganda-Bahn gefesselt.

Die Tatsache, daß die Briten ihre Streifzüge immer noch in Kompaniestärke durchführten, zeigte, daß die Schutztruppe in dieser Art des Kleinkriegs große Fortschritte gemacht hatte. Die Deutschen hatten gelernt, vieles, was sonst bei Safaris in tropischen Gebieten für notwendig erachtet wurde, im Krieg eben einfach wegzulassen. Zur Not mußte alles auf eine einzige Traglast beschränkt werden. Jeder verräterische Lagerrauch mußte vermieden, wenn möglich sofort eßbare Verpflegung mitgenommen werden. Wenn abgekocht werden mußte, so war dies in den Morgen- und Abendstunden besonders verräterisch. Dann galt es, sehr gute Verstecke zu finden und nach dem Abkochen jeweils schleunigst den Lagerplatz zu wechseln, bevor zur Ruhe übergegangen werden konnte. Eine volle Hygiene war während dieser Strapazen nicht möglich; so kam es nach der Rückkehr praktisch jeder Patrouille zu Malaria-Anfällen. Aber der Patrouillendienst erforderte trotz ständiger Bedrohung und Schädigung des Gegners relativ wenige Leute, so daß in den ersten Jahren die Kompanien häufiger in Ruhelager zurückgezogen werden konnten.

17. Eine von vielen Kampfpatrouillen

Ein solches Kampfpatrouillen-Unternehmen gegen die Uganda-Bahn beschrieb Leutnant Heinrich Naumann, damals bei der 4. Feldkompanie:

Angriffsobjekt sollten Wachposten in der Nähe der starken Befestigung Makatau sein, die die Besatzung von mehreren Kompanien indischer und britischer Truppen schützten. Von Makatau aus übten britische Truppen flächendeckenden Schutz aus, zum Teil mit Kavallerie und Panzerwagen, aber auch mit Panzerzügen. Der Ort selbst schien stark befestigt und besetzt, uneinnehmbar für deutsche Angriffe, die über die Steppe vorgetragen werden mußten.

Der schwache Punkt der Festung Makatau war die Wasserversorgung, besonders in der Trockenzeit. Von der Uganda-Bahn wurde die Festung mit Hilfe einer Stichbahn Voi-Makatau durch Wassertanks versorgt. Diese Stichbahn führte durch offenes, teils auch mit Dornbusch bedecktes Steppengelände. Und gegen diese Verbindungsbahn und die Wasserversorgung Makataus setzte das deutsche Unternehmen an. Allerdings mußten 70 Kilometer Durststrecke überwunden werden, um das Angriffsobjekt zu erreichen, und dann die gleiche Strecke wieder zurückmarschiert werden. Trotzdem schien ein Überfall mit einer starken Kampfpatrouille gegen den britischen Bahnschutz aussichtsreich. Diese Strecke wurde derzeit weniger durch Panzerzüge als durch Kompanien indischer Infanterie bei Tagesanbruch regelmäßig abgesucht. Der Überfall sollte unter Ausnutzung des Geländes erfolgen. Die Gegend nördlich von Mashoti Hill, leicht gewelltes, durch Dornbusch bestandenes Hügelland, erschien dafür am günstigsten. Aus Freiwilligen wurde eine Kampfpatrouille zusammengestellt, zwei Offiziere, sieben weiße Unteroffiziere und 70 Askaris. Eine Stunde vor Einbruch der Dunkelheit brach der Trupp von der vordersten Feldwache auf. Bald hatte ihn das noch schweigende Dornenfeld verschlungen. Vor den Männern lag in der rotglühenden Abendsonne der schwarze Busch, voller Überraschungen und Gefahren. An der Spitze gingen ein Offizier und ein Feldwebel. Der Marsch führte durch Dorngestrüpp und Steppenstreifen. Makatau blieb weit westlich liegen.

Solche Nachtmärsche stellten die härtesten Anforderungen: lautloses Marschieren, absolutes Redeverbot, Rauchverbot, stärkste Aufmerksamkeit auf allerkleinste Anzeichen für eine Annäherung des Gegners. Mit Wasser mußte geknausert werden, denn die Männer mußten alles mitschleppen, was sie zum Überleben brauchten. Stumm verging dann Stunde um Stunde, während die Truppe, nach dem Kompaß marschierend, beschwerlich im dichten Busch vorankam. Der Abstand zwischen Spitze und nachfolgender Abteilung geriet manchmal etwas länger und mußte während der Nacht immer stärker verkürzt werden. Die Büsche trugen üble Wunden reißende Dornen und zwangen bei undurchdringlichem Gestrüpp zu unzähligen Umwegen, die die Marschkolonne zu zerreißen drohten. Die Schwüle der heißen Nachttemperatur, die Anstrengung, die es verursacht, sich geräuschlos durch den Dornenbusch durchzuwinden, trieb den Männern den Schweiß aus allen Poren. Die tropische Nacht war nun in tausend Stimmen hörbar geworden. Alle Stunden wurde eine kurze Rast eingelegt. Für die Männer an der Spitze waren die Anstrengungen am größten.

Immer wieder kam der geflüsterte Ruf »Adui« (Feind). Blitzschnell ging die Spitze in Gefechtsstellung. Ein ungewöhnliches Geräusch, das aber meist bald wieder verstummte. Einmal hatten Wildschweine die Männer alarmiert, ein anderes Mal waren es Zebras. Aber jeden Augenblick konnte die Patrouille auf zehn, zwanzig Schritt gnadenlos vom Gegner beschossen werden. Würde man die Bahn noch rechtzeitig vor Tagesanbruch erreichen können? Oder würden Späher Kavallerie und Panzerautos des Gegners herbeiholen? Als die kurze Morgendämmerung heraufkam, hätte die Bahn eigentlich schon längst erreicht sein müssen. Plötzlich stutzte der führende schwarze Sergeant am Rande eines Steppenstreifens und zeigte voraus: In wenigen hundert Metern Entfernung zog sich ein regelmäßiger dunkler Strich durch das Steppengras, die britische Eisenbahn. Lautlos ging die Abteilung neben einem Dornengebüsch in Bereitstellung. Der Schienenstrang wurde erkundet. Ein Überfall konnte nur an einer Stelle gelingen, wo die Schienen ohne Damm in möglichst freiem Gelände liefen, so daß eine am Bahnkörper entlang patrouillierende Gegnertruppe wie auf dem Präsentierteller zu fassen war.

In weit auseinander gezogener Formation lag die deutsche Kampfpatrouille nun wartend im fußhohen Gras verborgen, kaum hundert Meter vom Bahnkörper entfernt. Hinter ihnen das sanft abfallende Buschgelände, das in die weite, von Pori durchzogene Steppe überging. Alle Askaris hatten ihre schweren Gewehre schußbereit in zurechtgeschnittene Astgabeln gelegt. So lag die Truppe in voller Deckung, regungslos, voll gespannter Erwartung. Würde sich die gegnerische Bahnpatrouille zeigen? Rechts und links von der Hauptabteilung waren als Flankendeckung Gruppen mit je einem Unteroffizier und acht Askaris eingesetzt. Natürlich galt es in diesem unübersichtlichen Gelände auch, ein gegenseitiges Beschießen eigener Kräfte zu vermeiden. Jeder Trupp hatte eine kleine schwarz-weiß-rote Erkennungsflagge und einen Hornisten bei sich. Der Feuerbefehl durfte nur vom Führer der Kampfgruppe erfolgen, damit die Überraschung gelang.

Allmählich dämmerte der Morgen herauf, und von der rechten Seitendeckung traf die Meldung ein, gegnerische Späher seien auf diese Deckung gestoßen, hätten aber im Busch nicht überwältigt werden können. Damit schien das Unternehmen in Frage gestellt zu sein.

Der helle Tag ließ nun die Konturen des jenseits der Bahn liegenden Dornenfelds klarer hervortreten. Erbarmungslos brannte die Tropensonne auf die Köpfe nieder. Aber dann war plötzlich, von Makatau her, dumpfes Rollen zu hören. Ein mit Steinen beladener Güterzug kam in das Gesichtsfeld der Deutschen, rollte langsam und blieb schließlich stehen. Danach kam ein Panzerzug, alles direkt vor den Augen der im Busch verborgenen deutsche Askaris. Der britische Panzerzug stieß den Güterzug wieder nach vorn, ließ ihn weiterrollen und folgte dann langsam nach. Dies war eine Sicherung gegen die etwa unter den Schienen verborgenen deutschen Sprengkörper. Im Inneren des Panzerzugs, hinter den Sehschlitzen, sah man Gewehre und Maschinengewehre zum Feuern bereit. Gegen diesen Panzerzug konnten die wenigen deutschen Gewehre nichts ausrichten. Die Stimmung sank, denn offensichtlich war nach dieser Patrouillenfahrt des Panzerzugs mit dem Auftreten sonstiger britischer Infanterie nicht mehr zu rechnen. Aber erneut war aus Richtung Makatau dumpfes Rollen zu hören. Wohl durch den vorauflaufenden Panzerwagen in Sicherheit gewiegt, kam ein Wasserversorgungszug heran.

Vorn lief eine ungeschützte Lokomotive, dann zwei Wassertankwagen, am Schluß ein offener Güterwagen mit indischen Soldaten. Ein leise nach links und rechts gezischter Befehl ließ die Gewehre feuerbereit aus dem hohen Gras auftauchen. Nun war die Lokomotive unmittelbar vor der deutschen Hauptabteilung. Der Lokomotivführer beobachtete die Steppenlandschaft in der Morgensonne. Jetzt peitschte die erste Salve über das Steppengras, die Lokomotive war führerlos, und im Güterwagen fielen die meisten indischen Soldaten tot oder verwundet zurück. Steuerlos rollte der Zug der nächsten Station entgegen. Befehl zur Feuereinstellung. Doch dicht über den Köpfen einiger aufschauender Askaris schlugen Geschosse ein. Ein starker Gegner war auf dem Feld erschienen. Das Feuer vieler Gewehre schlug von schräg links vorn von jenseits der Bahn herüber und verstärkte sich. Von den am Morgen erschienenen Spähern herbeigeholt, war eine weitere indische Kompanie herbeigeeilt, die während des Überfalls auf den Zug in Schußnähe herangekommen war. Ein Ausweichen gab es nicht. Mit starkem Feuer wurde der Gegner jenseits des Schienenstrangs niedergehalten. Die deutschen Askaris nahmen den Gegner aufs Korn. Aber auch diszipliniertes Schießen konnte den Munitionsmangel nicht ausgleichen, selbst wenn beim Gegner Verluste eintraten.

Inzwischen war die rechte Flankensicherung über den

Bahndamm hinweggestürmt, wollte den Gegner im Rükken fassen. Da aber meldete ein Askari starke gegnerische Kavallerie in einigen Kilometern Entfernung jenseits des Bahndamms. Ein Zweifrontengefecht war gefährlich. Ein Hornsignal unterbrach den Flankenangriff. Mit ihrer schwarz-weiß-roten Erkennungsflagge ging die flankierende Gruppe langsam auf die eigene Hauptlinie zurück. Und langsam wich nun auch die Hauptgefechtslinie in das Gebüsch. Der Gegner wagte nicht nachzudrängen.

In breiter Gefechtsformation zog sich die deutsche Kampfpatrouille vor dem sich nähernden berittenen Gegner zurück und erreichte den dichten schützenden Dornbuschrand. Ein dort belassener Posten meldete den Abzug der feindlichen Kavallerie in südlicher Richtung.

Doch die Stimmung war gedrückt, ein anfangs siegversprechendes Gefecht hatte unentschieden geendet. Die Lage war ungeklärt. In breiter Gefechtsfront, mit schwachen, weit auseinanderschwärmenden Flankensicherungen, strebte die Patrouille in Richtung Stützpunkt. Noch einmal zur Bahn zurückzukehren, erschien sinnlos. Außerdem führte der Trupp auch keine Sprengmittel mit. Die sengende Hitze legte sich doppelt schwer auf die ausgepumpten Männer. Ihre Kehlen waren ausgedorrt. Sie schleppten sich durch den Busch zurück. Die Sonne erreichte ihren Höchststand. Der schwarze Feldwebel machte den Vorschlag, jetzt den letzten Rest des mitgeführten Wassers auszugeben und eine kurze Rast zu machen. Dann mußte es unerbittlich weitergehen, noch trennte ein stundenlanger beschwerlicher Marsch die Patrouille vom Ausgangspunkt und vom rettenden Wasser. Und dazwischen nur Dornbusch, drohender Durst und der Gegner. Trotz blendendem Sonnenglast mußte scharf auf jede Bodenwelle, jeden Gebüschstreifen nach vorn und den Seiten geachtet und freie Flächen möglichst nur unter dem Schutz von Gebüschen überwunden werden.

Gerade befand sich die Truppe in einem offenen, mit handhohem trockenen Gras bedeckten Steppenstreifen, da meldete der Feldwebel: »Anscheinend Feind.« Und schon zischten die Geschoßgarben auf, und hier und dort fiel ein

Askari mit unterdrücktem Schrei oder Aufstöhnen ins Gras. Sprung auf, Sprung auf, kurz aufeinanderfolgend, im Heulen der Geschosse. Noch konnte die deutsche Gruppe nicht schießen. Sie hatte nur noch wenige Patronen, die vom Gefecht am Morgen übriggeblieben waren.

Schnell wurde jetzt die 200 Meter-Entfernung zum Gegner erreicht. Der Feuerbefehl konnte erfolgen. Nun galt es, den Gegner niederzuwerfen und die Initiative an sich zu reißen. Auf ein erneutes scharfes Kommando stürmte die Linie aus dem Steppengras nach vorn. Dicht voraus waren gegnerische Khakiuniformen zu sehen, braungebrannte europäische Gesichter unter Tropenhelm, in vorbereiteter Stellung, dahinter, geschützt, angebundene Pferde und Maultiere.

Also doch die feindliche Kavallerie, der man am Morgen aus dem Wege gehen konnte. »Seitengewehr pflanzt auf«, erscholl der Befehl. Mit dem Signalhorn ging der Sturmbefehl auch an die abgesetzten Flankenabteilungen. Noch 60 Meter trennten die Männer vom Gegner, dann, 40, 30, endlich der Einbruch in die britische Stellung, die es zu werfen galt und möglichst viel Beute zu machen. Ein britischer Offizier wurde verwundet, seine Ordonnanz, die das Pferd mit dem Seitengewehr vom Busch loszuschneiden versuchte, fiel, und wieder dröhnte das deutsche Horn im Gebüsch. Alles löste sich in Einzelkämpfe auf. Jeder Mann stürmte vorwärts, der Dornen nicht achtend. Hier und da kam es zum Handgemenge, Schüsse von Positionen aus, in denen man das Weiße im Auge des anderen sehen konnte. Ausgepumpt erreichte die deutsche Kampfpatrouille den jenseitigen Gebüschrand, konnte von dort aus noch einige Schüsse dem davongaloppierenden Gegner nachjagen. Jetzt mußten die außer Rand und Band geratene Abteilung wieder gefechtsmäßig aufgegliedert, Sicherungen aufgestellt und das Gefechtsfeld aufgeräumt werden. Noch befand sich die deutsche Kampfgruppe in Reichweite der britischen Festung Makatau mit ihrer Kavallerie und Panzerwagen. Die deutsche Munition war fast gänzlich verschossen. An eine Bestattung der Gefallenen war nicht zu denken, doch sicher würden sehr bald

britische Kräfte aus Makatau hier nach dem Rechten sehen. Auf dem weiten Kampfgelände wurden die Toten zusammengetragen.

Die acht deutschen weißen Offiziere und Unteroffiziere
waren unverwundet geblieben, aber drei der deutschen
Askaris waren gefallen, ein vierter verwundet. Die britische Seite hatte 21 Mann verloren, auch ihre Leichen wurden zusammengetragen, darunter zwei Offiziere und
mehrere Unteroffiziere. Ein unverwundeter britischer Unteroffizier trat mit erhobenen Händen aus dem Busch, mit
unsicherem Blick, aber eine Hand reichte ihm eine Feldfla-
sche. Die Beute war reich: 22 der gesuchten modernen britischen Gewehre, Munition und die ganze Ausrüstung
der Toten und elf gesunde Reittiere. Einige verwundete
Tiere wurden erschossen, ihre Sättel aber mitgenommen,
denn im Busch war alles brauchbar. Schnell wurde alles
auf die leeren Reittiere verladen. Dann nahm die von der
Sonne durchglühte unendliche Dornenlandschaft die
deutsche Patrouille wieder auf.

Ein fünfstündiger Marsch zum nächsten Wasser, in
ständiger Gefechtsbereitschaft, lag hinter den Männern,
als — kurz nachdem die Dunkelheit eingebrochen war —
die Spitze stockte. Ein scharfer Anruf aus dem Busch:
Aber es ist geschafft! Der vorderste deutsche Vorposten
hatte sein »Wer da?« gerufen. Minuten später war die
kleine Truppe wieder bei einer größeren deutschen Feldwache in Sicherheit, hatte Wasser, Essen, Ruhe.

Nach kurzer Meldung und einem Erfahrungsaustausch
am Lagerfeuer fielen die Männer zum Schlaf ins Steppengras. Eine Kampfpatrouille gegen die Uganda-Bahn war
beendet, eines der vielen Unternehmen, wie sie nie in einem Heeresbericht genannt werden.

18. Der mißglückte britische Landungs-
versuch bei Tanga

Das 29. Punjabi-Regiment traf bereits am 1. September
1914 in Mombasa ein und wurde als dringliche Verstärkung im Gebiet des Kilimandscharo eingesetzt, wo die

KAR alle deutschen Vorstöße in den Vorbergen des Gebirgsmassivs hatten aufhalten können. Immer wieder schärfte Lettow seinen Truppenführern ein: »Schnelle Aktionen versprechen schnelle Erfolge.« Und durch ähnliche schnelle Aktionen der KAR wurde Britisch-Ostafrika vor weiteren deutschen Angriffen geschützt. An diesem Frontabschnitt mußte Lettow nun erkennen, daß schnelle und leichte Erfolge in Richtung Uganda-Bahn und Mombasa ohne vollen Einsatz der gesamten Schutztruppe nicht möglich waren.

Inzwischen versammelte sich das zweite britische Expeditionskorps im Raum Bombay, nachdem Indien bereits Truppen in Richtung Europa, Ägypten, Persischen Golf und an die Nordwestgrenze Indiens in Marsch gesetzt hatte. Die 27. Bangalore-Brigade und eine Imperial Service Brigade wurden nun für die Expedition nach Ostafrika ausgewählt. Die Bezeichnungen der Einheiten waren etwas irreführend, denn die Soldaten stammten aus ganz Indien. Die einander fremden Männer und Offiziere hatten einen neuen Kommandeur, Generalmajor Aitken. Dieses als »Force B« bezeichnete Expeditionskorps bestand aus etwa 8000 Mann. Es setzte sich insgesamt aus folgenden Einheiten zusammen: der 27. Bangalore-Brigade unter Generalmajor R. Wapshare mit dem Loyal North Lancashire Regiment No. 2, dem Palamcottah Light Infantry-Regiment No. 63, dem Infantry-Regiment No. 98, dem Grenadier-Regiment No. 101, der 28. Gebirgsbatterie der Royal Artillery, den Pionierkompanien 25 und 26 (Sappers and Miners) und den 61. KGO-Pionieren. Die Imperial Service Brigade unter Brigadegeneral M. J. Tighe bestand aus dem Rajput-Regiment No. 13, dem Kashmir Rifles Regiment No. 2, einem Halb-Bataillon des Kashmir Rifles Regiment No. 3 und einem halben Bataillon des Gwalior Rifles Regiment No. 3.

Die Kampfkraft des einen britischen Bataillons stand außer Zweifel; aber von allem Anfang an mögen sich manche Offiziere Sorgen bezüglich der indischen Kontingente gemacht haben: Die Regimenter No. 63 und 98 waren seit über einer Generation nie eingesetzt worden.

Mangelnde Erfahrung wurde noch durch Schwächen in der Ausbildung verstärkt. Und kurz vor der Einschiffung wurden die Regimenter mit kurzläufigen Lee-Enfield-Gewehren ausgestattet, die den Soldaten völlig neu waren. So erklärte Oberst Sheppard, der Stabschef bei Generalmajor Aitken, nach einer Inspektion der Truppen in Bombay im Kameradenkreis, »der Feldzug wird entweder ein Spaziergang oder eine Tragödie«.

General Aitken verließ mit seinem Expeditionskorps B Indien am 16. Oktober 1914. Er sollte Deutsch-Ostafrika für Großbritannien erobern. Die erste Landung war für Tanga vorgesehen. Danach sollte eine gemeinsame Operation mit der Force C in Richtung Moschi die dortigen Hauptkräfte der deutschen Schutztruppe zersprengen.

Auch Captain Meinertzhagen, Spionage- und Aufklärungsoffizier im Stab Aitken, machte sich Sorgen:

»Über die Truppen, die man uns mitgegeben hat, bin ich alles andere als begeistert; sie stellen das Schlechteste dar, was es in Indien gibt. Ich zittere bei dem Gedanken, was geschehen könnte, wenn wir wirklich auf ernsthaften Widerstand stoßen. Ich habe schon viele der Männer gesehen; sie haben mich nicht eben beeindruckt, weder als Menschen noch als Soldaten. Zwei Bataillone haben überhaupt keine Maschinengewehre; ihre Stabsoffiziere gleichen eher Fossilien als aktiven und energischen militärischen Führern. Bei allem aber hat es keinen Zweck, in diesem Stadium die Kritik herauszukehren. Man kann nur auf das Beste hoffen und sich auf das britische Bataillon, die Gebirgsbatterie und das Überraschungsmoment verlassen.«

Die Seereise von Indien nach Mombasa wurde für die indischen Truppen zur Qual. Bewegungs- und Übungsmöglichkeiten gab es kaum: Die Schiffe waren zu klein und überfüllt. So war zum Beispiel auf dem alten Dampfer »Assouan« von nur 1500 Tonnen ein ganzes Infanterie-Regiment eingeschifft worden.

Nach seiner Ankunft in Mombasa konferierte General Aitken zunächst mit dem Gouverneur von Britisch-Ostafrika. Tanga wurde endgültig als Ziel der Unternehmung festgelegt. Die Informationen über die deutschen Streitkräfte waren mager, schienen aber darauf hinzudeuten, daß der Küstenstreifen nur dünn, wenn überhaupt, besetzt war, während die deutschen Schutztruppen sich auf Moschi konzentriert hatten.

Aitken hörte nicht auf die Warnung, daß von dort mit der Eisenbahn leicht deutsche Verstärkungen nach Tanga vorgeschoben werden konnten. Ebensowenig nahm er ein Hilfsangebot des Kommandeurs der KAR ernsthaft an. Den Wert gerade dieser Truppe für den Buschkrieg hatte man noch nicht erkannt.

Aitken plante, nach der Landung in Tanga an der Usambara-Eisenbahn entlang in Richtung auf Moschi vorzustoßen. General Stewart sollte mit etwa 5000 Mann mit 20 Maschinengewehren von Voi aus auf Taveta operieren.

Kurz vor der Landung in Tanga erfuhr General Aitken zum erstenmal von Captain Caulfield, dem Kommandanten des Kreuzers »Fox«, daß die Royal Navy eine Art Waffenstillstand mit den Deutschen in Tanga und Daressalam abgeschlossen hatte und daß man den Deutschen daher Mitteilung machen müsse, falls dieser Waffenstillstand aufgehoben werden sollte. Darauf bestand die Marine. Aitken ließ nur widerwillig die Deutschen in Tanga vor Eröffnung der Feindseligkeiten informieren, daß die Bedingungen dieses Waffenstillstands nicht ratifiziert worden seien. Der Moment der Überraschung des Gegners fiel damit also weg.

Die Szene für das Geschehen von Tanga wurde bereitet, als am 2. November 1914 Captain Caulfield mit seinem Kreuzer »Fox« in die Bucht von Tanga dampfte, um die deutschen Behörden vom Ende des Waffenstillstands zu informieren.

Am frühen Morgen dieses Tages war beim Kommando der Schutztruppe von dem in Tanga liegenden Zug der 17. Feldkompanie die alarmierende Nachricht eingegangen, ein Kriegsschiff und 14 Transportschiffe lägen vor Tanga. Für Lettow bestand kein Zweifel: Der Gegner hatte zu einem großen Schlag ausgeholt. Von der übermächtigen britischen Flotte geschützt, hatte er auf Transportschiffen starke Kräfte vor der Küste Tangas konzentriert.

Lettow hatte seine Hauptkräfte im Kilimandscharo-Gebiet bereitgestellt. Sie konnten daher schnell auf der Nord-bahn an jeder erforderlichen Stelle zusammengezogen werden. Es standen am 1. November insgesamt zur Verfü-gung: die Abteilung von Prince (19. Feldkompanie, 7. und 8. Schützenkompanie, 3 kleine Geschütze) in Taveta ge-gen den Gegner bei Makatau und Bura; die Abteilung Kepler (13. Feldkompanie bei Rombo, die 4., 8. und 9. Feld-kompanie und die Batterie Hering mit 2 Geschützen) am Timbela-Fluß in der Gegend des Kilimari, gegen den Geg-ner am Tsavo; die Abteilung Kraut (10., 11. und 21. Feld-kompanie, 9. Schützenkompanie) am Longido-Berg, ge-gen die Briten am Erok; das Kommando der Schutztruppe mit der 1. und 6. Feldkompanie in Neu-Moschi. Den Bahnschutz längs der Nordbahn versah die 5. Schützen-kompanie im Anschluß an die zum Bataillon Baumstark gehörende 4. Schützenkompanie.

Gouverneur Schnee ließ Lettow die in Neu-Moschi lie-genden drei Kompanien bis auf die nur aus Rekruten be-stehende Hälfte der 1. Feldkompanie auf zwei in Neu-Mo-schi bereitgestellten Zügen in Richtung Tanga transportie-ren. Am 3. November sollten vier weitere Kompanien fol-gen. Nördlich von Tanga stand Hauptmann Baumstark mit zwei Kompanien. Auch er erhielt Befehl, sofort auf die Stadt vorzurücken.

Zum Zeitpunkt des überraschenden Erscheinens der großen britischen Landungsflotte hatte sich in Tanga nur ein Zug (ca. 30 Schützen) der 17. Feldkompanie als si-chernder Vorposten befunden. Befehligt wurde diese Handvoll Soldaten von Reserve-Leutnant Kempner. Na-türlich kannte er die Anweisungen des deutschen Gou-verneurs, wonach Küstenplätze nicht verteidigt werden sollten. Aber er kannte auch die Einstellung des Kom-mandeurs der Schutztruppen. Entgegen den Anweisun-gen des Gouverneurs entschloß sich Leutnant Kempner, die Stadt nicht zu räumen. Er bezog eine Stellung am Steilhang bei Ras Kazone. Wie aber würde sich die dem Gouverneur direkt unterstellte örtliche deutsche Zivilver-waltung verhalten, die hier in den Händen des Bezirksamtmanns Dr. Auracher lag? Wie so häufig bei großen Entscheidungen in der Geschichte waren die Hauptverantwortlichen nicht vor Ort. Diese wichtigen Ereignisse brachen mit aller Plötzlichkeit auf jüngere, subalterne Funktionsträger herein, welche die Laune des Schicksals zufällig an einen Ort gestellt hatte, der zum Brennpunkt größter Entscheidungen werden sollte. Nirgends mehr als im Krieg sind die ersten Maßnahmen entscheidend. Die beiden vom Kriegsgeschehen in Tanga so unvorbereitet mit einer großen Verantwortung Konfrontierten besprachen sich. Und der Zufall wollte es, daß diese beiden Männer eines Geistes waren: Tanga sollte nicht kampflos übergeben werden.

Inzwischen hatte sich Captain Caulfield geweigert, mit seinem Kreuzer »Fox« in die Hafenbucht von Tanga einzulaufen, bevor eine Minenräumung durchgeführt war. (Deutsche Minen gab es dort allerdings nicht.) General Aitken konnte daher nicht in der Bucht selbst landen, sondern mußte kurzfristig einen anderen Landungsort bestimmen. Auf einer Landzunge wurden die Landeabschnitte A, B und C festgelegt. Durch all dies war die deutsche Seite mehr als vorgewarnt.

Gegen 7.00 Uhr verlangte der Kreuzer »Fox« durch Signal die Entsendung eines Parlamentärs. Bezirksamtmann Dr. Auracher fuhr, den Anweisungen des Gouverneurs gemäß handelnd, zum britischen Kreuzer hinaus; aber er wollte die Verhandlungen so führen, daß für Gegenmaßnahmen möglichst viel Zeit gewonnen wurde.

Nach Entgegennahme der Kreuzer-Forderung erbat er sich Bedenkzeit. Eine Stunde nach Abstoßen seines Boots vom Kreuzer sollte zum Zeichen der Übergabe die auf dem Turm von Ras Kazone wehende Flagge niedergeholt werden. Um 8.30 Uhr stieß sein Boot ab. Leutnant Kempner telegrafierte an das Kommando: »Feind verlangt Übergabe Stadt. Abgelehnt. Um 9.30 Uhr soll beschossen werden.« Um 9.28 Uhr ließ er die Flagge der Stadt Tanga niederholen, aber sofort die Reichskriegsflagge heißen. Bezirksamtmann Auracher telegrafierte an den Gouverneur, der in Tanga anwesende Schutztruppenoffizier habe es abgelehnt, auf eine bedingungslose Übergabe einzugehen und habe angesichts des drohenden Angriffs die vollziehende Gewalt übernommen. Danach zwang ihn seine Überzeugung, die Loyalität endgültig zu wechseln. Er »zog sich selbst ein«, eilte nach Hause, zog seine Reserveoffiziersuniform an und versammelte alle in Tanga noch verfügbaren Kräfte. An der Spitze von 15 freiwilligen Beamten, Kaufleuten und Bürgern meldete er sich samt seiner Polizeiabteilung bei Hauptmann Adler, der mit dem Rest der 17. Feldkompanie inzwischen eingetroffen war und am Eisenbahneinschnitt östlich der Stadt Stellung bezogen hatte.

Aber es erfolgte weder eine Beschießung noch eine Landung. Der britische Kreuzer war wieder zu den 15 Meilen östlich von Tanga liegenden Transportschiffen zurückgedampft. Eine Zeitlang sah es sogar so aus, als wolle der ganze Transport nach Süden abfahren. Auf diese (Fehl-)Meldung hin sah Lettow in Neu-Moschi zunächst von weiteren Maßnahmen ab. Auch Hauptmann Baumstark trat mit seiner 16. Feldkompanie den Marsch nach Tanga nicht an. Dann aber, gegen 15.00 Uhr, näherten sich die ersten Schiffe der Hafeneinfahrt, worauf das Kommando den Abteilungen Kraut, Kepler und von Prince befahl, unter Zurücklassung je einer Kompanie nach Neu-Moschi zu rücken. In Timbela verblieb die 8. Feldkompanie, in Taveta die 19. Feldkompanie; zur Unterstützung der im Eilmarsch nach Neu-Moschi rückenden Abteilungen wurde auch das Autokorps eingesetzt.

Gouverneur Schnee hatte an Lettow inzwischen folgendes Telegramm geschickt, das um 9.47 Uhr angekommen war:

»Mein Befehl, die Stadt Tanga nicht zu verteidigen, bleibt auch für den Fall feindlicher Besetzung aufrechterhalten. Verteidigungsstellung ist außerhalb Tangas einzunehmen.«

Das gleiche Telegramm erhielt Lettow nochmals gegen 19.00 Uhr.

Der Gegner hatte viel kostbare Zeit vertan. Nachdem der Kreuzer »Fox« die Ablehnung der Übergabe signalisiert hatte, wurden die Kommandeure sämtlicher Truppen zum Befehlsempfang zu dem Schiff des Kommandierenden General Aitken befohlen. Das dauerte einige Zeit, da die Boote gerudert werden mußten. Infolge des Fehlens von Lotsen konnten immer nur wenige Schiffe gleichzeitig und nur bei Tageslicht an die Küste gebracht werden. Ferner wurde immer noch befürchtet, die Einfahrt sei durch Minen versperrt. Die mit der Deckung der Landung beauftragten beiden Bataillone (13. Rajputs und 61. Pioniere) sollten an der Seeseite von Ras Kazone landen (Landeabschnitt A). Der Hauptteil der Schiffe sollte die Nacht über zwei bis drei Meilen östlich liegen bleiben. General Tighe erhielt Befehl, mit seinen beiden Bataillonen nachts die Stadt zu nehmen. Wenn auch immer noch nicht mit ernstem deutschen Widerstand gerechnet wurde, so wollte General Aitken die Truppen doch erst nach Einbruch der Dunkelheit in Boote und Leichter übersteigen lassen.

Inzwischen hatte »Fox« mit seiner Artillerie einige Schüsse abgegeben. Maschinengewehrfeuer hatte die Küste abgestreut. Der Landungsplatz an der Seeseite war frei. Die tropische Nacht fiel schnell herein am Abend dieses 2. November 1914. Gegen 22.00 Uhr begannen das Rajput-Regiment No. 13 und die 61. KGO-Pioniere, bei hellem Mondlicht im Landungsabschnitt A zu landen. Im brusttiefen Wasser wateten die Männer von den Leichtern an den Strand. Ihre Ziele waren ein rotes Haus und der Signalturm, den sie leer fanden, da die deutschen Sicherungskräfte eine Landung in der Bucht erwarteten. Die britischen Streitkräfte bezogen sichernde Stellungen, aber die Männer waren nach einem Monat der Seekrankheit in den völlig überfüllten Schiffsquartieren in einem physisch sehr schlechten Zustand und nach der Landung vollständig erschöpft.

Nach dem Vermerken des Kriegstagebuchs der 17. Feldkompanie geschah auf deutscher Seite folgendes: Um 22.00 Uhr meldete die aus dem Hafen zurückkehrende Patrouille, daß zwei oder drei Schiffe, Leichter oder Ruderboote östlich der Missionsstation zu hören waren. Daher wurde der 3. Zug mit zwei Maschinengewehren in einem Haus auf einer Anhöhe postiert. Von dort war im hellen Mondlicht zwischen Zollhaus, Toteninsel und Missionsstation eine gute Sicht über den ganzen Hafen möglich. Gegen Mitternacht wurden zwei gegnerische Boote gesichtet und mit Maschinengewehren beschossen, augenscheinlich mit gutem Erfolg. Aus einem der Boote wurde das Feuer erwidert, aber nur schwach und kurze Zeit. Die Boote kehrten um und ruderten beschleunigt weg; mit zwei Signalsternen forderten sie Hilfe an. Da eine Stunde lang weiter nichts geschah, kam der 3. Zug zurück und schloß sich der Kompanie wieder an. Als Hauptmann Adler erfahren hatte, daß der Gegner ernsthafte Anstrengungen für eine Landung machte, informierte er den Offiziersposten in Muheza, um sicherzustellen, daß am 3. November Verstärkungen zur Stelle sein würden. Auch konnte er das Kommando in Moschi telefonisch verständigen. Von dort kam der Bescheid, daß die 16. Feldkompanie zwischen 5.00 und 6.00 Uhr morgens in Tanga ankommen werde.

Viele Verzögerungen bewirkten, daß die Briten um 4.30 Uhr erst eineinhalb Bataillone gelandet hatten. General Tighe ging vor und stieß um 5.15 Uhr auf die Stellung von Hauptmann Adler am Eisenbahneinschnitt. Zur gleichen Zeit aber entstiegen beim Eisenbahneinschnitt km 3,5 die ersten Verstärkungen aus Neu-Moschi ihren Waggons. Das zweieinhalb Kompanien starke Detachement Merensky (die halbe 1. Feldkompanie, die 6. Feldkompanie und die 6. Schützenkompanie) griff um 6.30 Uhr am rechten Flügel ein. General Tighe wurde zum Rückzug auf den Landungsplatz gezwungen.

Einheiten der britischen Regimenter 13 und 61 gingen nun auf die Stadt Tanga vor. Von der deutschen Seite erhielten sie starkes Feuer. Da seine vorgehende Linie stekkenblieb, setzte Brigadegeneral Tighe seine Reserve ein. In diesem Augenblick wurden der Kommandeur des Regiments No. 13 und sein Adjutant schwer verwundet. Neu ankommende deutsche Feldkompanien setzten zu einem Umfassungsstoß an. Die an der Flanke stehenden britischen Kräfte gaben Raum und zogen sich in Unordnung auf das rote Haus zurück.

An die Situation bei Einbruch der Dämmerung dieses Morgens erinnerte sich ein britischer Soldat:

>»Tighe hatte Tanga mit den 13. Rajputs und 61. Pioneers angegriffen. In den Außenbezirken von Tanga lief sich der Angriff in einer befestigten Stellung des Gegners fest. Sehr bald wurden Tighes Männer angegriffen und zurückgeschlagen, wobei viele in Unordnung flohen. Alle Tapferkeit und das mustergültige Verhalten der britischen Offiziere konnten nicht helfen. Ein Offizier nach dem anderen fiel bei dem Versuch, die Männer aufzuhalten und sich gegen die Flut der Fliehenden zu stemmen. Und der Kreuzer ›Fox‹ schoß nicht einen Schuß. Wir verloren mehr als 300 Mann. Viele unserer Männer verhielten sich schändlich, ohne jeden militärischen Geist oder Mut. Ich hatte ja noch nie viel Zutrauen zu unseren indischen Truppen der zweiten Linie gehabt. Die britischen Offiziere verhielten sich wie Helden; aber sie hatten keine Chance, da ihre Männer wegliefen wie Hasen und vor Angst schnatterten wie Affen. In der Dunkelheit brachten wir dann zwei weitere Bataillone ans Ufer, die übrigen landeten bei Tageslicht am nächsten Morgen. Aber weder Geschütze noch schwere Pioniere kamen an Land, und die letzteren hatten all unsere Sprengstoffe und Granaten bei sich.«

Die britischen Verluste hatten zehn Offiziere und 140 Mann von insgesamt 25 Offizieren und 1090 Mann betragen.

Inzwischen mußte Aitken klargeworden sein, daß sein Rajput-Regiment und die Pioneers unzuverlässig waren. Daher sollten nun alle Truppen außer der Artillerie und den Sappers (schwere Pioniere) so schnell wie möglich in den Landungsabschnitten B und C gelandet werden. Befehle für eine Aufklärung erfolgten nicht. Daher erkannten die britischen Angreifer auch nicht, daß die Stadt Tanga zu diesem Zeitpunkt verlassen war; denn die dort befindlichen deutschen Feldkompanien hatten sich in Erwartung eines starken Angriffs aus der Stadt zurückgezogen.

Die zurückgeschlagenen Bataillone Tighes wurden um

10.00 Uhr vormittags von dem inzwischen gelandeten 2. Bataillon Loyal North Lancashire aufgenommen. Um 9.15 Uhr hatte »Fox« begonnen, die Stadt zu bombardieren. Um 17.00 Uhr ging Generalmajor Aitken selbst an Land. Er beschloß, mit einem neuen Angriff zu warten, bis seine sämtlichen sieben Bataillone und zwei Halbbataillone gelandet wären.

Hauptmann Baumstark hatte die Lage in Tanga nicht sehr positiv eingeschätzt und war daher mit der 16. Feldkompanie zu der zehn Kilometer landeinwärts liegenden Station Kange marschiert, wo sich die 4. Schützenkompanie gesammelt hatte. Dorthin hatte er bei Beginn der Beschießung auch die im Gefecht liegenden Kompanien befohlen, und diese gingen mittags trotz der errungenen Erfolge auch dorthin zurück. Um 21.00 Uhr traf von dem seit 8.00 Uhr mit der Eisenbahn heranrollenden Kommando der Befehl ein, ein Festsetzen des Gegners in Tanga zu verhindern. Sofort rückte Hauptmann Baumstark in der Nacht mit den nunmehr fünfeinhalb Kompanien bis zum Eisenbahnkilometer 3 vor.

Als das Kommando dort um 3.00 Uhr nachts eintraf, war die Lage unklar. Unklar war auch, ob Tanga vom Feind frei war. Kurz entschlossen fuhr Lettow persönlich mit Hauptmann Freiherr v. Hammerstein und drei Mann seines Stabes mit dem Fahrrad über die Vorposten hinaus in die Stadt, die vom Gegner frei gefunden wurde, und weiter, bis er in Höhe des Hospitals auf einen britischen Posten stieß. Daraufhin erhielten das Bataillon Baumstark sowie die in Kange eingetroffene Abteilung von Prince, die 7. und 8. Schützenkompanie, Befehl, zum Bahnhof Tanga vorzurücken. Um 9.00 Uhr traf auch die 13. Feldkompanie ein, so daß nun achteinhalb Kompanien (mit 935 Schützen, je zur Hälfte mit Gewehren 71 und 98) und 15 Maschinengewehren zur Stelle waren. Zwei weitere Kompanien waren noch im Anrollen: die 4. Feldkompanie (118 Gewehre 98 und zwei Maschinengewehre) konnte erst gegen 16.00 Uhr eintreffen, die andere kam für ein Gefecht an diesem Tage nicht mehr in Betracht.

Lettow bedauerte, daß er keinerlei Feldgeschütze zur

Verfügung hatte. Ihr Feuer hätte sich auf die kurzen Entfernungen für den Gegner verheerend ausgewirkt.

Die durch Freiwillige verstärkte 17. Feldkompanie hatte inzwischen in dem Drainage-Graben westlich des Eisenbahneinschnitts ihre Stellung ausgebaut und die drei Brücken über diesen Einschnitt barrikadiert. Die Verteidigungsstellung umfaßte taktisch günstig angelegte Maschinengewehrnester. Lettow ließ diesen Eisenbahnabschnitt und den Ostrand des Eingeborenenviertels durch die 6. und 16. Feldkompanie mit Front nach Osten verstärken und den Rest des Bataillons Baumstark, dreieinhalb Kompanien, hinter dem rechten Flügel eine Reservestellung einnehmen. Er wollte den Gegner angreifen lassen und dann mit seinen Hauptkräften rechts umfassend einen Gegenstoß führen. Demgemäß legte er die Abteilung von Prince und die 13. Feldkompanie rechts gestaffelt hinter das Bataillon Baumstark. In weit nach Süden reichender Front wurden Patrouillen gegen die Küste vorgetrieben.

Inzwischen hatten die Briten die Landung der mit den Trägern und Boys rund 8000 Mann und zwölf Maschinengewehre starken sieben Bataillone und zwei Halbbataillone mit Hilfe der weiteren Landeabschnitte B und C gegen 10.00 Uhr beendet. General Aitken befahl, daß um 12.00 Uhr beide Brigaden nebeneinander den Vormarsch auf die Stadt antreten und angreifen sollten. Der Angriff sollte durch die Artillerie des Kreuzers »Fox« und der 28. Gebirgsbatterie sowie zwei kleine Marinegeschütze (vom Linienschiff »Goliath«) von See her unterstützt werden.

Um 14.45 Uhr fielen einige Schüsse der Schiffsgeschütze. Sofort setzte das Gefecht auf der ganzen Front mit außerordentlicher Heftigkeit ein. Um der am Eisenbahneinschnitt hart bedrängten 6. Feldkompanie Rückhalt zu geben, schickte Lettow die beiden Europäer-Kompanien unter Hauptmann von Prince kurz vor 15.00 Uhr in die Stadt; Hauptmann Baumstark mußte den größten Teil seiner Reserven zur Verstärkung der 16. Feldkompanie und Verlängerung ihres rechten Flügels einsetzen. Gegen 15.15 Uhr mußte die 6. Feldkompanie, von der Imperial Service Brigade durch Linksumfassung bedrängt, zurückgehen.

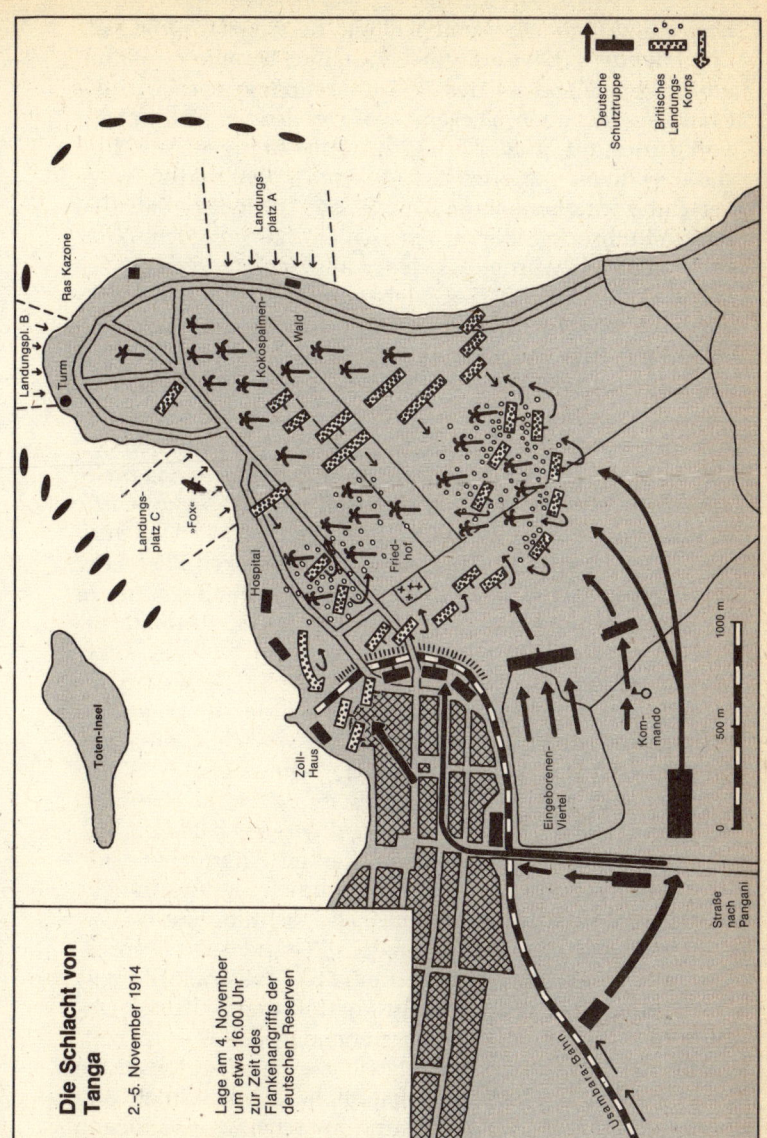

Die Schlacht von Tanga

2.–5. November 1914

Lage am 4. November um etwa 16.00 Uhr zur Zeit des Flankenangriffs der deutschen Reserven

Deutsche Schutztruppe

Britisches Landungs-Korps

Toten-Insel

Landungspl. B

Ras Kazone

Turm

Landungs-platz B

Landungs-platz A

Kokospalmen

Wald

Landungs-platz C

»Fox«

Hospital

Fried-hof

Zoll-Haus

Eingeborenen-Viertel

Kom-mando

0   500 m   1000 m

Straße nach Pangani

Usambara-Bahn

Dies nutzte das am rechten Flügel der regulären Brigade angreifende 2. Loyal North Lancashire Bataillon aus, um am linken Flügel an der 16. Feldkompanie vorbei in die Stadt einzudringen. Diesem warf sich jedoch Hauptmann von Prince mit größter Entschlossenheit entgegen und riß die 6. Feldkompanie wieder mit vor. In erbittertem Häuser- und Straßenkampf wurde das britische Bataillon langsam zurückgedrängt. Aber es erschien fraglich, ob es noch gelingen würde, es wieder aus der Stadt hinauszuwerfen, da der deutsche Gegenangriff durch die unterdessen von Norden in die Stadt eingedrungenen indischen Bataillone, die 2. und 3. Kashmir-Schützen sowie die 13. Rajputs, flankiert und im Rücken bedroht wurde. Gegen diese britischen Einheiten wurden die letzten Reserven des Bataillons Baumstark eingesetzt. Artilleriefeuer, das nun auf die von den Deutschen gehaltenen Stadtteile einsetzte, vermehrte deren Unsicherheit. Die Lage wurde für die deutsche Seite kritisch, als gegen 15.45 Uhr auch die Züge des rechten Flügels vor den am linken Flügel der regulären Brigade angreifenden 101. Grenadieren gegen Westen zurückwichen. Das Eintreffen der so dringlich erwarteten 4. Feldkompanie konnte nun nicht mehr abgewartet werden. Die einzige Reserve, die 13. Feldkompanie (Oberleutnant Spalding) mit ihren vier Maschinengewehren, erhielt Befehl zum rechtsumfassenden Gegenstoß. Die Schlacht stand auf des Messers Schneide.

Aber auch auf der britischen Seite war nicht alles zum Besten verlaufen. General Aitken hatte sehr bald den Eindruck gewonnen, daß er einen starken Angriff auf einer ausreichend breiten Front unternehmen mußte, um die deutsche Flanke zu überflügeln. Die Richtung dieses Vorstoßes sollte vom Loyal Lancashire Regiment No. 2 vorgegeben, weniger zuverlässige Einheiten zwischen die besseren eingefügt werden. Beim Vorstoß durch dichtes Unterholz in den dort sehr eng stehenden Gummi- und Sisalplantagen und in der vollen Hitze des Tages konnten jedoch nicht alle britischen Bataillone gleich schnell vorankommen, und die Verbindung zwischen den Einheiten riß ab. Unweigerlich kam es hier und da zum Nachhinken einzelner Gruppen der ohnehin stark ermüdeten Truppe, und das Vorgehen geschah recht ungeordnet. Dann aber geriet der britische Angriff in starkes deutsches Abwehrfeuer. Das Palamcottah Light Infantry Regiment No. 63 löste sich als organisierte kämpfende Truppe auf. Ihr Verschwinden aus der Linie zwang zum Abdrehen des Angriffsschwerpunktes nach rechts. Das Infanterie-Regiment No. 98, dessen Moral stark angeschlagen wurde, als sich die 63er zurückzogen, geriet in diesem Augenblick in Schwärme wilder Bienen, deren schmerzhafte Angriffe Verwirrung und Entsetzen verursachten.

Zwar gewannen die beiden Kashmir-Bataillone in Richtung Tanga an Boden, aber auf der äußersten linken Flanke wurde das Grenadier-Regiment No. 101 in hartem Gefecht zurückgeschlagen. Und nun brach ein deutscher Gegenangriff gegen die offene linke Flanke der Briten los: Lettow hatte genügend Überblick erlangt. Er erkannte, daß die gegnerischen Streitkräfte nicht weiter südlich standen, als der äußerste rechte Flügel seiner eigenen Truppen.

Während sich die Briten zurückzogen, entwickelte sich an dieser Schwachstelle eine Panik: Im schweren Feuer ließen die Träger ihre Lasten fallen und rannten zum Landestrand zurück. Diese wild rennenden schwarzen Träger wurden von den indischen Einheiten mit deutschen Askaris verwechselt. Die Aussicht auf einen solchen Sturmangriff des Gegners war zu viel: Die indischen Soldaten wichen auf den Landebrückenkopf zurück. Die deutschen Kräfte setzten im Gegenangriff nach, der britische Angriff zerbrach.

Die Maschinengewehre der flankierend eingesetzten 13. deutschen Feldkompanie eröffneten ein tödliches Feuer in die britische Flanke. Damit wendete sich das Blatt endgültig. Von vorn und von der Seite heftig beschossen, flohen die letzten britischen Truppen in dichten Massen.

Dieses um 16.30 Uhr einsetzende Dauerfeuer der Maschinengewehre der 13. Feldkompanie entschied das Gefecht, obwohl auch die Deutschen bald durch Bienenschwärme vorübergehend außer Gefecht gesetzt wurden und der Flankenangriff der 13. Feldkompanie nicht gleich weiter vorgetragen werden konnte. Die drei indischen Bataillone der regulären Brigade gingen nach Nordosten zurück.

Der ganze rechte Flügel des Bataillons Baumstark war zum Angriff übergegangen; die 13. Feldkompanie war inzwischen durch die um 16.40 Uhr an der Pangani-Straße eingetroffene 4. Feldkompanie (Oberleutnant Dransfeld) noch verstärkt worden. Da sich der Gefechtslärm von der linken Flanke immer mehr in ihren Rücken verlagerte, sahen sich die in die Stadt eingedrungenen britischen Truppenteile gegen 17.30 Uhr gezwungen, die Stadt wieder zu räumen und sich kämpfend ebenfalls nach Nordosten zurückzuziehen.

Aber die deutschen Kräfte waren noch nicht wieder ausreichend organisiert und stark genug, um hier endgültig reinen Tisch zu machen. Das britische Expeditionskorps erhielt eine Atempause. Wie die britischen, waren auch die deutschen Soldaten nach dem Gefecht in der Tropenhitze erschöpft, auch hier waren Einheiten durcheinander geraten, der Überblick fehlte.

Als nach 18.00 Uhr an diesem Tag die Dämmerung einsetzte, waren alle Verbände stark vermischt. Am Süd-Flügel standen in dem unübersichtlichen Gelände Freund und Feind durcheinander. Weit vorgedrungene Teile gerieten in eigenes Feuer. Rufe und Erkennungssignale ertönten. Diesen Moment der deutschen Stockung nutzten die Briten dazu, sich zu lösen. Um in dieser Lage für energische Verfolgung zu sorgen, eilte Lettow persönlich zum rechten Flügel, da bei einem unmittelbaren scharfen Nachdrängen die Schiffsgeschütze selbst auf dem freien Plateau bei Ras Kazone nicht eingreifen konnten, ein Vorteil, der später und gar bei Tageslicht wegfiel.

Um ihre Kompanien wieder in die Hand zu bekommen, hatten unterdessen einige Kompanieführer das Signal »Sammeln« blasen lassen. Man hat später argumentiert, dieses Signal habe Lettow um die Möglichkeit gebracht, den errungenen Sieg zur Vernichtung des Gegners auszubauen. In Verkennung der Lage wurden die Signale als Befehl zum Abrücken in das Lager bei Kange aufgefaßt. Der Wunsch, der erschöpften Truppe — die Soldaten hatten seit 36 Stunden nichts gegessen und gewaltige Anmärsche zur Bahn hinter sich — Gelegenheit zur Stärkung und Erholung zu geben, mag hier die einzelnen Kommandeure zu dieser Interpretation bewogen haben. Als Lettow auf seinem linken Flügel ankam, um dort ebenfalls die Verfolgung anzusetzen, fand er keine eigene Truppe, statt dessen wurde er von einem britischen Posten beschossen. Als um 20.30 Uhr das Mißverständnis aufgeklärt war, erging zwar sofort der Befehl, wieder von Kange vorzurücken. Aber die Telefonleitungen waren zerschossen, die Meldung brauchte lange, und so trafen die ersten Kompanien, total erschöpft, um 3.30 Uhr wieder östlich Tanga ein. Unter diesen Umständen war es noch ein Glück, daß die am rechten Flügel angesetzte Verfolgungsabteilung in der Dunkelheit die Richtung verfehlte und am linken Flügel landete. Im Verlauf der kommenden Stunden gelang es Lettow, einschließlich der um 19.30 Uhr mit der Bahn angekommenen 9. Feldkompanie, in und östlich Tanga zweieinhalb Kompanien und acht Maschinengewehre zusammenzubringen.

Es wurde fest damit gerechnet, daß der Gegner den deutschen Abzug erkannt habe und nachts den Versuch machen würde, sich wieder in den Besitz der Stadt zu bringen. Ein Angriff auf den befestigten Landungskopf am 5. November versprach keinen Erfolg mit den erschöpften Truppen. Außerdem schien der Gegner einen neuen Angriff vorzubereiten. Das würde eine bessere Gelegenheit zu erneuter Bekämpfung bieten, dies um so mehr, als inzwischen noch die zwei Feldgeschütze — die sofort gegen die im Hafen liegenden Schiffe in Tätigkeit traten — und drei weitere Geschütze, die 15. Feldkompanie und die Feldabteilung Pangani eingetroffen waren. Jetzt konnte Lettow den britischen Angriff mit zwölf Kompanien (310 Weißen, 1220 Askaris, 21 Maschinengewehren und 5 kleinen Geschützen) erwarten.

Die lebhafte britische Patrouillentätigkeit und das von den Schiffsgeschützen von See her erfolgende Artilleriefeuer hatten jedoch nur noch den Zweck, die außer Sicht und nur auf dem Landungsabschnitt A erfolgende Wiedereinschiffung zu verschleiern. Als um 17.00 Uhr ein britischer Parlamentär vom Stabe General Aitken wegen des Abtransports der Verwundeten bei Lettow erschien, war klar, daß der völlige Abzug der Briten inzwischen erfolgt war. An erfahrener und energischer Aufklärung hatte es also nicht nur den Briten gefehlt.

Den Befehl zur Wiedereinschiffung hatte General Aitken am Morgen des 5. November gegeben. Diese Bewegungen wurden durch das Loyal North Lancashire Regiment No. 2 und das Kashmir-Rifle-Regiment gedeckt. Aber jedes Aufflammen von Gewehrfeuer ließ unter den indischen Soldaten erneut Panikstimmung aufkommen. Viele Träger ließen ihre Lasten im Stich und schwammen zu den Booten. Die britische Seite mußte Befehl erteilen, die gesamten Versorgungsgüter, alle Munition und die Maschinengewehre zurückzulassen. Selbst die dringende Bitte der North Lancashire Rifles, ihre Maschinengewehre mitführen zu dürfen, wurde verweigert.

Während der Wiedereinschiffung gab eine der britischen Sicherungseinheiten einige Schüsse auf eine deutsche Patrouille ab, die sich zur Aufklärung vorsichtig näherte. In diesem Augenblick aber standen die indischen Truppen, teils schon watend, am schlammigen Ufer und warteten darauf, in kleineren Booten zu den Transportschiffen zurückgebracht zu werden. Nochmals brach Panik aus. Die Männer liefen ins Meer, so daß sie bald bis zum Hals im Wasser standen. Wer schwimmen konnte, versuchte zu den Transportern zu gelangen. Ganze Bataillone von Nichtschwimmern aber standen im tiefen Wasser, nur die Köpfe ragten über die Oberfläche. »Es war furchtbar«, schrieb später ein britischer Offizier, »denn der Gegner hatte keinen einzigen Schuß abgegeben. Aber zum Glück hatte er unseren Zustand nicht erkannt.«

Der zweite Teil der Prophezeiung von Oberst Sheppard vor der Expedition war Wirklichkeit geworden. Das Unternehmen gegen Tanga war kein Spaziergang geworden, sondern eine Tragödie.

Am 8. November war das angeschlagene britische Expeditionskorps wieder in Mombasa. Über 800 Tote und Verwundete hatte es zurückgelassen, ebenso wie alle Maschinengewehre und die gesamte Ausrüstung. Vor allem aber hatte es jede Kampfmoral verloren. Die meisten Einheiten wurden nie wieder kampfbereit. Die deutschen Sieger konnten am Strand große Mengen der für sie so lebenswichtigen Munition und Ausrüstungsgüter, insbesondere auch Bekleidung und Verpflegung, Telefongeräte und vieles andere mehr als Beute einsammeln. Das »Strandgut« war so reichlich, daß Lettow drei seiner Feldkompanien mit modernen Waffen ausrüsten konnte; die alten 1871er Gewehre wurden an Rekrutenkompanien abgegeben. Vor allem aber war dieser Sieg von den schwachen deutschen Kräften mit einem Verlust von etwa 60 Mann erzielt worden. Die Moral und Kampfstimmung der Schutztruppe war gestärkt: Lettow konnte den Tag von Tanga als Geburtstag des Kampfgeistes seiner Schutztruppe feiern.

8000 britische Soldaten mit 16 Maschinengewehren und einer Gebirgsbatterie, unterstützt vom Kreuzer »Fox« mit seinen 15-cm-Geschützen, waren von hastig herangeführten deutschen Feldkompanien von weniger als 1000 Mann mit nur vier Maschinengewehren und ohne jede Artillerie geschlagen worden. In Großbritannien mußte dieser Ausgang der Schlacht von Tanga um so niederschmetternder wirken, als gerade auch die Vernichtung des Geschwaders Cradock durch den deutschen Admiral Graf Spee bekannt wurde.

In den Kämpfen waren auf deutscher Seite fünf Offiziere, darunter Hauptmann von Prince, und 59 Mann gefallen. Die Briten gaben ihre Verluste wie folgt an: 20 Offiziere, 26 andere Europäer, elf indische Offiziere, 302 Inder waren gefallen; drei Europäer, 145 Inder vermißt, eine unbekannte Anzahl indischer und afrikanischer Träger tot oder verwundet. 6 Briten, 53 Inder wurden verwundet gefangen genommen, 17 Europäer, 32 Inder verwundet und 22 Europäer, 52 Inder wurden schwer verwundet auf Ehrenwort entlassen.

Der deutsche Erfolg war im wesentlichen auch durch die Ausnutzung der Eisenbahn und dabei durch die großen Leistungen von Personal und Material der Usambara-Bahn ermöglicht worden. Für den raschen Transport der Truppen von Neu-Moschi über die 352 Kilometer lange Strecke nach Tanga vom 2. bis 6. November waren 6443 Zugkilometer (im regelmäßigen Friedensbetrieb im Juli 1914 für den gleichen Zeitabschnitt 2885 Zugkilometer) geleistet worden. Die Höchstleistung wurde am 3. November mit 1848 Zugkilometern erreicht (verglichen mit 659 Zugkilometern im Friedensbetrieb eines Tages). Es standen zur Verfügung: 11 Lokomotiven (7 vollwertige, 4 kleine) und 160 Wagen mit 340 Achsen (außer dem Bahnschutzzug von 14 Achsen); an Personal waren vorhanden zehn Lokomotivführer (davon einer für den Bahnschutzzug) und zwei Schlosser, die als Führer verwendet wurden. Das Lokomotivpersonal war ausnahmslos über 27 Stunden ohne Unterbrechung im Dienst, ein Führer sogar 42 Stunden und 40 Minuten. Auch das übrige Betriebspersonal hatte Außerordentliches geleistet. So mußte das Bahnhofspersonal der kleineren Stationen, für die Ersatz oder Vertretung nicht gestellt werden konnten, während der ganzen Dauer der Militärtransporte Tag und Nacht im Dienst bleiben. Der Abtransport von Neu-Moschi begann am 2. November um 10.00 Uhr und war in sieben Militärzügen am 4. November um 21.30 Uhr beendet. Der Rücktransport begann am 6. November um 11.38 Uhr und war, wieder in sieben Zügen, am 9. um 10.20 Uhr beendet. Am 5. November wurden zwischen Korogwe und Tanga auf kürzeren Strecken acht Züge gefahren, mit Truppen, Verpflegung, Wasser und Verwundeten. Dank der Usambara-Bahn hatte Lettow vom Kilimandscharo blitzschnell nach Tanga und wieder zurück »rochieren« können.

19. Nachwirkungen des Sieges von Tanga

Lettows Verteidigung Tangas hatte angesichts der sechs-
bis siebenfachen Überlegenheit und modernen Ausrüstung des Gegners einen nicht erwarteten Erfolg gebracht.
Die Auswirkungen machten die Schlacht von Tanga zum
entscheidendsten Ereignis des ganzen Feldzugs in Ostafrika. Trotz aller Mängel in Ausbildung und Ausrüstung und
trotz vieler Fehler mancher Unterführer festigte dieser
Sieg, der vor allem durch den Willen des Kommandeurs
errungen war, das Vertrauen der Truppe zu ihm. Jede
Mißstimmung war verschwunden, das Selbstvertrauen
der Truppe war ins Unermeßliche gestiegen. Eine Welle
der Begeisterung durchlief das ganze Land, erfaßte auch
die Kleinmütigen und Unsicheren. Die innenpolitischen
Gegner des Kommandeurs der Schutztruppe verstumm-
ten oder ließen sich bekehren. Die Achtung der Eingeborenen vor der Schutztruppe wuchs gewaltig, die Gefahr
von Aufständen war geringer denn je. Gouverneur
Schnee sandte am 6. November zugleich mit einem tele-
grafischen Glückwunsch für die Truppe die Aufforderung
an das Kommando zum eingehenden Bericht über die
Gründe, die die Beschießung von Tanga unvermeidlich
gemacht hätten. Über diese Inkonsequenz ergrimmt,
schrieb Korvettenkapitän Schoenfeld in sein Tagebuch:

>»Und was geschah nach der Schlacht bei Tanga, die trotz Ver-
>botes von Kampfhandlungen in der Hafenstadt vom Kom-
>mandeur der Schutztruppe geführt worden war? Wie stellte
>sich der edle Gouverneur dazu? Er gratulierte der Truppe zu
>ihrem Erfolg und forderte gleichzeitig Erklärung dafür, wes-
>halb seinem Befehl, daß Tanga nicht verteidigt werden solle,
>nicht Folge geleistet wäre? Sollte man so etwas überhaupt für
>möglich halten? Hätte man diesen Mann nicht schlankweg
>verhaften sollen, mitsamt seinen gleichgesinnten Räten?«

Aber der Gouverneur konnte sich den Tatsachen nun
nicht mehr verschließen. Bereits am 3. November hatte er
für den Fall einer feindlichen Landung den Landsturm im
Bezirk Daressalam aufgerufen; am 20. November rief er
ihn auch für die Bezirke Bagamojo, Morogoro, Dodoma,

Tabora und Udjidji auf, am 9. Januar 1915 für die Bezirke Kilwa und Lindi und am 16. März schließlich für alle übrigen neun Bezirke.

Wieviel in jenen Novembertagen des Jahres 1914 vor Tanga für Deutsch-Ostafrika auf dem Spiel stand, konnten die Briten nicht ahnen; auch die meisten ihrer Historiker — und viele der deutschen — ahnten es nie, denn Lettow und Schnee waren darauf bedacht, nach dem dann ohnehin verlorenen Krieg möglichst wenig Aufhebens davon zu machen.

Vor Tanga aber stand nicht mehr und nicht weniger als der ganze ostafrikanische Krieg auf des Messers Schneide: Wie, wenn das launische Kriegsglück der deutschen Schutztruppe eine Niederlage beschieden hätte, vielleicht eine schwere, ja sogar katastrophale? Nicht um einen britischen oder deutschen Sieg oder eine britische oder deutsche Niederlage unter vielen ging es bei Tanga. Ein anderer Ausgang der Schlacht hätte den ostafrikanischen Krieg wahrscheinlich schnell beendet.

War nicht v. Lettow-Vorbeck selbst von älteren Offizieren seiner Schutztruppe teils nur mit kühlem Vorbehalt, teils mit Antipathie hingenommen worden? Hatten nicht deutsche Kaufleute seine Ablösung beantragt? Hatte nicht die öffentliche Meinung in Deutsch-Ostafrika eine innenpolitische Kampagne gegen den »Tollen Mullah« — und zwar »toll« im Sinne von »wahnsinnig« — geführt? War nicht sogar der stellvertretende Kommandeur, Major Kepler, beim Gouverneur vorstellig geworden? Allerdings hatte er als Untergebener vorsichtig einen Sündenbock vorgeschoben: »Lettow sei von seinem Generalstabsoffizier v. Hammerstein schlecht beraten«, hatte er vorgetragen. Hatte Lettow nicht fast jedem Befehl des Gouverneurs zuwidergehandelt? Hatte er nicht wegen der Revers-Unterzeichnung durch deutsche Schiffsbesatzungen und der Übergabe von Leichtern und Schleppern sogar Verfahren wegen Landesverrats anstrengen lassen? Und hatte die Schutztruppe schließlich unter seiner Führung vor Tanga irgendwelche besonderen Erfolge vorzuweisen gehabt? Und Tanga selbst? Hatte nicht der Gouverneur ausdrücklich befohlen, die Stadt sei nicht zu verteidigen? Hatte nicht Lettow vor Zeugen immer wieder erklärt: Es wird Widerstand geleistet, notfalls unter Verweigerung jeglicher Befehle des Gouverneurs?

Weiß Gott, die Briten kämpften vor Tanga vielleicht um den Erfolg einer Landung auf einem peripheren Kriegsschauplatz (für den Historiker Corbett war es »at best a most regrettable affair«, dem Marineminister Winston Churchill erschien das Ereignis »a serious rebuff«), für Lettow aber (und damit auch für die Briten) entschieden die Ereignisse vor Tanga in Wahrheit die weitere Kriegführung in Deutsch-Ostafrika. Ein zuverlässiges Szenario für den Fall einer deutschen Niederlage bei Tanga aufzustellen, ist natürlich fast unmöglich, dazu war damals ja noch zu vieles im Fluß; aber abwegig ist die Vorstellung nicht, daß der deutsche Gouverneur, gestützt auf seine amtliche Gewalt, starke Kreise der Kolonie, die so dachten wie er, vor allem aber gedrängt durch seine Überzeugung, den Kommandeur wegen Befehlsverweigerung (und Mißerfolg) tatsächlich durch einen ihm genehmeren Kommandeur ersetzt hätte. Und ebensowenig ist es unvorstellbar, daß nach einigen Scharmützeln im Landesinneren »angesichts der Übermacht« des Gegners die Waffen in Ehren gestreckt worden wären, wie in manchen anderen Teilen der Welt auch. Diesen Schlußtermin hätten dann weniger deutsche Maßnahmen bestimmt als das Vermögen der Briten, Truppen schnell ins Landesinnere vorstoßen zu lassen, denen man sich hätte ergeben können; denn zu einer ordentlichen Kapitulation bedarf es bekanntlich ja auch eines Partners.

Aber nichts ist so erfolgreich wie der Erfolg. Nichts führt besser zu weiteren Erfolgen als er: Fast über Nacht war aus dem angefeindeten Fremdling in Ostafrika, dem »tollen Mullah«, dessen Überzeugung und Temperament ihn auf des Messers Schneide hatten wandeln lassen, ein strahlender Held, ein erfolgreicher Militärbefehlshaber, ein geistiger Führer geworden. Mag es dem Gouverneur auch damals noch nicht sofort klar geworden sein: Seit Tanga führte nur einer in Ostafrika den Befehl, und das war Oberstleutnant Paul v. Lettow-Vorbeck. Mit Lettow ging alles, gegen ihn nichts mehr. Dieses Charisma — und ein anderer Begriff läßt sich selbst nach siebzig Jahren und auch, wenn man alles nur aus Briefen, Akten und Büchern zu rekonstruieren gezwungen ist, nicht darauf anwenden — wirkte nicht nur auf die weiße Bevölkerung, sondern vielleicht noch stärker auf die deutschen schwarzen Truppen in Deutsch-Ostafrika, auf die altgedienten Sudanesen ebenso wie auf die neu-angeworbenen einheimischen Askaris. Hatte nicht ihr Bwana Obas nach der Schlacht von Tanga auf der Gedenktafel, die für die deutschen Gefallenen aufgestellt worden war und auf der nur die Namen der gefallenen weißen deutschen Soldaten verzeichnet standen, voll ungläubigem und zornigem Ingrimm nachträglich auch seine schwarzen Soldaten verzeichnen lassen, mit dem notwendigen Zusatz als innerpolitischen Fingerzeig für alle Betrachter: »Auch sie starben für Kaiser und Reich!«

Ja, auf seine Askaris sollte sich der Kommandeur hinfort ebenso verlassen können, wie auf seine weißen Soldaten, wenn nicht sogar stärker, denn bei den Weißen gab es »feine, an Wohlleben gewöhnte Herren«, die manche Schwierigkeiten machten.

Oberstleutnant v. Lettow-Vorbeck hatte es in Deutsch-Ostafrika mit zwei Gruppen weißer deutscher Einwohner zu tun, der reichen Oberschicht an der Küste und den zumeist dem Adel oder Offizierskorps entstammenden Pflanzern in den nordöstlichen Bergen. Unter den letzteren hatte der Kommandeur schon vor dem Krieg Freunde und Befürworter seiner Person und Vorstellungen gewinnen können.

Aber an der Küste lebte die Mehrzahl der deutschen Weißen. Sie waren zunächst um den Erhalt ihres Besitzes bemüht, neigten dazu, sich lieber mit den weißen Engländern zu arrangieren, als den »Schwarzen das erniedrigende und gefährliche Schauspiel einander sich bekämpfender Angehöriger der weißen Rasse zu bieten«; vielleicht sogar noch unter Hinzuziehung schwarzer Truppen? Entsetzlich! Schwarze Truppen waren doch nur zur Bekämpfung schwarzer Aufstände da. Aber mit schwarzen Truppen gegen Weiße kämpfen, unvorstellbar! Und im Lichte dieser Einstellung geriet die immer wieder geradezu als Leitmotiv gebrauchte Formulierung des Gouverneurs von der Wichtigkeit der Eingeborenenpolitik, von Ruhe und Ordnung, Angst vor Aufstand, Vermeidung jeder Entblößung von Bezirken durch Polizei oder Schutztruppen, in ein eigenartiges Licht. Wer betrieb hier Integration, wer Eingeborenenpolitik? Ohne innere Zustimmung der Mehrheit der schwarzen Einwohner Deutsch-Ostafrikas — waren sie nicht eigentlich schon Deutsche im staatsbürgerlichen Sinne? — wäre Lettows Kriegsführung nicht möglich gewesen, und zwar ohne die freiwillige, ja bereitwillige, aktive und passive Unterstützung, die eben nicht auf einem durch Polizeigewalt gestützten Zwang (amtlich verordneter und durchgesetzter Ruhe und Ordnung) beruhte. Auch wenn die Schwarzen Ostafrikas als Soldaten nicht in Frage gekommen wären, ohne sie lief kein Krieg: Ostafrika war ein Land ohne Straßen; die von der verbreiteten Tse-Tse-Fliege übertragenen sowie andere Krankheiten machten jede auf Ochsentrecks, wie in Südafrika, oder Kavallerie gestützte Transportstruktur unmöglich, wie die berittenen britischen Truppen aus dem Norden angesichts der furchtbaren Pferdesterblichkeit bald feststellen mußten. Einige wenige Maultiere überlebten das grausame Klima, aber auch sie waren krankheitsanfällig.

Wie hätten sich dann weiße Truppen, die noch nicht in so reichlichem Maße Kraftfahrzeuge hatten, wie später die Briten und Südafrikaner (Schoenfeld: »Der Feind hatte mehr Automobile als wir Gewehre ...«) überhaupt bewegen sollen? Konnte sich der weiße Mann, ob jung oder alt, trainiert oder untrainiert, nicht gerade eben selbst auf den langen Safari-Märschen vorwärtsbewegen, sofern man ihm so gut wie keinerlei Last aufbürdete? Mußte aber nicht alles mitgeschleppt werden von dieser Truppe: Munition, Waffen, Verpflegung, Camping- und Sanitätsausrüstung und vor allem Wasser, für Tage, Wochen, Monate? Mußte man nicht für jeden Weißen zwischen vier und zehn Träger haben? Ohne Schwarze kein Ostafrika-Feldzug; auch ohne die 10 000 deutschen Askaris nicht (was hätten die höchstens 3000 Weißen ausrichten sollen — und nicht einmal so viele waren jemals gleichzeitig im Einsatz) und ganz sicher nicht ohne die Zigtausende schwarzer Träger. Denn Lettows Krieg führten schwarze Truppen, von weißen Unteroffizieren und Offizieren befehligt, aber getragen wurde dieser Krieg Hunderttausende von Kilometern auf schwarzen Köpfen, durch Urwald, Busch, Steppe, Sumpf und über Gebirge, vier Jahre lang. Nein, ohne die völlige Loyalität der weißen, aber vor allem der schwarzen Truppen und Träger, wäre es schnell zu Ende gewesen mit der deutschen Schutztruppe und ihrem Krieg in und um Deutsch-Ostafrika.

Hier lohnt es sich, einmal darüber nachzudenken, welchen Grund die afrikanischen Einwohner der Kolonie Deutsch-Ostafrika gehabt haben könnten, während der mehr als vier Kriegsjahre dem Deutschen Reich gegenüber so loyal zu sein und zu bleiben. Waren nicht die Erfolgschancen für eine Auflehnung, sofern hierzu Tendenzen latent vorhanden waren, während dieses großen äußeren Krieges um so vieles größer als in der voraufgegangenen Friedenszeit, in der zwei große Erhebungen im Lande stattgefunden hatten? Eine bestimmte Gedankenschule möchte heute diese Aufstände ausschließlich als Beginn des organisierten ideologischen Widerstands gegen das kolonialistische System in Afrika gesehen wissen. Um festzustellen, ob sie recht hat, muß man noch weiter in der Geschichte zurückgreifen. Wie sah es denn eigentlich wirklich im 19. Jahrhundert vor Ankunft der Europäer in Ostafrika aus? Wirtschaft und gesellschaftliches Leben in den wichtigsten Küstenorten, Auslandshandel und Beziehungen zur Welt, Verwaltung, Steuer-(Tribut)-System und alle Formen des organisierten Zusammenlebens waren in den Händen einer arabischen Oberschicht mit ihren »Merchant Adventurers« und Sklavenhändlern. Man denke da z. B. an den legendären Tippu Tip, eigentlich Hamid bin Muhammad bin Juma bin Rajad el Murjebi aus Sansibar (ca. 1815—1905), dessen Einfluß als Großkaufmann sich von Sansibar über den Tanganjika-See bis hinaus zum Kongo erstreckte. In ganz Ost- und Zentralafrika war er bekannt und gefürchtet. Livingstone, Stanley und Wissmann kannten ihn, König Leopold machte ihn zum Gouverneur seines privaten Kongo-Staates, der Sultan von Sansibar wollte ihn zum Wali von Tabora machen. Aber jener Sklavenhandel, Quelle des damaligen Reichtums und der Macht der Araber in diesem Teil der Welt, wurde durch die europäischen Kolonisatoren unterbunden. Wohlstand der Weißen, aus Pflanzungen erwirtschaftet, war nach der von England aufgebrochenen Anti-Sklaverei-Bewegung doch nur unter reibungsloser Mitwirkung einer freien afrikanischen Bevölkerung zu erzielen. Handel treiben im großen Stil, das konnten die Europäer aber selbst. Und von der afrikanischen Bevölkerung mag die eine oder andere Form fremder Herrschaft damals geradezu als naturgegeben empfunden worden sein. Waren die weißen Missionare und Kolonisatoren nicht den roh und grausam verfahrenden arabischen Sklavenhändlern und Elfenbeinjägern vorzuziehen? Was Wunder, wenn die ersten europäischen Kolonialherren, auch die deutschen, von weiten Kreisen der afrikanischen Bevölkerung als Befreier vom Joch arabischer Sklavenhändler empfunden wurden. Außerdem brachten die Europäer ja nicht nur »Unglück und Unterdrückung«, sondern auch Eisenbahnen, Schulen, Krankenhäuser, Arbeitsplätze und ein Rechtssystem, in dem die Privilegien der arabischen Herren nicht galten.

Eine ideologische Blickrichtung, die zu konstruieren sucht, daß die beiden Aufstände in Ostafrika ausschließlich gegen die schlimme deutsche Kolonialherrschaft gerichtet gewesen seien — so unaufgeklärt und gespürlos die Verwaltung im einzelnen auch gewesen sein mag —, übersieht daher bewußt oder unbewußt historische Tatsachen.

So waren es denn zunächst auch keineswegs schwarze Ostafrikaner, die gegen die neue deutsche Herrschaft rebellierten. Die nach einem ihrer Hauptanführer oft auch als Bushiri-Aufstand bezeichnete Revolte von 1888/1889 in Ostafrika ist bezeichnenderweise als »Araber«-Aufstand in die Geschichte eingegangen, weil es die dahinterstehenden Kräfte von Walis, Unterbeamten, Anhängern, Nutznießern und Günstlingen der Sultane von Sansibar waren, die seit Generationen die sansibarisch-arabischen Interessen an Großhandel, Seehandel und Sklavenhandel nicht nur duldeten, sondern förderten, ja, daran teilnahmen. Schließlich hatten die Araber vor Inbesitznahme der Küstenstriche durch Briten, Portugiesen, Italiener und Deutsche die ganze ostafrikanische Küste und ihr Hinterland beherrscht. Dem lukrativen arabischen Sklavenhandel und der arabischen Handelsvorherrschaft hatten die Europäer durch Kriegsschiffs-Blockaden ein Ende gemacht. Vor der Verwaltung und den Gerichten der Europäer waren Angehörige aller Rassen gleich, ausgenommen vielleicht die »Weißen«; die Araber jedoch waren eine Gruppe unter vielen.

Auch hinter dem Maji-Maji-Aufstand von 1905/06 in Ostafrika wurden nicht nur echte Beschwerden der Eingeborenen über eine ungeschickte und derbe Verwaltung als Ursache vermutet, sondern zumindest teilweise auch Anstiftung und Eskalation lokaler Empörung durch auf Revanche und Wiedergewinnung von Einfluß und Macht sinnende Ostafrika-Araber, auch wenn das im einzelnen nur schwer mit wenigen Beweisen zu belegen ist, weil das damalige deutsche Gouvernement in Ostafrika weder die Mittel noch die Motivation besaß, die Hintergründe der Unruhen zu ermitteln oder gar zu analysieren. Aufstand war Aufstand. Was scherte einen da der »ideologische« Hintergrund?

Seit dem Helgoland-Vertrag von 1890 stand das so gut wie rein arabische Sansibar unter britischer Aufsicht. Diese grüne Nelkeninsel war besonders seit der Zeit, da (Sultan) Seyyid Said Anfang des 19. Jahrhunderts seinen Hof aus Muskat in Oman nach Sansibar verlegt hatte, zur Metropole der handelnden und seefahrenden Araber geworden. In Ostafrika aber waren seit Errichtung der deutschen Schutzherrschaft die Araber zu einer privilegienlosen Minderheit geworden, wie andere Minderheiten auch, z. B. die Inder, in deren Händen der Einzelhandel lag.

Fürchtete die eingeborene afrikanische Bevölkerung Deutsch-Ostafrikas während des Weltkriegs, daß am Rockzipfel siegreicher Briten die sansibarisch-arabische Vorherrschaft auf das Festland zurückkehren würde? Unterstützte sie die deutschen Kriegsanstrengungen deshalb mit soviel Geduld und Opfern? War die Erinnerung an die Beutezüge arabischer Herren, die immer weiter landeinwärts nach weißem und schwarzem Elfenbein jagten, noch so stark, der rassische Überlegenheitskomplex der Araber noch so verhaßt? Tatsache ist schließlich auch, daß im Tansania von heute die Rolle der arabischen Bevölkerung, auch die der mehrheitlichen von Sansibar (wie die der indischen Einwohner auch) im Rahmen der Afrikanisierungspolitik zur wirtschaftlichen und politischen Bedeutungslosigkeit herabsank.

Jedenfalls dürften Erinnerungen an die Jahrhunderte während oft grausame Herrschaft arabischer Herren und Seefahrer in diesem Teil Afrikas, bevor die Europäer kamen, eine Rolle bei der afrikanischen Bewußtseinsbildung in Deutsch-Ostafrika während des Weltkrieges gespielt haben.

Durch das spätere Deutsch-Ostafrika verlief im 19. Jahrhundert die wichtigste Handelsroute der sansibarischen Araber — die Transportstraße für Elfenbein aus dem innersten Mittelafrika: aus dem Kongo-Gebiet zum Tanganjika-See (Udjidji) und über Tabora nach Bagamojo und von dort nach Sansibar. Seit unvordenklichen Zeiten hatten Araber an der Monsunküste Afrikas bis hinunter nach Sofala — und nur deshalb nicht weiter südlich, weil der als Schiffsantrieb lebenswichtige Monsun sich dort wendet — Sklaven und Elfenbein eingekauft, eingetauscht und erjagt. Als die portugiesischen Seefahrer im 16. Jahrhundert über die Kap-Route in den »jungfräulichen« Indischen Ozean eindrangen, fanden sie erstaunt ein »Welthandelssystem« mit Städten, Banken, Spediteuren, Touristen, Reedereien, Handelshäusern vor, arabisch beherrschte Städte wie Mogadischu, Lamu, Malindi, Mombasa, Pemba, Sansibar, Mafia, Kilwa, Mosambik und Sofala. Ende des 18. Jahrhunderts einigten sich die Oman-

Araber und vertrieben die Portugiesen bis südlich des Ro-
wuma-Flusses, der später auch die Südgrenze Deutsch-
Ostafrikas bildete. Der arabische Status quo herrschte an
der übrigen Küste, bis schwärmerisch-patriotische, missio-
nierende oder profitgierige und abenteuerlustige Europäer diesen Teil der Welt als mögliches Kolonisations-
objekt entdeckten.

In die reiche, gut organisierte arabische Welt, die auf
die schwarzen Afrikaner herabsah und diese nur als Sklaven oder potentielle Verkäufer und Verräter von Sklaven
betrachtete, dieses Welthandelssystem, das sich auf Elfenbein gründete und auf die Fähigkeit, Elfenbein mit Trä-
gerkarawanen an die Küste zu bringen und dann lukrativ
in die asiatische Welt zu verkaufen, platzten die europäischen Störungen, zunächst als Anti-Sklavenbewegung;
dann aber kamen Missionare, Schutzverträge, Konsulate
und Residenturen und schließlich die schlichte Kolonialherrschaft und Annexion.

Und Sansibar war das große und weltberühmte Einfalls-
tor für Ostafrika. Hier machten die Europäer Station,
hierher kamen ihre Schiffe, hier errichteten die europäischen Großmächte Konsulate. In unchristlicher Wildnis?
Doch wohl nicht; Sansibar hatte Ruhm und Rang einer
Metropole. Hier rüsteten die Entdeckungsreisenden Expeditionen aus. Denn an der Küste gab es kaum etwas außerhalb der Sklavenkarawanenstraßen mit ihren arabischen Stützpunkten, auf das sich die Europäer hätten
stützen können.

Die Araber aber hatten Soldaten (das arabische Wort
»Askari« = Krieger, Soldat, wird in ganz Ostafrika auch
im Suaheli gebraucht), Araber hatten Geld, Schießpulver,
Feuerwaffen und Kanonen — und im Gegensatz zu den
christlichen Europäern hüteten sie sich sehr, den schwarzen Ungläubigen oder schwarzen Gläubigen davon etwas
zu überlassen. Araber kannten Sprachen, sie waren lan-
deskundig. Sie dienten ungezählten berühmten europäischen Entdeckungsreisenden und Kolonisatoren als Führer. Durch sie lernten die Europäer Ostafrika kennen. Araber aber waren stolz. Und es war wirtschaftlich, militä-

risch und politisch eine arabisch beherrschte Welt schwarzer Unterdrückter, in die die Europäer in Ostafrika vordrangen.

Zuerst lachten die Araber geringschätzig über die Weißen, die schwitzend Berge erklommen und Flüsse hinauf- und hinunter paddelten und den Schwarzen die falsche Botschaft dieses Jesus Christus predigten, mit großer Mühe und Entbehrung, ohne etwas zu verdienen, ja ohne zu ahnen, welche fabelhaften Reichtümer sich arabische Händler und Krieger jahrhundertelang hier ergattert hatten.

Als dann aber eine andere Sorte Europäer, die sich auch als harte Krieger, Seeleute und Händler erwiesen, mit ihren Kriegsflotten die monsungetriebenen Daus verdrängten, gingen die Araber in die Resistance, nach außen hin arabisch-freundlich zwar, aber an Revanche mit Waffengewalt denkend, an Revolten, wozu sie alle ihre Vasallen und Abhängigen aufboten.

Doch es waren eben Rückzugskämpfe des arabischen Handelsweltreiches, die in Ostafrika ausgetragen wurden, nicht schmerzliche Geburtswehen einer bitterbösen Kolonialherrschaft. (Hat Arabien seinen märchenhaften Reichtum und Einfluß deshalb verloren, weil seine Schatzkammer Afrika mit Sklaven und Elfenbein versiegte, ein Zustand, der anhielt, bis das schwarze flüssige Gold wieder neuen Reichtum brachte?) Für die Araber aber war dies eine Umwälzung von säkularer Bedeutung, die nur mit dem Untergang des römischen Reiches vergleichbar ist. Das arabische Weltreich am Indischen Ozean wurde vernichtet, die Araber von den Europäern (zunächst) in die Rolle von Dolmetschern und Souvenirhändlern zurückgedrängt. Und so kämpften die Araber diesen mit den Portugiesen im 17. Jahrhundert begonnenen säkularen Krieg weiter, eben nicht nur in Deutsch-Ostafrika, sondern auch in Belgisch-Kongo und angrenzenden Gebieten, aber vornehmlich deshalb in Deutsch-Ostafrika, weil in dessen Landesinnere der arabische Lebensnerv führte, ihre Handelsstraße für schwarzes und weißes Elfenbein, die für sie von so vitalem Interesse war, wie später vielleicht

Suez oder für die ölabhängigen Staaten heute die Straße von Ormuz. Aber nicht nur um Wege und Routen ging es, sondern um die Existenz des Systems. Mit den Kämpfen in Ostafrika ging die arabische Herrschaft zu Ende.

Die Geschehnisse jener Zeit schlichtweg als freiheitlichen Aufstand Schwarz-Afrikas gegen das kolonialistische System zu deklarieren, erscheint widerspruchsvoll. Das Gegenteil dürfte eher der Fall gewesen sein: Schwarze Fürsten in Ostafrika erwarben nur zu gern europäische Schutzbriefe. Schutz gegen wen denn eigentlich? Gegen die beutemachende Soldateska der arabischen Kaufleute und ihre Dulder und Nutznießer, die Sultane, die z. B. in Sansibar einen Transitzoll von 1 Pfund Sterling pro Sklaven kassierten, der über See ins Ausland transportiert wurde. Was Wunder, wenn die Araber nicht ohne Waffengewalt weichen wollten? Was Wunder aber auch, wenn die Schwarzafrikaner die neuen weißen Herren — und die deutschen waren sicher nicht besser oder schlechter als andere — gar nicht so schrecklich fanden? Was Wunder, wenn sie in Deutsch-Ostafrika fürchteten: Verlören der deutsche Kaiser und sein Bwana Obas den Krieg, dann könnte mit den im britischen Windschatten zurückkehrenden Sansibar-Arabern an den Küsten und im Landesinneren wieder das arabische Mittelalter (mit seiner Tausend-und-einen-Nacht nur für wenige) beginnen?

In den Augen der schwarzen Soldaten bedeutete Tanga also vermutlich auch einen Sieg über England-Arabien-Sansibar. Somit gab Tanga Oberstleutnant v. Lettow alles: den Erfolg gegen den äußeren Gegner und den inneren Widersacher, vor allem aber auch Begeisterung und Verbundenheit bei der Truppe. Denn der Bwana Obas war nicht nur ein großer Kommandeur, sondern ein Mensch, einer, der alles vor- und mitmachte. Ein gestrenger Herr zwar, aber einer, den jedermann bewunderte, von kameradschaftlicher Nähe und unnahbarer Härte zugleich. Ein Macher, ja, aber mehr als das, ein Vor-Macher.

Der Ausgang der Schlacht gab Deutsch-Ostafrika eine Atempause von weit mehr als einem Jahr. Nur noch wenige Pessimisten unkten von einer Galgenfrist bis zur endgültigen Besetzung. In der Stimmung im ganzen Land hatte ein erdrutschartiger Umschwung eingesetzt. Lettow-Vorbeck war der Mann des Tages.

Weit wichtiger noch als der militärische Respektserfolg gegen die Briten, die erkennen mußten, daß die der Kongo-Akte widersprechende Okkupation kein »Spaziergang« werden würde, war die gewonnene Zeit, in der Deutsch-Ostafrika die Umstellung auf eine Kriegswirtschaft durchführen und die Schutztruppe stärken konnte. Wichtiger als der Sieg über den britischen Gegner war die vernichtende Niederlage, die Lettow seinen inneren Widersachern zugefügt hatte. Eine Welle des Vertrauens schlug ihm entgegen. Aus dem »tollen Mullah« war ein Held geworden, mit dem sich die überwältigende Mehrheit identifizierte.

Eine Schlappe bei Tanga, ein britisches Festsetzen an diesem wichtigen Brückenkopf, hätten den zunächst zahlreichen Kritikern des Schutztruppenkommandeurs mächtig Auftrieb gegeben. Wer weiß, wie die innere deutsche Schlacht um die Kriegführung sonst ausgegangen wäre? Wahrscheinlich hätten die von jeder eigenen Unterstützung abgeschnittenen Kämpfer sehr bald die Waffen strecken müssen, im wesentlichen von inneren Querelen zermürbt.

Der erstaunliche Erfolg von Tanga mußte auch zu einer Revision der bisherigen amtlichen Einstellung von Gouverneur Dr. Schnee führen. Nach Besprechungen mit General Wahle genehmigte er am 25. November auf Antrag Lettows auch die Verteidigung von Daressalam. Nach näherer Kenntnisnahme der Vorgänge bei der erfolgreichen Abweisung des Gegners bei Tanga konnte er seine auf frühere militärische Urteile gegründete Auffassung, daß nämlich eine Abwehr von Landungsversuchen unter britischen Schiffskanonen unmöglich sei, nicht aufrecht erhalten. Am 2. Dezember änderte er auch für Kilwa, Lindi und Mikindani seine früheren Anweisungen dahingehend, daß künftig bei Anlaufen von gegnerischen Kriegsschiffen keine Verhandlungen zu führen seien. Am 10. Februar 1915 schließlich hob er das Verbot der Verteidigung der Küstenstädte allgemein auf. Damit ging die vollziehende Gewalt in den Küstenbezirken uneingeschränkt auf die Militärbefehlshaber über. Der Sieg von Tanga hatte den Standpunkt des Kommandeurs durchgesetzt. Er bekam für die von ihm beabsichtigte Art der Kriegführung auch für Offensivstöße immer freiere Hand.

20. Zweite Beschießung von Daressalam

Zunächst aber sollte die Stadt Daressalam einen Teil der Rechnung bezahlen, die die Briten wegen der Rückkehr des Kreuzers »Königsberg« nach Ostafrika und ihrer Niederlage von Tanga präsentierten. Am Morgen des 28. November 1914 erschienen auf der Außenreede das Linienschiff »Goliath« und der Kreuzer »Fox« sowie zwei kleinere Hilfsschiffe, die zunächst vor dem Hafen nach Minen suchten. Die kleinen Fahrzeuge wurden als die von den Briten gekaperten DOAL-Schlepper »Helmuth« und »Adjutant« erkannt, die nunmehr von der Royal Navy als bewaffnete Hilfsschiffe eingesetzt wurden.

Der britische Befehlshaber nahm an, das in der Einfahrt von Daressalam versenkte Schwimmdock sei wohl doch kein Hindernis für die Ausfahrt der im Hafen liegenden deutschen Schiffe. Er beschloß, die Schiffe zu zerstören und alle Kohlenprähme und kleineren Fahrzeuge wegzunehmen, die zur Versorgung der »Königsberg« dienen konnten. Bei Ankunft der britischen Kriegsschiffe wehte vor Daressalam an Land die weiße Flagge. Der stellvertretende deutsche Gouverneur begab sich an Bord der »Fox«, wo ihm die britische Absicht auseinandergesetzt wurde. Er gab keine verbindliche Antwort, sondern erklärte, er müsse die militärischen Behörden zu Rate ziehen. Als eine Stunde verflossen war und die weiße Flagge an Land immer noch wehte, ließ der Kommandant der »Fox« die Boote in den Hafen einfahren. Die Verhandlungen hatten die Einfahrt eines Bootes gestattet. Es sollte sich davon überzeugen, daß die dort liegenden Dampfer der Deutschen Ostafrika-Linie nicht seefähig waren. Es fuhr jedoch auch ein weiteres, mit Maschinengewehren bewaffnetes Boot ein. Beide britischen Boote gingen sofort bei den deutschen Dampfern längsseits, sprengten die Maschinenanlagen und nahmen die Männer der Dampferbesatzungen gefangen. Als auch noch eine dritte armierte Pinasse auf den Hafen zufuhr, eröffneten die Deutschen das Feuer mit einem Maschinengewehr, die Pinasse machte kehrt. Darauf begann die Beschießung Daressalams. Das Gouvernementsgebäude wurde zerstört, auch die Umgebung der Hafeneinfahrt erlitt Zerstörungen. Es gelang den britischen Booten, aus dem Hafen auszulaufen. Sie nahmen 30 Gefangene mit. Die übrigen Männer der Dampferbesatzungen hatten an Land flüchten können.

Die Beschießung dauerte bis 17.00 Uhr, dann liefen die Briten ab. Menschen waren nicht zu Schaden gekommen. Die Sprengungen hatten die Maschinen der Dampfer »Feldmarschall« und »König« beschädigt. Leutnant Soete von »Feldmarschall« nahm drei britische Offiziere und acht Mann gefangen. Auch »Tabora« und einige Hafenfahrzeuge waren von den britischen Bootsmannschaften fahruntüchtig gemacht worden. Bei ihrer Rückfahrt wurde von Land aus geschossen, ein britischer Matrose getötet und 14 Mann verwundet.

Am 30. November früh morgens erschienen die gleichen britischen Schiffe wieder vor Daressalam. Der Kreuzer »Fox« setzte das Signal: »Senden Sie Boot und setzen Sie dann die weiße Flagge.« Das Signal blieb unbeantwortet. Um 12.00 Uhr näherte sich »Adjutant« mit weißer Flagge und dem Signal, ein Boot zum Kreuzer zu senden, fuhr aber nach vergeblichem Warten nach Abgabe eines Briefes wieder zurück. Es war ein britisches Protestschreiben betreffend die Vorfälle am 28. November:

»Ich erhebe in schärfster und nachdrücklichster Weise Protest wegen des folgenden groben Verstoßes gegen internationales Kriegsrecht, begangen zu Daressalam am 28. November 1914: Trotz des Umstandes, daß zwei weiße Flaggen, die in meilenweitem Umkreis sichtbar waren, auf dem Signalmast am Hafeneingang wehten und dort den ganzen Tag über geheißt blieben, wurde plötzlich dort von deutschen Truppen ein heftiges und andauerndes Geschütz-, Gewehr- und Maschinengewehrfeuer auf die zu den britischen Schiffen gehörenden Boote und Mannschaften eröffnet. Die inhumane Handlungsweise wurde im vorliegenden Falle noch verschärft durch die Tatsache, daß ein großer Teil dieses mörderischen Feuers ganz offensichtlich aus der unmittelbaren Nachbarschaft des Signalmastes herrührte. Ich habe Ihnen nun die gebührende Anzeige zu machen, daß zu beliebiger Zeit, heute, den 30. November, von 10 ½ Uhr an, Ihre Stadt zur Strafe beschossen werden soll, nachdem zwei blinde Kanonenschüsse das Signal zum Beginn des Bombardements gegeben haben werden. Da ich glaube, daß sich kranke Leute an Bord der ›Tabora‹ befinden, will ich mich bemühen, sie vor Schaden zu bewahren, doch kann ich sie, wie ich Ihnen bereits mitteilte, nicht als rechtmäßiges Hospitalschiff anerkennen, noch kann ich in irgendeiner Weise die Verantwortlichkeit für die Sicherheit der an Bord Befindlichen übernehmen.

Gez. Fr. W. Caulfield, Kapitän Seiner Britischen Majestät und Ältester Marineoffizier an der ostafrikanischen Küste.

An den Gouverneur von Daressalam.«

Der Kreuzer »Fox« und die »Goliath« näherten sich dann der Stadt wieder und begannen um 16.10 Uhr eine erneute Beschießung, die bis 16.40 Uhr dauerte. Bezirksgericht, Kasino, Bank, Usagara (Deutsch-Ostafrikanische Gesellschaft), Hotel Kaiserhof, Vermessungsbüro, die Eingeborenenschule, Brauerei und Bauamt sowie mehrere Wohnhäuser wurden beschädigt. Im Rekrutendepot gab es Tote und Verwundete. Um 17.20 Uhr näherte sich erneut ein britischer Schlepper unter weißer Flagge. Als er keine Antwort erhielt, fuhr er ab.

Den britischen Protest beantwortete der Stellvertretende Gouverneur am 2. Dezember 1914:

»Euer Hochwohlgeboren bestätige ich den Empfang des gefälligen Schreibens vom 30. November 1914. Bei der Besprechung an Bord der H.M.S. ›Fox‹ am 28. November hatte ich mit dem Herrn Kommandanten vereinbart, daß *eine* Pinaß des Kriegsschiffes mit wenigen Offizieren und Mannschaften meiner Pinaß folgen sollte, um sich von der Betriebsunfähigkeit der Schiffe im Hafen zu überzeugen. Nur diese Besichtigung war

zugestanden worden; über die zu ergreifenden Schritte, um die Schiffe eventuell betriebsunfähig zu machen, war zunächst noch nichts vereinbart. Entgegen dieser Abmachung fuhren zwei Pinassen mit starken Besatzungen in den Hafen ein, während eine dritte Pinaß sich anschickte, in der Hafenein-fahrt und im Hafen Bojen auszulegen. Ferner wurden ohne vorherige Verständigung mit den deutschen Behörden die Ma-schinen auf den Schiffen gesprengt und ein Teil der Mann-schaft, darunter sogar die Stewards, gefangen fortgeführt. In-folge dieser verabredungswidrigen Maßnahmen sah sich der militärische Befehlshaber zu bewaffnetem Einschreiten gezwungen. Die weiße Flagge blieb zunächst wehen, um an-zuzeigen, daß der einen zugestandenen Pinaß keine Gewalt entgegengesetzt werden sollte. Später im Verlaufe des sich entwickelnden Kampfes war keine Möglichkeit mehr, die Flag-ge niederzuholen. Indem ich hierdurch den Protest Eurer Hochwohlgeboren als unbegründet zurückweise, erhebe ich meinerseits nachdrücklich Protest gegen die Verletzung der Abmachungen durch die britischen Streitkräfte.
Der stellvertretende Gouverneur, gez. Humann,
Kaiserlicher Regierungsrat
An den Herrn Kommandanten von H.M.S. ›Fox‹
Ältesten Offizier des britisch-ostafrikanischen Geschaders.«

Die nachfolgenden Briefe, die hier kommentarlos wieder-gegeben werden, mögen einiges von den inneren Schwie-rigkeiten und der Stimmung auf deutscher Seite während der Ereignisse in Daressalam verständlich machen.

Am 6. Dezember 1914 schrieb General Wahle aus Dar-essalam an Lettow:

«... Sie haben Großes vollbracht, die Kolonie von fremden, frechen Eindringlingen gereinigt, und Ihre kühne und ent-schlossene Tat hat mehr noch im Gefolge gehabt. Im Hinblick auf dieselbe habe ich nochmals einen längeren, die ganze Lage besprechenden Bericht an den Gouverneur eingereicht. Auf Grund desselben bat er mich dann zu einer Besprechung bei sich, und in dieser zweistündigen ernsten Konferenz gelang es mir endlich, ihn umzustimmen und ihn dahin zu bringen, daß er eine Besetzung Daressalams gestattete, es fielen scharfe Worte, und es wurde sogar das Wort ›ehrenrührig‹ gebraucht. Ich wußte, daß ich in Ihrem Sinne und in dem der Truppe sprach, der Truppe, die damals die ganze Kolonie von fremden

Eindringlingen gereinigt. Kifumbiro war der letzte Trumpf. Ich mußte zu meinem Leidwesen (in Daressalam) gestatten, daß es einer feindlichen Pinasse mit 2—3 Offizieren erlaubt sein dürfe, unter Parlamentärflagge in den Hafen zu fahren. Wollte ich nicht das ganze mühsam Errungene zu Fall bringen, mußte ich das zugeben. Sie wissen, und der Gouverneur hat es ja selbst erfahren, wie das dann von den Engländern mißbraucht wurde. Sie wissen, daß dann am 30. November, als ich hier dem Gouverneur-Stellvertreter nichts mehr nachgab, er die Zivilgewalt niederlegte und alles dem militärischen Befehlshaber überließ. Jetzt ist Klarheit geschaffen, und hoffentlich gelingt es uns auch hier, den etwa Eindringenden hinauszuwerfen ...«

Am 8. Dezember 1914 schrieb Major v. Langenn-Steinkeller aus Morogoro an Lettow:

»... Die Daressalamer brauchen nun auf Tanga nicht mehr so neidisch zu sein, wenngleich der Kampf dort recht einseitig war. Die ganze Sache dort scheint mir etwas verfahren gewesen zu sein, meines Erachtens hätte unsere Pinasse, nachdem nur einem englischen Boot die Einfahrt erlaubt worden war, schon die zweite englische Pinasse nicht hereinlassen dürfen, oder sie auf das Unrechtmäßige mit seinen vermutlichen Folgen aufmerksam machen müssen. Vor allem aber verstehe ich nicht, nachdem der Gouverneur die Verteidigung der Stadt ausdrücklich genehmigt hatte, daß Herr Humann die Verhandlungen führte und nicht einer der Offiziere. Beide Exzellenzen hier haben nach Zerstörung ihres Palais ihre Ansichten über englische Kriegführung erheblich revidiert, und besonders Frau Schnee brennt darauf, ihren früheren Freunden (Mr. King pp.) ihre Meinung zu sagen. Im übrigen wird nach wie vor Unterrockspolitik betrieben und ich freue mich ständig über die große Schweigsamkeit des Kommandos, über die man natürlich sich zuweilen erregt. Da es vor Frau Schnee absolut keine Geheimhaltung gibt, ohne daß ich damit sagen will, daß sie nicht doch verschwiegen sein könnte, ist Vorsicht mit allen Berichten dauernd am Platz, um so mehr als Frau Schnee ein Buch über diesen Krieg in der Kolonie schreibt ...«

Die Frau des deutschen Gouverneurs Schnee war geborene Neuseeländerin. Der britische Konsul King, dem am 5. August 1914 zusammen mit anderen britischen Zivilisten die Abreise aus Daressalam nach Sansibar erlaubt wurde, war in Friedenszeiten selbstverständlich oft Gast bei Schnees.

Brief von General Wahle an Lettow, Daressalam, datiert vom 7. März 1915:

»... Auch ich kann sagen, ich habe nicht mehr den Wunsch, dem Gouverneur näherzutreten, ihm, der sich am liebsten die Erfolge, die Sie in Ihrer rastlosen Arbeit, die Truppe in Ihrer Hand, gehabt, selbst zuschreiben möchte, und wer weiß, ob er es in der Heimat nicht einmal tut. Sein schlimmster Berater ist, glaube ich, seine Frau, die ihr Heimatland, trotzdem sie Deutsche geworden sein müßte, nicht vergessen kann, und will, jeder kann wohl davon erzählen. Er reist nun im Lande umher und läßt sich huldigen, aber jeder weiß wohl, wer es gemacht, und daß ihn kein Anteil trifft. Wie schwer es war, ihn zur endlichen Besetzung von Daressalam zu bringen, habe ich Euer Hochwohlgeboren ja schon berichtet. Nach Beendigung des Krieges müßte in der Kolonie Wandel geschaffen werden, und ich halte einen Militär-Gouverneur an oberster Spitze und Selbstverwaltung der Kolonie, doch für das beste. Am meisten hat man hier mit den Zivilbehörden zu tun, auf deren Seite immer der Gouverneur steht, und muß er dann einem seiner Beamten doch einmal unrecht geben, so ist das Urteil immer ein so diplomatisch gewundenes, daß man klar erkennt, wo hinaus er will. Mit fast allen Bezirksamtmännern habe ich schon Auseinandersetzungen gehabt, eine rühmliche Ausnahme bildet bis jetzt derjenige von Daressalam, er ist eben auch zur Truppe eingezogen ...«

21. Verteidigung des Rufiji-Deltas

Während der dramatischen Ereignisse in Tanga lag der Kreuzer »Königsberg« im Rufijifluß. Vor der Mündung waren schon einen Tag nach der Entdeckung durch »Chatham« auch die britischen Kreuzer »Dartmouth« und »Weymouth« im Mafia-Kanal eingetroffen. Die enge Blockade in der Rufiji-Mündung durch starke britische Kräfte hatte begonnen. Ein in offener Sprache gefunkter Befehl der britischen Admiralität an die Kreuzer lautete: »Sink or destroy Königsberg at any cost.« Auf keinen Fall sollte »Königsberg« die Möglichkeit erhalten, in die Ereignisse von Tanga einzugreifen, wie mancher Schutztruppler dort angesichts des einzigen britischen Kreuzers »Fox« bei der Landungsflotte wohl erhofft hatte.

Inzwischen war im Mündungsgebiet des Rufiji eine deutsche Landverteidigung aufgebaut worden, da mit Angriffen der Gegnerstreitkräfte und mit einer Forcierung der Flußmündungen gerechnet werden mußte. Die kleinen Dampfer »Rowuma« und »Wami« hatten Ende September eine aus etwa 45 Mann, hauptsächlich Besatzungsmitgliedern der in Daressalam liegenden deutschen Dampfer, bestehende Schutztruppenabteilung unter Führung von Korvettenkapitän Schönfeld nach dem Rufiji gebracht. Dort war sie am 26. September angekommen und hatte als »Abteilung Delta« die Sicherung der Mündungen des Flusses gegen feindliche Unternehmungen und Landungen übernommen.

An ihrer engsten Stelle war die Ssimba-Uranga-Mündung von Ufer zu Ufer etwa 600 Meter, der Kikunja-Arm an seiner Mündung ins Meer etwa 3000 Meter breit. Von den einzelnen Mündungen liefen mehr oder weniger breite Wasserarme landeinwärts und vereinigten sich, ihrerseits wieder durch viele Querarme verbunden, fächerförmig in dem eigentlichen Flußbett des in seiner Hauptrichtung von Westen nach Osten fließenden sehr wasserreichen Rufiji. Dazwischen lagen Schlamminseln mit dichtem Mangrovenbestand. Auf einigen dieser Inseln, vor allem in unmittelbarer Nähe des Meeres, fanden sich Sandablagerungen, auf denen sich eingeborene Fischer angesiedelt hatten. In der Umgebung dieser Hütten waren geringe Bestände von Kokospalmen und Mangobäumen. Myriaden von Moskitos bevölkerten den Mangrovenbusch und den Wald, der alle Inseln dicht überzog. Diese Gegend wurde nun auf Monate hinaus der Aufenthaltsort der Abteilung Delta. In der Mssala-Mündung zum Beispiel fand sich im Mangrovensumpf ein einziger einigermaßen trockener Platz von etwa 50 Meter im Quadrat. Doch auch dieser dürftige Fleck wurde vom monatlichen Springflutenhochwasser überschwemmt, so daß die Hütten der Soldaten auf Pfählen gebaut werden mußten.

Kapitän Looff hatte zunächst auf der Verwendung der »Möwe«-Besatzung für diesen Küstenschutz bestanden. Der Dienstweg dieses Antrags hatte zu Verzögerungen geführt, da die »Möwe«-Besatzung bereits für die Verteidigung der Westgrenze des Schutzgebiets und für Operationen auf dem Tanganjika-See eingesetzt und dort dringlich erforderlich war. Die Schutztruppe hatte die Ablösung der »Möwe«-Leute ablehnen müssen. Die neue Abteilung Delta wurde mit den Beobachtungsposten der »Königsberg« vereinigt; die Errichtung dieser Beobachtungsposten durch »Königsberg«, vorwiegend aus Mannschaften des »Planet«-Transports, gab Anlaß zur britischen Annahme, die »Königsberg« sei nach dem Einlaufen in den Rufiji auf Grund geraten und habe einen Teil der Besatzung ausgeschifft, der sich dann an Land in einem befestigten Lager verschanzt hätte.

Aber auch nach Ankunft der neuen Delta-Mannschaft reichten die Kräfte zunächst nur aus, Posten an der Kikunja-, Ssimba-Uranga-, Kiomboni- und Mssala-Mündung einzurichten. Dort wurden Schützengräben und Feldstellungen ausgebaut, in denen vorerst ein 6-cm-Bootsgeschütz und zwei Maschinengewehre der »Königsberg« in Stellung gebracht wurden. Da Korvettenkapitän Schönfeld gleichzeitig zum Militärbefehlshaber des Rufiji- und Kilwa-Bezirks ernannt worden war, hatte er die Befugnis, alle dort ansässigen Deutschen einzuziehen. Verstärkt wurde seine Abteilung bald nach ihrem Eintreffen durch 20 Polizei-Askaris des Bezirksamts Utete, und am 29. September waren auf einer Dau von Lindi Hauptmann Bodecker, Leutnant z. S. Frankenberg und fünf Marine-Reservisten eingetroffen, die mit dem Dampfer »Präsident« aus Beira gekommen waren.

Die zum Teil ungedienten Leute der Abteilung mußten zunächst in aller Eile ausgebildet werden. Nach eingehender Erkundung des Mündungsgebiets wurde eine Fernsprechleitung zwischen der Kikunja- und Ssimba-Uranga-Mündung verlegt. Im Laufe der Zeit wurde ein ganzes Fernsprechnetz im gesamten sumpfigen Delta-Gebiet improvisiert, das schließlich an die von Daressalam

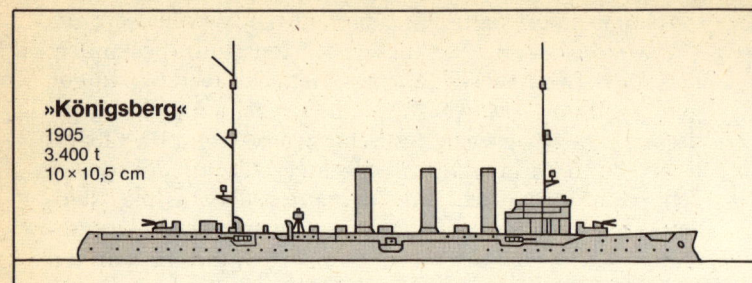

»Königsberg«
1905
3.400 t
10 × 10,5 cm

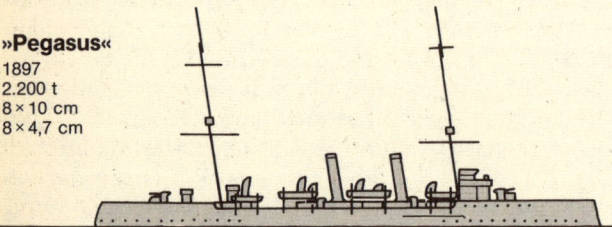

»Pegasus«
1897
2.200 t
8 × 10 cm
8 × 4,7 cm

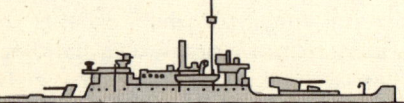

**Monitore »Severn«
und »Mersey«**
1913
1.280 t
2 × 15,2 cm
2 × 12,0 cm
4 × 4,7 cm

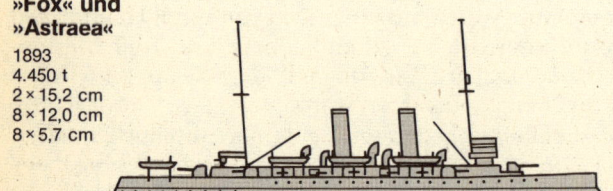

**»Fox« und
»Astraea«**
1893
4.450 t
2 × 15,2 cm
8 × 12,0 cm
8 × 5,7 cm

Leichte Kreuzer und Monitore vor Ostafrika 1914/15

Stapellauf – Tonnage – Hauptbewaffnung

nach Kilwa führende Festlandleitung angeschlossen werden konnte.

Die dem Delta im Osten vorgelagerte Insel Mafia war durch einen 20 Mann starken Posten unter Leutnant Schiller besetzt. Zwischen Mafia und Ssimba-Uranga wurde eine Heliographen-Verbindung hergestellt. Auf der dem Delta im Norden vorgelagerten kleinen Insel Komo befand sich ein Posten des Küstenschutzes von Daressalam. Ein Teil der Leute auf Komo wurde jedoch am 30. September nach einer Beschießung der Insel durch den Kreuzer »Chatham« durch eine britische Landungsabteilung gefangengenommen; einem anderen Teil der Leute gelang es jedoch, bei Nacht auf das Festland zu entkommen.

Schwierigkeiten verursachte auch die Verproviantierung der Delta-Abteilung. Eingeborene konnten für die Befestigungsarbeiten kaum herangezogen werden, da es nicht möglich gewesen wäre, deren Verpflegung sicherzustellen. Die Europäer mußten daher fast alle Arbeiten, auch schwere Erdarbeiten, selbst verrichten. Das war bis dahin bei Kolonialtruppen ungebräuchlich gewesen. Bei vielen Männern führte der ungewohnte, anstrengende Tropendienst zu gesundheitlichen Beschwerden.

Nach der Einschließung der »Königsberg« unternahmen die Briten sofort zahlreiche Versuche, in den Fluß einzudringen, die Einfahrten auszuloten und auszubojen. Die Bojen wurden aber nachts von Männern der Abteilung Delta immer wieder entfernt oder verschleppt. Dadurch hoffte man, britische Schiffe vielleicht auf Grund locken zu können.

Die Stellungen der Delta-Abteilung wurden allmählich ausgebaut, Hochstände auf Kasurinen-Bäumen vor der Ssimba-Uranga-, Kikunja-, Kiomboni- und Mssala-Mündung standen in Helio-Verbindung miteinander und der bei Ssalale liegenden »Königsberg«. Ein strenger Wach- und Sicherungsdienst sollte jede Überraschung des deutschen Kreuzers durch den Gegner ausschließen. Die Ssimba-Uranga-Mündung, die von »Königsberg« bisher bei ihren Ein- und Ausfahrten benutzt worden war, wurde besonders stark bewacht. Dort befand sich auch der Gefechtsstand der Abteilung Delta. An der ganzen Küste arbeitete ferner ein Küstenbeobachtungs- und Schiffsmeldedienst. »Königsberg« wurde über jede Annäherung gegnerischer Streitkräfte und ihre Bewegungen an der Küste informiert. Die allmählich erstarkende deutsche Bewachung der Rufiji-Mündung wurde dem Gegner sehr bald bekannt, da er mit Hilfe von Eingeborenen aus Sansibar eine rege Spionagetätigkeit an der ganzen Küste Deutsch-Ostafrikas entfalten konnte. Wiederholt wurden Spione oder vermeintliche Spione von deutschen Posten aufgegriffen.

Der erste britische Versuch, die wenige Tage nach der Entdeckung des deutschen Kreuzers erkannten Stellungen der Abteilung Delta an der Ssimba-Uranga-Mündung durch mehrtägigen Beschuß niederzukämpfen, erfolgte am 1. November durch »Chatham«, ab 2. November auch durch die hinzugekommenen Kreuzer »Dartmouth« und »Weymouth«. Die deutschen Stellungen an den Mündungen, der Dampfer »Somali« und am 3. November auch »Königsberg«, wurden von den 15-cm-Geschützen der britischen Kreuzer heftig beschossen. Viele Granaten schlugen in unmittelbarer Nähe des Kreuzers ein, und wiederholt fielen Sprengstücke an Deck; aber »Königsberg« wurde durch keinen direkten Treffer beschädigt. Jedoch erhielt »Somali« schon bei der ersten Beschießung mehrere Treffer in den Laderaum, geriet in Brand und ging in der Folgezeit durch Ausbrennen total verloren. Die 10,5-cm-Geschütze der »Königsberg« hatten, da man für einen Ausbruch bereit bleiben wollte und deswegen die Schutzschilde nicht demontiert hatte, was eine Rohrerhöhung begrenzte, nur eine äußerste Reichweite von 122 Hektometern. Daher konnte der Kreuzer das auf 150 Hektometer erfolgende Feuer der britischen Kreuzer nicht erwidern. Die Wirkung der britischen Beschießung konnte von »Chatham« aus nicht festgestellt werden, da der deutsche Kreuzer durch den Mangrovenwald vollkommen verdeckt war und die Maststengen (endlich) entfernt worden waren. Der Liegeplatz der ausbrennenden

Oben: Feldgeschütz im Feuer.

Unten: Britische Landungsflotte vor Tanga.

Oben: Rufiji-Schleife (Kinkunja-Arm). Beim Pfeil: »Somali«.
»Königsberg« weiter rechts mit weißem Rauch.

Unten: Blockschiff »Newbridge«.

Oben: »Königsberg« liegt trocken.

Unten: Wrack der ausgebrannten »Somali«.

Links: Carl Christiansen, Kommandant der »Rubens«.

Unten: »Rubens«, auf Grund gesetzt.

»Somali« aber war durch eine hohe, dauernd über dem Schiff stehende Rauchwolke weithin sichtbar.

Nach der Beschießung am 3. November wurde der Liegeplatz des deutschen Kreuzers zunächst einige tausend Meter weiter im Ssumingi-Arm stromaufwärts verlegt, weg von dem ein leichtes Ziel bildenden brennenden Wrack der »Somali«. »Königsberg« ankerte am 3./4. November, ging aber am 4. November weiter ins Innere und kam dabei vom 4. bis 5. November fest. Nach dem Flottwerden des Schiffs blieb »Königsberg« vom 5. bis 16. November an der gleichen Stelle.

Die britischen Kreuzer hielten es nicht für tunlich, in die Ssimba-Uranga-Mündung einzudringen, da sie den im Verkehr von Sansibar nach Mafia und dem Rufiji-Delta erfahrenen Dau-Schiffern als Lotsen nicht recht trauten und an den Ufern versteckte deutsche Geschütze vermuteten.

Die navigatorischen Schwierigkeiten der »Königsberg« im Rufiji waren ebenfalls beträchtlich: Im äußeren Teil des Deltas zeigte die Seekarte Tiefen von 10 bis 15 Meter bei einer Strombreite an, die auf einzelnen Strecken einen Kilometer überstieg. Diese Stellen waren aber von See her offen oder leicht einzusehen. Als Liegeplatz für »Königsberg« kamen sie daher nicht in Frage. In den weiter stromaufwärts gelegenen Delta-Armen gaben die Karten fast durchweg Tiefen von nur 0,5 bis 2 Meter im mittleren Fahrwasser an. Das ist der Unterschied der Wassertiefe bei Hoch- und Niedrigwasser. Der Gezeitenhub betrug im Rufiji-Delta 2,5 Meter, zu Springzeiten 4 bis 5 Meter. Bei Springhochwasser hatten also alle Strecken, für welche die Karten Wassertiefen von 0 bis 0,5 Meter angaben, eine Wassertiefe von 4,5 bis 5 Meter. »Königsberg« konnte demnach unter Ausnutzung des alle 14 Tage für wenige Stunden eintretenden Springhochwassers die Flußarme selbst an solchen Stellen passieren, die sonst trocken lagen. Eine genaue Vermessung, Ausbojung und Beobachtung des Fahrwassers sowie der Gezeiten war daher wichtig. Der Fluß- und Gezeitenstrom hatte im Laufe der Jahre an vielen Stellen schmale, teilweise aber bis zu 10 Meter tiefe Rinnen gespült, besonders bei von Steilufern eingefaßten Fahrwasserkrümmungen. Diese tiefen Rinnen benutzte der Kreuzer als Ankerplatz. Er lag dabei vor Bug- und Heckanker, immer nur wenige Meter von dem Mangrovengestrüpp der Flußufer entfernt, durch das der Strom gurgelnd hindurchzog. Seitlich wurde das Schiff mit starken Trossen an besonders dicken Uferbäumen festgemacht. Wenn das schwere Kriegsschiff sich stark in die Trossen legte, wurden häufig ganze Bäume samt ihren Wurzeln ausgerissen.

Als die erste Beschießung vom 1. bis 3. November eine Verlegung des Liegeplatzes der »Königsberg« von Ssalale notwendig gemacht hatte, ordnete Kapitän Looff eine genaue Vermessung auch der inneren, noch unvermessenen Flußarme durch das Steuermannspersonal des Kreuzers an. Gleichzeitig wurden überall Fahrwasserstellen aufgespürt und bezeichnet, an denen »Königsberg« auch bei Niedrigwasser genügend Platz und Wassertiefe zum Ankern hatte. Trotzdem kam der Kreuzer zweimal völlig fest, als außergewöhnliche Gezeitenverhältnisse eintraten. Dabei gelang es jedesmal erst nach Löschung des gesamten Kohlen- und Munitionsvorrats und nach Entleerung fast aller Kessel, den Kreuzer wieder flott zu bekommen. Bei diesem zweimaligen Festkommen (am 4./5. und 16./17. November) stand das Schiff bei Niedrigwasser täglich 16 Stunden völlig trocken. Nur dem Zufall, daß der Grund an den beiden Stellen nicht felsig oder abschüssig war, war es zu verdanken, daß der Kreuzer nicht umfiel. Er wäre dann verloren gewesen. Die Sorge, das Schiff könne umfallen, machten diese langen Perioden des Festkommens im Rufiji zu den schwersten für die Besatzung. Mit den Löscharbeiten waren jeweils alle Mann bei der ständigen feuchten Hitze Tag und Nacht beschäftigt. Allerdings gestattete das Festkommen auch eine Reinigung des schon stark mit Muscheln bewachsenen Schiffsbodens sowie der Außenbordventile, Torpedopforten und Schraubenwellen.

In den ausgeloteten Flußarmen wurden ausreichend tiefe Rinnen durch Bojen gekennzeichnet, die Breite der Flußarme vermessen. An zahlreichen Stellen wurden im inneren Delta Pegelstationen eingerichtet, um den Gezeitenhub genau festzustellen. Je weiter stromaufwärts, um so geringer war der Gezeitenhub, aber desto schwieriger das Befahren. Doch jeder Kilometer Raumgewinn stromaufwärts war ein Pluspunkt, weil er nicht nur die Sicherheit gegen feindliche Angriffe erhöhte, sondern auch die Gesundheit der Männer an Bord begünstigte. Beim Eindringen in den Fluß wurde dann sogar die Süßwassergrenze passiert, die Mangrovenwälder traten vom Ufer zurück. Der Kreuzer lag schließlich neben festen Flußufern; der innerste Liegeplatz bei Batja lag dicht an der Abzweigung des Bumba-Mündungsarms vom eigentlichen Rufiji-Fluß. Ein freier, trockener Platz gestattete dort das turnusmäßige Landen der Besatzung zur Erholung.

22. Die Blockade wird stärker

Anfang November trat nach der Tanga-Affaire zu den britischen Blockadekreuzern noch der Kreuzer »Fox« hinzu. Am 6. November traf an der Küste von Deutsch-Ostafrika ferner der Hilfskreuzer »Kinfauns Castle« ein, der ein Flugzeug an Bord hatte. Bei der Neuverteilung der britischen Seestreitkräfte nach der Seeschlacht bei Coronel wurden »Dartmouth« und »Weymouth« zur Verstärkung des Kap-Geschwaders abgezogen und durch das Linienschiff »Goliath« ersetzt. Ferner hielten sich der als Hilfskriegsschiff eingerichtete frühere deutsche Tender »Adjutant«, der armierte Kabeldampfer »Duplex« und der Kohlendampfer »Newbridge« vor der Mündung auf.

Am 10. November drang der Gegner nach erneuter Beschießung der deutschen Stellung von See her in die Ssimba-Uranga-Mündung mit den Dampfern »Newbridge« und »Duplex« sowie vier armierten kleinen Hilfsschiffen unter Führung von Commander Fitzmaurice vom Kreuzer »Chatham« ein. Die »Newbridge« wurde an einer Stelle, an der sie nach den englischen Admiralitätskarten das Fahrwasser wirksam sperren mußte, als Blockschiff versenkt. Die neuesten Vermessungen der »Möwe«

hatten aber Anfang 1914 ergeben, daß sich durch den mit bis zu 6 Seemeilen laufenden Strom das Fahrwasser erheblich verbreitert hatte und eine im Flußlauf liegende Sandbank völlig weggespült worden war. Hinter dem mit dem Bug dicht an Land liegenden Dampfer »Newbridge« konnten also Schiffe von der Größe der »Königsberg« ungehindert passieren. Die Annahme, der deutsche Kreuzer sei durch die Versenkung der »Newbridge« vollständig eingeschlossen, traf daher nicht zu. Während dieses Sperrversuchs fand ein lebhaftes Feuergefecht zwischen der Abteilung Delta und den Besatzungen der eingedrungenen Fahrzeuge statt. Auf beiden Seiten gab es Verluste. Am Tage danach wurde ein britischer 30-cm-Bootstorpedo in den Wurzeln von Ufer-Mangroven der Insel Ssuninga hängend aufgefunden und auf »Königsberg« abgeliefert. Offenbar hatte eines der britischen Boote den Torpedo verloren, als es in das Feuer der Uferstellungen geraten war. Hatten solche armierten Boote vielleicht den Auftrag, weiter flußaufwärts vorzudringen, um »Königsberg« mit Torpedos anzugreifen?

Nach Abzug von »Dartmouth« und »Weymouth« führten die Kreuzer »Chatham« und »Fox« die Blockade durch; während der für einen Ausbruch der »Königsberg« günstigen Zeit des Springhochwassers lagen zumeist noch weitere Fahrzeuge vor der Mündung des Rufiji. Die Kreuzer wechselten täglich ihre Stellungen. Meist lag einer bei Mafia oder auch bei der Insel Koma zu Anker. Sie hielten sich nachts weiter außerhalb der Mündung, so daß es sich als unmöglich erwies, zwei zwischen je zwei Einbäumen aufgehängte Torpedos der »Königsberg« mit Ablaßvorrichtung nachts an sie heranzubringen. Am 16. verlegte »Königsberg« ihren Liegeplatz, kam dabei aber wieder bei der kleinen Insel im Ssimba-Uranga-Arm auf einer Sandbank fest. Nach dem Flottwerden ging der Kreuzer wieder auf dem Ssimba-Uranga-Arm ein Stück zurück und ankerte vom 17. November bis 18. Dezember an der gleichen Stelle, an der er schon vom 5. bis 16. November gelegen hatte.

Infolge der engen britischen Blockade bot sich kaum

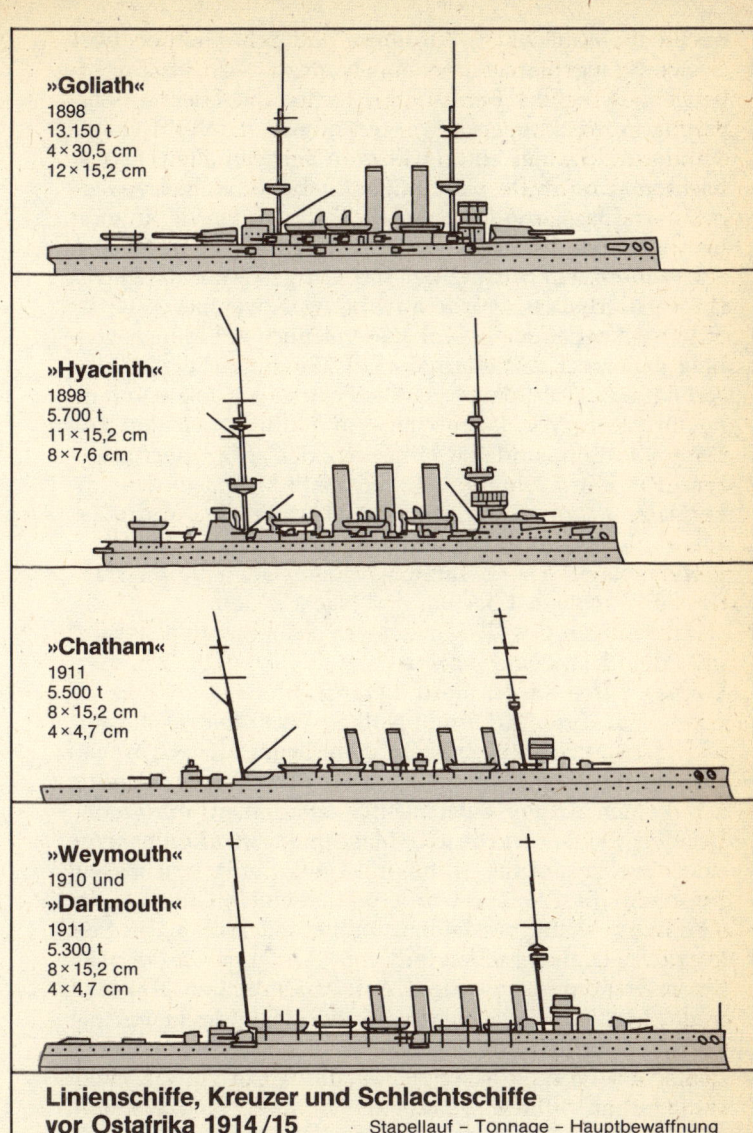

»Goliath«
1898
13.150 t
4 × 30,5 cm
12 × 15,2 cm

»Hyacinth«
1898
5.700 t
11 × 15,2 cm
8 × 7,6 cm

»Chatham«
1911
5.500 t
8 × 15,2 cm
4 × 4,7 cm

»Weymouth«
1910 und
»Dartmouth«
1911
5.300 t
8 × 15,2 cm
4 × 4,7 cm

**Linienschiffe, Kreuzer und Schlachtschiffe
vor Ostafrika 1914/15**   Stapellauf – Tonnage – Hauptbewaffnung

noch eine Möglichkeit, Zufuhren, besonders Kohlen, über See zum Liegeplatz der »Königsberg« zu schaffen. Zur Inbetriebhaltung der Funkanlage, Licht- und Frischwassererzeugung und anderer Anlagen mußte das Schiff jedoch ständig wenigstens einen Kessel in Betrieb halten. Es war leicht auszurechnen, wann die vorhandene Kohlenmenge, etwa eine Bunkerladung, aufgezehrt sein würde: in einigen Wochen. Um die Kohlenladung, die dem Kreuzer auch einen Seitenschutz bei Treffern gewährte, möglichst lange zu erhalten, wurde ab Anfang November 1914 der in Betrieb gehaltene Kessel ausschließlich mit Mangrovenholz geheizt. Dazu übernahm die Besatzung täglich drei Kubikmeter Holz, das durch die Forststelle Ssalale und eine Firma in Mssala beschafft und durch Leichter und Daus von Eingeborenen längsseits der »Königsberg« gebracht wurde. Kohle wurde nur beim Wechseln des Ankerplatzes zum Heizen der Kessel verwendet. Auf diese Weise blieb »Königsberg« für so viele Monate fahr- und gefechtsbereit. Die Besatzung mußte einen ununterbrochenen Wachdienst bei Tag und Nacht gehen.

Am Morgen des 22. November erschien zum erstenmal über dem Delta ein Flugzeug. Der Hilfskreuzer »Kinfauns Castle« hatte es an Bord herangeführt. Das Flugzeug führte nun öfter Erkundungsflüge über dem Delta aus. Diese Luftaufklärung brachte dem Gegner jedoch wegen der technisch noch unzulänglichen Maschine (sie konnte z. B. keinen Artillerie-Beobachter mitnehmen) nur wenig. Bei den Flügen wurde die Maschine von »Königsberg« und allen Posten der Abteilung Delta heftig beschossen. Bei einem dieser Flüge wurde sie von einem Geschütz der Abteilung Delta beschädigt, entkam jedoch nach See, konnte dort niedergehen und von »Kinfauns Castle« wieder aufgenommen werden. Am 10. Dezember 1914 aber mußte das Flugzeug wegen Motordefekts direkt vor der Kikunja-Mündung niedergehen und trieb in der Nähe des deutschen Postens Msungu auf die Küste zu. Der Pilot (Lt. Durban) wurde gefangengenommen, Flugzeug und Motor durch Gewehrfeuer weitgehend unbrauchbar gemacht. Aber die wenigen deutschen Posten konnten das schwere Flugzeug nicht an Land ziehen. Einigen armierten britischen Fahrzeugen gelang es dann trotz Beschießung, bei steigendem Wasser das Wrack des Flugzeugs zu bergen und zur »Kinfauns Castle« zurückzuschleppen. Aber seither zeigte sich das Flugzeug nicht mehr.

Zur Irreführung des Gegners ließ die Abteilung Delta an vielen Stellen im Mündungsgebiet, an denen die Aufstellung von Leitfeuern für die Navigierung beim Ein- und Auslaufen von Schiffen in Betracht gekommen wäre, Feuer abbrennen, Signale zeigen oder Sternsignale feuern. Auch durch Scheinwerferleuchten und Schein-Funkverkehr wurde der Gegner in dauernder Alarmbereitschaft gehalten. Daher mußte auf britischer Seite ständig mit dem Ausbrechen der »Königsberg« bei günstigen Wasserverhältnissen gerechnet werden. Die dabei erforderliche scharfe Bewachung der Deltamündungen band zahlreiche feindliche Einheiten, die sonst an anderer Stelle verfügbar gewesen wären.

Am 19. Dezember ging »Königsberg« bei Kikale anker- auf und verholte durch einen Seitenarm zum Bumba- Arm, der in die Mssala-Mündung führte. Dort ankerte sie bis zum 13. April 1915 auf einem Liegeplatz bei der Batja- Halbinsel.

Am 23. Dezember führten britische Hilfsschiffe unter dem Schutz der Kreuzer eine gewaltsame Erkundung gegen die Ssimba-Uranga-, Kiomboni- und Mssala-Mündung durch. Die vorausgesandten britischen Hilfsschiffe »Duplex« und »Adjutant« belegten die deutschen Stellungen und Posten an der Ssimba-Uranga-Mündung mit heftigem Feuer, zogen sich aber zurück, als das Feuer von der Abteilung Delta ebenso heftig erwidert wurde. Der außerhalb der Mündung verbliebene Dampfer »Helmuth« beschoß inzwischen die Kiomboni-Uferstellung. Der Kreuzer »Hyacinth« deckte von der Reede aus die Stellungen mit Geschützfeuer ein. Auf den britischen Fahrzeugen wurden Soldaten beobachtet. Daher glaubte man bei der Abteilung Delta zunächst an einen Landungsversuch. Zweck dieser britischen Aufklärung aber war lediglich die Erkundung, ob das Blockschiff »Newbridge« noch an seinem Platz lag, ob die Uferstellungen stark besetzt und ob Geschütze aufgestellt worden waren. Am gleichen 23. Dezember beschoß der Hilfskreuzer »Kinfauns Castle« die südlich des Deltas gelegene und nach Gouverneursmeinung unverteidigte Stadt Kilwa. Vielleicht sollte »Königsberg« durch solche Aktionen aus dem Rufiji herausgelockt werden, damit sie von den überlegenen Kräften auf See endlich vernichtet werden konnte. Aber nicht nur der Gegner erwartete solche Aktionen von der »Königsberg«: So war z. B. der damalige deutsche Militärbefehlshaber in Daressalam, Generalmajor Wahle, der Meinung, »Königsberg« könne in der Tat auslaufen und angreifen. Daher richtete er ein dienstliches Ersuchen an den Kommandanten, der Kreuzer solle doch auslaufen und die Daressalam bedrohenden britischen Kriegsschiffe bekämpfen. Dies wurde von Kapitän Looff abgelehnt.

Natürlich sprachen Looff und später das amtliche Seekriegswerk den Schutztruppenoffizieren jede Qualifikation zur Beurteilung seetaktischer Fakten ab. Dazu Looff in seinem Bericht:

»Seitens der Landbehörden nahm man auch in völliger Unkenntnis der seetaktischen Verhältnisse an, ›Königsberg‹ würde nun auslaufen und das ganze Geschwader (vor Daressalam) angreifen. Ein direktes Ersuchen des Führers der Schutztruppen-Abteilung in Daressalam, Hauptmann v. Kornatzki, an den Kommandanten ›Königsberg‹, doch auszulaufen und das Linienschiff »Goliath« zu vernichten, mußte abgelehnt werden. Der Nachfolger des Hauptmann v. Kornatzki, Generalmajor z. D. Wahle, äußerte sogar seinen Unmut darüber, indem er vor seinen Offizieren erklärte: ›Die ‚Königsberg‘ sollte mir nur unterstellt sein, die würde ich da schön aus dem Rufiji herausjagen.‹ Der Kommandant der ›Königsberg‹ mußte es sich versagen, der Schutztruppe Aufklärung über sein Verhalten zu geben.«

Schönfeld mit seiner Delta-Abteilung hegte allerdings ähnliche Gedanken wie General Wahle und Hauptmann v. Kornatzki ...

Wie auf anderen Kriegsschauplätzen kam es zur ersten Kriegsjahreswende auch am sumpfig-fiebrigen Rufiji zu einer Art »Schützengrabenhumor«: Am Nachmittag des Neujahrstages 1915 nahmen die Funker der »Königsberg« einen in deutscher Sprache abgefaßten offenen Funkspruch des britischen Senior Officer an den Kommandanten der »Königsberg« ab: »Wir wünschen Ihnen ein glückliches neues Jahr und hoffen, Sie bald zu sehen.« Da der Brite in deutscher Sprache gefunkt hatte, revanchierte sich Kapitän Looff für diesen Funk-Ulk auf englisch: »Thanks. Same to you. If you want to see me, I am always at home.«

23. Abwehr britischer Angriffe auf die »Königsberg«

Schon ab Mitte Dezember 1914 hatte die britische Admiralität eine förmliche Erklärung der Blockade über die gesamte deutsch-ostafrikanische Küste erwogen. Zunächst aber fehlte es den britischen Kräften an geeigneten Ankerplätzen für die Durchführung eines lückenlosen Blockadedienstes, zumal bei dem zeitweise stürmisch wehenden Nordost-Monsun. Am 10. Januar 1915 setzten sie sich in den Besitz der nur von einem schwachen Schutztruppenposten (bestehend aus dem dort wohnenden Pflanzer Leutnant d. R. Schiller, zwei Unteroffizieren und 20 Askaris) verteidigten Insel Mafia. Nach heftiger Beschießung der Insel landeten sechs Kompanien indischer und schwarzer Truppen unter dem Schutz von »Chatham«, »Fox«, »Kinfauns Castle« und »Adjutant«. Die deutsche Postenmannschaft leistete fünf Stunden Widerstand, bis viele Männer gefallen waren und Leutnant Schiller schwer verwundet liegenblieb. Er wurde von seiner Frau aus dem gegnerischen Gewehrfeuer geholt.

Durch die Besetzung Mafias hatten die Briten vor allem in der geräumigen Bucht von Tirene an der Nordwestseite der Insel einen guten Ankerplatz für ihre Blockadeflotte gewonnen. Für »Königsberg« war ein Küstenbeobachtungsposten weggefallen, der vorher häufig wichtige Meldungen über britische Schiffsbewegungen vor dem Rufiji hatte erstatten können.

Kurz darauf lösten »Weymouth« die »Chatham« und der alte neuseeländische Kreuzer »Pyramus« die »Fox« ab, die mit »Kinfauns Castle« zur Überholung nach Bombay gingen. Dafür trat »Hyacinth« vom Kap-Geschwader neu zu den Blockadekräften. »Weymouth« deckte Anfang Februar die notwendig gewordene Räumung der britischen Stellungen am Umba, nördlich von Tanga, die sich bis zum 10. Februar hinzog.

In Abwesenheit von »Weymouth« führte am 6. Februar der mit drei 4,7-cm-Geschützen und zwei Maschinengewehren armierte frühere deutsche Dampfer »Adjutant« (Kommandant Leutnant Price) mit Unterstützung durch »Hyacinth« eine Erkundungsfahrt in der Ssimba-Uranga-Mündung aus. Die drei kleinen Geschütze sowie Maschinengewehre der Delta-Abteilung schossen »Adjutant« manövrierunfähig. Eine Granate hatte das Hauptdampfrohr der Rudermaschine durchschlagen. Der Dampfer strandete, holte die Kriegsflagge nieder und setzte eine weiße Flagge. Die Besatzung von 23 Mann ergab sich dem stellvertretenden Führer der Abteilung Delta, Oberleutnant Herm. Mit Hilfe der britischen Besatzung wurden die noch völlig brauchbaren Geschütze und Maschinengewehre samt Munition und Vorräten an Land geschafft. Kurz darauf bemühten sich die Kreuzer »Hyacinth« und »Pyramus«, das gestrandete Schiff durch Geschützfeuer zu vernichten. Die erbeuteten 4,7-cm-Geschütze und zwei Maschinengewehre wurden an der Ssimba-Uranga-Mündung in Stellung gebracht (zwei Geschütze am Ostufer, eines am Westufer). Starke Sanddeckungen und an Land geschaffte dünne Panzerplatten des »Adjutant« schützten die neuen Geschütze.

Etwa 300 Schuß hatten die britischen Kreuzer auf »Adjutant« abgefeuert. Abgesehen von einem Brand im Achterschiff erhielt das Schiff nur geringe Trefferschäden unter der Wasserlinie. Männern der Abteilung Delta gelang es, »Adjutant« in angestrengter Arbeit abzudichten, abzuschleppen und zur Reparatur längsseits von »Königsberg« zu bringen.

Leutnant Price wurde weidlich ausgefragt. So berichtete er, die Briten seien überrascht, daß »Königsberg« ihre Funkanlage noch dauernd empfangs- und gebebereit hatte, sie demnach noch über Kohlenvorräte verfügen müsse. Alle im Rufiji liegenden deutschen Fahrzeuge hätten doch schon lange ihren gesamten Brennstoff aufgebraucht haben müssen, sofern nicht doch Zufuhren über See erfolgten, die den britischen Wachtfahrzeugen entgingen. Wahrscheinlich war also das auf »Königsberg« zunächst als bloße kameradschaftliche Frotzelei bewertete Neujahrstelegramm ein Versuch gewesen, dem deutschen Kreuzer auf den Zahn zu fühlen.

Um den erbeuteten beschädigten Schlepper »Adjutant« sollte sich gleich eine deutsche Jobsiade abspielen. (Dazu Delta-Abteilungschef Schönfeld in seinem privaten Tagebuch: »Der Kommandant der ›Königsberg‹ kam nun doch eines schönen Tages auf dem Heckraddampfer ›Tomonda‹ zu uns angefahren, um sich den Schauplatz der letzten kriegerischen Tätigkeit meiner Abteilung, den auf Strand sitzenden ›Adjutant‹ und die erbeuteten Geschütze usw. anzusehen. Meine ihm gegenüber ausgesprochene Absicht, das Schiff doch vom Strand herunterzubekommen, schien ihm wohl kaum durchführbar; jedenfalls bot er mir nicht einen einzigen Mann zur Hilfeleistung an, obwohl die ›Königsberg‹-Besatzung nun schon seit Monaten [abgesehen vom ›kleinen Dienst‹] beschäftigungslos im Delta lag. — Über die Tatenlosigkeit der ›Königsberg‹ wurde ich aber immer erstaunter und, wie ich offen sagen will, immer wütender.«)

Als die Männer der Delta-Abteilung dann den »Adjutant« mühevoll — allein — doch geborgen hatten, kam es zum Kompetenzstreit um dieses Schiff, und zwar mit dem Ältesten Offizier der ostafrikanischen Station, dem Kommandanten des Kreuzers »Königsberg«. Klar, daß Schönfeld diesen alten Dampfer für seine Sicherungsaufgaben im Delta behalten wollte. Aber Kapitän Looff sagte »Nein« und telegrafierte sogar an die DOAL, um das Schiff offiziell als Hilfsschiff für »Königsberg« zu requirieren, das natürlich seinem Kommando und nicht der Delta-Abteilung unterstellt würde. Dagegen protestierte nun der empörte Schönfeld energisch: Das Schiff sei seine Beute, es gehörte der Schutztruppe und damit seiner Delta-Abteilung, nicht aber der Marine, die auch zur Bergung keinen Finger gerührt habe. In seiner Verbitterung wandte er sich zur Schlichtung sogar an Lettow, der aber bei den damaligen Befehlsverhältnissen auch nichts unternehmen konnte. Schließlich wurde »Adjutant« endgültig der »Königsberg« zugeteilt und blieb untätig. So erhielt der Dampfer z. B. keinerlei Befehl zum Angriff auf bewaffnete britische Walfänger, die zur Aufklärung häufig an die Küste herankamen. »Auch beim Schlußgefecht rührte sich ›Adjutant‹ trotz unserer Warnung überhaupt nicht«, schrieb der verärgerte Schönfeld in sein Tagebuch.

Nein, die Männer der Delta-Abteilung waren keineswegs glücklich über die Kooperationsbereitschaft des Kreuzers, den sie schließlich unter Bedingungen, die unverhältnismäßig strapaziöser waren als der Borddienst auf »Königsberg«, beschützen sollten.

»Die Erbitterung gegen die ›Königsberg‹ bei meiner Abteilung wurde immer größer. Meine Offiziere und Mannschaften fragten sich immer wieder, wozu sie denn an den Mündungen zur Verteidigung eines Kreuzers herumliegen müßten, welcher wirklich genug Mannschaften besaß, um die Uferstellungen selbst zu besetzen, da er ja doch nicht mehr auf das hohe Meer hinausging. Und abends vor den Lagerfeuern ihrer sumpfigen Quartiere sangen die Männer Spottlieder auf den ›doppelt geschützten Kreuzer‹.« (Die offizielle Typenbezeichnung der »Königsberg« lautete: Geschützter Kreuzer.)

»Königsberg« hatte inzwischen auf ihrem festen Liegeplatz bei der Batja-Halbinsel im Bumba-Arm einen Sportplatz für die Besatzung angelegt, die jeweils einen kurzen »Landurlaub« erhielt. Die Offiziere vertrieben sich die Zeit mit Bootsfahrten, wenn sie nicht auf Krokodil- und Nilpferdjagd gingen oder an Land auf Safari.

Durch Funkspruch über »Königsberg« wurde für den 22. Februar eine Zusammenkunft des Ältesten Britischen Seeoffiziers in Ostafrika, des Kommandanten der »Weymouth« (Captain Church) mit dem deutschen Gouvernement vor Daressalam vereinbart. Bei Verhandlungen über beiderseitige Gefangene wurde auch die Mitteilung für den deutschen Gouverneur übergeben, wonach die Küste von Deutsch-Ostafrika vom 1. März an als offiziell für blockiert erklärt wurde.

»Erklärung. Ich, W. D. Church, Kapitän Seiner Britannischen Majestät und Ältester Seeoffizier an der Ostküste Afrikas, erkläre hiermit kraft der mir von Seiner Britannischen Majestät Regierung übertragenen Gewalt im Namen Seiner Britannischen Majestät, daß von Mittwoch den 28. Februar 1915 an die Blockade über die Deutsch-Ostafrika-Küste in einer Ausdehnung von 4°41' bis 10°40' südlicher Breite sowie über alle dieser Küste vorgelagerten deutschen Inseln verhängt wird, und erkläre ferner, daß von der genannten Zeit an jeder Verkehr mit der Küste verboten ist. Neutrale Schiffe, die sich in Häfen oder an Orten der Deutsch-Ostafrika-Küste aufhalten, dürfen bis Mitternacht des 4. März 1915 auslaufen.«

Nach einer weiteren Erklärung erstreckte sich die Blockade auch auf die Dau-Küstenschiffahrt. Die britische Blockade-Erklärung wurde am 24. Februar durch den Gouverneur in Deutsch-Ostafrika bekannt gegeben.

Am 1. März standen zur Durchführung der förmlichen Blockade folgende britische Seestreitkräfte an der Küste von Deutsch-Ostafrika: Die Kleinen Kreuzer »Weymouth«, »Hyacinth«, »Pyramus« und »Pioneer« (die im Februar aus Australien herangezogen war), der Hilfskreuzer »Kinfauns Castle« (er war Ende Februar mit neuen Wasserflugzeugen aus Bombay eingetroffen) sowie vier armierte Walfänger und das Hilfsschiff »Duplex«. Sie waren entlang der Küste verteilt und patrouillierten im ganzen Küstengebiet auf und ab. Von den Walfängern lagen stets ein bis zwei vor den Nord-Mündungen des Rufiji, der jeweilige Wachkreuzer vor dem Delta hielt sich weiter ab bei der Insel Komo oder in der Tirene-Bucht.

Am 7. März traf der britische Vizeadmiral King-Hall von Kapstadt her mit dem Linienschiff »Goliath« vor Mafia ein und übernahm die Leitung der Blockade-Operationen. Wegen der im Gebiet des Rufiji-Deltas veranstalteten deutschen Schein-Aktivitäten erwartete er einen Ausbruch der »Königsberg« zur Zeit der Äquinoktial-Gezeiten und hielt daher sein Linienschiff, die Kreuzer »Weymouth« und »Hyacinth« sowie zwei der Walfänger vor dem Rufiji stets vereinigt, so daß für die Blockade der langen Küste nur wenige Einheiten zur Verfügung standen. Der Admiral hoffte, »Königsberg« durch Bombenangriffe der von »Kinfauns Castle« herangeführten neuen Flugzeuge außer Gefecht zu setzen, was jedoch wegen der technischen Mängel auch der neuen Maschinen nicht gelang. Nach einer Beschießung von Lindi durch das Linienschiff »Goliath« kamen die Operationen vor dem Delta schließlich zum Stillstand. Ein Vorschlag der britischen Admiralität, die 2000 Mann Marinetruppen für einen neuerlichen gemeinsamen Angriff britischer See- und Landstreitkräfte zur Verfügung stellen wollte, wurde von dem in Ostafrika den Oberbefehl führenden General Wapshare abgelehnt.

Aber inzwischen war für Großbritannien ein anderer Kriegsschauplatz außerhalb der europäischen Westfront zum Brennpunkt geworden: Die Marinetruppen mußten nach den Dardanellen transportiert werden, und am 25. März erhielt Admiral King-Hall Befehl, auf den Kreuzer »Hyacinth« umzusteigen, denn nun wurde auch das Linienschiff »Goliath« vor den Dardanellen dringlich benötigt. (Dort wurde es in der Nacht vom 12./13. Mai 1915 in der Morto-Bucht bei Kap Helles durch das türkisch-deutsche Torpedoboot »Muavenet« unter Halbflottillenchef Kapitänleutnant Firle versenkt. 570 Mann der Besatzung kamen ums Leben.)

Völlig überrascht war man auf »Königsberg«, als am 3. März 1915 über die Funkgroßstation Windhuk ein Funkspruch des Admiralstabs einging, wonach ein Hilfsschiff für den Kreuzer aus der Heimat nach Deutsch-Ostafrika abgegangen und dort Mitte April zu erwarten war. Seit dem 1. August 1914 war dies die erste unmittelbar auf »Königsberg« eintreffende Nachricht aus Deutschland. Der Admiralstab gab darin ferner die Anweisung, mit dem Hilfsschiff bei seiner Annäherung an die Küste von Deutsch-Ostafrika ab 1. April Funkverbindung aufzunehmen und einen Treffpunkt zu vereinbaren. Eine zu frühe Aufnahme des Funkkontakts durch »Königsberg« konnte die britischen Blockadeschiffe auf die Annäherung des Hilfsschiffs aufmerksam machen; andererseits ließ sich ein Funkkontakt nicht umgehen, denn das Hilfsschiff mußte Anweisungen erhalten. Daher versuchte der Kommandant der »Königsberg«, zunächst die Aufmerksamkeit des Gegners abzulenken. Der schon früher eingerichtete Schein-Funkverkehr zwischen den drei zur Verfügung stehenden Funkstationen wurde jede Nacht intensiv weitergeführt, um die Blockadebrecher zu täuschen und später den echten Funkverkehr mit dem Hilfsschiff unverdächtig erscheinen zu lassen.

In der Nacht vom 3. zum 4. April wurde auf »Königsberg« auch der erste Funkspruch des Hilfsschiffs gehört, einige Tage später meldete sich auch der Kreuzer, und die Funkverbindung war hergestellt. (Kapitän Looff scheint dann reichlich viel gefunkt zu haben. So erzählte der Kapitän des Hilfsschiffs später dem Delta-Kommandanten Schönfeld, eines Tages habe »Königsberg« sogar angefragt, ob »Rubens« auch Bier mitbringe!) Durch eine Meldung der »Rubens«, das war der Name des Hilfsschiffs, erfuhr Kapitän Looff, daß das Hilfsschiff außer der für den Kreuzer bestimmten Ladung auch eine Beiladung für die Schutztruppe an Bord hatte. In Deutsch-Ostafrika herrschte bedrohliche Munitionsknappheit; für jedes im Schutzgebiet befindliche Gewehr waren nur 150, für jedes Maschinengewehr 10 000 Schuß vorhanden. Diese Lage machte es zweckmäßig, die für die Schutztruppe bestimmten Ladungsteile der »Rubens« zuerst zu landen, und zwar möglichst nahe bei den Hauptkräften der Schutztruppe, die in diesem Augenblick im Norden an der deutsch-britischen Grenze standen. Daher hielt Kapitän Looff Tanga für den dafür günstigsten Hafen. Nach einigen Zwischenmeldungen erhielt die nun bei Aldabra wartende »Rubens« am 11. April die Funkanweisung, bei Tagesanbruch am 14. April den Hafen von Tanga von Norden her anzusteuern, die Schutztruppenladung so schnell wie möglich zu löschen und danach wieder auszulaufen.

Während der Zeit der Annäherung des Hilfsschiffs hatte Looff den Eindruck gewonnen, daß die Briten infolge des von ihnen abgehörten regen deutschen Funkverkehrs mit einem Ausbruchsversuch des Kreuzers rechneten. Für die ungehinderte Einfahrt der »Rubens« nach Tanga im Norden des Schutzgebiets schien daher die Konzentration der feindlichen Streitkräfte vor dem Rufiji sehr günstig. Durch Vortäuschen lebhafter Tätigkeit der Vorposten an den Mündungen, Scheinwerferleuchten, Abbrennen von Signalen und Zeigen von Leuchtfeuern, suchten »Königsberg« und die Abteilung »Delta« beim Gegner den Eindruck zu verstärken, daß eine deutsche Unternehmung unmittelbar bevorstehe. »Königsberg« wechselte dazu am 13. April ihren Liegeplatz im Rufiji und wählte den weiter stromab liegenden Ankerplatz Kikale am Kikunja-Arm, wo der Kreuzer schon einmal gelegen hatte. Von dort mußte ein geplantes Auslaufen wahrscheinlicher erscheinen, was dem Gegner durch Fliegerbeobachtung bald bekannt werden würde, denn am 12. März 1915 hatte sich zum erstenmal seit dem 10. Dezember 1914 wieder ein britisches Flugzeug über dem Delta gezeigt.

Sobald das Einlaufen des Hilfsschiffs in Tanga geglückt war, wollte Kapitän Looff alle Täuschungsmaßnahmen einstellen, und wenn wieder Ruhe im Rufiji-Gebiet eingetreten war und die Blockadeschiffe sich vielleicht wieder zerstreut hatten, wollte er den Versuch unternehmen, mit »Königsberg« auszubrechen, um sich mit »Rubens« auf See zu weiteren Operationen zu treffen.

Bei Kikale lag der Kreuzer dann vom 14. April bis zu seinem Untergang.

Noch am Vormittag des 13. April waren alle Blockadeschiffe, ausgenommen »Duplex«, bei Mafia gesichtet worden. Im nördlichen Küstengebiet bei Tanga patrouillierte in den Nächten vor dem 14. April daher nur das kleine Hilfskriegsschiff »Duplex«, dessen regelmäßige Fahrten durch die Küstenposten beobachtet und an »Königsberg« gemeldet worden waren. Dies wurde »Rubens« durch Funk mitgeteilt.

Würde das Einlaufen gelingen? Wie war diese Hilfsschiffsaktion bisher verlaufen?

24. Sperrbrecher A: »Rubens«

Der Kriegsausbruch fand den Handelsschiffsoffizier Carl Christiansen aus Wyk auf Föhr auf dem Segelschulschiff »Prinzess Eitel Friedrich«. Als Reserveoffizier der Marine erhielt er dann ein Kommando als Wachoffizier auf dem Kleinen Kreuzer »Lübeck«. Später wurde er zur Erkundung russischer Küsten- und Minenverhältnisse auf eine gefährliche Kundschaftsreise über Kopenhagen, Stockholm, Raumo und das russische Helsingfors (heute Helsinki) geschickt. Als er erfolgreich zurückkam, wurde er zum Stab des Admirals Behring auf dem Panzerkreuzer »Friedrich Carl« kommandiert. Er sollte den Einsatz von Hilfsschiffen für die vorgesehene Sperrung des russischen Hafens Libau und andere Spezialaufgaben bearbeiten. Aber es kam zunächst anders: Am 17. November 1914 lief der Panzerkreuzer »Friedrich Carl« bei einem Unternehmen gegen Libau westlich von Memel auf eine russische Mine und sank. Carl Christiansen und fast die gesamte Besatzung wurden vom Kreuzer »Augsburg« gerettet. Christiansen mußte seine Aufgaben nun an Land durchführen. Er war gerade in Memel mit der Ausrüstung des dort liegenden britischen Prisendampfers »Glyndwr« zum improvisierten Flugzeugmutterschiff beschäftigt, als er zu einer Besprechung zum Admiralstab in Berlin befohlen wurde.

Dort eröffnete der Abteilungschef, Kapitän z. S. Grasshoff, dem jungen Oberleutnant, es sei beabsichtigt, dem im Seegebiet von Kap Horn operierenden deutschen Kreuzergeschwader unter Admiral Graf Spee ein Hilfsschiff mit Munition, Torpedos, Sanitätsmaterial und wichtigen Ersatzteilen zuzuführen. Er, Christiansen, sei dafür als Kommandant ausersehen. Mit Energie machte sich der junge Offizier an die Arbeit. Für diesen Einsatz hatte Kapitänleutnant Emil Kirchheim schon geeignete Schiffe ausgesucht. In Wilhelmshaven lag ein Dampfer zur Ausrüstung bereit.

Dann traf die traurige Nachricht vom Untergang des Kreuzergeschwaders am 8. Dezember 1914 bei den Falkland-Inseln ein. Die Sonderunternehmung war damit hinfällig. Aber die getroffenen Vorbereitungen sollten für einen anderen Zweck genutzt werden: Es waren Nachrichten über die Einschließung des Kreuzers »Königsberg« in der Rufiji-Mündung eingetroffen. Der Kreuzer sollte durch Überführung von Kohlen, Maschinenteilen und Munition unterstützt und wieder auslaufbereit gemacht werden. Einzelheiten über die Lage an der ostafrikanischen Küste waren natürlich nicht bekannt. Auch der deutschen Schutztruppe in Ostafrika sollte Kriegsmaterial zugeführt werden. Die Verhandlungen mit dem Reichskolonialamt verzögerten die Arbeiten bis Ende Dezember, als wegen des Ausbleibens weiterer Nachrichten aus Ostafrika die Fahrt des Hilfsschiffs auf unbestimmte Zeit aufgeschoben wurde.

Aber Ende Januar 1915 wurde Christiansen erneut nach Berlin befohlen: Er wurde Kommandant des »Sperrbrechers A«, des nun für Ostafrika und »Königsberg« bestimmten ersten Hilfsdampfers.

Dieses Schiff war der 3587 BRT große 1906 bei Wm. Gray & Co. in West Hartlepool gebaute britische Dampfer »Rubens« der Reederei Bolton Steamship Co. Ltd., der bei Kriegsausbruch in Hamburg beschlagnahmt worden war und nun von der Kaiserlichen Werft in Wilhelmshaven umgerüstet wurde, ein zweckmäßiger und relativ neuer Dampfer, in dessen unterem Laderaum Steinkohlen für »Königsberg«, darauf Munition und Granaten für den Kreuzer und schließlich auch Gewehrpatronen, Geschütze, Gewehre, Maschinengewehre, Reserveteile, Sanitätsmaterial, Uniformzelte, Europäerproviant und vieles mehr für die Schutztruppe geladen worden war. Im Kohlenbunker versteckt war eine starke Funkstation eingebaut worden. Die ausgesuchte Besatzung kam erst einen Tag vor Fertigstellung an Bord. Das Schiff, das man später immer wieder in der Literatur mit seinem britischen Schiffsnamen »Rubens«, nicht nach seinem deutschen offiziellen Marinenamen »Sperrbrecher A« benannte, wurde sofort auf die Reede verholt. Am 16. Februar 1915 nahm der Kommandant in Berlin seine letzten Befehle vom Chef des Admiralstabs entgegen.

Dann ging Christiansen an Bord. Geheimhaltung war das oberste Gebot. Die Besatzung wurde daher zunächst absichtlich in der Vermutung belassen, das Schiff ginge zur Unterstützung des Kreuzers »Karlsruhe« in den Atlantik. Das Aussehen des Dampfers wurde verändert: Der Schornstein leuchtete zitronengelb und war mit einem schönen Danebrog versehen, denn der »Sperrbrecher A« der Kaiserlichen Marine sollte sich jetzt als dänischen Dampfer »Kronborg« ausgeben. Dieser lag gerade in Kopenhagen im Dock, wie vorher erkundet worden war. Am 18. Februar 1915 um 13.00 Uhr verließ »Sp. A.« die Jade und erreichte um 7.00 Uhr des nächsten Morgens den befohlenen Treffpunkt zwischen Helgoland und Amrum mit dem berühmten »U 9«, das als Marschsicherung bis zur norwegischen Küste dienen sollte. Jedoch eine Tauchpanne hinderte das U-Boot am pünktlichen Erscheinen; so trat »Sp. A.« seine Reise mit Kurs Norden in Nebel, Dunst und bei heftigem Schneefall allein an.

Wie sehr dem Admiralstab das sichere Hinausbringen des »Sp. A.« am Herzen lag, ist auch daran zu ermessen, daß das Schiff nicht nur vom »U 9« des berühmten Otto Weddingen begleitet werden sollte. Zur Aufklärung waren am Vortag auch zwei Marine-Luftschiffe aufgestiegen. Aber auch diese Maßnahme erwies sich als (sogar verlustreicher) Fehlschlag.

Im Zusammenhang mit einer für »Sp. A.« durchgeführten Aufklärungsunternehmung gerieten die beiden Marineluftschiffe »L 3« (LZ 24) unter Kapitänleutnant Fritz und »L 4« (LZ 27) unter Kapitänleutnant Graf Platen am 17. Februar 1915 im Seegebiet bei der Blåvands Huk in einen schweren Schneesturm. Auf »L 3« fiel am 17. Februar um 9.00 Uhr ein Motor aus, gegen 11.00 Uhr ein weiterer. Gegen 13.00 Uhr, auf der Höhe von Hanstholm, funkte das Luftschiff eine Havariemeldung nach Hause. Niedrig fahrend, mit nur einem betriebsbereiten Motor, hinkte das riesige Luftschiff Richtung Heimathafen Tondern. Gegen 17.00 Uhr, bei Esbjerg, versagte der letzte Motor. »L 3« mußte auf dänischem Gebiet (Insel Fanö) notlanden. Die Besatzung wurde interniert.

»L 4« mußte am gleichen 17. Februar wegen Brennstoff-
mangels an der Küste bei der Blåvands Huk notlanden. In
der Brandung trieb das Schiff auf die hohe See ab. Vier
Mann der Besatzung waren noch an Bord, das Schiff und
sie blieben verschollen. Die übrige Besatzung wurde interniert.

Inzwischen mußte der ebenfalls schwer im Sturm
kämpfende »Sp. A.« bei Kreuzung der Hauptverkehrsroute England-Skagen mehrfach unbekannten Schiffen ausweichen. Um 4.00 Uhr des nächsten Morgens wurde das
Feuer von Lindesnes an der Küste Südnorwegens gesichtet. Oberleutnant Christiansen hatte sich entschlossen,
auf einem möglichst hohen Breitengrad dicht unter Island
in den Atlantik durchzubrechen. Das schwer beladene
und tief im Wasser liegende Schiff nahm im herrschenden
schweren Wetter viel Wasser über und kam nur langsam
voran. Schwere Brecher rollten von beiden Seiten über die
Reeling, die als Tarnung an Deck gefahrene Holzladung
wurde von den überkommenden Seen auseinandergeris-
sen und ging teilweise über Bord, Treppen und Ventilatoren wurden beschädigt. Ein wahrer Nordweststurm tobte,
und zu allen anderen Übeln mußte auch einmal wegen einer Havarie der Maschine gestoppt werden. Am 22. Februar mittags mußte der Dampfer bei Windstärke 11
schließlich beidrehen. Nach Wetterbesserung am 23.
ging das schlingernde Schiff dann auf Südwest-Kurs,
dicht unter die Fär-Inseln. Zwar war starker Funkverkehr
feindlicher Patrouillenschiffe zu hören, aber die gefährliche Linie konnte bis Mitternacht am 23./24. Februar 1915
durchfahren werden. Das Schiff stand endlich im freien
Atlantik, der Kommandant konnte die Besatzung über
den wahren Zweck der Reise aufklären. Westlich von Ir-
land kreuzte der Dampfer mehrfach Schiffahrtsstraßen.
Kriegsschiffe wurden nicht gesichtet, verdächtigen Schiffen wurde im großen Bogen aus dem Wege gegangen.

Christiansen wußte, daß der Admiralstab versuchen
würde, das voraussichtliche Ankunftsdatum in Deutsch-
Ostafrika von der Großfunkstation Nauen aus über Windhuk an den Kreuzer »Königsberg« zu funken. Der Kreuzer

sollte sich ab 1. April jede Nacht melden und dem »Sp. A.« Nachricht über die Lage geben.

Der lief inzwischen westlich an Madeira vorbei, die Kap-Verde-Inseln wurden während der Nacht passiert. Dann befand sich das Schiff in der Reichweite der Funkstation Windhuk in Deutsch-Südwestafrika, die noch sendete. Wenn also die Funkanlage der »Königsberg« noch funktionierte, dann mußte der Kreuzer inzwischen die Nachricht von der Aussendung des Hilfsschiffs erhalten haben.

Nach zeitweilig herrlichem Tropenwetter wurde dann am 22. März 1915 das Kap der Guten Hoffnung in Regen und Kälte abseits der Hauptverkehrsroute gerundet. »Sp. A.« steuerte nach Norden, bei guter Sicht war die Küste Südafrikas zu erkennen. Den Plan, unter dänischer Flagge mit falschen Papieren einen Hafen in Portugiesisch-Ostafrika (Beira oder Port Amelie) anzulaufen, um dort etwas über die Lage in Deutsch-Ostafrika zu erfahren, gab Christiansen auf. Zur Ansteuerung der Küste von Deutsch-Ostafrika wählte er die Straße von Mosambik zwischen dem Kontinent und Madagaskar. Zur Chronometer-Kontrolle wurde die kleine Europa-Insel im Mosambik-Kanal angelaufen. Nachrichten über die Lage an der afrikanischen Küste hatten den einsamen Dampfer bisher nicht erreicht.

Für den Fall, daß der Kreuzer sich nicht melden würde, wollte Christiansen in einer günstigen Nacht vor den kleinen Hafen Lindi im Süden von Deutsch-Ostafrika laufen, mit einem Schiffsboot die Lage an Land klären und dann, wenn möglich, bei Tagesanbruch dort einlaufen.

Voller Erwartung dampfte »Sp. A.« im Anblick der hohen Berge von Madagaskar weiter nach Norden, und wartete dringend auf eine Meldung der »Königsberg«, die ja ab 1. April jede Nacht entsprechende Funksprüche absetzen sollte. Und endlich, in der Nacht vom 3. zum 4. April 1915, war die »Königsberg« zu hören: »Küste nicht anlaufen, wird stark blockiert. Aus was besteht Ladung?«

Von einem Standort 150 Seemeilen südlich der Komoren-Gruppe antwortete »Sp. A.« mit kurzen Angaben über Art und Ladung des Hilfsschiffs. »Königsberg« schien trotz gemachter genauer Angabe über die Verschiedenartigkeit der Ladung zunächst den Eindruck zu haben, daß es sich um ein Hilfsschiff ausschließlich für sie handelte, das den Kreuzer auf hoher See ohne weiteres mit Kohlen und Munition versorgen konnte. Das war Christiansen zunächst unklar, denn dazu mußte ja der Kreuzer erst einmal ausbrechen. Er funkte den genauen Stauplan der Kohlen (in den Unterräumen) und die Angabe, daß das mitgeführte darübergehende Kriegsmaterial für die Schutztruppe zuerst gelandet werden müsse.

In einer klaren Tropennacht steuerte »Sp. A.« durch die Inseln der Komorengruppe. Trotz der Dunkelheit konnten die Männer die messerscharfen Konturen der Inseln Johanna und Majotta erkennen. Abgeblendet dampfte der Blockadebrecher im Schatten der hohen Inselküste, mit phosphoreszierendem Kielwasser. Bald waren die Komoren passiert und damit das britische Blockadegebiet vor Ost-Afrika erreicht.

In dieser Nacht vom 9. zum 10. April mußte mit »Ruder hart Backbord« und großem Bogen auf Gegenkurs dem Schatten eines verdächtigen großen Dampfers ausgewichen werden. (Später wurde bekannt, daß es sich dabei um den britischen Hilfskreuzer »Kinfauns Castle« gehandelt hatte.)

In dieser Nacht wurde auch wieder ein Funkspruch der »Königsberg« aufgefangen: »Werde ausbrechen. Treffpunkt Länge/Breite (200 sm östlich von Sansibar)«. Für Christiansen war dies erneut unverständlich, denn nach ihm vorliegenden britischen Meldungen über die Blockade war kaum denkbar, daß der Kreuzer so einfach die hohe See gewinnen könnte. Außerdem würde »Sp. A.« auf hoher See »Königsberg« nur mit Proviant und Maschinenmaterial helfen können; denn das Lebensblut des Kreuzers, die Bunkerkohle, lag ja zuunterst im Hilfsschiff. Im derzeitigen Stauzustand konnte eine Kohlen- und Munitionsgabe an den Kreuzer nur erfolgen, wenn das obenauf gelagerte (leichtere) Schutztruppenmaterial vorher beseitigt würde — und das konnte nur durch Überbordwerfen geschehen. Aber selbst bei einem erfolgreichen Ausbruch hätte »Königsberg« sicher längere Zeit mit äußerster Maschinenkraft zum Abschütteln der Verfolger laufen müssen. Das hätte viel Kohlen gekostet. Beim Zusammentreffen mit dem Blockadebrecher hätte dieser selbst nur noch für acht Tage eigene Kohlen an Bord gehabt. Das machte ein langes Warten auf dem Treffpunkt unmöglich. Und das Warten im Blockadegebiet war fast gleichbedeutend mit Aufbringung durch den Feind. Daher funkte »Sp. A.«: »Wann kann ich Kö. auf Treffpunkt erwarten. Habe noch für acht Tage Bunker.«

Auf diesen Funkspruch antwortete »Königsberg«: »Zeitpunkt Ausbrechen unbestimmt. Werde blockiert von 4 Kreuzern, mehreren Hilfskreuzern, Flugzeugmutterschiff, 4 armierten Walfängern. Schiff bei Aufbringen versenken.«

Nun entschloß sich Christiansen, zunächst irgendwo unterzuschlüpfen, Kohle zu sparen und möglichst einer frühzeitigen Entdeckung zu entgehen, nach der langen Seereise die Maschine gründlich zu überholen und die Materialabgabe, insbesondere Kohle, für »Königsberg« durch Umstauen vorzubereiten, ohne daß wertvolles für die Schutztruppe bestimmtes Material geopfert werden mußte.

Die große Lagune bei den britischen Aldabra-Inseln (administrativ zu den Seychellen gehörend) sollte nach dem Segelhandbuch aus vier kleinen Inselchen bestehen und nur von einigen Eingeborenen bewohnt sein. Eine Spezialkarte war natürlich nicht vorhanden. Aber größere Schiffe dürften dort noch nie geankert haben.

Am 10. April 1915 bei Morgengrauen steuerte »Sp. A.« die südlichste Insel der Aldabra-Gruppe an. Bei herrlichem Tropenwetter boten Buschwerk und Palmen und die weißen Kämme der hohen Brandung aus großer Entfernung ein wahrhaft friedliches romantisches Bild. Aber es war höchste Aufmerksamkeit geboten.

Ein Eingeborenenkanu lief dem einlaufenden Schiff entgegen. An Land wurde die britische Flagge gehißt. Mit dem Boot kam der Leiter eines französischen Unterneh-

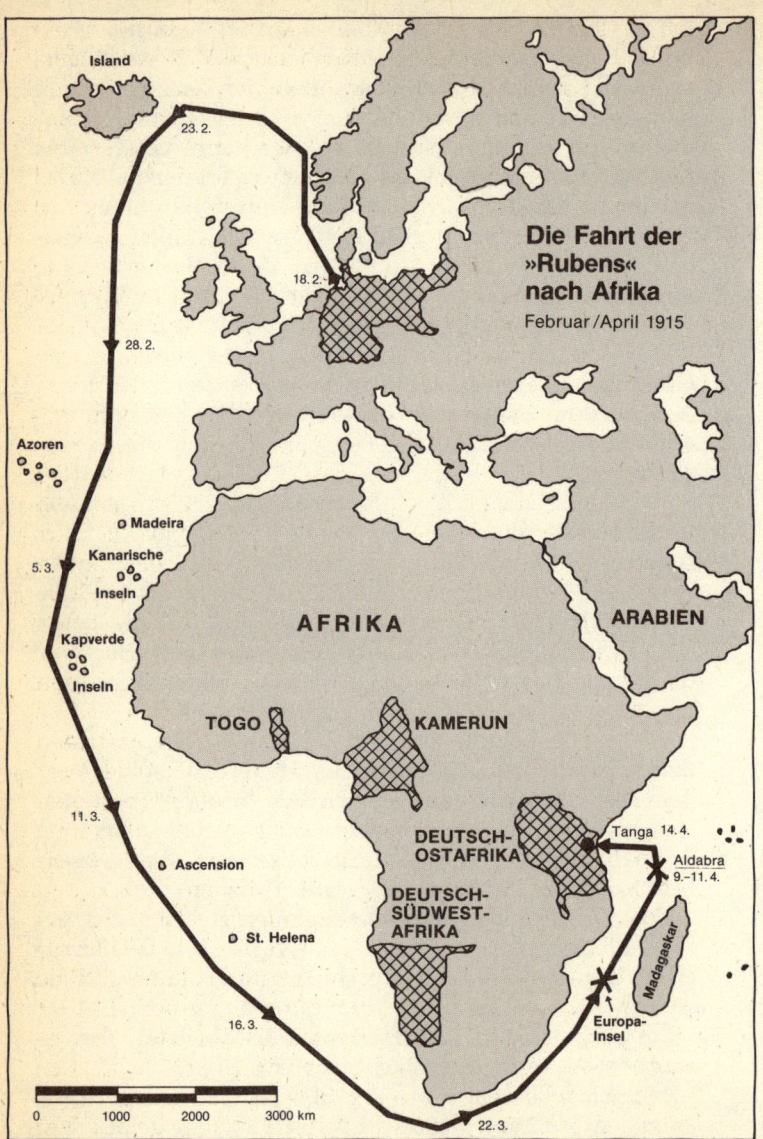

Island

23. 2.

18. 2.

28. 2.

**Die Fahrt der
»Rubens«
nach Afrika**

Februar / April 1915

Azoren

o Madeira

Kanarische
Inseln

5. 3.

Kapverde
Inseln

AFRIKA

ARABIEN

TOGO

KAMERUN

11. 3.

o Ascension

DEUTSCH-
OSTAFRIKA

Tanga   14. 4.

Aldabra
9.–11. 4.

DEUTSCH-
SÜDWEST-
AFRIKA

o St. Helena

Madagaskar

16. 3.

Europa-
Insel

0   1000   2000   3000 km

22. 3.

216

mens (Bürger der Insel Mahé auf den Seychellen) an Bord, der hier Schildkrötenfang betrieb. Vom Kriegsausbruch schien er nichts erfahren zu haben. Dankbar für einen Gesprächspartner erzählte er wortreich, wie vor Monaten ein großes englisches Kriegsschiff hier gewesen sei und aus einem Begleitdampfer gebunkert habe. (Dabei hatte es sich allerdings in Wirklichkeit um den deutschen Kreuzer »Königsberg« und seinen Begleitdampfer »Somali« gehandelt.)

Der Kommandant gab Maschinenschäden auf der Reise von Südafrika nach dem Roten Meer als Grund für das Anlaufen der Insel an. Der Besucher warnte vor dem Einlaufen in den schmalen Korallenkanal. Aber Christiansen erkundete mit einer Bootsbesatzung selbst Einfahrt und Ankergelegenheiten in der schmalen Rinne im Korallenatoll. Schnell waren eine provisorische Karte angefertigt und Peilmarken an Land aufgestellt. Dann rasselte der Anker auf den Korallengrund, nur 300 Meter von der Laguneneinfahrt entfernt. Durch eine vorspringende Inselzunge war das Schiff gegen die Sicht von See her gedeckt. Scharfer Ausguck überwachte den Horizont. Die starke Strömung und der Wechsel von Ebbe und Flut erschwerten die Lage des Schiffs, das mit dem Heck nur wenige Meter vom Korallenriff entfernt lag. Den Männern kam es vor, als ob sie von der Brücke aus in die Baumwipfel greifen könnten. — An diesem Abend herrschte zum erstenmal nach 53 Tagen eines anstrengenden und sehr spannungsgeladenen Seetörns »Ruhe im Schiff«. Das war auch dringend nötig, denn schon am frühen Morgen mußte die Besatzung mit dem unangenehmen Umtrimmen der Kohlenladung beginnen. Aber auch die Insel selbst wurde erkundet. Christiansen wollte feststellen, ob sich Aldabra vielleicht als Kohlen- und Munitionsdepot für »Königsberg« einrichten ließe.

Aldabra weist eine verschwenderische Tropenvegetation auf, in der die Palmen von der Gischt der hohen Brandung überweht werden. Auf dem Strand lagen Dutzende von riesigen Schildkröten, die geschlachtet und eingesalzen wurden, das Anfangsstadium der Schildkrötensuppe. Damals bestand jedenfalls noch keine Gefahr der Ausrottung dieser Tiere.

Der Ankerplatz des »Sp. A.« erschien durch seine Strömungs- und Ebbeverhältnisse sehr gefährlich, ein längeres Verweilen daher unzweckmäßig. Erneut wurde »Königsberg« per Funk angefragt, ob und wann der Kreuzer erwartet werden könnte. Würde »Königsberg« kein annäherndes Datum für ihren Ausbruch geben, dann mußte das Hilfsschiff weiter auf hohe See gehen und dort eine Wartestellung beziehen, oder es mußte auf Aldabra ein Depot für den Kreuzer angelegt werden.

Am Nachmittag des 12. April verließ »Sp. A.« die schöne aber gefährliche Lagune. (Die Männer konnten natürlich nicht ahnen, daß bereits am nächsten Morgen der britische Hilfskreuzer »Kinfauns Castle« die Insel anlaufen würde. Er hätte den Blockadebrecher bei weiterem Verweilen also tatsächlich gefaßt.) So aber lief »Sp. A.« rechtzeitig aus dem Gebiet der einsamen Insel ab. Es war jetzt zwei Tage vor Neumond; die damit verbundenen dunklen Nächte waren für das Kreuzen im Blockadegebiet am günstigsten.

Während dieser Abendwache wurde ein Funkspruch der »Königsberg« empfangen: »14. April morgens Tanga einlaufen. Tagesanbruch Kilulu-Einfahrt stehen. Lotse erwartet Sie vor Mansa-Bucht.« Dann folgten noch Einzelheiten über den britischen Blockadedienst.

Für Christiansen muß dieser Funkbefehl wie eine Erlösung aus der Qual des ziellosen Hin- und Herfahrens gekommen sein. Mit einem nördlichen Haken wurde noch einmal in den Indischen Ozean hinausgesteuert und der nächste Tag dazu benutzt, das Schiff (dieses Mal als Dampfer der British India Line) umzutarnen. Aber auch Vorbereitungen für die Selbstversenkung wurden getroffen. Für eine möglichst schnelle Fahrt suchten sich die Heizer die besten Kohlenstücke zusammen. Das Schiff durfte keinesfalls in Feindeshand fallen. Die Bodenventile wurden leichtgängig gemacht. Bei ihrem guten Funktionieren würde die schwere Ladung den Dampfer schnell und sicher unter Wasser ziehen.

Nun brach die spannende Nacht des 13./14. April 1915 herein. In großer Nähe unter Land sollte die NO-Spitze der Insel Pemba passiert werden, dann in die Pemba-Straße eingefahren und bei dunkelster Nacht die enge Durchfahrt durch die Kululu-Passage erzwungen werden. Große Schiffe hatten diese Einfahrt bei Nacht sicherlich noch nie benutzt.

Schärfster Ausguck und absolutes Abblenden waren erforderlich. Gegen Mitternacht konnte das Feuer des Pemba-Leuchtturms ausgemacht werden. Um 2.00 Uhr nachts hieß es »Hart Steuerbord Ruder«. Rechts voraus war eine Rauchwolke aufgekommen, ein Schiffsschatten wurde passiert, 500 Meter achteraus vom Heck. Durch die Nachtgläser wurde der Schatten als der angekündigte Hilfskreuzer »Duplex« identifiziert, der nach Angaben der »Königsberg« den Pemba-Kanal bewachte. Aber das britische Wachschiff sah den mit höchster Fahrt dicht vorbeilaufenden deutschen Blockadebrecher nicht. Mit allen 14 Knoten, deren er fähig war, steuerte dieser nun die Hafeneinfahrt von Tanga an. Endlich war die Brandung an den Korallenriffen an Backbord deutlich zu erkennen, die Einfahrt konnte passiert werden. Jetzt hatte das Schiff von seiner langen Reise noch etwa 15 Seemeilen bis Tanga zurückzulegen. Gegen 5.30 Uhr kam bei plötzlichem Einbruch des tropischen Morgenlichts ein Küstenstreifen in Sicht, davor eine kleine Insel mit weißem Turm, der Leuchtturm von Ulenga vor der Hafeneinfahrt nach Tanga. Und tatsächlich, ein großes Boot mit deutscher Flagge kam auf den Dampfer zu. »Sp. A.« befahl »Kursänderung auf das kleine Fahrzeug, klar zum Lotsenmanöver«. Denn der deutsche Lotse sollte übernommen werden.

Gleichzeitig aber warnte ein Ausguck vor einer bedrohlich wirkenden Rauchwolke in der Nähe der Kilulu-Durchfahrt. Mit hoch aufgewühlter Bugwelle und schwarz qualmenden Schornsteinen hielt offensichtlich ein größeres Kriegsschiff auf den Blockadebrecher zu, das bald als gegnerischer Kreuzer ausgemacht werden mußte. Der schützende Hafen von Tanga lag noch sechs Seemeilen, fast eine halbe Stunde Fahrt, entfernt. Er war nun nicht mehr erreichbar, denn der Kreuzer mit seiner starken und weitreichenden Artillerie hätte schnell den Weg abgeschnitten. Mit »Ruder hart Backbord« drehte »Sp. A.« ab und steuerte mit scharfer Fahrt in die schmale Mansa-Bucht hinein. Dort bestand die Aussicht, das Schiff durch Versenken auf flachem Wasser vor völliger Zerstörung zu bewahren und von Land aus zu schützen. Das deutsche Lotsenboot konnte daher nicht aufgenommen werden. Ohnmächtig mußten Kapitän Schade vom deutschen Dampfer »Markgraf« und Herr Memel, Vertreter der Reederei Deutsche Ostafrika-Linie in Tanga, zusehen, wie der Blockadebrecher vor dem britischen Kreuzer davonzukommen trachtete. In diesem Moment blitzte es auf dem feindlichen Kreuzer auf: Ein erster Schuß donnerte durch den friedlichen Tropenmorgen. Mehrere hundert Meter lag er zu kurz; dann aber folgten rollende Salven, deren Wasserfontänen sich an den deutschen Sperrbrecher herantasteten.

Laufend wurden auf »Sp. A.« die Bewegungen des Verfolgers mitgepeilt, denn es galt, nur hinein bis in den tiefsten Winkel der inneren Bucht zu kommen, der auch teilweise gegen Sicht von See her geschützt war. Fast wäre es dem feindlichen Kreuzer noch im letzten Augenblick gelungen, die Buchteinfahrt zu versperren. Aber das Unfaßliche geschah: Der Kreuzer ging auf Gegenkurs, fuhr zunächst mit langsamer Fahrt nach Norden und setzte dabei die Beschießung fort.

Nun konnte »Sp. A.« einen Ankerplatz auf flachem Wasser in der nördlichsten Ecke der Mansa-Bucht erreichen. Vom Inneren der Bucht her löste sich ein Eingeborenenkanu. Man konnte einen Schutztruppe-Offizier in Khaki-Uniform darin erkennen.

Um 6.30 Uhr ankerte »Sp. A.«, aber fast gleichzeitig schlugen die ersten Treffer ein: einer ins Vorschiff, ein anderer außenbords in die Kohlenbunker. Sprengstücke flogen von innen heraus durchs Oberdeck, der Schornstein wurde getroffen. Um weitere Schäden zu verhüten, galt es nun, das Schiff schnell in gutem Trimmzustand zu versenken, um die Ladung zu retten. Die Bodenventile wurden geöffnet, alle Räume geflutet, das Oberschiff war in Brand; schließlich fuhren weitere 15-cm-Treffer mit Höllenlärm in dieser stillen Mansa-Bucht in das Schiff. Dann aber kam die Meldung auf die Brücke, daß das Wasser in den Laderäumen schnell und planmäßig stieg. »Alle Mann aus dem Schiff«, befahl Oberleutnant Christiansen. Die zwei erstaunlich gering beschädigten Schiffsboote konnten tatsächlich zu Wasser gebracht werden, die Männer kamen an Land und nahmen dabei natürlich auch den angstvoll jaulenden Bordhund mit.

Beim Einlaufen war ein chiffrierter Funkspruch an »Königsberg« abgesetzt worden. Jetzt konnte man nur hoffen, daß das mit so viel Munition beladene Schiff nicht explodierte und daß das oben brennende Feuer nicht an das kostbare Kriegsmaterial in den gefluteten Räumen herankam. Ohne Verluste erreichte die Besatzung das Ufer in einem dichten Mangrovenbusch. Es war ein denkbar ungünstiger Landungsplatz: Sumpfiges Mangrovengelände, weicher Schlickboden mit zahlreichen Baumwurzeln, ein fast undurchdringliches Dickicht. Zunächst mußte versucht werden, aus dem feindlichen Feuer herauszukommen. Nach etwa einer Stunde größter Anstrengung waren die Leute auf festem Boden. Mit der Batteriepfeife sammelte der Kommandant seine Männer. Eine kleine Anhöhe mit Palmen wurde erreicht, aber schon schlug in der Nähe eine Granate ein, verwundete Christiansen und einige Männer. Ein Granatsplitter hatte sein rechtes Bein aufgerissen und verursachte großen Blutverlust. Christiansen war einige Augenblicke lang bewußtlos. Aber dann drangen Kommandos an sein Ohr, in einer fremden Sprache zwar, aber durchmischt mit deutschen Lauten. Aus dem Unterholz tauchte eine auseinandergezogene Schützenkette auf, schwarze Gestalten in Khaki mit dem unverkennbaren Tarbusch als Kopfbedeckung, doch darauf prangte der deutsche Reichsadler. Allen voran eilte ein Offizier mit Tropenhelm, Karabiner in der Hand. Rufe gingen hin und her. Dann war die Verbindung hergestellt zwischen der Besatzung des »Sp. A.« aus Wilhelmshaven und der Kaiserlichen Schutztruppe in Deutsch-Ostafrika.

Zwei Züge einer Feldkompanie des in Tanga stationierten Bataillons Baumstark waren es, die hier keinen feindlichen Landungsversuch abzuwehren, sondern eine versprengte eigene Schiffsbesatzung zu sammeln hatten. Blitzschnell hatten die Askaris eine Trage gefertigt, um den verwundeten und zeitweise bewußtlosen Kommandanten abzutransportieren. Sehr bald traf eine weitere ganze Askari-Kompanie ein, um die Mansa-Bucht und das Schiff mit seiner wertvollen Ladung gegen feindliche Landungsaktionen zu schützen. Inzwischen hatte das Artilleriefeuer aufgehört. Ausguckposten meldeten, der britische Kreuzer verlasse die Gewässer an der Mansa-Bucht. Der Dampfer »Sp. A.« war in eine riesige Rauchwolke gehüllt. Bis auf 1000 Meter hatte sich der Kreuzer genähert und um 1.00 Uhr ein armiertes Boot ausgesandt, um den Versuch zu machen, an Bord des brennenden Schiffs zu kommen. Aber das Boot wurde von der Landzunge aus von Maschinengewehren der Schutztruppe erfolgreich beschossen. Die Briten hatten den Enterversuch aufgegeben. Einige Zeit wurde das wracke Schiff noch vom Kreuzer beschossen. Da es jedoch lichterloh brannte und anscheinend ein Totalverlust war, nahm der britische Kommandant an, Schiff und Ladung seien befehlsmäßig vernichtet.

Am Nachmittag dampfte der britische Kreuzer (er stellte sich später als HMS »Hyacinth« heraus) endgültig aus den Gewässern von Tanga/Mansa ab. Etwa zur gleichen Zeit wurde in der Etappenstation Timbani eine erste Telefonverbindung mit dem Kommandanten der Stadt Tanga hergestellt. Die unverwundeten Männer der Besatzung sollten gleich in der Mansa-Bucht zurückbleiben, um die Bergungsarbeiten vorzubereiten, die Verwundeten dagegen nach Tanga gebracht werden. Vor allen Dingen ging es jetzt darum, alle verfügbaren Taucher herbeizuschaffen und die Bergungsarbeiten einzuleiten.

Bevor er endgültig nach Tanga überführt wurde, schärfte Kapitän Christiansen seiner Besatzung noch einmal die Sorge für Schiff und Ladung ein. Ein Krankenwagen brachte ihn auf der erst im Krieg hergestellten Straße zur

Eisenbahnstation Amboni. Von dort wurde er in das deutsche Hospital in Tanga gebracht, wo er zwei Tage nach seiner Landung ankam. Überall mußte Christiansen erzählen, denn wie ein Lauffeuer war ihm die Nachricht vorausgeeilt: Kapitän und einige Mann der Besatzung vom ersten aus der Heimat entsandten Hilfsschiff seien als Verwundete nach Tanga gebracht worden. Bataillonskommandeur Baumstark, der Kommandant von Tanga, Bürgermeister München und alle Honoratioren besuchten Kapitän Christiansen, dessen Krankenzimmer sich in einen Blumenladen verwandelte.

Größte Freude für Christiansen aber war am Tage seiner Ankunft in Tanga die Nachricht, das Feuer auf seinem Schiff sei gelöscht; das Schiff selbst zwar über Wasser vollständig zerschossen und ausgebrannt, aber bei Niedrigwasser ragte das Oberdeck heraus, und mit Taucherhilfe bestünde die Aussicht, fast die gesamte Ladung zu bergen; die Arbeiten hätten begonnen, ein Teil des Schiffsproviants sei bereits gelandet. Beruhigt konnte nun der Kapitän an seine eigene »Instandsetzung« denken.

Die Versenkung des »Sp.A.« in der Mansabucht und das »pünktliche« Erscheinen des Kreuzers »Hyacinth« just am Ansteuerungspunkt des deutschen Hilfsschiffs kam vielen verdächtig vor. Lasen die Briten etwa deutsche Funksprüche mit?

Heute wissen wir, daß dies tatsächlich zutraf und wie es möglich geworden war: Am frühen Morgen des 26. August 1914 war der Kleine Kreuzer »Magdeburg« bei der Insel Odensholm im finnischen Meerbusen so festgekommen, daß er gesprengt werden mußte. Deutsche Torpedoboote hatten zwar im Feuer heraneilender russischer Seestreitkräfte fast die gesamte Besatzung retten können, doch die Russen begannen sofort, das von dem deutschen Kreuzer befehlsgemäß über Bord geworfene Geheimmaterial herauszutauchen. Sie hatten Erfolg und fanden u.a. das deutsche Marine-Signalbuch. Dieses kam am 13. Oktober 1914 in den Besitz der britischen Admiralität, der es später nach eingehender Analyse deutscher Funksprüche gelang, die weitere Überschlüsselung der Signalbuchgruppen zu lösen. Ab 16. Dezember 1914 konnten deutsche Funksprüche in London entziffert werden. Wenn auch solche Dechiffrierungen mit großem Zeitverlust verbunden waren, so dürfte doch dieser Vorfall an der finnischen Küste, nur wenige Tage nach Kriegsausbruch, einer der folgenschwersten für die deutsche Marine gewesen sein. Diese Umstände konnten natürlich bei der Marine und in Deutsch-Ostafrika nicht bekannt sein. Die deutsche Seite erfuhr erst lange nach dem Krieg, wie den Briten der Einbruch in den Funkcode gelungen war. Aber den durch zahllose, sonst unerklärliche »Zufälle« bestätigten Verdacht, daß die Briten irgendwie deutsche Funksprüche mitlesen konnten, hatten mittlerweile viele Marinebefehlshaber. Wegen solcher Verdachtsmomente ließ auch Kapitän z. S. Looff von der »Königsberg« an den folgenden Tagen an einen fiktiven zweiten Hilfsdampfer auf See chiffrierte Scheinfunkbefehle senden, welche die Blockadestreitkräfte bei richtiger Entzifferung nach der im Süden des Schutzgebiets gelegenen Bucht von Mikindani locken mußten. Als hierauf tatsächlich drei britische Kreuzer überraschend zur nämlichen Zeit dicht vor der genannten Bucht erschienen, hatte sich die Annahme bestätigt, daß der Gegner irgendwie in den Besitz der deutschen Chiffriermittel gelangt war. Diese Kenntnis wurde nun dazu ausgenutzt, durch an das fiktive Schiff gerichteten chiffrierten Funksignale den Gegner glauben zu machen, nach dem Einlaufen des Hilfsdampfers »Rubens« seien dort außerhalb der Mansa-Bucht Minen gelegt worden. Dieser Bluff ging auf; jedenfalls sollten britische Kriegsschiffe die Bergung der wichtigen Ladung aus dem versenkten Hilfsschiff in der Folgezeit nicht stören und sich vielmehr stets weit vor der Mansa-Bucht aufhalten.

Mit der Versenkung des Hilfsschiffs am 14. April in der Nähe von Tanga war für Looff eine der wesentlichen Hoffnungen geschwunden, mit Hilfe der Materialvorräte dieses Dampfers die Kreuzertätigkeit wieder aufzunehmen und sich vielleicht sogar nach der Heimat durchschlagen zu können.

Anfang Mai 1915 hatte den Kommandanten der »Königsberg« ein chiffrierter Befehl des Admiralstabs (datiert vom 15. Februar) über Portugiesisch-Ostafrika erreicht. Darin hieß es:

»Es wird Ihnen anheimgegeben, nach eigenem Ermessen zu entscheiden, ob es zweckmäßig ist, unter den bestehenden Verhältnissen S. M. S. Königsberg zur Verfügung zu stellen für Verteidigung der Kolonie, oder Kreuzerkrieg zu führen. Im letzteren Falle ist es im Bereich der Möglichkeit, daß S. M. S. Königsberg mit Hilfe von Sprengmunition Schiffssperre beseitigt und kann auslaufen in absehbarer Zeit ...« (Es folgten weitere Direktiven für diesen Fall).

Daraufhin telegrafierte Fregattenkapitän Looff nach einer Bedenkpause am 7. Mai 1915 an das Kommando der Schutztruppe, er habe vom Admiralstab Anweisungen erhalten, wonach das Auslaufen der »Königsberg« aufgegeben werde und der Kreuzer die Schutztruppe zu unterstützen habe.

Hatte der Kommandant der »Königsberg« bisher an der Hoffnung festgehalten, sein Schiff wieder zur Kreuzerkriegführung auf die hohe See hinauszubringen — eine Hoffnung, die sicher durch die Annäherung des Hilfsschiffs neuen Auftrieb erhalten hatte — so änderte die Versenkung des Hilfsschiffs nunmehr seine Pläne. (Nur ein kleiner Teil der aus dem gesunkenen »Sp. A.« herausgetauchten für den Kreuzer bestimmten Ladung erreichte die »Königsberg«, und das kurz vor ihrer Vernichtung im Juli 1915.) Der Befehl des Admiralstabs gab Looff Ermessensfreiheit und bestätigte ihn in seiner Auffassung, der Kreuzer könne oder solle nun die Unterstützung der Schutztruppe als Hauptpflicht betrachten, während ihm (Looff) eine Wiederaufnahme des Kreuzerkrieges ausgeschlossen erschien. Der Kommandant gab nun also endgültig jeden Plan für ein Auslaufen der »Königsberg« aus dem Rufiji auf. Daher kam es ihm jetzt darauf an, den Kreuzer weiter als Angriffsziel zu erhalten, das er schon seit sechs Monaten gewesen war, um den Gegner auch weiterhin zu zwingen, starke Streitkräfte vor dem Rufiji zu stationieren. Dazu mußte bei beschränkter Fahrfähigkeit die Gefechtsfähigkeit des Kreuzers ständig aufrechterhalten werden. Der Gegner durfte nicht merken, daß alle Ausbruchspläne endgültig aufgegeben waren. Dies war mit etwa zwei Drittel der Besatzung zu erreichen. Ein Drittel der Besatzung (die Stärke des rollenmäßigen Landungskorps des Schiffs) konnte daher für Zwecke der Landesverteidigung abgegeben werden. Kapitän Looff trat deshalb mit dem Gouverneur und dieser mit dem Kommandeur der Schutztruppe in Verbindung, um festzustellen, in welcher Form »Königsberg« die Schutztruppe unterstützen könne. Die Antwort des Kommandeurs der Schutztruppe lautete lakonisch: »Durch soviel Mannschaft wie möglich, aber möglichst ohne Offiziere.« Der letztere Wunsch war angesichts der damals noch reichlichen Zahl der der Schutztruppe zur Verfügung stehenden Reserveoffiziere des Heeres und der Marine geäußert worden. Oder spürte Lettow, daß Looff mit Unterstützung des Gouverneurs den Aufbau eines zweiten separaten »Wehrmachtsteils« betrieb, den natürlich er, Looff, befehligen würde? Die Marine jedenfalls bemerkte zu Lettows Äußerung, daß wegen der Fürsorge für die Marinemannschaften, die ihre gewohnten Führer nicht vermissen sollten, dieser Wunsch nicht berücksichtigt werden könne.

Fregattenkapitän Looff stellte der Schutztruppe zunächst das rollenmäßig vorgesehene Landungskoprs des Kreuzers, und zwar mit Offizieren, zur Verfügung. Seine Begründung: Er wolle es als geschlossenen Verband zusammengehalten wissen, da die »Königsberg«-Besatzung tropenunkundig und für den Landkrieg nicht genügend ausgebildet sei; die fehlende Ausbildung sollte unter Anleitung erfahrener Schutztruppenoffiziere erfolgen, die Truppe aber als Marine-Einheit zusammengehalten werden.

Das Landungskorps von S. M. S. »Königsberg« (4 Offiziere und 111 Mann) wurde am 1. Mai 1915 im Rufiji-Fluß ausgeschifft und marschierte unter Führung des von einer früheren Kommandierung auf dem Kleinen Kreuzer »Seeadler« her landeskundigen Ersten Offiziers nach Daressalam. Schon dieser erste Marsch durch den Busch — bei tropischer Hitze und mit mehrmaligem Biwakieren — bedeutete für die marschungewohnten Seeleute, die ja notorisch jedem »Infanterismus« abhold sind, eine ziemliche Anstrengung. In Daressalam wurde auf Befehl des Kommandos der Schutztruppe, dem das Landungskorps nun unterstand, die Abteilung geteilt: Ein Zug marschierte unter Oberleutnant z. S. Angel (dem Adjutanten des Kreuzerkommandanten) nach Norden, um der Batterie Sternheim (die mit von »Sp. A.« mitgebrachten Geschützen ausgerüstet war) Artilleristen zuzuführen. Der zweite Zug unter Oberleutnant z. S. Freund wurde nach Kigoma überführt und dort Korvettenkapitän Zimmer, dem Militärbefehlshaber am Tanganjika-See, unterstellt. Dort fehlte es an seemännischem Personal für den in Bau befindlichen großen Dampfer »Graf Götzen«. Der Führer des Landungskorps, der I. O. der »Königsberg«, war entbehrlich und kehrte auf den Kreuzer im Rufiji zurück.

Der Führer der Delta-Abteilung vertraute dazu seinem Tagebuch an:

»Später kam dann die Anweisung aus Berlin für ›Königsberg‹: ›Anheimstelle Kreuzer aufzulegen.‹ Ob dieser Befehl wohl auch ergangen wäre, wenn man in Berlin gewußt hätte, daß die ›Königsberg‹ volle Bunker hatte? Ich kann mir das nicht denken, es entspräche gar nicht dem sonst in unserer Marine glücklicherweise herrschenden Offensivgeist. Und obwohl die ›Königsberg‹ nach dem Berliner Befehl im Delta liegenblieb, dachte der Kommandant gar nicht daran, nunmehr die Postierungen an den Mündungen mit eigenen Mannschaften zu besetzen und seine Landverteidigung selbst zu übernehmen, sondern überließ dies nach wie vor meiner Abteilung, welche durch den langen Aufenthalt in dem sumpfigen Deltagebiet schon erheblich mitgenommen war, während die ›Königsberg‹-Mannschaften an Bord gelebt hatten wie in Friedenszeiten. (Vielleicht, oder sogar wahrscheinlich, war gerade dieser gänzliche Mangel an Tätigkeit Schuld an dem hohen Krankheitsstand an Bord.) Ich brachte der ›Königsberg‹ gegenüber bald den Wunsch zum Ausdruck, da sie ja nun doch nicht mehr in See ginge, einige der 10,5-cm-Geschütze des Kreuzers an den Flußmündungen aufzustellen. Dieser Vorschlag wurde abgelehnt. Schließlich hatte ich mich vor dem Eintritt der Endkatastrophe nochmals schriftlich an ›Königsberg‹ gewandt, mit dem Ansuchen, drei der 10,5-cm-Geschütze zur Verteidigung der Nordmündung aufzustellen, eines auf dem Westufer des Kikunja-Arms, eines auf der Ssimba-Uranga-Insel und das dritte auf der Kiomboni-Halbinsel. Mein Vorschlag wurde mit der Begründung abgelehnt, die Geschütze ließen sich nicht von Bord nehmen. (Als dann die ›Monitore‹ überraschend auftraten, war es zu spät, dies zu versuchen.) Ich habe dann jedenfalls später, als ›Königsberg‹ zerschossen und gesunken war, an einem einzigen Tage fünf der 10,5-cm-Geschütze hintereinander von Bord nehmen lassen. Und wie sich die Geschütze auch ohne Radlafetten an Land aufstellen und verwenden ließen, durfte ich später bei der Aufstellung zweier dieser Geschütze bei Tanga beweisen.«

Schönfeld hatte sich auch mit der Bitte an »Königsberg« gewandt, sie solle einige Torpedos abgeben. Er wolle damit versuchen, mit kleineren Fahrzeugen Torpedoschüsse gegen britische Blockadeschiffe zu unternehmen.

»Aber mit meinen Vorschlägen kam ich übel an. Kapitän Looff sagte, das ginge nicht usw. Die Torpedos würden die Kompressionsluft nicht so lange halten, und viele andere Gründe mehr. Als ich diese Gründe zu widerlegen suchte, fertigte er mich mit dem Bemerken ab: ›Ich kann meine Torpedos allein anbringen.‹ Da ging ich denn traurig von Bord und dachte: Hoffentlich ist dies eine Ausnahme in unserer Marine.«

Schönfeld bekam keine Torpedos. Der Kreuzer machte sich dann selbst an solche Versuche mit zwei Torpedos, mit einem Einbaum und einem kleinen Zollkreuzer »Wami«, aber natürlich unter Marine-Regie, nicht unter der der Schutztruppe. Ein solcher T-Angriff der »Wami« mißglückte am 5./6. Juni. Die Selbstversenkung der »Königsberg« erfolgte dann im Torpedo-Munitionsraum. Dabei wurden drei der insgesamt fünf Torpedos vernichtet, um die Schönfeld während der Verteidigung vergeblich gebeten hatte (zwei waren während des Endgefechts nicht an Bord).

Die britischen Blockadestreitkräfte blieben einige Zeit nach der Ankunft des Hilfsschiffs vor dem Rufiji vereinigt. Im April trat vorübergehend der in Südamerika frei gewordene Panzerkreuzer »Cornwall« (der auf deutscher Seite als »Cumberland« angesprochen wurde) an der Küste in Erscheinung, wurde jedoch im Mai ebenso wie »Chatham« nach den Dardanellen beordert. Dafür wurde die Zahl der kleinen armierten Hilfsfahrzeuge im Frühjahr erheblich vermehrt. Aus Südafrika trafen vier armierte Walfänger und ein Flugzeugmutterschiff mit drei Flugzeugen (ein Landflugzeug, zwei Wasserflugzeuge) ein. Auf Mafia war ein Flugplatz angelegt worden. Außer dem Hilfskreuzer »Kinfauns Castle« wurde von Mitte Juni an auch ein weiterer Zweischornstein-Dampfer bei Mafia gesichtet.

Inzwischen hatte Looff aus Kigoma wieder eines der 8,8-cm-Hilfskreuzergeschütze der »Königsberg« herbeiholen lassen. Damit ausgerüstet, wurde der von der Schutztruppe weggenommene Tender »Adjutant« am 11. April 1915 unter dem Kommando von Oberleutnant Herm mit einer Besatzung von 21 Mann für die Bewachung der schwerer zugänglichen Flußarme im Rufiji als Marine-Schiff in Dienst gestellt.

Aus Portugiesisch-Ostafrika trafen von Dezember 1914 bis Mai 1915 die meisten der auf dem Reichspostdampfer »Zieten« als Wache zurückgelassenen »Planet«-Männer und eine Anzahl Reservisten der Besatzungen der NDL-Dampfer »Zieten« und »Khalif« sowie Kriegsfreiwillige im Süden des Schutzgebiets ein. Trotz strenger Überwachung durch die portugiesischen Behörden und britischen Blockadekreuzer waren sie in Schiffsbooten von »Zieten« und »Khalif« aus Mosambik entkommen und teilweise unter gefahrvollen und abenteuerlichen Fahrten nach Deutsch-Ostafrika gesegelt. Dort wurden sie vorübergehend zur Verstärkung der Abteilung Delta aber auch an Bord der »Königsberg« verwendet.

Mit der Zeit hatte sich der Gesundheitszustand der Kreuzerbesatzung und der Abteilung Delta sehr verschlechtert, vor allem durch Malaria. An Bord des Kreuzers waren zeitweise 40 Prozent der Besatzung erkrankt; diese Zahl sank auch später nicht mehr unter 15 Prozent. Daher war etwa einen Tagesmarsch landeinwärts vom Liegeplatz der »Königsberg« ein Marinefeldlazarett auf der Pflanzung Neustieten an einem Nebenarm des Rufiji eingerichtet worden, das Anfang 1915 in Betrieb genommen werden konnte. Das nächste Krankenhaus befand sich in Daressalam, sechs Tagesmärsche vom Rufiji-Delta entfernt.

Nach Bekanntwerden der Kapitulation von Deutsch-Südwestafrika mußte angenommen werden, daß die freiwerdenden britischen und südafrikanischen Truppen nun gegen Deutsch-Ostafrika eingesetzt werden würden. Auch die Ansammlung britischer Seestreitkräfte an der Küste von Deutsch-Ostafrika schien auf größere Aktionen hinzudeuten. Seit Anfang Mai 1915 wurden von den britischen Kriegsschiffen häufig Schießübungen bei Mafia abgehalten. Wachboote näherten sich öfters lotend den Mündungen. Zahlreiche Versorgungs-Dampfer kamen und gingen im Küstengebiet.

Diese Anzeichen veranlaßten Korvettenkapitän Schönfeld, das 6-cm-Geschütz, eine 3,7-cm-Kanone sowie ein Maschinengewehr an der Kikunja-Mündung zu postieren. Für das 6-cm-Geschütz wurden dort gleich mehrere Stände angelegt, damit ein schneller Stellungswechsel möglich war. Die Posten konnten jetzt endlich an ein Haupttelefonnetz angeschlossen werden; alle Stellungen im Delta wurden verstärkt.

Im Laufe des Mai und Juni 1915 erfolgten wiederholt Flugzeugangriffe auf »Königsberg«, konnten jedoch durch den Kreuzer stets abgewehrt werden. Denn jetzt waren schließlich doch zwei Schiffsgeschütze zur Flugzeugabwehr hergerichtet worden: Die oberen, horizontalen Teile der Schutzschilde hatte man abgenommen, dadurch erhielten die Rohre den erforderlichen Erhöhungswinkel. Aber der geringe Vorrat an Schrapnells (insgeamt nur 30) gestattete nie ein wirkungsvolles Sperrfeuer gegen die Flugzeuge. Zumeist aber genügten nur zwei, drei Schrapnells, um die Maschinen zum Abdrehen zu zwingen. Am 5. Mai mußte eines der Flugzeuge außerhalb des Rufiji-Deltas niedergehen, nachdem es östlich vom Kiomboni-Posten in geringer Höhe beschossen worden war. Der Pilot wurde geborgen, die Maschine ging zu Bruch.

Inzwischen mühte sich Oberleutnant Christiansen vom Lazarett aus, den Wissensdurst der Ostafrikaner, die seit Kriegsbeginn nur auf gegnerische Meldungen angewiesen waren, über den bisherigen Verlauf des Krieges, Mobilmachung, deutsche Erfolge, Stimmung in der Heimat und die Ereignisse in aller Welt zu stillen. Das Fragen nahm kein Ende.

Auf dem gelöschten und auf Grund liegenden »Sp. A.« war intensiv mit den Bergungsarbeiten begonnen worden. Decks und Aufbauten waren zwar verwüstet, die Laderäume dagegen wenig beschädigt. Und bis auf relativ wenige Kolli hatte auch das Wasser dem seefest verpackten Kriegsmaterial nicht viel anhaben können. Das Fluten der Laderäume und das Aufgrundsetzen des Schiffs hatten Erfolg gebracht.

Vor allem wurden Waffen und Munition so schnell wie möglich geborgen, damit sie nicht zu lang im Wasser lagen. Araber-Daus und Schiffsboote waren schon einen Tag nach dem Einlaufen zur Stelle, um den Verkehr mit dem Land herzustellen. In der Mansa-Bucht war ein Lager entstanden, wo das notwendige Material und die Arbeitskräfte untergebracht wurden. Taucher waren im Anmarsch. Mehrere Askari-Kompanien hatten Stellung bezogen, um etwaige feindliche Landungsversuche abzuwehren.

Wenn nur die Taucher erst da wären! Der Kreuzer »Königsberg« lag mehr als zehn Tagemärsche entfernt. Die Taucher der »Möwe« vom Tanganjika-See hatten einen noch längeren Anmarsch. So begannen die Anwesenden, unter teilweise lebensgefährlichen Bedingungen, schon jetzt vieles herauszutauchen. In wenigen Tagen konnten Hunderte von Gewehren, über 50 000 Patronen und sogar eine Geschützlafette geborgen werden.

Bald waren die Männer des »Sp. A.« zu »alten Afrikanern« geworden. Ihr Smutje bereitete die Mahlzeiten unter einem Palmenbaum. Sie arbeiteten unentwegt. Und dann waren sie endlich da, die Taucher von »Königsberg« und »Möwe«, auch einige zivile und eingeborene Taucher. Unter Berücksichtigung von Ebbe und Flut wurde jeden

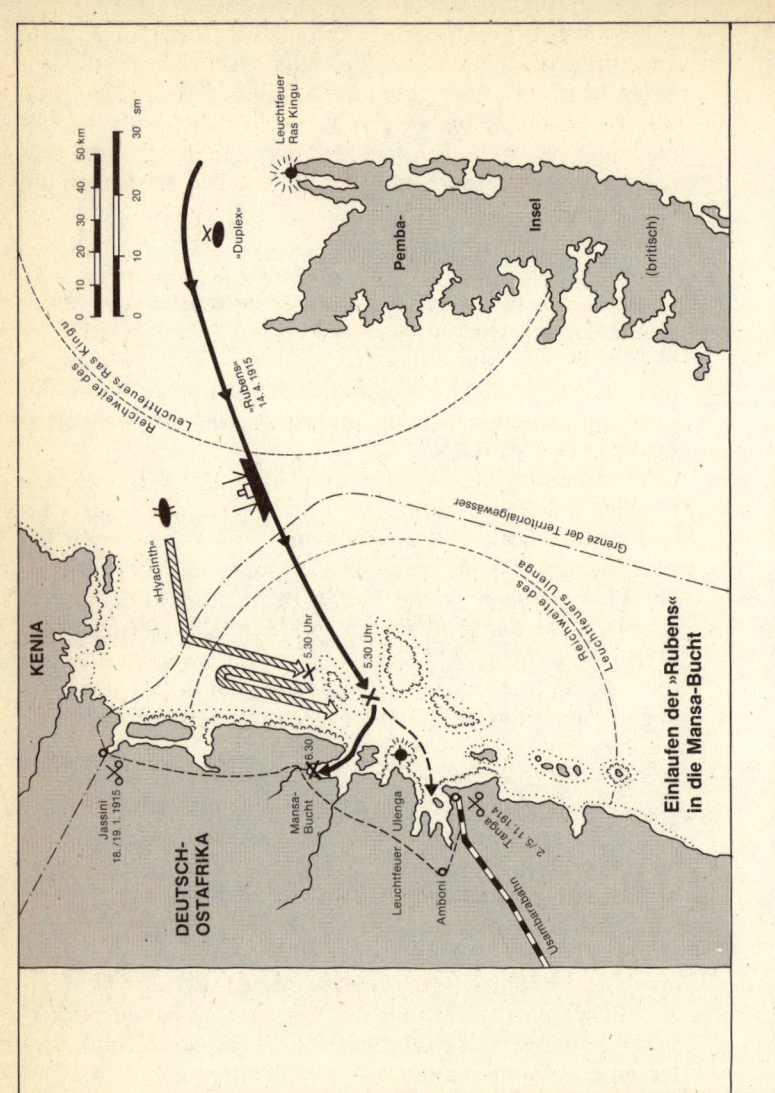

Einlaufen der »Rubens«
in die Mansa-Bucht

Leuchtfeuer
Ras Kingu

Pemba-

Insel

(britisch)

»Duplex«

Reichweite des Leuchtfeuers Ras Kingu

»Rubens«
14.4.1915

Grenze der Territorialgewässer

Reichweite des Leuchtfeuers Ulenga

»Hyacinth«

KENIA

5.30 Uhr

5.30 Uhr

6.30

Jassini
18./19.1.1915

DEUTSCH-
OSTAFRIKA

Mansa-
Bucht

Leuchtfeuer/ Ulenga

Amboni

Tanga
2./5.11.1914

Usambarabahn

50 km

30 sm

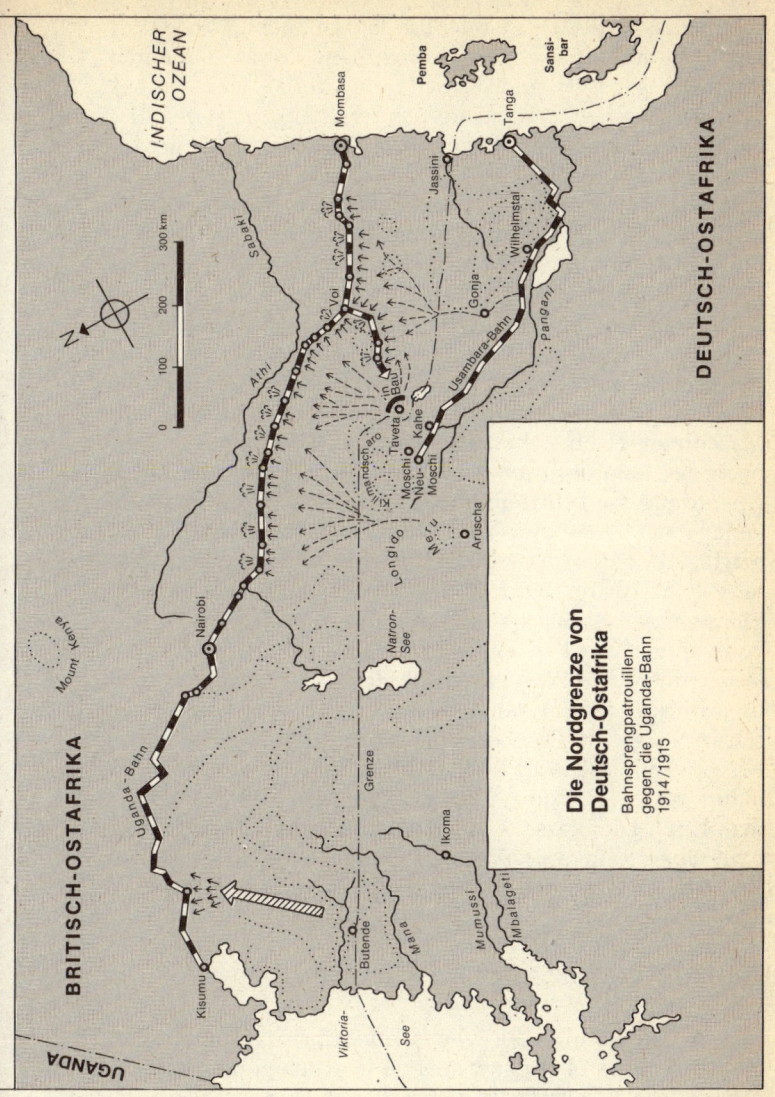

Die Nordgrenze von Deutsch-Ostafrika

Bahnsprengpatrouillen
gegen die Uganda-Bahn
1914/1915

INDISCHER OZEAN

BRITISCH-OSTAFRIKA

DEUTSCH-OSTAFRIKA

UGANDA

Pemba

Sansi-bar

Mombasa

Tanga

Jassini

Gonja

Wilhelmstal

Sabaki

Voi

Usambara-Bahn

Pangani

Bura

Tsavo

Taveta

Kahe

Moschi

Neu-Moschi

Kilimandscharo

Meru

Aruscha

Longido

Athi

Nairobi

Uganda-Bahn

Mount Kenia

Natron-See

Grenze

Ikoma

Mbalageti

Mara

Mumussi

Butende

Kisumu

Viktoria-See

300 km

0 100 200 300

233

Tag zunächst bis zu zwölf Stunden getaucht. Gewehrkisten, Munition, Geschütze, Maschinengewehre, Granaten für »Königsberg« und Maschinenmaterial wurden aus dem jetzt schier unerschöpflich erscheinenden Schiffsbauch an Land gefördert. Dort wurde alles sortiert, gesäubert, getrocknet. Auf den Köpfen schwarzer Träger wurde das Material sofort in unübersehbaren Trägerkolonnen landeinwärts zur Eisenbahnstation Amboni weitertransportiert. Dort war eine zentrale Sammel- und Reinigungsstation eingerichtet worden.

Nur bei Hochwasser ruhte die Arbeit an »Sp. A.«. Inzwischen war auch ein Verbindungsoffizier der »Königsberg« angekommen, der in der Sammelstelle Amboni die für »Königsberg« wichtigsten Teile aussortierte. Die ersten Maschinengewehre befanden sich schon wenige Tage nach der Landung auf dem Weg nach Daressalam. Naß gewordene Gewehrmunition wurde in einer Kopratrockenanstalt getrocknet und wieder gebrauchsfähig gemacht. Besonders die mitgebrachten Gewehre und Karabiner 98 waren wichtig für die Schutztruppe. Große Mengen der Artilleriemunition für »Königsberg« waren vollkommen trocken geblieben. Sie wurden mit Trägern auf den langen Weg geschickt. Jede Granatbüchse (mit drei Stück 10,5-cm-Granaten) mußte von zwei Trägern geschleppt werden. Die Blechbüchsen wurden zwischen zwei Knüppel eingeschnürt und so die Granaten wie eine Tragbahre getragen. Alles übrige schleppten die Träger auf dem Kopf. Die Märsche von der Landungsstelle nach Amboni über Kambani, Bagamojo und Daressalam zur im Rufiji-Delta liegenden »Königsberg« dauerten 14 Tage.

25. Die Rückreise von Carl Christiansen

Inzwischen konnte der genesende Christiansen an Ort und Stelle alles über das bisherige Geschehen im ostafrikanischen Deutschland ausgiebig kennenlernen. Dann erreichte ihn die Einladung Lettows, ihn so bald wie möglich in seinem Hauptquartier in Neu-Moschi an der Endstation der Usambara-Bahn aufzusuchen. Sofort brach Christiansen mit einem Bahnschutzzug auf. Schon die Fahrt nach Neu-Moschi über die wichtige Station Mombo war für ihn voll neuer Eindrücke über die vielfältige Tätigkeit der Schutztruppe. Die Bahnschutzzüge bestanden jeweils aus Lokomotive und einem Wagen, darauf ein Offizier und wenige Askaris. Sie hielten bei allen wichtigen Bahnübergängen, Brücken und Unterführungen, um die Bahnlinie auf Zerstörungen oder Beschädigungen zu untersuchen. Denn für Truppenverschiebungen war gerade diese Usambara-Bahn in den ersten Jahren des Krieges von größter Wichtigkeit. Sie wurde daher schärfstens bewacht, alle Stationen waren militärisch besetzt.

Christiansen gewann ein Bild vom Verteidigungswillen des Landes. Jeder Mann schien zu den Waffen geeilt zu sein: Die allerverschiedensten möglichen und unmöglichen Uniformen waren zu sehen. Auf der Fahrt nach Neu-Moschi traf Christiansen als Bahnhofskommandanten der Usambara-Bahn an einem einzigen Morgen auf einer Station einen Deckoffizier der Marine, auf der nächsten einen ehemaligen Kavallerie-Offizier hohen Adels, auf der dritten einen Seemaschinisten der Deutsch-Ostafrika-Linie, dann einen alten Pflanzer, und auf wieder einer anderen Station einen katholischen Laienbruder, der nun als Landsturmgefreiter die Bahnlinie schützte.

Wo immer die Ankunft des Zuges mit Christiansen bekannt geworden war, strömten von nah und fern die Bewohner zusammen, sich von ihm Auskünfte über die Kriegsereignisse draußen erhoffend. Schließlich erreichte Christiansen den Endbahnhof am Fuße des Kilimandscharo und erhielt einen Eindruck vom militärischen Treiben in Neu-Moschi, dem Standort des Kommandeurs. Mit klingendem Spiel marschierte eine von einer Übung heimkehrende Askari-Kompanie vorbei, berittene Offiziere eilten vorüber, staubbedeckte Ordonnanzen kamen und gingen, lange Trägerkolonnen mit Maschinengewehrmunition und Proviantlasten strebten vom Bahnhof in verschiede Richtungen, mit Eisenträgern beladene Lastautos sausten vorüber. Verglichen mit dem relativ friedlichen und verschlafenen Tanga fühlte sich Christiansen hier am Kilimandscharo in das Zentrum militärischer Aktivität versetzt. Dem Kommandeur sollte er beim Abendessen in der Stabsmesse vorgestellt werden. Daher benutzte er den Nachmittag, um sich umzusehen. Der Stab der Schutztruppe lag im Bahnhofsgebäude, atmete Arbeit, überall klapperten Schreibmaschinen.

Den durch eine schwere Verwundung ans Bett gefesselten Hauptmann Tafel suchte Christiansen zuerst auf, ließ sich die schweren Kämpfe am Longino und vor Tanga schildern und mußte selbst erzählen. Während des angeregten Gesprächs der beiden war es dunkel geworden, als sich die Tür öffnete: »Guten Abend, meine Herren, lassen Sie sich bitte nicht stören.« Ein hochgewachsener hagerer Mann hatte den Raum betreten und wandte sich an Christiansen: »Ihre Ankunft wurde gemeldet, ich möchte Sie nur schnell begrüßen. Ich sehe Sie ja heute abend beim Essen.« Ein kräftiger Händedruck, und schon war der Offizier mit einem »Guten Abend, meine Herren« wieder verschwunden. »Wer war das?« fragte der Kommandant. Hauptmann Tafel lachte. Christiansen hatte in dem hageren, bescheidenen Mann in seiner alten und abgetragenen Khaki-Uniform ohne jedes Rangabzeichen den Kommandeur der Schutztruppe, den Sieger von Tanga und Jassini, nicht erkannt.

Aber dann war es Zeit zum offiziellen Abendessen des Stabes des Kommandeurs der deutschen Schutztruppe von Deutsch-Ostafrika. Ein Offizier geleitete Christiansen, der darüber erstaunt war, wieder zum Bahnhof geführt zu werden. Und hier versammelte sich der Stab im »Stabs-Speisesaal« des Schutztruppen-Kommandos, auf dem offenen Bahnsteig der Station Neu-Moschi. Pünktlich um 19.00 Uhr nahm der Kommandeur die Ankunftsmeldung Christiansens entgegen und ließ ihn an seiner Seite Platz nehmen. Ein tiefer Eindruck für den jungen Seeoffizier: Der zugige offene Bahnsteig mit seiner Wellblechüberdachung, wo im kühlen Abendwind die Windlichter flackerten und die Schatten der hin- und hereilenden schwarzen Ordonnanzen über die Szene huschten. Um sich gegen die Abendkühle zu schützen, hatten viele Herren ihre Mäntel angezogen. Der Kommandeur trug seinen alten Seebataillonsmantel bis oben zugeknöpft. Eine eigenartige Tischrunde, diese Stabsmesse des Hauptquartiers der deutschen Kaiserlichen Schutztruppe in Neu-Moschi.

»Nun essen und trinken Sie mal tüchtig«, sagte der Kommandeur zu Christiansen, »wir haben alle die Absicht, Sie nachher wie eine Zitrone auszuquetschen. Sie müssen uns unheimlich viel erzählen.« Und so wurde es an diesem Abend spät. »Wir freuen uns sehr, an Ihrer Ankunft zu sehen, daß uns die Heimat nicht vergessen hat. Sicher wird man weiterhin Mittel und Wege finden, uns mit Waffen und Munition zu versorgen«, bemerkte einer der Offiziere. Worauf der Kommandeur lakonisch meinte: »Unsere Askaris sind schon daran gewöhnt, sich Waffen vom Feinde zu holen, um sie besser gegen ihn zu gebrauchen.«

Nach kurzer Schilderung der Schlacht von Tanga sagte Lettow: »Die Engländer konnten uns damals keinen größeren Gefallen tun. Der Erfolg hat das vorhandene Vertrauen unserer Askaris derart verstärkt, daß die braven Jungs jetzt kaum zu halten sind, wenn es wieder an den Feind geht. Die große Beute hat natürlich auf sie einen riesigen Eindruck gemacht. Und das Glückwunschtelegramm Seiner Majestät des Kaisers, das uns aus Berlin über Windhuk erreichte, als wir aus dem schweren Gefecht bei Jassini zurückkehrten, hat uns alle froh und stolz gemacht ... Aber zu Ende kommen werden wir heute abend doch nicht mehr, meine Herren. Unser seltener Gast muß uns noch viel mehr erzählen.« Der in seinem verblichenen Mantel fröstelnde Kommandeur erhob sich. »Sie sollen Gelegenheit haben, sich unsere verschiedenen Einrichtungen und das ganze militärische Leben in der Kilimandscharo-Zone eingehend anzusehen.« Ein kurzer Gute-Nacht-Gruß an die Tafelrunde. Dann verschwand der Kommandeur im nahen Stationsgebäude, seinem Quartier.

Christiansen besichtigte in der Umgebung des Kilimandscharo alle militärischen Einrichtungen. Auch den Stützpunkt Taweta konnte er mit dem Kommandeur in dessen Stabsautomobil (einem Vorführwagen, der für die Landesausstellung in Daressalam eingetroffen war) besuchen. Vor der gesamten Garnison und allen deutschen Einwohnern hielt er im Kilimandscharo-Hotel von Neu-Moschi einen Vortrag über die Kriegsereignisse in der Heimat.

Immer wieder aber waren es die tropischen Abendessen, die so tiefen Eindruck auf Christiansen machten. Unter freiem Himmel, auf Veranden, inmitten von Zelten oder Grashütten, bei flackernden Feuern und gelegentlich von der Musik von Kapellen begleitet, so wurde hier einfach, aber gesellig gespeist. In hellen Scharen kamen immer die Eingeborenen zusammen. In respektvoller Entfernung lauschten sie der Musik und dem bei vorgerückter Stunde manchmal auch recht kräftigen Singen der Tafelrunde. Fragen, Erzählen, Austauschen von Erlebnissen, die Zeit der Anwesenheit im Kilimandscharo-Gebiet war wie im Fluge vergangen. Christiansen mußte sich auf den Weg zur »Königsberg« machen.

Hauptzweck der Besprechungen war die weitere Versorgung der Schutztruppe. Lettow war der Meinung, Christiansen solle unbedingt den Versuch machen, nach Deutschland zurückzukehren, um mit seinen Erfahrungen dieses Unternehmen zu wiederholen. Die bisherigen Gefechte hätten den Munitionsbestand der Schutztruppe vor Ankunft seines Schiffs derart zusammenschrumpfen lassen, daß an größere Unternehmungen nicht mehr gedacht werden konnte. Der Munitionsverbrauch war auf ein Mindestmaß eingeschränkt und dazu den Askaris die Ladestreifen weggenommen worden, so daß sie jeden Schuß einzeln laden mußten.

Christiansen machte sich an die Vorbereitung seiner abenteuerlichen Rückreise. Pläne hatte er genug: Mit einer großen seegehenden Araber-Dau würde er mit dem Südwestmonsun vielleicht Arabien erreichen und über die Türkei nach Hause gelangen können. Auch wäre mit einem der DOAL-Dampfer, mit »Markgraf« von Tanga oder mit »Präsident« von Lindi aus, Java zu erreichen gewesen. Aber beide Schiffe waren durch ihr Äußeres sehr auffällig; außerdem war die Beschaffung der erforderlichen Kohlenmengen so gut wie unmöglich.

Daher wollte Christiansen, als katholischer Laienbruder belgischer Nationalität verkleidet, möglichst in Begleitung eines echten Missionars die Kolonie verlassen und in Portugiesisch-Afrika eine Gelegenheit zur Weiterreise suchen. Dazu besprach er sich mit dem Bischof von Moschi, der ihm auch den Pater Haberkorn zur Verfügung stellte, welcher als Elsässer perfekt Französisch und geläufig Portugiesisch sprach. In Tanga übergab Christiansen mit Einverständnis des Kreuzerkommandanten die Geschäfte zur Abwicklung der Arbeiten an seinem Hilfsschiff an Leutnant Sprockhoff und begab sich nun zur »Königsberg« selbst.

Am 5. Juni fuhr er von Tanga mit der Bahn nach Korogwe. Von dort ging es per Auto weiter zur Zentralbahn. In Handeni wurde Pater Haberkorn aufgenommen. Aber am Abend dieses Tages mußte in unbewohnter Gegend mitten in einem schweren Gewitterregen im Urwald der endgültig festgefahrene Kraftwagen zurückgelassen werden. Nach anstrengendem Fußmarsch erreichten die Reisenden Kange. Am 7. Juni brachen sie zur Karawanenstation Turiani auf und kamen am nächsten Tag bei Kimamba an die Zentralbahn. Eine Draisine brachte Christiansen nach Morogoro. Pater Haberkorn reiste der Geheimhaltung wegen getrennt mit einer Karawane gleich weiter in Richtung Kilwa, wo er wieder mit Christiansen zusammentreffen wollte.

Der in Morogoro mit einer Safari-Ausrüstung und Proviant ausgestattete Christiansen setzte am 9. Juni seine Reise nach Daressalam fort und ließ sich auch dort vom militärischen Befehlshaber eingehend über die Lage informieren. Auf der Weiterreise erreichte er in vier Tagesmärschen am 13. Juni bei Kikale den Rufiji und wurde sofort mit einem Eingeborenenkanu durch die weitverzweigten Flußarme zur »Königsberg« gebracht, die am Flußufer im Ssimba-Uranga-Arm vertäut war.

239

Nach eingehender Besprechung hieß Kapitän Looff den Plan zur Heimreise gut. Zuerst aber sollte Christiansen bei einem achttägigen Aufenthalt auf dem Kreuzer einen genauen Überblick über die Lage im Rufiji-Delta erhalten. Christiansen sah sich zunächst an Bord der »Königsberg« ausgiebig um und folgte dann einer Einladung des Kommandeurs der Delta-Abteilung, Korvettenkapitän Schönfeld, um sich mit den Einrichtungen und schwierigen Verhältnissen in den Delta-Stellungen auf Saninga eingehend vertraut zu machen. Dabei besuchte er auch den Dampfer »Newbridge«, der an der Mündung des Ssalale-Flußarms fast rechtwinklig zum Flußlauf von den Briten als Blockschiff versenkt worden war. Christiansen war beeindruckt: Die Bewaffnung der Delta-Abteilung war nicht unbedeutend. Tag und Nacht wurde in mühevoller Arbeit, oft unter dem schweren Feuer feindlicher Schiffsgeschütze, von Moskitos geplagt, auf diesen Außenposten scharfe Wache gehalten, um feindliche Einbruchsversuche abzuwehren. Abgeschossene Palmen, verwüstete Baumbestände, aufgewühlter Boden zeugten von der Kampftätigkeit.

Ein Malaria-Anfall verzögerte Christiansens Abfahrt von der »Königsberg« um zwei Wochen. Inzwischen hatte sich der Reiseplan mit Pater Haberkorn zerschlagen. Dieser war schon längst in Kilwa angekommen, und durch den Krankenaufenthalt Christiansens schien die Geheimhaltung der weiteren gemeinsamen Reise zur Südgrenze nicht mehr gewährleistet. Es wurde daher beschlossen, Christiansen als »lästigen neutralen Plantagenbesitzer« über die Südgrenze abzuschieben. Später erhielt er einen guten britischen Originalpaß, der einem Gefangenen abgenommen worden war. Am 5. Juli verließ Christiansen mit dem Flußdampfer »Tomondo« die »Königsberg«, um flußaufwärts gegen Mittag eine ihn erwartende Trägerkolonne zu erreichen. Er war nachdenklich: Der Kommandant der »Königsberg« war ihm nicht sehr hoffnungsfroh erschienen. Aber er mußte sich jetzt von allen Gedanken an das hinter ihm liegende losreißen. Denn ein weiter Weg lag vor ihm. Am nächsten Morgen marschierte er von Mohoro weiter. Am 7. Juli hörte er während des Tages lange Zeit schweres Geschützfeuer. Am Abend wurde Christiansen in Kilwa durch ein Telefongespräch davon verständigt, daß die »Königsberg« an diesem Tage von britischen Monitoren beschossen worden war.

Am 8. Juli setzte Christiansen seine Reise nach Kilwa-Kissiwani fort. In der folgenden Nacht setzte er in einer Dau über die Kilwa-Bucht über. Am 11. Juli traf er in Lindi ein. Bei der Weiterreise erhielt er dann am 12. Juli die betrübliche Mitteilung, daß nach schwerer Beschießung der Kreuzer »Königsberg« durch eigene Sprengung vernichtet worden sei. Christiansen schob seine Weiterreise so lange auf, bis er am 14. Juli ein längeres Telefongespräch mit dem I. Offizier der »Königsberg«, Kapitänleutnant Koch, über das Ende des Kreuzers führen konnte; denn die Weitergabe dieser Informationen in der Heimat war ja sehr wichtig, sofern, ja, natürlich, sofern er die Heimat würde erreichen können.

Am 15. Juli erhielt Christiansen von der Grenzstation Kionga die Nachricht, daß zwei Tage später ein portugiesischer Küstendampfer den kleinen Ort Palma (in Portugiesisch-Mosambik) anlaufen würde. Christiansen beschloß, diesen Dampfer unter allen Umständen zu erreichen. Nachts um 3.00 Uhr überschritt er den Grenzfluß Rowuma und erreichte am nächsten Morgen die Grenzstation Kionga. Aber in der Bucht von Palma mußte er erfahren, daß der Dampfer erst am 20. Juli erwartet wurde. Um nicht durch langen Aufenthalt Verdacht zu erregen, marschierte Christiansen wieder nach Kionga zurück und wurde am 19. Juli als »lästiger Ausländer« über die Grenze abgeschoben. In Palma erhielt er von den portugiesischen Behörden die Erlaubnis zur Weiterreise. Am 20. Juli konnte er sich mit einem bis Beira gültigen Fahrschein an Bord des portugiesischen Küstendampfers »Luabo« begeben. Er hoffte, von Beira aus mit Unterstützung des schwedischen Konsuls als Engländer eine Reisegelegenheit zu erhalten. Am 27. Juli kam der Dampfer in Beira an. Da dort aber keine Möglichkeit zur direkten Weiterreise nach Südafrika bestand, beschloß Christiansen, auf dem Dampfer »Luabo« bis nach Lourenço Marques weiterzu-

fahren, das er am 30. Juli erreichte. Von dort wollte er am
4. August mit der Bahn weiter durch Transvaal nach Kapstadt; sonst hätte er zu lange auf einen heimgehenden
portugiesischen Postdampfer warten müssen, der im übrigen auch Kapstadt angelaufen hätte, wo nach Erkundigungen sicher war, daß alle Durchgangspassagiere auch
portugiesischer Schiffe einer strengen Kontrolle unterzogen wurden. In Kapstadt wollte Christiansen sich als Pas-
sagier auf dem britischen Dampfer »Italian« nach Madeira
einschiffen. Eine Fahrkarte Kapstadt—London hatte er
sich bereits beschaffen können. Aber die Heimreise ende-
te jäh am 5. August 1915. Bei Ankunft in Johannesburg
wurde Christiansen trotz seiner »guten Papiere« auf dem
Bahnhof wegen Spionageverdachts verhaftet und ins Polizeigefängnis gesperrt. Bei Christiansen verstärkte sich
später der Verdacht, daß er nur vom Kapitän des portugiesischen Küstendampfers bei einem britischen Konsul
angeschwärzt worden sein konnte. Andere Erklärungen
für das gezielte Zugreifen der Briten hatte er nicht.

Angesichts der folgenden pausenlosen Verhöre konnte
Christiansen nicht mehr hoffen, daß es ihm gelingen würde, seine Identität mit der Person, die in seinen Papieren
beschrieben war, aufrecht zu erhalten, geschweige denn
zu beweisen. Nach dreiwöchigen Verhören im Johannes-
burger Polizeigefängnis entschloß er sich daher, sich nunmehr als deutschen Offizier der »Königsberg« auszugeben. Damit erreichte er, von den zivilen Behörden an militärische Stellen überwiesen und nach Kapstadt gebracht
zu werden, wo er zunächst in der Lion Battery in Einzel-
haft interniert wurde. Nach dreiwöchiger Haft in Kapstadt
wurde er am 15. September als Gefangener auf dem fahr-
planmäßigen britischen Postdampfer »Durham Castle«
eingeschifft. Er beobachtete, daß der Dampfer von Madeira ab von sich ablösenden Kreuzern oder Zerstörern als
U-Boot-Sicherung begleitet wurde. Am 6. Oktober 1915
wurde Christiansen in Plymouth an Land gebracht und sofort nach London transportiert. Dort wurde er wieder der
Polizei übergeben und von Scotland Yard in Haft genommen. Einige Tage später wurde er vom Chef des Nachrich-

tendienstes der britischen Admiralität verhört. Dort wurde ihm auf den Kopf zugesagt, er sei der Kommandant des früheren englischen Dampfers »Rubens«, der eine Ladung Kriegsmaterial nach Deutsch-Ostafrika geschafft habe. Christiansen vermerkte, daß die britischen Seeoffiziere offen ihre Bewunderung über die deutsche Kriegführung in Ostafrika zum Ausdruck brachten. Man traute den Deutschen einfach alles zu. So wurde er allen Ernstes befragt, wann das erste U-Boot und Luftschiff in der Kolonie fertiggestellt würden, denn ein Luftschiff sei schon über der Massai-Steppe gesichtet worden. Das bisherige Spionageverfahren gegen Christiansen wurde schließlich eingestellt. Als Kriegsgefangener wurde er in das Offizierslager von Holyport gebracht, wo sich die Überlebenden des Kreuzergeschwaders des Grafen Spee und anderer deutscher Auslandsschiffe befanden. Im Jahr 1917 wurde er im Austausch in der Schweiz interniert und gelangte 1918 nach Deutschland zurück, wo er zunächst jenen Bericht für den Admiralstab verfaßte, auf den sich dieses Kapitel u. a. stützt. Bis Kriegsende diente er beim deutschen Kaiserlichen Marine-Kommando in Sewastopol auf der Krim.

Seine erfolgreiche Reise, seine weltweiten Erlebnisse und Abenteuer und die Berichte darüber erregten großes Aufsehen und Interesse und machten ihn, wie etwa v. Mücke und Lauterbach von der »Emden«, Graf Luckner und Kircheiss vom »Seeadler« und Sörensen von der »Marie« während und nach dem Weltkrieg zu einer der volkstümlichsten Persönlichkeiten aus dem Kreis der kaiserlichen Marine.

26. Das Ende der »Königsberg«

Auf dem Rufiji war der Besuch des Kapitäns Christiansen vom 13. Juni bis 5. Juli das letzte erfreuliche Ereignis gewesen. Allerdings erinnerte sich Looff später gern auch an den Besuch zweier Häuptlingssöhne der Wahehe, die eine Rinderherde zur Verpflegung der »Königsberg«-Besatzung nach dem Rufiji hatten treiben lassen und den Wunsch geäußert hatten, den Kreuzer zu besichtigen.

Am 2. Juli 1915 warf ein in großer Höhe aus der Sonne überraschend herankommendes Flugzeug einige Bomben, die in der Nähe der »Königsberg« detonierten, ohne jedoch Schaden anzurichten.

Am 5. Juli führten einige britische Truppentransporter in der Nähe von Daressalam ein Täuschungsmanöver durch: Sie setzten auf der Reede vor der Einfahrt nach Daressalam Boote aus und ließen diese eine Zeitlang auf das Land zurudern, während die Transporter gestoppt liegenblieben. Da keine schützenden Kriegsschiffe sichtbar waren, wurde das Scheinunternehmen als solches erkannt.

Der Großangriff des Blockadegeschwaders auf »Königsberg« kam daher nicht überraschend. Bei Morgengrauen des 6. Juli 1915 meldeten mehrere Posten an den Mündungen der (seit dem 14. April) bei Kikale am Kikunja-Arm liegenden »Königsberg« telefonisch die Ansammlung starker feindlicher Kräfte, die sich der Kikunja- und Ssimba-Uranga-Mündung näherten und die vorgelagerten Barren zum Teil schon bei Dunkelheit überwunden haben mußten. »Königsberg« machte gefechtsklar. Um dem Gegner das Einschießen zu erschweren, ließ der Kommandant an diesem Tag (endlich) beide Stengen streichen. Bei vollem Tageslicht wurden an der Spitze der in den Kikunja-Arm eindringenden gegnerischen Schiffe zwei bis dahin unbekannte Einheiten gesichtet: schwer bestückte und gepanzerte Monitore. »Königsberg« wurde, das war gleich klar, durch das Auftreten dieser für seichte Gewässer geeigneten und kampfstarken Fahrzeuge sehr bedroht: Infolge ihres geringen Tiefgangs konnten die Monitore zu Punkten vordringen, von denen aus eine wirksame Beschießung der »Königsberg« möglich war, während die relativ kleinen Fahrzeuge nur sehr schwer gefaßt werden konnten.

In den Kikunja-Arm drangen ferner die Kreuzer »Weymouth« und »Pyramus« sowie vier armierte Walfänger ein, hielten sich jedoch außer Schußweite der »Königsberg«. Der Ssimba-Uranga-Mündung näherten sich die Kreuzer »Hyacinth« und »Pioneer«.

Die eindringenden Monitore wurden zunächst von der Abteilung Delta mit ihrem leichten Geschütz unter Feuer genommen, das erwidert wurde. Als die Monitore in Reichweite der »Königsberg«-Geschütze gekommen waren, wurden sie sofort auch von diesen beschossen, noch bevor sie selbst das Feuer auf »Königsberg« eröffnen konnten. Aber bald begann das Schießen der Monitore. Von kurzen Pausen abgesehen lag »Königsberg« von etwa 6.30 bis 15.00 Uhr in ihrem indirekten Feuer. »Weymouth«, »Hyacinth«, »Pyramus« und »Pioneer« beschossen die Stellungen der Abteilung Delta.

Gleichzeitig waren von Mafia und dem Flugzeugmutterschiff zwei Flugzeuge (ein Land- und ein Wasserflugzeug) gestartet. Das Wasserflugzeug flog als Artilleriebeobachter seewärts hin und her (es war jedoch nach zwei Stunden durch Motorschaden gezwungen, auf See niederzugehen), das Landflugzeug auf der Landseite auf und ab. Sobald eines von ihnen der »Königsberg« zu nahe kam, wurde es mit 10,5-cm-Schrapnells beschossen und zum Abdrehen gezwungen.

Gegen 8.00 Uhr morgens hatten sich die britischen Monitore eingeschossen. »Königsberg« mußte mehrere Treffer hinnehmen: Der erste schlug Steuerbord vorn beim ersten Geschütz ein, durchschlug den Wellenbrecher und traf auf den Schutzschild des Geschützes, wurde dadurch nach unten abgelenkt und explodierte. Zwei Mann der Geschützbedienung fielen, Kriegsfreiwillige, die sich erst wenige Wochen zuvor nach abenteuerlicher Fahrt mit einem offenen Boot über See von Portugiesisch-Ostafrika durchgeschlagen hatten und auf dem Kreuzer eingesetzt worden waren. Sprengstücke dieser Granate durchschlugen noch zwei Decks und verwundeten mehrere Männer im Zwischendeck. Ein zweiter Treffer traf die Steuerbord-Nock der Kommandobrücke, setzte das große Basis-Gerät samt seiner Bedienung außer Gefecht und verursachte leichte Verletzungen unter dem Brückenpersonal. Die dritte Granate zerstörte die Offizierskombüse und tötete den Bootsmann. Der vierte Treffer schlug im Mitteldeck ein, ohne größere Schäden anzurichten. In unmittelbarer Nähe des Schiffs schlugen während des Gefechts etwa 800 Granaten ein, viele weitere in größeren Entfernungen vom Schiff.

Die Artillerie der »Königsberg« mußte auf mehrere, voneinander entfernte und zum Teil in Fahrt befindliche kleine Ziele feuern. Die Beobachtung erfolgte von einem nördlich des Kikunja-Arms auf einem etwa 160 Meter hohen Hügel (Pemba-Berg) gelegenen Posten, von dem die Feuerleitmeldungen telefonisch an den Kreuzer durchgegeben wurden; die Fernsprechleitung wurde jedoch durch Granattreffer mehrfach unterbrochen. Es wurde beobachtet, daß auch die Monitore mehrere Treffer mit Rauchentwicklung erhielten; einer zog sich gegen Mittag aus der Feuerzone zurück. Beim Auslaufen kam er zunächst fest, konnte aber bei Hochwasser am Nachmittag wieder freikommen.

Durch das lange Gefecht drohte nun die Gefahr, daß sich »Königsberg« völlig verschoß. Ab Mittag feuerte der Kreuzer daher nur noch mit zwei Geschützen. Der Tender »Adjutant« erhielt im Laufe des Vormittags Befehl, die Monitore von einem Nebenarm des Rufiji aus anzugreifen. Aber auf der Fahrt durch den Ssimba-Uranga-Arm geriet er auf Grund und konnte gegen den Feind nicht direkt eingreifen.

Gegen 16.00 Uhr zogen sich die Monitore und alle übrigen Schiffe aus den Flußmündungen zurück und fuhren nach Mafia ab. Einer der Monitore wurde dabei geschleppt, da er anscheinend schwere Beschädigungen erlitten hatte. Beim Auslaufen wurden die Monitore wieder von der Abteilung Delta mit dem 6-cm-Bootsgeschütz unter Feuer genommen. »Königsberg« war auch nach dieser neunstündigen Beschießung see- und gefechtsfähig geblieben. Die Schäden wurden beseitigt, die Schwerverwundeten noch am Abend des 6. Juli mit dem Flußdampfer »Tomondo« zum Feldlazarett Neustieten gebracht.

An diesem Abend muß sich der Kommandant der »Königsberg« im klaren gewesen sein, daß mit dem Erschei-

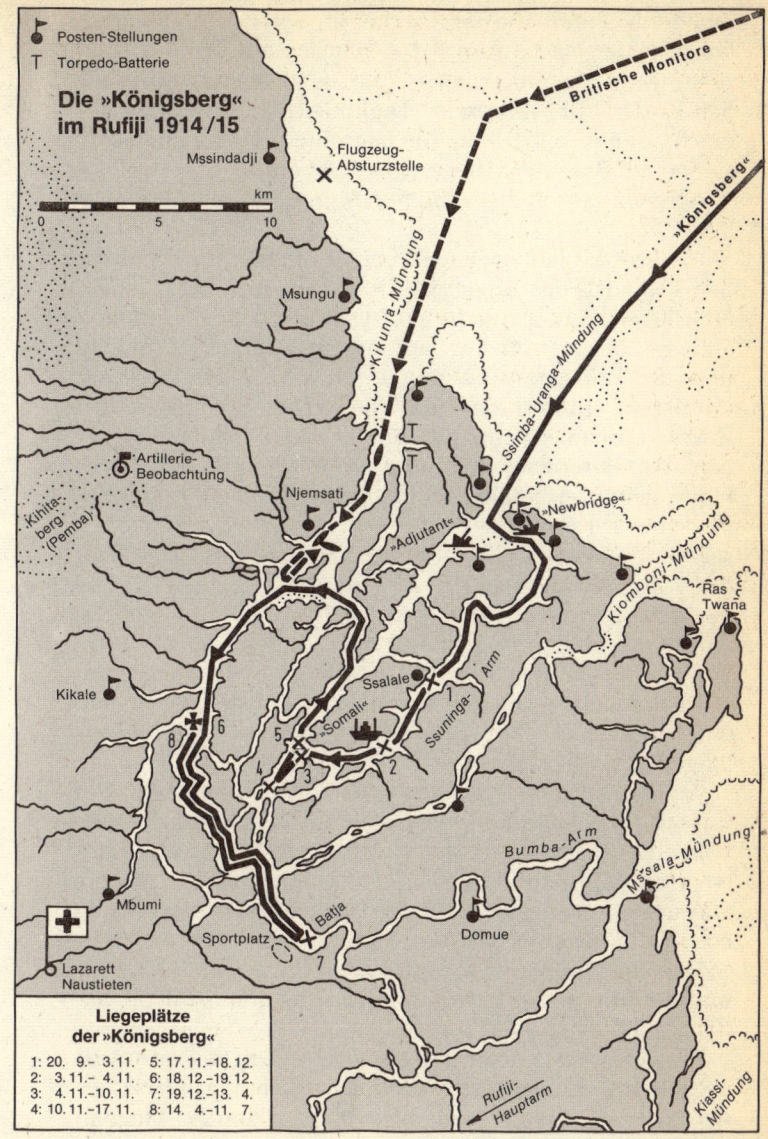

Die »Königsberg« im Rufiji 1914/15

- Posten-Stellungen
- T Torpedo-Batterie

km
0   5   10

Mssindadji
Flugzeug-Absturzstelle
Britische Monitore
»Königsberg«
Msungu
Kikunja-Mündung
Ssimba-Uranga-Mündung
Artillerie-Beobachtung
Njemsati
»Newbridge«
Kihita-berg (Pemba)
Adjutant
Klomboni-Mündung
Ras Twana
Kikale
Ssalale
»Somali«
Ssuninga-Arm
Mbumi
Bumba-Arm
Batia
Mssala-Mündung
Sportplatz
Domue
Lazarett Naustieten
Rufiji-Hauptarm
Klassi-Mündung

Liegeplätze der »Königsberg«

1: 20. 9.– 3. 11.	5: 17. 11.–18. 12.
2: 3. 11.– 4. 11.	6: 18. 12.–19. 12.
3: 4. 11.–10. 11.	7: 19. 12.–13. 4.
4: 10. 11.–17. 11.	8: 14. 4.–11. 7.

nen der Monitore die Tage seines Kreuzers gezählt waren. Noch in der Nacht zum 7. Juli wurden ein Teil der Ausrüstung des Landungskorps und der Dauerproviant auf den in der Nähe liegenden Dampfleichter »Hedwig« gebracht, damit sie bei weiteren Gefechten und dadurch entstehenden Bränden nicht verlorengingen.

Aber wie waren die britischen Monitore nach Afrika gelangt?

Als um die Jahreswende 1914/15 offensichtlich geworden war, daß das ungleiche Duell vor dem Rufiji einem »Ein jeder haut, ein jeder sticht — und keiner trifft den anderen nicht« ähnelte, hatten sich Admiral King-Hall und die britische Admiralität jenes seltsamen Kriegsschiffstyps erinnert, der nach dem ersten (vom Schweden Ericsson im amerikanischen Bürgerkrieg gebauten) Exemplar die Gattungsbezeichnung »Monitor« erhalten hatte: kleine gepanzerte Kriegsschiffe mit schwerer Bewaffnung, jedoch zur Küstenbeschießung und für Flußoperationen sehr flachgehend. Von diesem Schiffstyp hatte die Royal Navy vor Flandern zur Beschießung des rechten Flügels der deutschen Westfront mehrere Fahrzeuge im Einsatz, darunter drei ursprünglich für Brasilien gebaute, aber 1914 von Großbritannien angekaufte Monitore. Sie wurden am 10. Januar 1915 von der flandrischen Küste abgezogen, eingedockt, seetüchtig gemacht, ausgerüstet und auf eine lange Reise geschickt.

Am 14. März 1915 gingen unter dem Kommando von Captain Eric Fullerton von Devonport aus drei seltsame, vom ehemaligen Royal Mail Liner »Trent« als Mutterschiff begleitete Gespanne in See: Der Monitor »Humber« (ex »Javary«), geschleppt durch die Hochseeschlepper »Blackcock« und »Danube II«, der Monitor »Severn« (ex »Solimoes«) am Haken von »Sarah Jolliffe« und »Southampton« und der Monitor »Mersey« (ex »Madera«) im Schlepp von »T. A. Jolliffe« und »Revenger«.

Bei nur sechs Knoten Höchstgeschwindigkeit und Aufenthalt zum Kohlen der Schlepper in Gibraltar war es eine Leistung, daß die drei Schleppzüge am 29. März in Malta zu einer Verschnaufpause ankamen. Die Besatzungen tippten jetzt zumeist auf die Dardanellen als ihren Bestimmungsort; für den Monitor »Humber« und seine zwei Schlepper erwies sich das auch als richtig.

Die Schlepper mit »Severn« und »Mersey« aber setzten sich mit dem Mutterschiff »Trent« und dem hinzugekommenen Kohlenschiff »Kendal Castle« am 28. April von Malta aus in Richtung Suez-Kanal in Marsch. Zur Überraschung der Männer wurde weder in Port Said noch in Suez haltgemacht, sondern bei mörderischem Klima (zwei Mann starben an Hitzschlag) das Rote Meer durchfahren und am 15. Mai Aden angelaufen. Als am 20. Mai Kap Guardafui achteraus blieb, tippten die Besatzungen auf Mombasa, dann auf Pemba; aber auch Sansibar zog vorbei. Am 3. Juni 1915 kamen die beiden Schleppzüge gegen 19.00 Uhr vor einer ostafrikanischen Insel namens Mafia an, wo sie von einem britischen Geschwader erwartet wurden. Nun war den Besatzungen alles klar: Ihre Monitore sollten auf dem Rufiji-Fluß gegen den dort blockierten deutschen Kreuzer »Königsberg« eingesetzt werden, dem seit seiner Entdeckung am 30. Oktober 1914 Kreuzer und Linienschiffe nicht hatten zusetzen können.

Die Monitore gaben die für die lange Seefahrt benötigten, jetzt unnützen Aufbauteile und Ausrüstungen von Bord, machten gefechtsklar und hielten Übungen in indirektem Schießen auf eine jeweils hinter einer Insel verankerte Dau ab. Dann war es soweit für eine erste Operation. Admiral King-Hall berichtete darüber:

»Befehlsgemäß nahmen alle beteiligten Einheiten bereits am 5. Juli die ihnen angewiesenen Positionen ein, in Bereitschaft für die Operationen am nächsten Tag. Am 6. Juli um 4.15 Uhr morgens lichteten die Monitore ›Severn‹ und ›Mersey‹ Anker auf und gingen über die Barre und in den Kikunja-Arm. In diesen liefen sie gegen 5.20 Uhr ein. ›Severn‹ ankerte mit Bug- und Heckanker und eröffnete gegen 6.30 Uhr das Feuer auf ›Königsberg‹. ›Mersey‹ wurde ähnlich vermoort und eröffnete unmittelbar darauf das Feuer. Beide Monitore wurden beim Einlaufen in den Fluß und später stromaufwärts von Feldgeschützen und Maschinengewehren beschossen. Beide erwiderten das Feuer. Um 5.25 Uhr startete ein Flugzeug (mit 6 Bomben) vom Flugplatz auf Mafia, um 5.40 Uhr ein weiteres als Artilleriebeobachter für die Monitore. Um 5.45 Uhr setzte ich meine Flagge auf ›Weymouth‹ und ging um 6.30 Uhr über die Barre; voraus liefen die Walfänger ›Echo‹ und ›Fly‹ als Minensucher, sowie ›Childers‹ zum Loten; der Kreuzer ›Pyramus‹ folgte. ›Weymouth‹ kam beim Passieren der Barre einige Zeit fest, wurde mit steigender Flut aber bald wieder flott und ging dann vor der Flußeinfahrt vor Anker.

Vom Ufer aus wurde auch auf ›Weymouth‹ und die Walfänger mit leichten Geschützen geschossen, aber nur ›Fly‹ von einer Granate getroffen, die keinen Schaden anrichtete. Einige Schüsse aus den Kreuzergeschützen brachten das Gegnerfeuer zum Schweigen, obwohl es unmöglich war, den Standort der unter Bäumen und dichtem Unterholz versteckten Geschütze festzustellen. Vor Anker liegend unterstützte ›Weymouth‹ den Angriff durch Beschuß des Pemba (Kihita-)Berges, wo ein Artilleriebeobachtungsposten vermutet wurde, und durch Niederhalten des feindlichen Abwehrfeuers gegen die Flugzeuge. Gleichzeitig griffen ›Pioneer‹ und ›Hyacinth‹ die Verteidigungsstellungen an der Ssimba-Uranga-Mündung an.

Für die Monitore mit dem Hauptauftrag war das Zielen sehr schwierig, da ›Königsberg‹ unsichtbar blieb. Auch die Beobachter in den Flugzeugen hatten große Schwierigkeiten, die zwischen Bäume fallenden Aufschläge der Geschoße auszumachen. Ein geleitetes Schießen war auch deshalb erschwert, weil nur zwei Flugzeuge zur Verfügung standen. Daher verging stets geraume Zeit zwischen dem Abflug des einen und dem Eintreffen des anderen von dem über 55 Kilometer entfernt liegenden Flugplatz. Um 12.35 Uhr fiel dann eine Maschine aus, um 15.50 Uhr auch die andere. Ich signalisierte an ›Severn‹, weiter stromaufwärts zu gehen. Der Befehl wurde ausgeführt, so daß gegen 12.50 Uhr von ›Severn‹ aus die Mastspitzen der ›Königsberg‹ sichtbar wurden.

›Königsberg‹ unterhielt ein lebhaftes Geschützfeuer auf die Monitore, das gegen 12.30 Uhr nachließ. Um 14.40 Uhr stellte sie das Feuer ganz ein, nachdem es zeitweilig nur noch von einem Geschütz geführt worden war. Um 15.30 Uhr stellten auch die Monitore das Feuer ein und zogen sich aus dem Fluß zurück. Gegen 18.00 Uhr trafen sie auf der Höhe der Insel Koma wieder bei meinem Flaggschiff ein. Während der Rückfahrt waren sie von den Flußufern wiederum mit leichten Waffen beschossen worden. Auf ›Mersey‹ waren vier Mann gefallen und vier verwundet, von denen später zwei starben; das vor-

dere 15,2-cm-Geschütz war außer Gefecht. ›Severn‹ hatte we-
der·Verluste noch Beschädigungen erlitten. Die Kreuzer, Monitore, Walfischfänger und Schlepper ankerten über Nacht vor
dem Delta und gingen am nächsten Morgen auf ihre verschiedenen Stationen, um Kohlen zu übernehmen und aufzuklaren.
Die Flugzeugbesatzungen, die bisher Flieger-Erfahrungen nur
in gemäßigten Zonen gesammelt hatten, hatten mit großen
Schwierigkeiten zu kämpfen gehabt: Oft sackten die Maschinen bis zu 75 Meter durch; die Temperaturen schwankten zwischen äußerster Kälte in der Höhe und großer Hitze am Boden. Trotz ihrer technischen Anfälligkeit hatten die beiden
verfügbaren Flugzeuge am 6. Juli nicht weniger als 1760 Strek-
kenkilometer zurückgelegt und waren 13 Stunden in der Luft
gewesen.«

Die Aufklärung zeigte Admiral King-Hall sehr bald, daß
zur Vernichtung der »Königsberg« ein zweiter Angriff erforderlich war. Er erfolgte am 11. Juli, als die Flugzeuge
wieder einsatzbereit waren und die Monitore Schäden behoben hatten und mit Kohlen versorgt waren. Die Besatzung von »Severn« wurde für diesen Angriff, der nach
dem gleichen Plan in der gleichen Mündung erfolgen sollte, durch Offiziere und Mannschaften des Kreuzers »Hyacinth« verstärkt.

Der Wasserstandsverhältnisse wegen gingen die Monitore erst um 11.45 Uhr über die Barre. Bis zur Einfahrt in
den Fluß wurden sie von »Weymouth« und »Pyramus«
begleitet. »Pyramus« dampfte noch drei Seemeilen weiter
hinein. Beide Kreuzer suchten die Ufer ab. »Hyacinth«
und »Pioneer« nahmen die Ssimba-Uranga-Mündung unter Feuer. Die Monitore hatten diesmal Befehl, nicht
gleichzeitig zu feuern; »Mersey« dampfte weiter und feuerte, während »Severn« vor Anker ging und jeweils das
Feuer einstellte, sobald »Mersey« damit begann. »Severn«
ankerte etwa 900 Meter näher am Feind als am 6. Juli, wodurch das Feuer wirksamer wurde. Die Flugzeug-Beob-
achter konnten diesmal durch klare Aufschlagsunterschei-
dungen die Artillerie schnell ins Ziel bringen. In rascher
Folge wurde ein Treffer nach dem anderen gemeldet. Um
12.50 Uhr wurde gemeldet, daß »Königsberg« brenne.
Die Monitore gingen weiter stromaufwärts. Als sie um

14.30 Uhr die Zerstörung der »Königsberg« vollendet hatten, erhielten sie Befehl zum Ablaufen. Infolge der Beschädigungen durch Granaten, Brand und Explosionen, von denen mehrere beobachtet wurden, war »Königsberg« nunmehr ein völliges Wrack.

Die einzigen britischen Verluste waren drei Leichtverletzte auf »Mersey«. Von den zur Aufklärung abgestellten abgesehen, waren bis 20.00 Uhr alle beteiligten Einheiten wieder auf dem Liegeplatz.

Von »Königsberg« aus war nach dem ersten Gefecht beobachtet worden, daß sich das britische Blockadegeschwader noch am 6. Juli nach der Insel Mafia zurückgezogen hatte. Nur vereinzelt erschienen in den folgenden Tagen Kreuzer oder Wachfahrzeuge vor den Mündungen. Schießübungen, die am 9. und 10. Juli bei Mafia abgehalten wurden, deuteten aber auf bevorstehende weitere Angriffe hin. Als am Sonntag, dem 11. Juli, gegen 11.00 Uhr dann das zweite Gefecht begann, war der Gegner bereits nach zehn Minuten eingeschossen. Die »Königsberg« wurde mit einem Geschoßhagel überschüttet. Gleichzeitige Salvenaufschläge von zeitweise sechs bis acht Geschossen verschiedenen Kalibers wurden beobachtet. Schnell gab es die ersten Treffer, die starke Zerstörungen am Oberdeck, besonders im Vorschiff des deutschen Kreuzers verursachten. Nach etwa einstündigem Gefecht traf eine Granate hinter dem Kommandoturm; Sprengstücke schlugen von achtern durch die Sehschlitze in den Turm, dessen Personal ausfiel. Auch der Kommandant wurde ernstlich verwundet. Die beiden vorderen Geschützbedienungen und die Munitionsmanner auf dem Vorschiff fielen ebenfalls aus. Dadurch und wegen des Versagens der Telefonleitung nach dem Artilleriebeobachtungsposten auf dem Pemba-Berg litt das Feuer der »Königsberg«. Schiffs- und Artillerieleitung wurden nach dem achteren Kommandostand verlegt, das Feuer mit den noch klaren drei achteren Geschützen fortgesetzt. Gegen 13.15 Uhr brach im Achterschiff ein starker Brand aus; die Munitionskammern mußten geflutet werden. Abbrennende Bereitschaftsmunition verursachte unter den Geschützbedienungen auch des Achterschiffs schwere Verluste. Mit einem der letzten an Bord befindlichen 10,5-cm-Schrapnells wurde eines der beiden feindlichen Flugzeuge getroffen und mußte in der Nähe der Monitore niedergehen. Auch die Geschützbedienung, die dieses Schrapnell abgefeuert hatte, fiel kurz danach tot oder verwundet aus.

Als der Verlust aller Geschützbedienungen, der Brand im Achterschiff, das Fluten der Munitionsräume und die Zerstörungen am Oberdeck die Fortsetzung des Artilleriegefechts unmöglich machten, mußte »Königsberg« gegen 13.40 Uhr das Feuer einstellen. Der verwundete Kommandant gab dem Ersten Offizier, Kapitänleutnant Koch, den Befehl, die Sprengung des Schiffs vorzubereiten; bei Forcierung des Flusses durch den Gegner durfte es nicht in Feindeshand fallen. Die Besatzung wurde unter Mitnahme aller Verwundeten und Bergung der Geschützverschlüsse teilweise in Booten nach dem etwa 50 Meter entfernten Flußufer übergesetzt. Da die Ausschiffung inmitten schweren Granat- und Schrapnellfeuers erfolgte, sprangen beim Befehl »Alle Mann von Bord« doch zahlreiche Männer über Bord. Beim Schwimmen an Land ertranken dabei noch einige. Die gelandete Besatzung versammelte sich in Deckung etwa 1000 Meter vom Schiff entfernt. Das letzte Boot hatte den Kommandanten an Land gebracht. Der I. O. ging mit dem Torpedo-Maschinisten erneut an Bord, um die Sprengung vorzubereiten. Sie erfolgte (nach dem offiziellen Marine-Bericht) gegen 14.00 Uhr, als die Meldung eintraf, der Gegner dringe weiter stromaufwärts vor. Die Detonation zweier Torpedos riß in Höhe des umgestürzten mittleren Schornsteins ein großes Unterwasserleck in das Vorschiff. Langsam legte sich der Kreuzer auf die Steuerbordseite und versank bis zum Oberdeck im Flußwasser. Das Achterschiff war inzwischen völlig ausgebrannt. (Nach Meldungen von der Abteilung Delta soll diese Sprengdetonation erst viel später erfolgt sein.)

Die britischen Monitore waren bis gegen 14.00 Uhr etwa 5000 Meter weiter stromaufwärts gegangen, zogen sich dann aber wieder langsam zurück. Alle in den Rufiji eingedrungenen Gegnerstreitkräfte liefen gegen 16.00 Uhr wieder aus und wurden an den Mündungen erneut heftig von der Abteilung Delta beschossen.

Die an der Kikunja-Mündung angeordnete Torpedo-Batterie, ein Torpedo zwischen Einbäumen und einer am kleinen Dampfer »Wami«, kamen infolge des heftigen Artilleriefeuers nicht zum Schuß. Eine auf der Bombardementsstellung der Monitore nach dem 6. Juli ausgelegte provisorische Mine, ein mit Dynamit gefülltes Petroleumfaß, wurde zwar in unmittelbarer Nähe der Monitore gezündet, richtete aber keinen Schaden an.

Bei Sonnenuntergang um 17.45 Uhr wurden die Flagge der »Königsberg« und der Wimpel durch die beim Schiff gebliebenen Männer unter dreifachem Hurra niedergeholt. (Das Schiff sei erst jetzt vom zurückgekehrten I. O. gesprengt worden, behauptete die Abteilung Delta.) Während der Endbeschießung am 11. Juli 1915 waren der »Königsberg« von ihrer Restbesatzung von etwa 220 Mann 19 tödlich verletzt worden, 21 Mann schwer und 24 leicht verwundet. Die Verwundeten wurden über Land nach dem Lazarett Neustieten gebracht, ebenso einige Gefallene. Andere Gefallene wurden zunächst in unmittelbarer Nähe des Wracks an Land beigesetzt, einige Monate später jedoch ebenfalls auf den Friedhof von Neustieten überführt.

TEIL II

Der Kampf um die ostafrikanischen Seen

1. Njassa-See

Auf dem riesigen Njassa-See, in der äußersten Südwest-Ecke Deutsch-Ostafrikas, war ein Sechstel der Fläche deutsch; etwa zwei Drittel gehörten zu Britisch-Njassa-land, das verbleibende Sechstel zu Portugal (Mosambik). Auf dem See verkehrten sieben britische Dampfer. Unter deutscher Flagge war der 1890 in Hamburg gebaute Regierungsdampfer »Hermann von Wissmann« (80 Tonnen) zur Passagier- und Frachtbeförderung 1893 in Fahrt gekommen. Er operierte hauptsächlich von den deutschen Häfen Sphinxhafen (heute Mbamba) und Wiedhafen (heute Kutunga). Anfang August 1914 lag der Dampfer in Sphinxhafen, einer kleinen Bucht unweit der deutschen Südgrenze. Zur Durchführung größerer Routine-Reparaturen war er an Land aufgeschleppt. Dort befand sich auch einer der zahlreichen Bunkerplätze, denn die Kesselanlage des Dampfers wurde nicht mit Kohle beheizt. Vielmehr fuhr der Dampfer mit Holz, das von den Eingeborenen geschlagen, zerkleinert und fertig zur Übernahme in vielen Anlaufsstationen aufgestapelt wurde. Eine Telegrafenverbindung hatte dieser abgelegene Ort am Njassa-See nicht.

Am 13. August 1914 erschien vor Sphinxhafen der britische Dampfer »Gwendolen« und erregte große Verwunderung durch sein außerplanmäßiges Anlaufen. Noch größer aber wurde das Erstaunen, als dem großen Dampfer bewaffnete Soldaten unter Führung eines Offiziers entstiegen, die sich eilends zur »Werft« begaben. Hier eröffnete der britische Offizier dem völlig entgeisterten deutschen Kapitän Prager, zwischen Großbritannien und Deutschland sei Krieg ausgebrochen und er habe Befehl, den deutschen Dampfer unbrauchbar zu machen.

In Sphinxhafen standen keinerlei bewaffnete deutsche Kräfte. So mußte die Besatzung der »Hermann von Wissmann« mit ansehen, wie britische Soldaten Teile der Maschinenanlage abmontierten und an Bord ihres eigenen Dampfers brachten. Da es zu lang gedauert hätte, den aufgeschleppten Dampfer flott zu machen, begnügten

Oben: Das Wrack der »Königsberg«.

Unten: Das Wrack der »Königsberg«, Luftbild.

Oben: Bergung der »Königsberg«-Geschütze.

Unten: Trägerkolonne mit berittenem Maat.

Oben links: General
Wahle.

Oben rechts: Kom-
mandeur Paul v.
Lettow-Vorbeck.

Rechts: Zeitweise
war der Kommandeur
sogar motorisiert.

Unten: »Königs-
berg«-Geschütz im
Marsch.

*Oben: Alt-Langen-
burg am Njassa-See.*

*Links: »Muansa«
mit Leichtern.*

*Unten: Dau auf
dem Tanganjika-See.*

sich die Briten damit, wichtige Teile, hauptsächlich Maschinen, sowie vorgefundene Waffen und Munition mitzunehmen. Schließlich wurden Kapitän Prager und sein Maschinist gefangengenommen und von »Gwendolen« mitgeführt. Der britische Raider (der den Befehl für den Überfall schon am 8. August erhalten hatte) fuhr ab. Der einzige auf dem Njassa-See vorhandene deutsche Dampfer war unbrauchbar gemacht worden, Britannia hatte ihre Seeherrschaft gesichert.

Inzwischen waren auch vier im Süden des Njassalandes stehende britische Kompanien auf Schiffen nach Karonga gebracht worden. In der Nähe dieser Grenze standen auf deutscher Seite nur die 5. Feldkompanie in Massoko und, weiter ab, die 2. Feldkompanie Iringa mit einem Militärposten in Ubena. Da die in Mahenge, noch weiter ab liegende 12. Feldkompanie bereits Kräfte nach dem Norden hatte abgeben müssen, kam sie für Operationen in diesem Südwestzipfel Deutsch-Ostafrikas nicht in Betracht.

Schon vor Kriegsausbruch hatte Lettow bei einer Besichtigung dem Führer der 5. Feldkompanie erklärt, bei Konflikten sei nicht nur rein defensiv zu denken. Vielmehr müßten feindliche Kräfte durch Angriffe oder Bedrohungen gefesselt werden. Der die 5. Feldkompanie befehligende Hauptmann von Langenn-Steinkeller verhielt sich jedoch zunächst abwartend, weil am 11. August (zwei Tage nach Empfang der Nachricht von der Kriegserklärung Englands) bei ihm die Meldung einging, bei Bismarckburg habe ein Gefecht stattgefunden. Das Kommando hatte ihn am 10. August vorübergehend zum Militärbefehlshaber auch im Raum Bismarckburg ernannt und angewiesen, feindliche Posten zurückzuwerfen. Er rechnete daher damit, dort eingreifen zu müssen. Jetzt erhielt er noch den Befehl:

»Nützt jeden sich bietenden Vorteil aus und sichert Euch die Initiative. Angreifen, wo irgend möglich. Verfügt über Polizei und jeden Wehrfähigen, auch Hilfskrieger. Weitere Anweisung kann nicht gegeben werden. Nach mündlicher Rücksprache handeln.«

Dann war auch dieser Außenposten vornehmlich auf sich selbst angewiesen. Mittlerweile war die 5. Feldkompanie durch Polizei und Reservisten sowie 500 Wassangu-Hilfskrieger und Ende des Monats auch noch durch 40 Askaris der 2. Feldkompanie aus Iringa verstärkt worden.

Am 27. August rückte Hauptmann von Langenn in die Nähe der Station bei der Ssongwe-Mündung am Njassa-See vor. Seine Vorposten hatten Kaparo besetzt, wurden aber, wie die Hauptabteilung, am 25. August von Schiffsgeschützen der »Gwendolen« beschossen. Der Vorposten Kaporo wurde im Morgengrauen des 26. August von Westen angegriffen, hielt sich aber. Am 28. war das Gelände bis zum Lufira vom Gegner wieder geräumt. Am 5. September beschoß »Gwendolen« Alt-Langenburg und ließ durch eine Landungsabteilung das dortige Materiallager der »Hermann von Wissmann« ausräumen, das Brennholz anstecken und einen alten Stahlleichter unbrauchbar machen.

Am 8. September ging Hauptmann von Langenn bis Kaporo vor, um am folgenden Tag eine Erkundung mit 300 Mann (mit drei Maschinengewehren und zwei Feldgeschützen) längs der Küste durchzuführen. Den Oberleutnant Aumann hatte er mit 30 Mann und den 500 Wassangu-Hilfskriegern über West-Ngerenge (etwa sieben Kilometer oberhalb der Lufira-Mündung) angesetzt. Beide Abteilungen sollten am frühen Morgen am nördlichen Rukuru-Fluß eintreffen.

Inzwischen hatte sich aber der Gegner entschlossen, mit seinen sechs Kompanien den deutschen Posten bei Kaporo anzugreifen. Während die Briten nach Norden marschierten, ging Hauptmann von Langenn nach Süden vor und stand plötzlich vor einer starken gegnerischen Stellung. Seine allzu forsch vorgehende Kompanie verlor zwei Maschinengewehre und fast alle Offiziere; die einheitliche Leitung ging verloren. Die beiden Geschütze waren nicht zur Stelle, da sie an der Rukuru-Mündung zwei kleine britische Seefahrzeuge bekämpfen sollten. Der verwundete Hauptmann von Langenn mußte das aussichtslose Gefecht abbrechen. Auf dem Rückzug stießen die Ge-

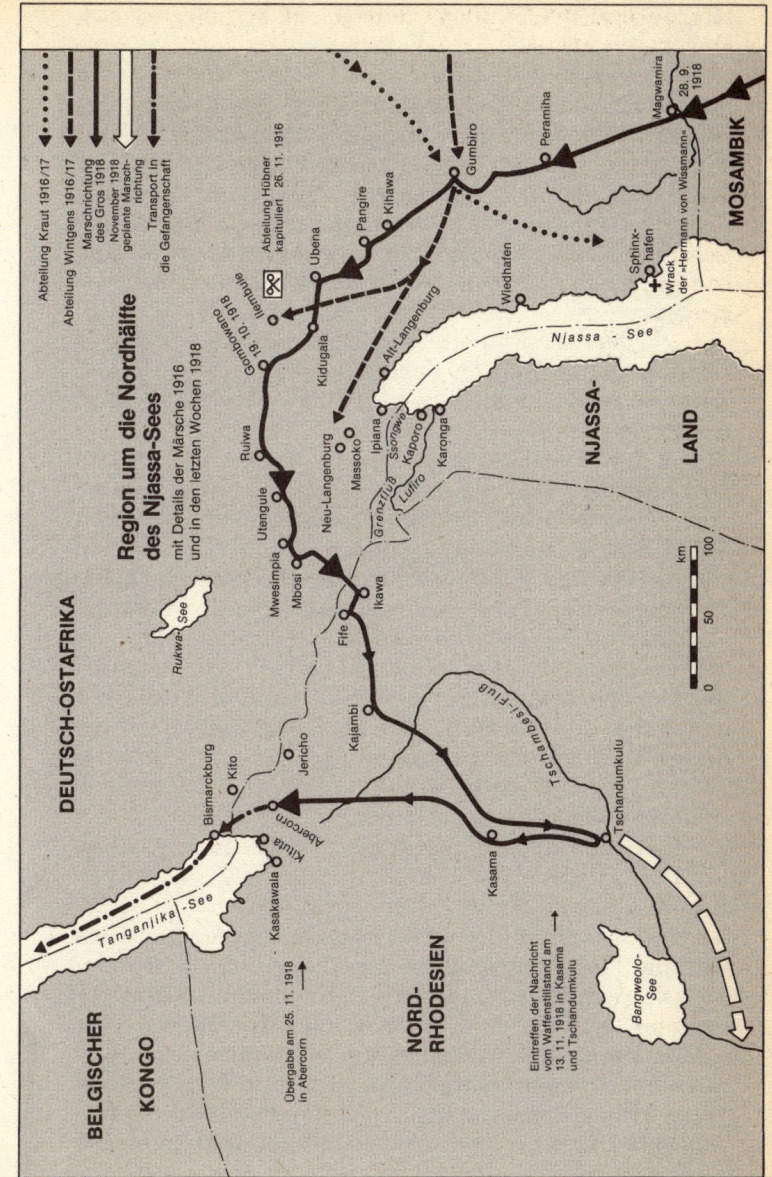

Region um die Nordhälfte des Njassa-Sees
mit Details der Märsche 1916 und in den letzten Wochen 1918

Legend (top left):
- ········▶ Abteilung Kraut 1916/17
- ━━━━▶ Abteilung Wintgens 1916/17
- ━━━▶ Marschrichtung des Gros 1918
- ⇨ geplante Marschrichtung November 1918
- ─·─·─▶ Transport in die Gefangenschaft

DEUTSCH-OSTAFRIKA

Rukwa-See

BELGISCHER KONGO

Tanganjika - See

Kilula
Kito
Bismarckburg
Abercorn
Kasakawala
Kasakawala

Übergabe am 25. 11. 1918 in Abercorn

NORD-RHODESIEN

Jericho
Kajambi
Fife
Ikawa
Mbosi
Mwesimpia
Utengule
Ruiwa

Kasama

Tschambesi-Fluß

Bangweolo-See

Eintreffen der Nachricht vom Waffenstillstand am 13. 11. 1918 in Kasama und Tschandumkulu

Tschandumkulu

Gombowano 19. 10. 1918

Abteilung Hübner kapituliert 26. 11. 1916

Itambalili

Kidugala
Massoko
Neu-Langenburg
Ipiana
Karonga
Kaporo
Ssongwea
Luftro
Grenze 1918

Ubena
Pangire
Kihawa
Gumbiro
Peramiha
Magwamira 28. 9. 1918

Alt-Langenburg
Wiedhafen

Njassa - See

Sphinx-hafen
✝ Wrack der »Hermann von Wissmann«

NJASSA-LAND

MOSAMBIK

km
0   50   100

schütze und die Sanitätsabteilung auf den Gegner und gingen verloren. Die 5. Feldkompanie ging auf Ipiana zurück und bezog nördlich davon ein befestigtes Lager. Nach dem Ausfall des Kompaniechefs übernahm Oberleutnant Falkenstein den Befehl. Er erbat sich Verstärkungen, die von Ubena, Iringa und Mahenge abgingen. Die Folgen des unglücklichen Gefechts führten zu Desertionen vieler Hilfskrieger. Auch die Moral der Kompanie, die sich im Gefecht tapfer geschlagen hatte, war erschüttert. Auf größere Unternehmungen wurde dort vorläufig verzichtet.

Auch der Gegner hatte allerdings gelitten, so daß er sich darauf beschränkte, Kaporo wieder zu besetzen und Karonga weiter zu befestigen. Beide Seiten begegneten sich für längere Zeit nur bei Patrouillengängen.

Erst am 30. Mai 1915 griffen die Briten den nur von schwachen deutschen Kräften besetzten Sphinxhafen an und beschossen die Deutschen zunächst von See her. Dann ging ein Landungskorps von 200 Mann mit zwei Geschützen und zwei Maschinengewehren an Land. Die deutschen Kräfte mußten zurückweichen. Der Dampfer »Hermann von Wissmann« wurde endgültig zerstört.

Die Landoperationen in diesem Gebiet begannen allerdings inzwischen, mit den Gebieten Tanganjika sowie Ruanda-Urundi zu einem großen Kriegsschauplatz zusammenzuwachsen.

2. Die Front am Viktoria-See

Der im Nordosten Deutsch-Ostafrikas gelegene riesige Viktoria-See (fast so groß wie ganz Bayern, der größte See Afrikas, Hauptwasserlieferant des Nils und nach dem Lake Superior in den U.S.A. der zweitgrößte See der Welt überhaupt, geradezu ein inselreiches Binnenmeer), war damals zur einen Hälfte deutsch, zur anderen britisch.

Die wichtigsten deutschen Orte waren Bukoba im Westen und Muansa am Südufer; an beiden befanden sich für die

Kommunikation des ganzen Landes wichtige Funkstationen. Aber beide Orte waren nicht an das Eisenbahnnetz angeschlossen. Man hatte zwar eine Stichbahn von Tabora nach Muansa und von dort nach Bukoba geplant, aber bei Kriegsausbruch waren erst die Vorarbeiten angelaufen.

In Bukoba stand die 7. Feldkompanie unter Hauptmann Bock von Wulfingen, und in Muansa, dem deutschen Haupthafen am See, die 14. Feldkompanie unter Hauptmann Braunschweig.

Vom Anbeginn des Krieges beherrschten die Briten den See: Unter britischer Flagge hatten vor dem Krieg sechs größere Dampfer (60—100 Tonnen) verkehrt, die bald bewaffnet und mit Marinebesatzungen bemannt wurden: »Winifred«, »Clement Hill«, »Percy Anderson«, »Kavirondo«, »Sir William Mackman« und »Sybil«. Unter deutscher Flagge hielt nur der 90 Tonnen große, 1910 in Hamburg gebaute Dampfer »Muansa« den Verkehr zwischen Muansa, Bukoba und den wichtigen Gebieten Karagwe, Ruanda und Urundi westlich des Sees aufrecht sowie nach Kisumu an der Nordostecke des Viktoria-Sees, dem Ausgangspunkt der britischen Uganda-Bahn. Die deutsche »Njansa-Schiffahrtsgesellschaft m.b.H.« in Muansa verfügte sonst nur noch über die Dampfboote »Heinrich Otto« (12 Tonnen, 1907 in Hamburg bei Holtz gebaut) und die noch kleinere »Albert Schwarz«, das Dieselmotorboot »General Jungblut« (eine ehemalige Regierungspinasse), die Dampfpinasse »Schwaben«, sowie über zwei große und zwei kleine Leichter. Der lokale Seeverkehr wurde im übrigen durch dau-ähnliche Segler aufrechterhalten. Die kleineren deutschen Dampfboote dienten als Schlepper für Leichter und Eingeborenenfahrzeuge. Lediglich der Dampfer »Muansa« konnte mit einem 3,7-cm-Feldgeschütz bewaffnet werden.

Die kleine britische Hilfskriegsflotte konnte fast unbehindert auf dem See operieren und den deutschen Kräften viel zu schaffen machen. Deutsche Operationen ließen sich nur am Ufer durchführen, auch wenn der Dampfer »Muansa« anfänglich noch einige Bewegungsfreiheit hatte. Vor allem mußten Landungen britischer Truppen am Südufer des Sees verhindert werden, weil sie von dort auf Tabora, den zentralen Punkt der wichtigen Mittelland-bahn, vorstoßen konnten. Daher mußten Bukoba und Muansa unbedingt verteidigt werden. Aber jede der dort stehenden Kompanien war einzeln zu schwach, um sich gegen stärkere britische Truppenkonzentrationen erfolg-reich behaupten zu können — und daher in Gefahr, ein-zeln überrannt zu werden.

In Muansa hatten am 7. August die Nachricht, vier der zunächst nach der Sudan-Grenze in Marsch gesetzten bri-tischen Kompanien seien wieder in Uganda eingetroffen, und der Eindruck der unbestrittenen britischen Überlegen-heit auf dem See zur Befürchtung einer größeren briti-schen Offensiv- und Landungsabsicht geführt. An der Bukoba-Grenze, hauptsächlich an der Kagera-Mündung, sollten bereits starke britische Truppenteile angekommen sein. Hauptmann Bock beabsichtigte zunächst, Bukoba zu verteidigen. Am 9. August nahm er jedoch den Vorschlag des Hauptmanns Braunschweig an, Bukoba aufzugeben und in Muansa seine 7. mit der dortigen 14. Feldkompanie zu vereinigen. Muansa, als der wichtigere Ort, sollte je-doch unter allen Umständen gehalten werden. Daher wurde nun das gesamte Gebiet der deutschen Residentur Bukoba militärisch geräumt.

Ohne Störung durch die starke britische Seeflottille konnte der Dampfer »Muansa« am 10. und 14. August mit einigen Leichtern im Schlepp die Überführung der Kräfte aus Bukoba und Njemirembe nach Muansa durchführen.

In Schirati, dicht an der britischen Grenze am Ostufer des Sees, und im südlicheren Musoma stand je eine schwache deutsche Grenzschutzabteilung. Am 14. August beschoß der britische Dampfer »Percy Anderson« bei Schirati zwei deutsche Daus und kaperte eine, was selbst durch heftiges Feuer von Land aus nicht verhindert wer-den konnte. Dieser erste feindliche Akt am Viktoria-See verschaffte auch den zahlreichen Zweiflern unter den dor-tigen Siedlern Klarheit darüber, daß es zu einer Neutrali-sierung Ostafrikas nicht gekommen war.

Am 16. August hatte das Kommando die Bitte um Verstärkung Muansas abgelehnt: »Haltet Muansa. 8. Kompanie bleibt Tabora.« Allerdings wurden zwei Geschütze nach Muansa gesandt. Am 21. August befahl Lettow, daß ein Angriff auf die Uganda-Bahn auch von Muansa und Ikoma aus zu versuchen sei. Hauptmann Braunschweig meldete darauf telegrafisch, gegnerische Kräfte stünden bei Karunga, während auch die britischen Truppen von der Bukoba-Grenze durch Dampfer nach dem Nordosten des Sees abtransportiert worden seien. Eine Zerstörung der Uganda-Bahn sei nur durch den Einsatz stärkerer Kräfte möglich. Dann aber sei ein Halten von Muansa fraglich. Noch am gleichen Tag befahl Lettow dem Hauptmann Bock, seine Kompanie solle östlich des Viktoria-Sees in Richtung auf die britische (Kenia)-Grenze vorrücken und Zerstörungen im Bahnabschnitt zwischen Nairobi und dem See vornehmen.

Die verstärkte 7. Feldkompanie (Detachement Bock) wurde daher auf dem Seeweg, wieder durch »Muansa« und Leichter, nach der Mara-Mündung südlich von Schirati gebracht. Sie erreichte am Morgen des 11. September das von der britischen Zivilverwaltung verlassene Kisii und wollte dort am 12. einen Ruhetag einlegen. Auch Karunga war am 9. durch die Seitendeckung feindfrei gefunden, ein gegnerischer Dampfer durch MG-Feuer am Anlaufen gehindert worden. Die Sicherung gegen Landungen an der linken Flanke ging teils am Ufer vor, teils befand sie sich auf dem Dampfer »Muansa«, der nordwärts dampfend ebenfalls Flankenschutz gab.

Der Gegner hatte am 10. September von der Besetzung Karungas und dem deutschen Vormarsch auf Kisii erfahren. Daraufhin ließ er alle verfügbaren Kräfte, drei Kompanien, bei Kendu landen und setzte sie in Richtung Kisii an. Infolge ungenügender Aufklärung und Sicherung und vielleicht auch wegen allzu großer Sorglosigkeit der deutschen Kräfte gelang es den Briten am 11. September gegen Mittag, eine das Tal von Kisii beherrschende Höhe zu besetzen. Nach langem Gefecht, bei dem sich die Unterlegenheit der alten deutschen, rauchstarken Gewehre als äußerst nachteilig erwies, gingen nach Einbruch der Dunkelheit zwar beide Seiten zurück, aber Hauptmann Bock war verwundet worden, 20 Prozent seiner Gefechtsstärke war verloren; die Schwerverwundeten mußte er infolge Trägermangels in Kisii zurücklassen. Er beabsichtigte, zunächst seine Kräfte auf südlicheren Höhen zu sammeln und den Morgen abzuwarten. Aber unter den Trägern kam es zu einer Panik; sie warfen ihre Lasten fort und flohen. Dabei rissen sie auch große Teile der noch kampfunerfahrenen Truppe mit sich. Etwa 150 Lasten gingen so verloren, darunter die gesamte Munitions-Reserve. Stark mitgenommen kam die Abteilung am 17. September wieder in das Lager Utegi zurück.

Zwei britisch-indische Schwadronen, die eine ohne Reittiere, waren mit der Bahn nach Kisumu herangebracht und nach Bekanntwerden des deutschen Rückzugs am 15. September auf dem Dampfer »Winifred« verladen worden. Sie sollten von Karunga aus den deutschen Rückweg abschneiden. Ihr Landungsversuch wurde jedoch durch deutsche Feldwachen vereitelt. Der Dampfer »Muansa« zwang »Winifred« zum Rückzug.

Die deutsche Schlappe von Kisii führte zunächst zu einer Überschätzung der Gegnerstärke, die Hauptmann Braunschweig am Ost-Viktoria-See allein mit mindestens 3000 Mann bezifferte. »Erfolgreiche Defensive bei feindlichem Angriff nur zu erwarten, wenn weitere Kompanien zur Verstärkung am See eintreffen«, telegrafierte er dem Kommando. Daraufhin erhielt die Etappenleitung am 22. September die Anweisung, von der Mittellandbahn die 1. Schützenkompanie und zwei Feldgeschütze nach Muansa zu senden. Ende September wurde auch die 7. Feldkompanie wieder nach Muansa zurückgezogen. An der Grenze verblieben nur kleine Abteilungen bei Utegi (unter Oberleutnant Frh. v. Haxthausen), bei Musoma und Schirati (unter Oberleutnant Schulz).

In der von der Schutztruppe verlassenen Residentur Bukoba hatte der deutsche zivile Resident v. Stuemer an der Küste und an der Grenze durch bewaffnete Eingeborene einen Beobachtungs- und Nachrichtendienst eingerichtet. So hatte er am 17. August erfahren, daß die Briten von Masaka aus mit etwa 300 Askaris und 1000 Hilfskriegern die Grenze überschritten hätten. Zu Unterhandlungen mit dem Gegner wollte er sich zur Grenze begeben. Dies wurde jedoch auf Veranlassung des Kommandos vom Gouverneur unterbunden. Es stellte sich dann auch heraus, daß nur schwache britische Posten über die Grenze an den Kagera-Bogen vorgeschoben worden waren. Erst am 14. September drangen die Briten von der Kagera-Mündung aus etwa zehn Kilometer tief in die Region Kisiba ein und gingen auch im Kagera-Bogen bis Kifumbiro vor, wo sie einen Brückenkopf anlegten. Von dort aus ließen sie durch Hilfskrieger in Karagwe Vieh und Verpflegung requirieren. Die dortigen deutschen farbigen Einwohner wandten sich hilfesuchend an die Residentur. Daraufhin erbat v. Stuemer beim Gouverneur 400 Gewehre und 40 000 Patronen zur Bewaffnung von Hilfskriegern. Das Kommando ließ diese Bewaffnung von Tabora abgehen. Als Führer für diese improvisierte Truppe zog v. Stuemer elf im Gebiet von Ussuwi mit Bahntrassierungsarbeiten beschäftigte Weiße ein. Inzwischen waren britische Posten von Kifumbiro nach Osten weitergedrungen und hatten am 15. Oktober die Ngono-Linie von der Mündung bis südwestlich Bukoba besetzt. Der Resident meldete nun, ein Angriff deutscher Truppen verspräche hier Erfolg. Das Kommando entschloß sich daher am 17. Oktober entgegen dem Vorschlag des Hauptmanns Braunschweig, Bukoba zu verteidigen, und übertrug v. Stuemer auch den militärischen Befehl im Gebiet der Residentur Bukoba, wo am 18. Oktober auch der Landsturm aufgerufen wurde. Als erste Verstärkung gingen am 24. Oktober etwa 100 Mann (mit zwei Maschinengewehren und einem Feldgeschütz) von Muansa auf dem Seeweg nach Njemirembe ab. Am 27. Oktober meldete Major v. Stuemer, daß am 20. Oktober südlich von Mbarara Waganda-Hilfskrieger in Nord-Karagwe eingefallen seien. Trotz Gegenwehr der deutschen farbigen Einwohner hätten die gegnerischen Hilfskrieger 7000 Rinder abgetrieben, andererseits hätten sich auch die anfänglichen Befürchtungen von Hauptmann Braunschweig als unbegründet erwiesen. Dieser erhielt daher am 27. Oktober Befehl, mit möglichst starken Kräften nach Bukoba zu marschieren und sich Major v. Stuemer zur Verfügung zu stellen. Die neuaufgestellte 1. Schützenkompanie sollte in Muansa bleiben.

Die Briten hatten in den ersten drei Monaten den Abzug der deutschen Kräfte aus der Residentur Bukoba zu Geländegewinn und zur Verbesserung ihrer Grenzstellungen im Kagera-Bogen ausnützen können, während in der benachbarten Residentur Ruanda und an der ganzen Seen-Westgrenze die Verhältnisse stabiler waren und sogar deutsche Erfolge gegen die Belgier erzielt werden konnten.

Gemäß dem Befehl vom 27. Oktober hatte Hauptmann Braunschweig Muansa mit dem Dampfer »Muansa«, zwei Leichtern und zwölf Daus in Richtung Njemirembe verlassen. Wegen eines Sturmes aber waren die Daus hinter der »Muansa« zurückgeblieben. Als der bewaffnete britische Dampfer »Sybil« erschien, sammelten sich die Daus an der Insel Dsuma und wehrten einen Landungsversuch ab. Eine Dau hatte nach Muansa zurückkehren können. Gleichzeitig war der britische Dampfer »Winifred« mit einem Schlepper vor Kajense erschienen und hatte, nachdem eine Landung vom deutschen Küstenposten verhindert worden war, die Gegend mit Geschützen und Maschinengewehren abgestreut. In Muansa war daher der Eindruck eines bevorstehenden Angriffs entstanden. Deshalb kehrte Hauptmann Braunschweig mit den bei Njemirembe gelandeten Teilen seiner Kompanie wieder nach Muansa zurück, denn auch zwei weitere britische bewaffnete Dampfer, die »Kavirondo« und »Sir William Mackman«, hatten im Speke-Golf gekreuzt, auf den Inseln Wiru und Nafuba Scheinlandungen durchgeführt, Eingeborene angegriffen, Fahrzeuge gekapert, den gesamten auf der Insel Ukerewe lagernden Reis mitgenommen und die Anlagen der Reiswerke in Brand geschossen. Einer der anderen Dampfer war im Kome-Kanal erschienen. Erst in der Nacht vom 2. und 3. November waren alle vier Dampfer wieder abgefahren. (Die Briten waren in den Besitz des deutschen Chiffrier-Codes gelangt und hatten den ganzen Funkverkehr zwischen Muansa und Bukoba mithören und entziffern können.) Nachdem sie anläßlich des mißglückten Landungsversuchs bei Karunga am 15. September festgestellt hatten, daß der Dampfer »Muansa« mit einem Geschütz bewaffnet war, hatten sie ihrerseits drei ihrer Dampfer mit Marinegeschützen armiert und mit Marinesoldaten bemannt. Diesen war der allgemeine Befehl erteilt worden, Jagd auf deutsche Fahrzeuge, vor allem auf die »Muansa« zu machen, alle deutschen Lebensmittel und Brennstofflager am Ufer aufzurollen und auch sonst umfangreiche Störaktionen zu unternehmen.

Am 5. November lief allerdings die »Sybil« bei Majita auf ein Riff und mußte auf Strand gesetzt werden. Ihre Besatzung und Armierung wurde auf andere Dampfer verteilt.

Inzwischen hatte eine Patrouille unter Oberleutnant Freiherr v. Haxthausen bei einem Streifzug längs der Kenia-Grenze am 31. Oktober einen Zusammenstoß mit einer starken britischen Patrouille gehabt und war nach Schirati zurückgegangen. Dort erhielt sie am 6. November Kenntnis von den britischen Dampferaktionen. Haxthausen rückte nach Musoma und wurde auf die Meldung einer angeblichen britischen Landung bei der Insel Ukerewe hin sofort weitergeschickt, erfuhr aber unterwegs den wahren Sachverhalt und bog zur Strandungsstelle der »Sybil« bei Majita ab, an der er am 10. November eintraf. Dort ließ er alle für »Muansa« brauchbaren Teile sowie Platten abmontieren und das Wrack weiter durch Sprengungen und Ausbrennen unbrauchbar machen.

Um ein einheitliches Handeln in diesem Raum sicherzustellen, hatte das Kommando der Schutztruppe auf die alarmierenden Nachrichten vom 1. November hin den Militärbefehl auch im Bezirk Muansa dem Major v. Stuemer übertragen. Dieser befahl am 4. November die Entsendung einer neuen Expedition in einer Stärke von rund 400 Mann (mit zwei Maschinengewehren und einem Geschütz) nach Bukoba, wo die Stadt, hauptsächlich aber der Funkturm, das Zollgebäude und die Boma am 29. Oktober vom britischen Dampfer »Winifred« beschossen worden waren. Am 2. November war auch die bei Bugombe stehende deutsche Feldwache nach Süden zurückgedrängt worden. Nach erfolgreicher Überführungsaktion aus Muansa griff Major von Stuemer am 20. November das befestigte Kifumbiro an, kleinere Abteilungen säuberten das Kagera-Dreieck vom Gegner. Aus Kifumbiro konnten die Briten trotz zwölfstündigem lebhaften Gefechts nicht vertrieben werden, räumten aber in der folgenden Nacht nicht nur den Brückenkopf, sondern auch die Uferstellungen. So konnte Kifumbiro wieder von deutschen Kräften besetzt und längs des Kagera eine Sicherungslinie eingerichtet werden.

Am 23. November stellte eine Patrouille bei Mtukula, hart an der Grenze, feindliche Vorposten fest und in den Minsiro-Bergen, zwischen Mtukula und der Kagera-Mündung, ereignete sich ein für die deutsche Seite erfolgreiches Patrouillengefecht.

Aber der zu erwartende Gegenstoß blieb nicht lange aus. Noch im November hatten die Briten Verstärkungen aus British-Ostafrika über den See geschickt und nördlich Mtukula vier bis fünf Kompanien (mit vier Maschinengewehren und zwei Geschützen) in den Minsiro-Bergen konzentriert und an der Kagera-Mündung je zwei Kompanien postiert. Am 6. und 7. Dezember drängte der Gegner die deutschen Sicherungen auf den Kagera-Fluß zurück. Der britische Versuch, den Brückenkopf und Kifumbiro wieder zu nehmen, wurde jedoch von Einheiten des Hauptmanns von Brandis abgewiesen. Die an der Kagera-Linie nun einsetzende Ruhe wurde von der deutschen Seite zu Patrouillenunternehmungen genutzt. Zugleich mit dem Gegenstoß hatten auch die britischen Dampfer wieder begonnen, die ganze deutsche Küste bis Njemiremebe durch Beschießungen zu beunruhigen.

Im Osten des Viktoria-Sees hatte der Gegner nach dem Zusammenstoß vom 31. Oktober eine Späherabteilung an die Grenze geschickt, am 17. November eine ganze Kompanie von Kisii nach Butende, eine weitere etwa gleichzeitig nach Karunga vorgeschoben. Schirati, das am 28. November durch einen Dampfer beschossen wurde, war von den Deutschen geräumt worden.

Die an der Grenze verbliebenen schwachen deutschen Kräfte im Mara-Dreieck waren auf kleine Posten und Patrouillen verteilt. Sie waren den nun einsetzenden feindlichen Vorstößen nicht gewachsen. Ein deutscher Posten wehrte bei Bunjari einen stärkeren Angriff in einem siebenstündigen Gefecht erfolgreich ab, mußte sich dann aber zurückziehen. Der Gegner war am 5. Dezember bis in das Gebiet Utimbaru vorgedrungen.

Am 15. Dezember übernahm Oberleutnant Freiherr v. Haxthausen wieder den Befehl über die inzwischen verstärkte Grenzschutzabteilung. Am 18. Dezember mußte ein anderer Posten einen starken Angriff an der Grenze abwehren. Haxthausen zog mit dem Hauptteil seiner Abteilung am 31. Dezember zu dem in Bukira gelegenen Schirari-Berg. Aber dort hatte sich der Gegner bereits zurückgezogen und konnte nicht mehr gestellt werden.

Während des Monats Dezember 1914 herrschte relative Ruhe am Viktoria-See. Beide Seiten hatten mit sich selbst zu tun. Aber nun befürchtete der dort befehlende britische General Stewart eine deutsche Offensive. Daher ließ er durch eine auf zwei Dampfern herangebrachte Abteilung am 8. Januar 1915 Schirati besetzen, nachdem die schwachen deutschen Sicherungskräfte mit Unterstützung von Schiffsartillerie vertrieben waren. Nach Heranführung zweier weiterer Kompanien rückten die Briten am 12. Januar zur Säuberung des Mara-Dreiecks nach Utegi.

Am 14. Januar hatten deutsche Kräfte bei Morgengrauen die Wache des britischen Lagers bei Butende überrumpelt und das Lager zerstört. Haxthausen hatte zur Bewachung des eigenen Lagers nur einige wenige Männer zurückgelassen. Auch der britische Führer, der auf einem anderen Wege, höchstens 600 Meter von der deutschen Abteilung entfernt, zum Schirati-Fluß marschiert war, griff das deutsche Lager an: Jeder der Gegner hatte das Lager des anderen erobert. Das deutsche Lager wurde jedoch zurückerobert und Beute eingebracht.

Am 30. Januar räumten die Briten Schirati und schifften sich nach Kisumu ein. Als sich am 3. Februar eine deutsche Patrouille Schirati näherte, zog auch die britische Nachhut in Richtung Grenze ab. Die beiden deutschen Kompanien von Butende und Karunga hatten am 23. Januar eine Verteidigungsstellung auf dem bei Nirongo gelegenen Niasoko-Berg bezogen.

Unterdessen waren aus Muansa in drei Transporten deutsche Verstärkungen am Mara-Fluß eingetroffen. Sie wurden vor allem zu kleinen Patrouillenunternehmungen auf britischem Gebiet verwendet. Dann erhielten die Briten Verstärkung durch Gebirgsgeschütze und konzentrierten ihre Kräfte am Niasoko-Berg. Auf deutscher Seite erkannte man am 21. Februar starke britische Bewegungen und erwartete eine neue Offensive des Gegners. Haxthausen stand mit dem Hauptteil seiner Abteilung am Mara, eine schwächere Truppe am Chaka-Ikomo, dem Grenzberg südlich des Niasoko-Berges. Dort griffen am 4. März überlegene britische Kräfte von drei Seiten an und drängten die Verteidiger auf den Sossoni zurück, wo die Lasten der Abteilung lagen. Den ganzen folgenden Tag hielt ein heftiges Geschütz- und Maschinengewehr-Gefecht an. In der Nacht stahlen sich die Überlebenden der kleinen deutschen Abteilung unter Zurücklassung der Lasten durch den Belagerungsring hindurch und gingen auf die Manganana-Fähre (etwa 50 Kilometer oberhalb der Mara-Mündung) zurück. Am 6. März setzte der Gegner seine Beschießung fort, stürmte das verlassene Lager und bezog am 8. März auf dem Hochland nördlich der Manganana-Fähre ein Lager.

Oberleutnant Freiherr v. Haxthausen war am Abend des 8. März von der Usimbiti-Fähre oberhalb der Mara-Mündung in nordöstlicher Richtung aufgebrochen. Er wollte das feindliche Lager nachts überfallen, mußte aber eine Ruhepause einlegen, da seine Kolonne in dem unübersichtlichen Gelände öfter abgerissen war und das Hufgetrappel einer Zebraherde Furcht unter den Trägern verursacht hatte. Als die britische Abteilung am nächsten Morgen aus dem Gebiet Utimbaru auf Utegi vorging, wurde sie von der Gruppe Haxthausen angegriffen. Zwar gelang eine Umfassung des linken gegnerischen Flügels, aber dieser Vorteil konnte nicht ausgenutzt werden, da am Nachmittag Munitionsmangel eintrat und die einheitliche Führung verlorengegangen war. Nach Einbruch der Dunkelheit rückten die einzelnen deutschen Einheiten zu einem Sammelpunkt in der Nähe der Manganana-Fähre ab. Aber auch der Gegner zog sich zwischen dem 19. und 23. März 1915 wieder über seine Grenzen zurück.

Inzwischen hatten die Briten die Seeherrschaft auf dem Viktoria-See erringen können: Am 6. März 1916 lag der Dampfer »Muansa« (Kommandant: Obertorpedomaat v. Seydlitz) vor Nasoro am Speke-Golf zur Übernahme von Holz, als er vom überlegenen britischen Dampfer »Winifred« von der Insel Nafuba her überrascht wurde. Mit ihrer kleinen Revolverkanone war die »Muansa« dem großen 10-cm-Geschütz der »Winifred« machtlos unterlegen und mußte nach Treffern am Ufer versenkt werden. Ein britisches Abschleppmanöver wurde durch deutsches Feuer vom Ufer vereitelt.

Die »Muansa« wurde jedoch am Tag nach ihrem Verlust gehoben, wieder schwimmfähig gemacht und in der Nacht vom 14. zum 15. März nach Muansa gebracht. Sie fiel für zwei bis drei Monate wegen der Reparaturen aus. Während dieser Zeit konnten sich die britischen Dampfer willkürlich auf dem See bewegen und alle Wasserwege für die deutsche Seite sperren, die nun den Nachschub für die Grenzschutzabteilungen nur auf dem Landwege vornehmen konnte. Dieser aber nahm von Muansa bis zur britischen Grenze jeweils mindestens zwölf Tage in Anspruch.

Bei der nun bestehenden Schwierigkeit der Truppenverschiebungen zu Wasser zwischen Muansa und Bukoba war eine gemeinsame Befehlsführung unzweckmäßig geworden, die Befehlsführer beider Bezirke wurden deshalb wieder unmittelbar dem Kommando unterstellt.

Landungsversuche der Briten wurden am 4. März in der Moribucht, am 7. März bei Ukerewe und am 9. März bei Musoma von deutschen Posten abgewehrt. Bei Schirati fanden zur gleichen Zeit mehrere Gefechte statt, bei denen die deutschen Patrouillen zerstreut wurden. Am 9. März schlug Haxthausen mit 100 Mann am Maikaberg einen überlegenen Feind, der nach größeren Verlusten abziehen mußte. Außer der 26. Feldkompanie wurde Muansa durch 100 Askaris aus dem Bezirk Bukoba verstärkt, die am 6. April dort eintrafen.

Anfang April wurden auch einige Orte der Ostküste vom See her beschossen. Gleichzeitig machten Massai einen Einfall östlich des Sees, töteten mehrere Eingeborene und raubten Vieh. Mitte April rückte Hauptmann Braunschweig von Muansa mit etwa 500 Mann, zwei Maschinengewehren und zwei Geschützen zum Mara-Dreieck ab. In Muansa blieben über 500 Mann zurück.

Am 4. Mai wurden einem britischen Dampfer in der Marabucht Treffer durch ein deutsches Feldgeschütz beigebracht und dadurch eine Truppenlandung verhindert. Am 12. Mai landeten bei Majita etwa 300 Mann, zogen aber am 18. Juni wieder ab und schleppten das Wrack der »Sybil« mit sich. Auch das Mara-Dreieck hatte der Gegner am 20. Mai wieder geräumt und sich jenseits der Grenze auf mehreren Bergen verschanzt. Beschießungen der Küste durch britische Dampfer fanden in dieser Zeit öfter statt.

Im Bezirk Bukoba hielt Major v. Stuemer seit Anfang Dezember 1914 eine weit ausgedehnte Stellung am Kagera. Da die Briten Anfang März Truppen auf die Ostseite des Sees gebracht hatten, befahl Lettow eine Kräfteverschiebung von Bukoba nach Muansa und von dort ins Mara-Dreieck. Stuemer hielt zwar Verstärkungen dort für erforderlich, glaubte aber keine Truppen abgeben zu können, da er bereits strenge Defensive angeordnet hatte. Darauf befahl ihm das Kommando die unverzügliche Verschiebung von mindestens 100 Mann von Bukoba nach Muansa und von dort zum Mara-Fluß. »Mit weiterer Verstärkung ist dort nicht zu rechnen. Bildet selbst Askaris aus, wie es jeder andere auch macht«, telegrafierte das Kommando. Da dieser Befehl zunächst nur unvollkommen ausgeführt werden konnte, weil nur geringe Munitionsbestände vorhanden waren, erhielt v. Stuemer auf Hilferufe vom Kommando telegrafisch die Anweisung: »Waffen und

Munition müssen Sie möglichst beim Feind ergänzen.«
Dies wurde zum geflügelten Wort und Standardbefehl der
ganzen Schutztruppe während des weiteren Verlaufs des
Krieges.

Das Kommando erwog inzwischen eine Verstärkung
der Abteilung Muansa auch von anderer Seite. So erhielt
General Wahle in Daressalam am 19. März den Befehl, die
26. Reservekompanie über Tabora nach Muansa zu schik-
ken. Nach deren Eintreffen in Muansa am 7. April erhielt
Hauptmann Braunschweig den Befehl, die Kompanie weiter zur Abteilung v. Haxthausen zu schicken. Als Hauptmann Braunschweig meldete, daß er mit weiteren Verstärkungen zur Grenze rücken und dort persönlich die Führung übernehmen wolle, erhielt er am 11. April die Direk-
tive: »Bei Schirati ist keineswegs nur Grenzschutz er-
wünscht. Es kommt vielmehr darauf an, den Feind zu
schädigen, wo sich nur irgend die Möglichkeit bietet,
wenn möglich ist die Bahn zu zerstören.«

Anfang April von feindlichen Massai unternommene
Einfälle im Gebiet von Ungruimi und Kanadi erforderten,
daß zum Schutz der deutschen eingeborenen Bewohner
und ihrer Viehbestände der Posten Ikoma stärker besetzt
bleiben mußte.

Hauptmann Braunschweig blieb mit seiner Abteilung
Ende April an der Muansa-Grenze am Mara stehen, gegen die Absichten des Kommandos, das infolge der
schlechten Verbindungen jedoch nicht eingreifen konnte.
Braunschweig beschränkte sich darauf, einzelne Kompanien zu Vorstößen über die Grenze anzusetzen. Dies hatte
immerhin zur Folge, daß der Gegner seine Postierungen
auf den Bergen südlich des Gori-Flusses über Karunga
verstärken mußte.

Die Aktionen der Schutztruppe bewirkten insgesamt,
daß die Briten in Britisch-Ostafrika nicht nur ihre vorge-
schobenen Stellungen südlich der Uganda-Bahn immer
mehr verstärken, sondern auch ihre Hauptkräfte zum
Schutz der Bahn verwenden und daher verzetteln mußten. General Tighe, der am 15. April 1915 von General
Wapshare den Oberbefehl übernommen hatte, standen

daher für die beabsichtigte Offensive keine Truppen zur Verfügung. So entschloß sich das britische Oberkommando, eine Offensive in Ostafrika bis auf weiteres zurückzustellen, und teilte dies Anfang Juni 1915 der belgischen Regierung mit.

An der Bukoba-Grenze hatte sich die deutsche Patrouillen-Tätigkeit bis April 1915 weit nach Westen ausgedehnt und zu Erfolgen geführt: So konnte nördlich des Rufua stehendes geraubtes Vieh nach Karagwe zurückgebracht und die Briten durch Überfälle auf Postierungen in Süd-Ankole gezwungen werden, auch hier ihre Sicherungsmaßnahmen zu verstärken.

Um den so entstandenen Druck auf die britische Grenze wenigstens an einem Punkt abzuschwächen und zugleich auch auf die Bahnzerstörungen zu reagieren, gab General Tighe Anweisungen an General Stewart, Bukoba als Stützpunkt deutscher Unternehmungen gegen Uganda zu zerstören. Während am 21. und 22. Juni ein britisches Bataillon vor den deutschen Stellungen im Kagera-Bogen Scheinangriffe vortrug, landete General Stewart am 22. Juni früh nördlich von Bukoba mit einem aus drei Bataillonen, einer MG-Kompanie und einer Gebirgsbatterie bestehenden Expeditionskorps und drängte die ihm entgegengeworfene deutsche Abteilung auf die Stadt zurück. Mit Unterstützung durch 14 Schiffsgeschütze britischer Dampfer griff General Stewart am 23. Juni die Stadt selbst an, die Major v. Stuemer unter starken Verlusten mit seinen schwachen Kräften gegen Mittag räumen mußte. Nach Plünderung und vollständiger Zerstörung der Stadt sowie der Funkstelle schiffte sich das Expeditionskorps wieder ein. Am 24. Juni fuhren sämtliche sieben Schiffe wieder nach Kisumu. Am gleichen Tage wurde die Stadt erneut von deutschen Kräften besetzt. Dieser erfolgreiche britische Raid änderte jedoch nichts an der Gesamtlage, die Initiative blieb zunächst weiterhin auf deutscher Seite.

Andererseits hatte sich ein vom Kommando der deutschen Schutztruppe erhoffter Waffenerfolg an der Grenze des Bezirks Muansa nicht erreichen lassen. Solange der

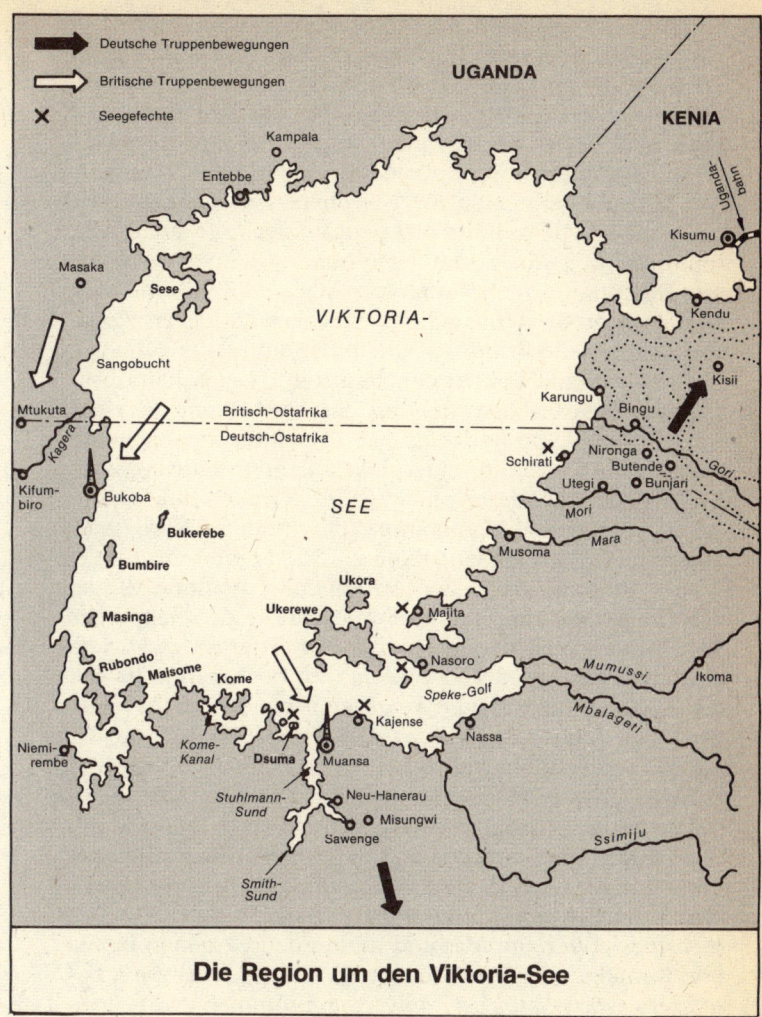

Die Region um den Viktoria-See

Gegner seine Truppen auf Bergstellungen zwischen dem Viktoria-See und dem Steilabfall Isuria verzetteln mußte, hatte sich Hauptmann Braunschweig nicht entschließen können, diese günstige Gelegenheit durch Zusammenfassung seiner Kräfte zu einem Angriff auf eine der britischen Stellungen auszunutzen. Von Mitte Mai an konzentrierte der Gegner seine von Nairobi her verstärkten Kräfte auf zwei östlich Bingu dicht zusammen gelegenen Bergen. Erst am 3. Juni rückte Hauptmann Braunschweig mit dem Hauptteil seiner Kräfte vom Mara-Fluß vor und versuchte zunächst, den Gegner nach Osten zu locken. Denn dort mußten die Briten auf die durch die Küstennähe gegebenen Möglichkeiten der besseren Nachrichtenübermittlung, des Nachschubs und der Verstärkung verzichten. Nachdem die Versuche zur Irreleitung des Gegners fehlgeschlagen waren, entschloß sich Braunschweig zum Angriff. Aber in der Nacht vom 18. zum 19. Juni wurde die feindliche Stellung geräumt vorgefunden. Der Gegner hatte sich hinter den Gori-Fluß zurückgezogen.

Am 28. Juni, nach der britischen Expedition gegen Bukoba, erhielt Hauptmann Braunschweig den Befehl des Kommandos, mit der Abteilung nach Muansa zu rücken und den Feind an der Grenze nur zu beobachten, da mit einem gegnerischen Landungsversuch auch in der Gegend von Muansa gerechnet wurde. Am 13. Juli war die Abteilung wieder in Muansa.

Am 5. Juni 1915 errang eine auf einem Berg nahe Schirati stehende Patrouille einen Abwehrerfolg, obwohl der britische Angriff von einem Dampfer mit Geschützfeuer unterstützt wurde. Während der Abwesenheit der Abteilung Braunschweig hatten wieder mehrere Massai-Einfälle stattgefunden, im Mai und Juni in den Regionen Ikoma und Kanadi, im Juli in Ututwa, Kandi und Ntusu, ein besonders starker am 11. Juli, unternommen von etwa 3000 Massai unter Leitung des britischen Distriktkommissars. Mehrere tausend Stück Vieh waren geraubt worden; im Kampf mit den Wasikuma und dem Posten Kanadi mußten die Massai aber an diesem Tag über hundert Tote zurücklassen.

In Muansa waren inzwischen neue Rekrutenkompanien aufgestellt worden, obwohl ausreichende Mengen an Waffen und Munition fehlten. Aber die Anwesenheit dieser Kompanien genügte zum Schutz des Bezirks Muansa.

Dagegen waren an der belgischen Grenze Verstärkungen erforderlich geworden, vor allem in Ruanda. Daher gab das Kommando am 29. Juli der 26. Feldkompanie Marschbefehl nach Tabora. Über Kigoma und Usumbura wurde sie angesichts der belgischen Angriffsvorbereitungen im Westen in Richtung Kissenji zur Verstärkung angesetzt.

Um die Abwehrkraft der Truppe am Südufer des Viktoria-Sees zu verstärken, befahl das Kommando der Schutztruppe, eines der inzwischen von »Königsberg« geborgenen 10,5-cm-Geschütze nach Muansa zu entsenden. Diese Kanone war mit Mittelpivotlafette und Schutzschild in der Gouvernementswerkstatt in Daressalam hergerichtet worden. Sie wurde auf der schmalspurigen Mittellandbahn nach Tabora und von dort aus die etwa 200 Kilometer bis zum Viktoria-See gebracht. Am 12. September 1915 traf das Geschütz in Muansa ein und wurde auf einem die Hafeneinfahrt beherrschenden Hügel aufgestellt. Geschützführer wurde Oberleutnant Vogel.

Inzwischen rechnete das Kommando bis auf weiteres nicht mehr mit feindlichen Unternehmungen gegen Muansa. Nachrichten aus Europa hatten es wahrscheinlich gemacht, daß Großbritannien seine verfügbaren Kräfte nach Flandern und den Dardanellen zog und zu den kolonialen Kriegsschauplätzen höchstens solche Truppen schicken konnte, die für die europäischen Kriegsschauplätze nicht brauchbar waren. Auch aus Südafrika war zu hören, daß ein starkes Truppenkontingent der Südafrikanischen Union nicht nach Ostafrika, sondern nach Europa entsandt werden sollte.

Die britischen Dampfer auf dem Viktoria-See entwickelten zwar inzwischen an der Küste von Bukoba und im Speke-Golf eine lebhafte Tätigkeit und beschossen verschiedene Punkte auf dem Festland und auf den Inseln, aber dies offenbar nur, um damit die deutschen Truppen zu beunruhigen und zur Verzettelung zu veranlassen. Gleichzeitig wollten sie damit aber auch Jagd auf die wiederhergestellte »Muansa« machen und den Abtransport der reichen Reisernte von der Insel Ukerewe verhindern. Davon abgesehen herrschte an der Viktoria-See-Front bis weit in das Jahr 1916 hinein wieder relative Ruhe.

Am 16. September 1915 hatte das Schutztruppen-Kommando Hauptmann Braunschweig den Befehl erteilt, mit der 14. Feldkompanie nach Tabora zu rücken und weiter nach Kigoma zu gehen. Dort sollte die zeitweilige Verzettelung des Gegners ausgenutzt werden, bevor dieser die deutsche Herrschaft auf dem wichtigen Tanganjika-See in Frage stellen konnte.

3. Rückzug vom Viktoria-See

Im Frühjahr 1916 aber begann die große belgo-britische Offensive gegen die Mitte des Landes. Der Gegner setzte vom Nordwesten an, weil die Hauptmacht der Schutztruppe, im Nordosten des Landes stehend, sich dort als kraftvoller Riegel erwiesen hatte.

Das Kommando hatte dem Westbefehlshaber am 30. April 1916 auch die Truppen in den Bezirken Tabora, Muansa und Bukoba unterstellt. Es standen in Muansa fünf Kompanien (zwei Maschinengewehre) und eine Batterie (sechs Geschütze) sowie ein Rekrutendepot unter Oberleutnant v. Oppen, in Bukoba drei Kompanien (mit drei Maschinengewehren und zwei Geschützen) sowie 600 Rugaruga-Krieger unter Hauptmann Gudowius und in Tabora ein Wachkommando und ein Rekrutendepot unter Oberstleutnant Hübener.

Bis zum 30. April hatten die Briten an der ganzen Kagera-Linie und an der Küste des Bukoba-Bezirks Demonstrationen zur Unterstützung des Vormarsches der belgischen Nord-Brigade durchgeführt. Dann war Ruhe eingekehrt. Hauptmann Gudowius konnte Mitte Mai wieder kleinere Unternehmungen wagen. Der belgische Vormarsch auf Kigali machte allerdings bald die Aufklärung nach Westen und die Besetzung aller Kagera-Übergänge erforderlich. Am 24. Mai entschied der Westbefehlshaber:

> »Sie haben in Ihrer jetzigen Stellung zu verbleiben und sich nicht mit der Abteilung Langenn zu vereinigen. Dagegen sind die Fähren über Kagera alle stark zu besetzen.«

Inzwischen hatte das bei Dwenkuba stehende starke britische Detachement stärkere Teile in die Bussinde-Berge (bei Njakaschara) und nach Wakituku (zwischen Magoma und Janeiro) vorgeschoben, weshalb die C-Kompanie am 12. Juni Mabira (Mtagata) räumte und nach Rutunguru zurückging. Am 7. Juni hatten drei aus Richtung Kisumu kommende britische Dampfer hinter der Insel Bukere geankert, waren jedoch am 8. wieder verschwunden. Der britische Befehlshaber an der Kagera-Linie hatte sich mit einem Anfang Juni zusammengezogenen Detachement in der Sango-Bucht auf drei Transportdampfern eingeschifft, um sich mit Unterstützung der am 7. Juni bei Bukerebe eingetroffenen armierten Dampfer am 9. und 10. Juni in den Besitz der Insel Ukerewe zu bringen, die von den schwachen deutschen Besatzungen nicht gehalten werden konnte. Oberleutnant v. Oppen zog seine Vorabteilungen bis Guta zurück. Da vom Gori-Fluß her feindliche Patrouillen das Land brandschatzten und die Eingeborenen unruhig wurden, mußte am 20. Juni der bei Ikoma beim Schutz gegen Massai-Einfälle entbehrliche Teil der Feldkompanie wieder bis zum Nordrand von Ungruimi vorgeschoben werden.

Im Bezirk Bukoba hatte Hauptmann Gudowius am 18. Juni noch eine Kampfgruppe zur Ruanilo-Fähre in Marsch gesetzt, aber am nächsten Tag den nördlichen Teil des Bezirks bis auf Patrouillen geräumt und sich über Biaramulo den Belgiern zugewandt. Am 20. Juni wurden die erforderlichen größeren Bewegungen begonnen. Aber für eine wirksame Verteidigung der Kagera-Ruwuwu-Linie war es bereits zu spät.

Der deutsche Westbefehlshaber hatte am 16. Juni an Major v. Langenn den Befehl erteilt, zur Aufnahme der Bukoba-Truppen nach Süd-Ussuwi abzurücken, mußte aber am 20. Juni diesen Befehl wieder aufheben, da nach Eingeborenen-Nachrichten starke gegnerische Kräfte von Usumbura in Richtung auf die Station Malagarassi (Ugaga) marschierten. Als sich diese Nachricht am 23. Juni als falsch herausstellte, erhielt Major v. Langenn Befehl, mit der Abteilung Wintgens den Rechtsabmarsch sofort auszuführen und in Eilmärschen die Straße Tabora-Muansa zu erreichen. Gleichzeitig sollten die Abteilungen Hering und Urundi den Abmarsch verschleiern und einen etwaigen Vorstoß von Gitega auf Gottorp oder Kigoma aufhalten. Außerdem wurde Hauptmann Gudowius befohlen, seine Truppen in Eilmärschen nach Süden zusammenzufassen und den etwa von Ussuwi auf Muansa vordringenden Gegner in Flanke und Rücken energisch anzugreifen. Am 25. Juni trat Major v. Langenn von Niakassu aus den Rechtsabmarsch an, der zunächst in östlicher Richtung nach Kibondo, dann nach Nordosten auf Njatakara führte.

Die Bukoba-Truppen waren indessen bereits am 24. Juni von den Verbindungen mit Tabora und Muansa abgeschnitten. Als am 25. Juni die Etappenkolonne Kamachumu mit 1000 Lasten und dem Lazarett unter schwachem Schutz östlich an Biaramulo vorbei die Straße nach Tabora zu gewinnen suchte, wurde sie bei Katoke durch eine belgische Kompanie vollkommen zersprengt. Am 27. Juni marschierte Hauptmann Gudowius nach Luapindi, 15 Kilometer nördlich Misoroti, um von dort das Gros auf Njakabanga abzudrehen, während er mit Teilen seiner Truppe nach Misoroti weiterrückte.

Am 30. Juni wurde bekannt, daß die Belgier sowohl Njemirembe als auch Busirajombe besetzt hatten und auf beiden Straßen mit starken Kräften standen. Hauptmann Gudowius rückte daher an die Straße Njemirembe-Biaramulu heran, überschritt sie aber erst in der Nacht vom 1. zum 2. Juli, nur durch einige britische Patrouillen gestört. Am Abend des 2. Juli gab er etwa sieben Kilometer nördlich von Kato den Befehl für den Weitermarsch. Falls der gemeinsame Durchbruch nicht gelang, sollten jede Abteilung und jeder Mann allein versuchen, die Sperrzone zu passieren und sich auf Uschirombo oder Muansa durchzuschlagen. Dieser Befehl sollte praktisch die Auflösung der Truppe bedeuten.

Am Vormittag des 3. Juli stieß das Gros an der Wasserstelle südlich von Kato auf ein nach Norden durch Astverhaue und Schützenlöcher geschütztes Lager des Gegners. Hauptmann Gudowius umfaßte es beidseits und griff an. Die britische Besatzung mußte sich mit schweren Verlusten nach der Mitte zusammenschließen und mit Front nach Süden kämpfen. Die von Osten angreifende deutsche C-Kompanie hatte sich um 15.30 Uhr in den Besitz des beherrschenden Teils der Stellung gesetzt und dabei zwei Maschinengewehre erbeutet. Aber die Truppe war dem Führer entglitten: Sobald der Weg nach Süden erkämpft war, waren Teile abgebröckelt und abmarschiert. Der verwundete Gudowius bemühte sich vergeblich, vom Hauptverbandsplatz aus die Leute zu sammeln und Träger zum Abtransport heranzuziehen. Am nächsten Morgen wurde er mit nur noch vier Mann gefangengenommen.

Inzwischen hatten die Briten von Dwenkuba aus am 22. Juni mit dem Aufrollen der Kagera-Linie begonnen. Eine in der Sango-Bucht eingeschiffte Abteilung besetzte am 28. Juni Bukoba, wo zwei Tage später auf dem Landweg die Kolonne Carew eintraf. Beide Abteilungen wurden am 1. Juli wieder eingeschifft und landeten am 3. in Njemirembe, das seit dem Abend des 30. Juni besetzt war. Zwei weitere britische Kolonnen erreichten Njemirembe am 9. und 10. Juli, die eine über Misoroti, die andere auf der Küstenstraße. Die von Hauptmann Gudowius bei Kifumbiro, in Karagwe und an der Küste zurückgelassenen deutschen Patrouillen und Posten marschierten am 23. Juni ab und überschritten die Straße Busirajombe bereits am 2. Juli an anderer Stelle als das Gros, wodurch sie belgische Kräfte auf sich zogen, die ihnen schwere Verluste beibrachten. Der Rest traf am 4. Juli als erste der Bukoba-Truppen in Uschirombo ein.

Vom Gros trafen der Hauptteil der 7. Reservekompanie, verhältnismäßig intakt, und ein kleiner Teil der Abteilung Bukoba am 7. Juli in Morole ein und marschierten am 8.

nach Uschirombo. Teile der C-Kompanie und der Abteilung Bukoba erreichten am 9. Juli, stark demoralisiert, den Smith-Sund. Die Abteilung Held hatte sich auf Lutschiri, am See, zurückgezogen. Im ganzen fand sich etwa die Hälfte der Bukoba-Truppen wieder ein. Die andere Hälfte war gefallen, gefangen oder bei dem ungeordneten Rückzug versprengt oder desertiert. Beide Geschütze und ein Maschinengewehr waren wegen Trägermangels vernichtet worden.

Nach Einnahme von Ussuwi wählte der belgische Befehlshaber Tombeur als nächstes Operationsziel die Besetzung des Bezirks Muansa in Verbindung mit den britischen Streitkräften des Generals Crewe. Die belgische Süd-Brigade sollte gegen Kogoma und die Mittellandbahn vorgehen. Die Nord-Brigade beabsichtigte einen Vormarsch auf St. Michael und Lowire und befahl am 5. Juli eine Konzentration in der Gegend Njatakara-Diobahika sowie bei Biaramulo-Busirajombe. In Njamasina stand schon seit dem 29. Juni eine belgische Kompanie.

Major v. Langenn, der mit der Abteilung Wintgens am 7. Juli etwa fünf Kilometer südöstlich von Njatakara angekommen war, erfuhr hier durch einen gefangenen belgischen Askari, daß die Belgier Biaramulo besetzt hätten und beabsichtigten, mit einer Kolonne auf Kahama und einer anderen auf Muansa zu marschieren. Langenn begab sich daher nach Uschirombo, um telefonische Verbindung mit dem Westbefehlshaber aufzunehmen, der ihm am 12. Juli die Bukoba-Truppen unterstellte.

Am 10. Juli wurden die britischen Streitkräfte, die in Njemirembe angelangt waren, eingeschifft und von General Crewe mit den auf der Insel Ukerewe befindlichen Teilen des See-Detachements zum Angriff auf Muansa angesetzt. Ihr Hauptteil wurde in der Nacht vom 11. zum 12. Juli bei Kongoro, östlich Kissawo, gelandet, von wo er auf Mahongo marschieren sollte. Eine am 12. Juli bei Ssenga, östlich Kajense, gelandete schwächere Kolonne hatte, teils über Kajense an der Küste entlang, teils von Karense direkt, auf Muansa vorzugehen.

Die F-Kompanie hatte Oberleutnant v. Oppen bereits

am 1. Juli hinter der Mbalageti, die E-Kompanie nach Nassa und Janguge, die D-Kompanie in der Gegend zwischen Janguge und Kongoro näher herangezogen, da er mit dem baldigen Erscheinen der Belgier am Muansa-Golf rechnen mußte. In der Nacht vom 11. zum 12. Juli fragte er telegrafisch beim Westbefehlshaber an, ob er dem Feind entgegentreten oder sich in Muansa verteidigen solle. Die Antwort kam:

> »Von diesen beiden Möglichkeiten ist die erstere zu wählen, dem Gegner mit Abteilung Rekowski entgegenzutreten. Ist Rückzug notwendig, soll er nach Südosten angetreten werden, später abbiegen nach Südwesten, Richtung Schinjanga. Das 10,5-cm-Geschütz möglichst mit Dampfer nach Njantelessa bringen. Wenn das nicht möglich, damit schießen und dann sprengen, Funkturm, wenn notwendig.«

Infolge schlechter telefonischer Verständigung mit Muansa glaubte v. Oppen jedoch verstanden zu haben, die Abteilung Rekowski sollte sich nach Südosten und dann nach Südwesten in Richtung Schinjanga zurückziehen, während er selbst Muansa halten und nötigenfalls die 10,5-cm-Kanone und den Funkturm sprengen sollte. Er rückte deshalb nach Muansa zurück, während Leutnant v. Rekowski in die Landschaft Usmao abrückte, in der er die Vereinigung mit der E- und F-Kompanie suchte, von denen jedoch später nur noch Reste wieder Anschluß fanden. Als v. Oppen erkennen mußte, daß er die Antwort des Westbefehlshabers falsch aufgefaßt hatte, war nichts mehr zu ändern.

Am 13. Juli 1916 drängten drei gegnerische Kolonnen die Patrouillen und Posten auf Muansa zurück. Das 10,5-cm-Geschütz der »Königsberg« beschoß nachts ein feindliches Lager südwestlich Hale und am 14. vormittags den von Norden gegen die Stadt vorgehenden Gegner. Bereits am Morgen hatte v. Oppen auf die Meldung vom Anmarsch einer belgischen Kolonne auf Njaruwanga beim Westbefehlshaber telefonisch die Genehmigung zur Räumung Muansas und zum Abtransport der Truppen nach Misungwi erbeten, die dieser schließlich auch gab. Die Räumung erfolgte mittags, teils auf den Schiffen und

Leichtern, teils zu Fuß. Das »Königsberg«-Geschütz und der Funkturm wurden gesprengt. Um 15.00 Uhr wurde die Stadt von einem Teil der britischen Hauptkolonne besetzt. Andere britische Einheiten waren bereits von Mahongo aus auf die deutsche Rückzugsstraße angesetzt. Am 15. Juli wurde eine starke britische Abteilung auf zwei am Mittag im Hafen eingetroffenen Schiffen eingeschifft und in den Stuhlmann-Sund abtransportiert. Von Neu-Hanerau stieß sie zur Landestelle Savenge (westlich Misungwi) vor.

Die deutschen Kräfte waren im Nordwesten der Kolonie vom Viktoria-See abgedrängt und auf dem Rückzug nach Tabora. Der von Oberleutnant v. Oppen am Abend des 14. Juli mit dem Abtransport von Lasten beauftragte Posten hatte für den Fall, daß eine feindliche Landung nicht verhindert werden konnte, Befehl erhalten, die Transportmittel und alle noch nicht abtransportierten Lasten zu versenken. Als sich am Abend des 15. ein feindlicher Dampfer Neu-Hanerau näherte, waren die Bodenventile der Schiffe (Dampfer »Muansa«, Pinassen »Heinrich Otto« und »Schwaben«) geöffnet worden, ein mit Silbergeld beladenes Boot, Munitionslasten und ein erbeutetes Maschinengewehr ins Wasser geworfen worden. In der Nacht aber wurden drei große und zwei kleine Leichter und zwei Boote und alle noch auf den Abtransport wartenden Lasten vom Gegner erbeutet, da die Vorbereitungen zur Vernichtung dieser Güter noch nicht getroffen worden und jetzt nicht mehr möglich waren.

So gewannen Ende Juli 1916 die Vorgänge in dem bis dahin relativ ruhigen Nordwesten entscheidenden Einfluß auf die gesamte weitere Kriegführung in Deutsch-Ostafrika. Aus der Gegend des Kuwusees und vom Tanganjika-See her stießen die Belgier sowie westlich des Viktoria-Sees und, seit Mitte Juli, auch von Muansa aus britische Streitkräfte konzentrisch auf Tabora vor. General Wahle, der den gemeinsamen Befehl über die im Nordwesten stehenden deutschen Truppen führte, mußte die deutschen Abteilungen von den Grenzen her zum Aufbau einer neuen Verteidigungslinie bei Tabora versammeln.

4. Abteilung »Möwe« am Tanganjika-See

Wie hatte sich die Lage am Tanganjika-See seit 1914 entwickelt? Da ein Kriegszustand mit Belgien nicht angenommen wurde, insbesondere wegen der Hoffnung, Mittelafrika würde aufgrund der Kongo-Akte neutral bleiben, hatten die deutschen Behörden keinerlei Bedenken gehabt, den noch am 6. August 1914 in Kigoma Zollgüter ladenden belgischen Dampfer »Alexandre Delcommune« wieder in See gehen zu lassen. Das Kommando hatte die drei im Westen liegenden Feldkompanien (die 11. in Kissenji, die 9. in Usumbura und die 6. in Udjidji) abgezogen. Beamte waren über den Tanganjika-See nach Albertville und Uvira geschickt worden, um mit den belgischen Behörden eine Nachrichtenübermittlung von und nach dem Schutzgebiet über den belgischen Kongo zu arrangieren. In Uvira wurde ihnen mitgeteilt, daß Deutschland zwar Belgien den Krieg erklärt habe, die Kongo-Kolonie aber neutral sei. In Albertville dagegen wurden der besuchende deutsche Beamte gefangen und seine Daus beschlagnahmt. Dies war die erste der Kongo-Akte widersprechende Kriegshandlung. Sie kam von belgischer Seite. Der Beamte, Assessor Dr. Dietrich, entkam jedoch in der Nacht mit einem Teil seiner Leute und erreichte in einem Einbaum Kigoma wieder am 9. August.

Eine Entschuldigung belgischerseits erfolgte nicht. Die Daus wurden nicht zurückgegeben. Für die historische Konflikt- und Friedensforschung ist dieser Fall der Eskalation von Kriegshandlungen sehr interessant. Die untergeordneten belgischen Stellen in Albertville waren sich natürlich nicht darüber im klaren, daß sie durch die Gefangennahme eines in friedlicher Absicht eingetroffenen Beamten etwaige Verhandlungen über eine Neutralisierung Afrikas zufolge der Kongo-Akte schwer belasteten. Die belgischen Geschichtsschreiber verschweigen meist diesen Zwischenfall und nennen den deutschen Angriff gegen den Dampfer »Alexandre Delcommune« am 23. August als ersten Kriegsakt am Tanganjika-See. Zu diesem Zeitpunkt war jedoch auf belgischer Seite der Gedanke an Neutralisierungsverhandlungen auf britischen Einspruch hin aufgegeben worden.

Der belgische Kongo wurde von den deutschen Behörden seit dem 9. August 1914 als feindliches Gebiet angesehen. Die Stadt Kigoma wurde durch das Bezirksamt Udjidji besetzt. Dort mußten alle Seefahrzeuge gesammelt und gegen feindliche Unternehmungen gesichert werden, vor allem gegen den Dampfer »Alexandre Delcommune«.

Nach Auflegen ihres Schiffs in Daressalam war die Besatzung des Vermessungsschiffs »Möwe« am 6. August 1914 mit der Bahn nach Pugu überführt worden, wohin auch das Kommando der Schutztruppe mit den Daressalamer Truppen zurückgegangen war. In einer Besprechung legten der Kommandeur der Schutztruppe und der Kommandant der »Möwe«, Korvettenkapitän Zimmer, die weitere Verwendung dieser Marinesoldaten fest. Ihr Verband wurde zunächst »Marine-Expeditionskorps« und später »Abteilung Möwe« genannt und sollte Kigoma, die Endstation der Mittellandbahn, schützen und mit auf dem Tanganjika-See vorhandenen kleinen deutschen Dampfern die Seeherrschaft besonders vor Usumbura am Nordende, Kigoma-Udjidji in der Mitte und Bismarckburg am Südende des Sees sicherstellen.

Zunächst wurde die »Abteilung Möwe« am 9. August zur kurzen Ausbildung nach Morogoro verlegt, wo ihrem Kommandanten auch der Aufbau eines Etappenkommandos für die Schutztruppe übertragen wurde. Diese Etappenleitung übernahm nach Abfahrt der »Abteilung Möwe« am 28. August Generalmajor a. D. Wahle.

Am 30. August traf Korvettenkapitän Zimmer mit seiner Abteilung in Kigoma ein und übernahm den Befehl als Militärbefehlshaber am Tanganjika- und Kiwu-See. Ein Vortrupp von 30 Mann unter Oberleutnant z. S. Horn war bereits am 12. August am Tanganjika-See eingetroffen, um mit dem zunächst einzigen deutschen Dampfer »Hedwig von Wissmann« Jagd auf den einzigen Gegner, den belgischen Dampfer »Alexandre Delcommune«, zu machen.

Auch die Armierung der »Möwe« war zum Tanganjika-

See gebracht worden: Vier 3,7-cm-Revolverkanonen des Vermessungsschiffs selbst, sowie zwei 8,8-cm-Geschütze, die zur Ausrüstung von Hilfskreuzern von »Königsberg« in Daressalam zurückgelassen worden waren. Diese beiden modernen 8,8-cm-Schnellfeuergeschütze mit je 200 Schuß Munition waren eine wesentliche Verstärkung der Schutztruppe, deren stärkste Artillerie bei Kriegsausbruch nur ein halbes Dutzend alter 7,6-cm-Feldgeschütze gewesen war.

Für den Dienst auf dem See waren bald auch die beiden Vermessungs-Pinassen der »Möwe«, das Benzinmotorboot »Benz« der Ostafrikanischen Eisenbahn-Gesellschaft sowie der Mitte Oktober 1914 auf der Mittellandbahn nach Kigomo gebrachte Regierungsdampfer (Zollkreuzer) »Kingani« (20 Tonnen) verfügbar.

Die »Freigabe« der »Kingani« war allerdings nicht ohne bittere Kompetenzstreitigkeiten erfolgt. Zornig vermerkte dazu Korvettenkapitän Schönfeld in seinem privaten Tagebuch:

»Dem Abtransport widersetzte sich der stellvertretende Gouverneur in Daressalam, Regierungsrat Humann, mit der Begründung, daß die Entfernung des Fahrzeugs aus dem Daressalamer Hafen dem mit den Engländern geschlossenen Vertrag widerspräche. Um den Abtransport der ›Kingani‹ zum Tanganjika-See zu verhindern, hatte der stellvertretende Gouverneur das Fahrzeug in Daressalam auf trockenen Strand schleppen lassen, und dem mit dem Abtransport beauftragten Leutnant z. S. v. Soete mit Verhaftung gedroht, falls er weitere Versuche mache, das Fahrzeug auf die Bahn zu laden. Daraufhin war der zu Hilfe gerufene Hauptmann v. Kornatzki mit seiner außerhalb Daressalams liegenden Schutztruppenkompanie in die Stadt gerückt, hatte das Bezirksamt militärisch besetzt, die Zivilverwaltung ausgeschaltet und das Verladen der ›Kingani‹ befohlen. (Wer würde etwas Derartiges im eigenen Lande wohl für möglich halten?) Auf diese eigentümliche Weise gelang es, die ›Kingani‹ ihrer Kriegsverwendung zuzuführen und auf dem Tanganjika-See die Kriegshilfsmittel bereitzustellen, um die Herrschaft auf diesem See aufrechtzuerhalten.«

Am 10. November 1914 konnte »Kingani« schließlich auf dem Tanganjika-See (mit einem 3,7-cm-Geschütz der »Möwe«) in Dienst gestellt werden.

»Hedwig von Wissmann« war zunächst mit drei, nach Armierung der »Kingani« nur noch mit zwei 3,7-cm-Revolverkanonen bestückt. Die beiden 8,8-cm-Geschütze erwiesen sich jedoch als zu schwer für die leichtgebauten »Hedwig von Wissmann« und »Kingani«. Daher wurde ein großes Holzfloß als tragfähiger Batteriestand für beide Geschütze gebaut, der jeweils zum Einsatzort geschleppt wurde.

Ferner befanden sich am See noch das Petroleum-Motorboot »Peter« und der im Bau befindliche große Dampfer »Götzen«, an dessen Fertigstellung beschleunigt gearbeitet wurde. Er lief am 5. Februar 1915 vom Stapel und sollte am 5. Juni in Dienst gestellt werden.

(Später, am 25. Februar 1916, wurde der Dampfer »Wami« als Ersatz für »Kingani« in Dienst gestellt. Auch er mußte dem Kommandanten von Daressalam erst entzogen werden, ebenso wie der vom Rufiji herangezogene »Adjutant«. Beide kamen auf dem Tanganjika-See nicht mehr zum Einsatz.)

Bei Kigoma errichteten die Mariner zunächst eine Reparatur-Werkstatt und andere Basiseinrichtungen für die kleine Flotte. Im Juli 1915 wurde Kigoma wesentlich verstärkt, als zwei der geborgenen 10,5-cm-Geschütze der »Königsberg« eintrafen.

Größere Landoperationen im Bereich des Tanganjika-Sees fanden nur von Mai bis August 1915 bei Bismarckburg und von September bis Dezember 1915 bei Urundi statt. Alle übrigen Operationen an diesem Frontabschnitt Deutsch-Ostafrikas erfolgten zunächst ausschließlich auf dem oder über den See. An Land waren die feindlichen Streitkräfte beträchtlich überlegen, auf dem See dagegen unterlegen, denn der Gegner hatte zunächst nur den Dampfer »Alexandre Delcommune«, zwei ebenfalls belgische Dampfboote (»Netta« und »Dix Tonnes«), ein Motorboot »Vedette«, sowie einige Stahlruderboote. Hauptstützpunkt war ein Hafen an der Lukuga-Mündung, südwestlich gegenüber Kigoma, etwa in der Mitte der belgischen Seegrenze.

Zunächst hatten die belgischen Truppen Befehl, nicht offensiv gegen Deutsch-Ostafrika vorzugehen, deutsche Vorstöße jedoch abzuweisen. In Britisch-Rhodesien, bei Abercorn, standen anfangs nur schwache britische Landtruppen (eine Kompanie), die durch zwei belgische Kompanien verstärkt wurden. Auch diese Gruppierung war zu eigenen Unternehmungen zu schwach. Diese Untätigkeit des Gegners gestattete den Aufbau der Verteidigung an der deutschen Westgrenze.

Am 12. August 1914 erhielt das am See eingetroffene Marine-Detachement Horn Befehl, mit »Hedwig von Wissmann« sofort nach »Alexandre Delcommune« zu suchen. Bei den riesigen Ausmaßen des Sees (350 Seemeilen Länge) konnte der Dampfer erst am 23. August auf der Höhe von Pala am belgischen Ufer ausgemacht werden. Es kam zum Gefecht, »Alexandre Delcommune« nutzte seine höhere Geschwindigkeit aus und begab sich unter den Schutz der belgischen Küstenbatterien bei Lukuga; aber »Hedwig von Wissmann« nahm das Gefecht mit den Landbatterien an. »Alexandre Delcommune« erhielt zahlreiche Treffer. Beschädigt wurde er auf Strand gesetzt. Aber die belgische Küstenbatterie konnte nicht niedergekämpft werden, ein Handstreich war aussichtslos. »Hedwig von Wissmann« kehrte nach Kigoma zurück.

Bald ergab eine neuerliche Erkundungsfahrt der »Hedwig von Wissmann«, daß der belgische Dampfer wieder flottgemacht worden war. Den Nachrichten zufolge war er nach Baraka gebracht worden. Korvettenkapitän Zimmer, der am 4. Oktober 1914 wieder in Kigoma eingetroffen war, ging mit »Hedwig von Wissmann«, die das armierte Floß schleppte, sowie einer »Möwe«-Dampfpinasse und dem Motorboot »Peter« in nördlicher Richtung nach Baraka in See. Die zweite Dampfpinasse wurde zur Suche in südliche Richtung nach Albertville gesandt.

Am Morgen des 5. Oktober erreichte der kleine deutsche Verband die Nordspitze der Halbinsel Ubwari. Das vorausgesandte Motorboot »Peter« wurde beim Passieren von Baraka aus beschossen. Der Schleppzug kam heran und eröffnete mit beiden 8,8-cm-Schnellfeuergeschützen vom Floß aus das Feuer auf feindliche Landstellungen. Auf der Rückfahrt von der Baraka-Aktion schloß sich dem Schleppzug die nach Albertville entsandte zweite Dampfpinasse an und meldete, »Alexandre Delcommune« liege in Albertville auf dem Strand. Zimmer dampfte mit dem Schleppzug sofort nach Albertville. Der belgische Dampfer sollte jetzt endgültig vernichtet oder abgeschleppt werden. Eine belgische Kompanie hatte ihr Lager halbkreisförmig um den Dampfer aufgeschlagen. Einer deutschen Landungsabteilung gelang es, sich durch den Postengürtel hindurchzuschleichen. Sie war fast am Dampfer angekommen, als sie bemerkt wurde. Der Dampfer war mit dem Vorschiff auf Strand gezogen. Ein Wall schützte ihn gegen Wellenschlag. Ein Abschleppen war somit unmöglich. Daher wurden zwei Dynamitladungen in den Heizraum geworfen. Eine weitere Zerstörung war nicht möglich, da sich der Gegner zu sammeln begann. Sein Angriff zwang die Landungsabteilung, an Bord der »Hedwig von Wissmann« zurückzukehren. Dies gelang wegen der allgemeinen Verwirrung in der Dunkelheit. Die Expedition kehrte nach Kigoma zurück. In der folgenden Nacht erkundete eine Dampfpinasse die Beschädigungen des belgischen Dampfers. Eine von Leutnant Odebrecht geführte Patrouille kam bis auf 20 Meter an ihn heran. Die Detonation hatte nur einige Bodenplatten des Schiffskörpers herausgerissen. Das Schiff war also reparaturfähig.

Inzwischen sollte die belgische Stellung bei Uvira am Nordende des Tanganjika-Sees erkundet werden. Dazu überschritt die durch »Möwe«-Mannschaften verstärkte Urundi-Abteilung der Schutztruppe unter Hauptmann Schimmer am 18. Oktober den Grenzfluß Russisi bei Usumbura. Sie vertrieb feindliche Posten und traf bei Sonnenaufgang des nächsten Tages an der Nordwestecke des Sees ein. Zur gleichen Zeit stand Korvettenkapitän Zimmer mit »Hedwig von Wissmann«, dem Floß und zwei Pinassen vor Uvira. Die belgische Stellung war von See her einzusehen. Die zwei 8,8-cm-Kanonen auf dem Floß eröffneten das Feuer, das von belgischen Feldgeschützen erwidert wurde, die jedoch bald zum Schweigen gebracht werden konnten. Ein Stapel Munition flog in die Luft. Aber Erkundungen ergaben, daß die Stellung von der Landseite her nicht zu nehmen war. Die Expedition kehrte nach Kigoma bzw. Usumbura zurück.

Am 22. Oktober 1914 ging Korvettenkapitän Zimmer mit »Hedwig von Wissmann«, Floß und Dampfpinassen gegen den Liegeplatz des »Alexandre Delcommune« bei Albertville vor. Gegnerische Feldgeschütze wurden niedergekämpft, die 8,8-cm-Kanonen beschossen nun den dicht unter der belgischen Batteriestellung ankernden Dampfer. Er erhielt etwa 40 Treffer in Rumpf und Maschine und galt als völlig zerstört. (Allderings konnte der Dampfer in Lukuga wieder repariert werden. Unter dem Namen »Vengeur« wurde er ein Jahr später wieder in Dienst gestellt.)

Vorläufig war die Herrschaft auf dem Wasser für die deutschen Tanganjika-Kräfte gesichert. Der Handelsverkehr mit Daus sowie Truppentransporte und Nachschubverkehr der Schutztruppe waren ohne Bedrohung möglich.

Anfang November erhielt Korvettenkapitän Zimmer aus Bismarckburg die Meldung, am äußersten Südende des Sees lägen auf britischem Gebiet noch zwei kleine Dampfer, die vielleicht wieder verwendungsfähig gemacht werden könnten. Daher wurden »Hedwig von Wissmann« und »Kingani« unter Kapitänleutnant Kendrik nach dem Süden entsandt, um darüber Nachforschungen anzustellen.

Bei Kituta wurde am 18. November ein an Land aufgeschleppter kleiner Dampfer namens »Good News« gefunden. Aber seine Kessel waren völlig verrostet. Der Dampfer und zwei in der Nähe liegende Stahlboote wurden gesprengt. Am 19. November fand die Expedition vor Kasakalawe den wesentlich besser erhaltenen Dampfer »Cecil Rhodes« (größer als »Hedwig von Wissmann«), der ebenfalls an Land aufgeschleppt war. Einige Bodenplatten des Schiffsrumpfes waren zwar eingedrückt, aber sonst war der Dampfer intakt: Nach geringen Reparaturen sollte er abgeschleppt werden. Auch dieses Schiff war verlassen worden. In leeren Stationsgebäuden wurde Telegrafenbaumaterial gefunden, u. a. etwa 230 laufende Kilometer Telegrafendraht aus Kupfer und Hunderte eiserner Telegrafenstangen. Dieses Material war von größtem Wert für die deutsche Kolonie, denn am ganzen Tanganjika-See hatte bis dahin nur eine Telefonleitung von Kigoma nach Bismarckburg gelegt werden können. Die Expedition erhielt Befehl, den Dampfer abzuschleppen und das Telegrafenmaterial zu bergen. Die in Bismarckburg stationierte Schutztruppenkompanie wurde zur Deckung nach Kasakalawe beordert. Außerdem wurde noch eine Dampfpinasse mit einigen Askaris und Reparatur- sowie Abschleppmaterial dorthin abgesandt. Das erste Telegrafenmaterial war bereits an Bord geschafft und von »Kingani« nach Bismarckburg gebracht worden, als am 20. November der Gegner, von den Posten unbemerkt, bis dicht an die Arbeitsstelle herankommen konnte und angriff. Er wurde zwar abgewiesen, aber der Dampfer mußte gesprengt werden, da die Rückkehr der deutschen Schiffe länger dauern würde. Nach zweieinhalbstündigem Gefecht kam jedoch »Hedwig von Wissmann« zu Hilfe. Der Gegner mußte sich in Richtung Abercorn zurückziehen. Der Dampfer »Cecil Rhodes« war allerdings so gründlich gesprengt worden, daß nun an eine Reparatur nicht mehr zu denken war. Korvettenkapitän Zimmer ging selbst nach Bismarckburg und leitete in der Nacht vom 5. zum 6. Dezember den Abtransport des wertvollen Materials auf Daus nach Kigoma. Mit dem erbeuteten Telegrafendraht wurde später die Leitung von Iringa nach Neu-Langenburg gebaut.

Aufklärungsfahrten von »Hedwig von Wissmann« und »Kingani« an der belgischen Seite des Sees erwiesen Lukuga als stark befestigten Mittelpunkt der gegnerischen Tanganjika-Front. Bei ihren Fahrten wurden die deutschen Dampfer wiederholt durch belgische Landbatterien beschossen. Auf einer dieser Fahrten sichtete »Hedwig von Wissmann« am 1. Februar 1915 nördlich von

Mpala eine am Strand entlangziehende Trägerkolonne. Die Träger flüchteten ins Innere. Sofort landete zur Bergung der weggeworfenen Lasten eine deutsche Truppe. Sie geriet in ein heftiges Feuergefecht mit einer starken belgischen Abteilung, die aber durch das Feuer der »Hedwig von Wissmann« niedergehalten werden konnte. Landungstruppe und Lasten kamen heil an Bord zurück. Am nächsten Morgen stand »Hedwig von Wissmann« zur Erkundung dicht vor Lukuga. Zwei feindliche Geschütze eröffneten überraschend das Feuer, das deutsche Schiff konnte sich jedoch ohne Schaden absetzen.

Am 27. Februar sollte bei Tembwe ein starker belgischer Posten ausgehoben werden. Die Überraschung mißlang. Die deutsche Landungstruppe wurde von heftigem Feuer empfangen, stürmte jedoch die Stellung und zersprengte die feindliche Abteilung, da auch »Hedwig von Wissmann« in das Gefecht eingreifen konnte.

Am 11. März erhielt »Kingani«, die feindliche Stellungen bei Kibanga zu erkunden hatte und dazu im Schlepp ein Boot mit 15 Mann Landetruppen mitführte, in der Bucht von Kibanga von allen Seiten Feuer. Die starke Besetzung des Ortes war damit festgestellt, die Patrouille brauchte nicht zu landen.

Am 14. März gingen »Hedwig von Wissmann«, mit dem Geschützfloß im Schlepp, und »Kingani« unter Befehl von Kapitänleutnant Jantzen von Kigoma nach Ubwari; für Landungsunternehmen führte er 60 Mann mit. Am nächsten Morgen stand »Hedwig von Wissmann« mit dem Floß vor Baraka, während »Kingani« die Posten zwischen Baraka und Uvira beschäftigen sollte. Die feindlichen Stellungen wurden von der (nur noch einen) 8,8-cm-Kanone unter Feuer genommen. (Die zweite 8,8-cm-Kanone hatte Ende Februar 1915 als Armierung für den erbeuteten Schlepper »Adjutant« an »Königsberg« im Rufiji-Delta zurückgegeben werden müssen.) »Hedwig von Wissmann« und »Kingani« blieben noch mehrere Tage im Seegebiet vor der Baraka-Bucht und führten zur Beunruhigung des Gegners Feuerüberfälle durch. Gleichzeitig transportierte sie Eingeborene von Ubwari auf deutsches

Gebiet. Das Motorboot »Peter« führte nächtliche Feuerüberfälle bei Kibanga durch. Allen diesen Aktionen hatten
weder Belgier noch Briten auf dem See etwas entgegen-
setzen können.

Inzwischen war die Fertigstellung des Dampfers »Götzen« mit allen Mitteln beschleunigt vorangetrieben worden. »Götzen« war das bei weitem größte Schiff auf dem
Tanganjika-See. Der Dampfer erhielt eine Besatzung von
40 Mann und konnte rund 1000 Mann transportieren. Am
9. Juni 1915 wurde er in Dienst gestellt und erhielt zunächst das 8,8-cm-Geschütz vom Floß als Buggeschütz
und zwei 3,7-cm-Revolverkanonen auf dem Mittel- und
Achterdeck. Im August konnte die Armierung der »Götzen« durch ein geborgenes Schiffsgeschütz von »Königsberg« wesentlich verstärkt werden. Diese Kanone wurde
am Bug aufgestellt. Eine 3,7-cm-Revolverkanone kam auf
das Mitteldeck und das 8,8-cm-Geschütz auf das Heck.

Der Dampfer »Hedwig von Wissmann« wurde im April
1915 ebenfalls umarmiert. Er erhielt ein im Rufiji erbeutetes britisches 4,7-cm-Geschütz als Buggeschütz und eine
3,7-cm-Revolverkanone als Heckgeschütz.

Bis Dezember 1915 konnten unter diesen Umständen
die deutschen Kräfte den Tanganjika-See unter Kontrolle
halten. Aber der Gegner schlief nicht, wie sich bald zeigen
sollte.

5. Kiwu-See und Kongo-Grenze

Damit in Ruanda der Abzug der 11. Feldkompanie nicht
als Freigabe des Gebiets an die Belgier ausgelegt wurde,
zog der dortige deutsche Resident, Hauptmann Wintgens,
Ende August 1914 seine Polizeikräfte von Kigali zum Kiwu-See und schlug dort sein Standlager auf. Er wollte
sich nicht überraschen lassen.

Anfang September wurde er zum Militärbefehlshaber
von Ruanda ernannt. Er wollte zunächst alle feindlichen
Seefahrzeuge beschlagnahmen und die Insel Idschwi einnehmen.

Nach Eintreffen von Verstärkungen ließ Wintgens Mitte September seine Abteilung in Booten zur Nordgrenze bringen und mit einem armierten Motorboot Jagd auf feindliche Seefahrzeuge machen. Am 18. September nahm Oberleutnant z. S. Wunderlich mit seinem Motorboot vor Bobandana ein großes belgisches Stahlboot und versenkte Einbäume. Er machte dabei Gefangene und Beute.

Wintgens überschritt am 19. September die Grenze und fand nach einigen Zusammenstößen mit Patrouillen und Posten, daß das dortige Grenzgebiet frei war. Mit seiner Abteilung fuhr er zur südöstlich der Idschwi-Insel gelegenen Halbinsel, um sich in deren Besitz zu setzen. Der kleine belgische Posten wurde am 24. September nach kurzem Gefecht zur Kapitulation gezwungen. Das zweite Stahlboot wurde erbeutet, so daß nun außer Einbäumen keine belgischen Fahrzeuge mehr auf dem Kiwu-See waren.

Wintgens rechnete jedoch mit einem belgischen Vorstoß und ging daher am 25. September nach der Bucht von Rubengera zurück. Von hier aus konnte er belgischen Aktionen im Norden und Süden rasch entgegentreten.

Nach dem Verlust der Insel Idschwi unternahm am 3. Oktober der belgische Oberstleutnant Henry mit einer starken Abteilung von Rutshuru aus eine gewaltsame Aufklärung gegen Kissenji. Die Operation wurde erkannt, und Wintgens legte seine Abteilung nördlich Kissenji in Bereitstellung. Daher gelang es dem Gegner am nächsten Tag nicht, trotz eines mehrstündigen Gefechts die schwache deutsche Abteilung zu vertreiben. Am Nord-Kiwu trat Ruhe ein.

Am Süd-Kiwu hatten unterdessen seit dem 1. Oktober 1914 Schießereien mit gegnerischen Patrouillen stattgefunden und ein belgischer Vorstoß zur Räumung der Station Schangugu geführt. Als aber Wintgens am 15. Oktober eine Abteilung dorthin verlegte, räumte die am Russisi liegende belgische Kompanie ihre Stellung.

Im südlicheren Urundi war es bis zur deutschen Besetzung der Idschwi-Insel nicht zu Feindseligkeiten gekommen. Dort war der Abmarsch der 9. Feldkompanie als Zeichen deutscher Schwäche ausgelegt worden. Hauptmann Schimmer, der Resident von Urundi, hatte die Absicht, mit den Belgiern in Sachen Kongo-Akte zu verhandeln. Dies wurde am 23. August auf Veranlassung des Kommandos verhindert. Am 24. wurde Schimmer zum Militärbefehlshaber ernannt. Mit seiner kleinen Polizeiabteilung rückte er von Gitega nach Usumbura. Eine Verstärkung von zwölf Mann der »Möwe« und 40 Askaris nutzte er zur Unterstützung der Posten bei Tschiwitoke und Kajaga. Er beurteilte die Lage jedoch sehr skeptisch.

Am 21. Oktober waren sich die beiden Befehlshaber mit dem Gleichklang im Namen, Zimmer und Schimmer, einig, daß das Russisi-Tal und der Süd-Kiwu verlorengehen würden, wenn keine Verstärkungen einträfen. Das Kommando unterstellte Zimmer zwar den Posten Kassulu, hielt aber die verfügbaren deutschen Kräfte für ausreichend. Lettow wollte für den Fall einer britischen Landung bei Daressalam genügend Truppen im Bereich der Mittellandbahn haben.

Nach dem Fehlschlag der Tanga-Landung hatte das britische Kriegsministerium in London Verstärkungen für eine neue Offensive nach Britisch-Ostafrika in Marsch gesetzt. Nach den Erfahrungen von Tanga sollte sie jedoch nicht von See, sondern über die trockene Grenze vorgetragen werden. Ihr Ziel: die endgültige Eroberung der deutschen Kolonie. Auch belgische Streitkräfte sollten mithelfen. Das Mutterland Belgien war inzwischen von deutschen Truppen bis auf einen winzigen Zipfel besetzt, die Regierung nach Le Havre ausgewichen. Eine weitere Beteiligung Belgiens am Krieg kam vor allem in Afrika in Frage. Zwischen der britischen und belgischen Regierung war im Januar 1915 in London ein Zusammenwirken gegen Deutsch-Ostafrika vereinbart worden.

Inzwischen trafen in London aber auch Berichte über die Niederlage bei Jassini ein, wo Lettow am 17. und 18. Januar 1915 dem britischen Expeditionskorps eine schwere Schlappe beigebracht hatte. Das Kriegsministerium war jetzt überzeugt, daß Hitze und Malaria ein Vorge-

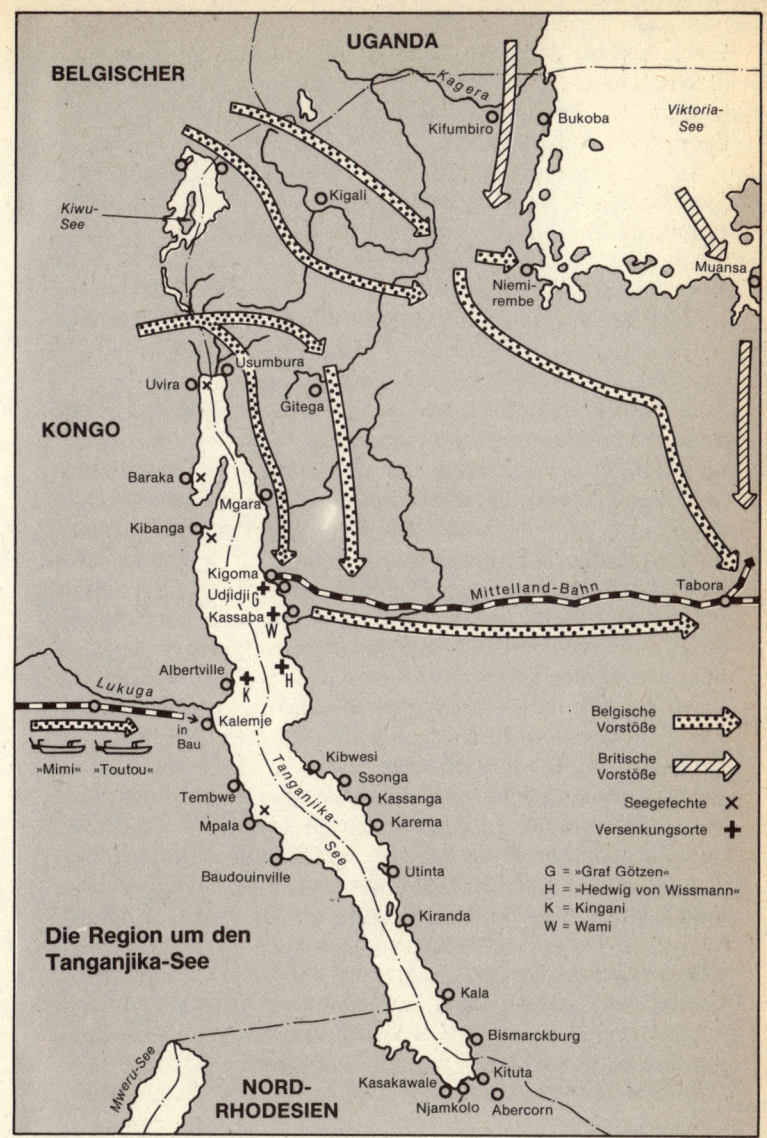

UGANDA

BELGISCHER

Kagera

Kiwu-See

Kifumbiro

Bukoba

Viktoria-See

Kigali

Muansa

Niemi-
rembe

KONGO

Uvira ✕

Usumbura

Gitega

Baraka ✕

Mgara

Kibanga ✕

Kigoma

Udjidji ✚ G

Kassaba ✚ W

Mittelland-Bahn

Tabora

Albertville ✚

✚ H

Lukuga

✚ K

Kalemje

in Bau

»Mimi«   »Toutou«

Kibwesi

Ssonga

Kassanga

Karema

Tembwe

Mpala ✕

Tanganjika-See

Utinta

Baudouinville

Kiranda

Die Region um den Tanganjika-See

Belgische
Vorstöße

Britische
Vorstöße

Seegefechte ✕

Versenkungsorte ✚

G = »Graf Götzen«
H = »Hedwig von Wissmann«
K = Kingani
W = Wami

Kala

Bismarckburg

Mweru-See

**NORD-
RHODESIEN**

Kasakawale

Kituta

Njamkolo   Abercorn

hen mit stärkeren Kräften im sumpfigen Küstengürtel ausschlossen. Wenn der Angriff aber auf die deutsche Kilimandscharo-Position geführt werden sollte, dann war logistische Voraussetzung dafür die Fertigstellung der Zweigbahn Voi-Makatau.

Material, Munition und Artillerie mußten nicht nur für die britischen, sondern auch für die belgischen Kräfte von Großbritannien aus herangeführt werden. Die Belgier erachteten auch die Wiedergewinnung der Initiative auf dem Tanganjika- und Kiwu-See als wesentlich und erbaten dringlich armierte Seefahrzeuge und Wasserflugzeuge.

Die belgischen Absichten wurden durch deutsche Gegenstöße erschwert. Lettow setzte gegen britisch-belgische Kräfte, die die Grenze des Bezirks Bismarckburg überschritten hatten, von den Tanganjika-Dampfern unterstützt, mehrere Kompanien unter Major von Langenn an. Dazu wurden aus dem Landesinneren mehrere Kompanien nach Kigoma transportiert. Von Langenn erhielt außerdem die Abteilung Bismarckburg und die an der Langenburg-Grenze unter Hauptmann Falkenstein stehenden Kräfte. Da die deutschen Dampfer erst Mitte April dafür frei waren und der Schiffsraum nur gering, dauerte die Versammlung der deutschen Kräfte mehrere Wochen.

Inzwischen hatte der Gegner in Richtung Bismarckburg Kampfpatrouillen vorgeschoben. Es kam zu Zusammenstößen. Angesichts der Stärke der herangeführten deutschen Kompanien ging der Gegner über die Grenze zurück. Aber wegen Nachschubschwierigkeiten vermochte die deutsche Abteilung nicht sofort zu folgen. Daher hielt Lettow die Gelegenheit für einen größeren Schlag bei Bismarckburg für verpaßt, während sich im Bezirk Langenburg dafür eine Möglichkeit zu bieten schien. Am 24. Mai 1915 erhielt Major von Langenn den Befehl, mit allen Kräften auf Langenburg abzurücken. Da gemeldet wurde, die Briten hätten südlich Sphinxhafen am 30. Mai Truppen gelandet, rückte v. Langenn zum See weiter, da er mit ähnlichen Unternehmungen auch an der Küste des Bezirks Langenburg rechnete. Die Briten hatten es am Njassa-See nur auf den aufgeslipten Rumpf der »Hermann von Wissmann«* abgesehen: Nach seiner endgültigen Zerstörung fuhren sie wieder ab. Der erwartete feindliche Angriff blieb aus. Major von Langenn beschränkte sich daher auf Patrouillenunternehmungen. Am 29. Mai übertrug das Kommando General Wahle die Führung der Operation im Raum Bismarckburg-Abercorn.

Diesmal standen umfangreichere Transportmittel auf dem Tanganjika-See zur Verfügung: so der am 9. Juni fertiggestellte 1200-Tonnen-Dampfer »Graf von Götzen«, der rund 1000 Mann — d. h. so viel wie »Hedwig von Wissmann«, »Kingani« und ein Schleppzug von drei bis vier Daus zusammen — befördern und mit neun Seemeilen mehr als die doppelte Geschwindigkeit entwickeln konnte.

Inzwischen war bekannt geworden, daß die Belgier mit Energie versuchten, die Herrschaft auf dem See wieder zu erlangen: Außer einigen Motorbooten war das Material zur Fertigstellung des 750-Tonnen-Dampfers »Baron Dhanis« nach Lukuga gebracht worden; aus den Resten des »Alexandre Delcommune« war ein neuer Dampfer im Entstehen, wahrscheinlich auch bei Lukuga, da sein Wrack aus Albertville verschwunden war.

Auch an der Grenze von Ruanda und Urundi hatte sich eine lebhafte belgische Aktivität entwickelt. An der rhodesischen Grenze verhielt sich der Gegner jedoch ruhig.

Die Aufrechterhaltung der Seeherrschaft auf dem Tanganjika-See war für die deutsche Schutztruppe von größter Bedeutung: Sie ermöglichte nicht nur das rasche Rochieren von Truppen und Nachschub, sondern bedeutete auch Rückendeckung bei feindlichen Landungen an der Küste des Indischen Ozeans und einen dann vielleicht erforderlichen Rückzug ins Landesinnere.

General Wahle erhielt die Weisung, spätestens Mitte Juli Lukuga anzugreifen, bevor »Baron Dhanis« und »Alexandre Delcommune« fertig waren, und, wenn möglich, beide Dampfer und alle dortigen Vorräte wegzunehmen.

Inzwischen hatten auch die belgischen Pläne Änderun-

---

* Die »Hermann von Wissmann« lag dort seit dem 13. August 1914 (siehe den Abschnitt Njassa-See). Nicht zu verwechseln mit der »Hedwig von Wissmann«, die ihr Schicksal erst am 9. Februar 1916 ereilte.

gen erfahren. Kräfte zur Schaffung einer armierten Flottille und die beantragten Wasserflugzeuge konnten erst im August am Tanganjika-See eintreffen. Auch die britische Seite verzichtete vorläufig auf die allgemeine Offensive.

Der belgische Kommandeur, Oberst Tombeur, wurde angewiesen, über eine begrenzte Offensive in Ruanda und Urundi keinesfalls hinauszugehen. Er zog daher die belgischen Kräfte aus Rhodesien heran, um vom Russisi aus den Angriff zu beginnen. Eine Gruppe sollte die Küste am See verteidigen, die Nordgruppe einen Vorstoß auf Ruanda nördlich des Kiwu-Sees vorbereiten. Der Befehl zum Abzug der Belgier aus Rhodesien erfolgte etwa zur gleichen Zeit, als General Wahle dort die Farm Jericho (Saisi) angriff. Das deutsche Unternehmen scheiterte jedoch, weil das Überraschungsmoment verlorenging und vor allem wegen des Fehlens von Artillerie. General Wahle mußte den Vorstoß abbrechen und nach Bismarckburg zurückmarschieren.

Korvettenkapitän Zimmer hielt Mitte Juli als Zeitpunkt für den Angriff auf Lukuga für verfrüht, da nach Aussagen von Spionen der Bau des »Baron Dhanis« erst in den Anfängen sei; »Delcommune« lag nicht in Lukuga, sondern in der Bucht nördlich von Albertville und konnte auch kaum vor September fahrfertig sein. Die Dampfer sollten erst in einem möglichst fortgeschrittenen Bauzustand zerstört werden.

Daher schlug General Wahle vor, die beiden Feldgeschütze von Kigoma heranzuziehen und Jericho zu belagern. Lettow entschied sich nicht gleich, da er Kigoma und die Seeherrschaft gefährdet sah. Er drang auf einen baldigen Angriff auf Lukuga. »Baron Dhanis« sollte zerstört oder abgeschleppt werden. Aber auch General Wahle hielt den Termin für verfrüht, das Wetter am See im Juli und August für ungünstig und seine Streitkräfte für noch zu schwach. Dagegen schlug er Operationen im Russisi-Tal vor. Zuvor wollte er jedoch Jericho belagern und ausheben. Lettow stimmte ihm nun zu.

In der Nacht vom 25. zum 26. Juli begann die Einschließung von Jericho. Aber die feindlichen Befestigungen waren wesentlich verstärkt worden, und die Besatzung erhielt Unterstützung von Abercorn her. Bereits am 27. Juli tauchten Kräfte im Rücken der Belagerer auf. Belgische Kräfte durchbrachen den dünnen Belagerungsring und verstärkten die Besatzung. Zwar konnten am 29. Juli von Südwesten her angreifende weitere Entsatztruppen durch Hauptmann von Kornatzki in heftigem Gefecht zurückgeworfen werden, doch führte die Belagerung zu keinem Erfolg. Eine Aufforderung zur Übergabe wurde abgelehnt, da es nicht gelungen war, die Besatzung vom Wasser abzuschneiden. General Wahle mußte die Belagerung in der Nacht vom 2. zum 3. August abbrechen und wieder nach Bismarckburg abrücken.

Inzwischen war der Kreuzer »Königsberg« am 11. Juli im Rufiji-Delta gesprengt worden, und es wurden daher britische Blockade-Schiffe verfügbar, die zu Landungsoperationen eingesetzt werden konnten. Zudem waren in Deutsch-Südwestafrika freigewordene südafrikanische Truppen im Anmarsch.

Aber das Ende der »Königsberg« bedeutete auch eine Entlastung für die deutsche Schutztruppe. Die Abteilung Delta und die Dampfer »Adjutant« und »Wami« wurden frei. Auch waren die Besatzung und die zehn 10,5-cm-Geschütze des Kreuzers eine willkommene Verstärkung, obwohl die Mariner erst neu ausgerüstet und ausgebildet werden mußten. Der Transport der Geschütze nach Daressalam brauchte seine Zeit. In dieser Lage hielt v. Lettow die Besatzung von Daressalam zur Abwehr gegnerischer Landungen für nicht stark genug. Er wollte die 20. Feldkompanie aus Lindi heranführen. Dies aber untersagte der Gouverneur, da ihm die Polizei zur Aufrechterhaltung der Ordnung im Süden nicht ausreichend schien. Diese Entscheidung führte zu einem neuen Konflikt mit dem Kommandeur. Als der Gouverneur nicht nachgab, entschloß sich Lettow am 19. Juli 1915 zu einer Meldung an das Reichskolonialamt, zur Weitergabe an den Reichskanzler und den Kaiser. Diese Schreiben gingen in Berlin erst ein Jahr später ein. Die 20. Feldkompanie kam also nicht nach Daressalam, und daher zog Lettow General Wahle mit seinen drei Kompanien aus dem Südwesten ab und holte sie nach Daressalam.

Angesichts der belgischen Angriffsvorbereitungen bedurfte der Westen des Schutzgebiets jetzt besonderer Aufmerksamkeit. Daher entsandte der Schutztruppenkommandeur nun Hauptmann Schulz nach Kigoma, hauptsächlich um Genaueres über »Baron Dhanis« zu erfahren und um zu erkunden, wo und wie ein neues Unternehmen anzusetzen wäre. In der Nacht vom 8. zum 9. August wurde durch Landung einer Patrouille am gegnerischen Ufer bei Lukuga festgestellt, daß der Bau von »Baron Dhanis« noch nicht begonnen hatte, sondern erst die Helling fertig war.

Daher war nun eine Operation im Russisi-Tal möglich. Das Kommando zog dafür drei Kompanien aus dem Landesinneren heran, mit denen Hauptmann Schulz am 26. September abends nördlich und südlich von Luvungi den Russisi-Fluß überschritt. Es gelang ihm aber nicht, das Lager Luvungi einzunehmen. Er mußte auf deutsches Gebiet zurückkehren.

Inzwischen schien sich die Gesamtlage des Schutzgebiets wesentlich geändert zu haben. Landungen an der Küste und Unternehmungen am Viktoria-See schienen unwahrscheinlicher geworden.

Die Operationen der britischen Seestreitkräfte deuteten nicht auf größere Aktionen hin, auch sie führten nur Kleinkrieg. Am 29. Juli zerstörten sie den in der Lukuledi-Mündung liegenden Dampfer »Präsident«, am 19. August den im Hafen von Tanga liegenden »Markgraf« und am 17. August den auf einer Sandbank nördlich der Hafeneinfahrt von Daressalam liegenden Dampfer »König«, der am 10. Juli als Hafensperre versenkt worden war. Hätten die Briten dies getan, wenn sie eine Möglichkeit gesehen hätten, die Schiffe bald in ihren Besitz nehmen zu können? Die britischen Dampfer auf dem Viktoria-See entwickelten zwar eine lebhafte Tätigkeit, aber offenbar nur, um die deutschen Truppen nicht zur Ruhe kommen zu lassen und um Jagd auf den wiederhergestellten deutschen Dampfer »Muansa« zu machen und den Abtransport der Reisernte von der Insel Ukerewe zu stören oder zu verhindern.

Bei Muansa und Daressalam schienen daher Truppen entbehrlich, während Ruanda dringend der Entlastung bedurfte. Dort hatten die Belgier Ngoma wieder besetzt und sich am 15. Juni auf deutschem Gebiet, auf einem Berg nordöstlich Kissenji, nördlich des Ssebeja-Flusses, festgesetzt. Hauptmann Wintgens hatte mit seinen schwachen Kräften dort schon heftige Angriffe abwehren müssen. Daher wurde Hauptmann Braunschweig mit der 14. Reservekompanie über Tabora nach Kigoma herangezogen. Seine Weisung lautete: Am Russisi sind nicht vereinzelte Vorstöße, sondern eine dauernde Vertreibung der Belgier und die Wegnahme des Geländes westlich des Russisi anzustreben. Die Erbeutung von Waffen sei besonders wünschenswert, um die 22. Feldkompanie mit modernen belgischen Gewehren umzubewaffnen. Der noch verzettelte Gegner sollte hart angefaßt werden.

Zur einheitlichen Befehlsführung in diesem Gebiet wurde am 26. Oktober General Wahle zum Westbefehlshaber ernannt. Die Militärbefehlshaber von Ruanda, Urundi, Kigoma, Bismarckburg sowie die Abteilung Schulz wurden ihm unterstellt. Die Kompanien von Muansa und Bukoba wurden zu Hauptmann Wintgens vorgezogen. Um die eigenen Kräfte für die Operation im Russisi-Tal möglichst stark zu machen, wollte Lettow erneut auch die Feldkompanie aus Lindi heranziehen; er telegrafierte an den Gouverneur:

»Weitere starke feindliche Truppenbewegungen zum Kiwu und Russisi sind gemeldet. Die Lage an der Westgrenze ist durchaus ernst, und es ist notwendig, alle irgend verfügbaren Truppen dort zu verwenden, wo der Feind tatsächlich und in großer Überlegenheit ist. Es muß alles geschehen, um das Stärkeverhältnis für uns wenigstens nicht allzu ungünstig zu gestalten. 20. Kompanie darf keinesfalls Lindi bleiben zum Schutz gegen Gefahren, die nur in Vorstellung Bezirksamtmannes existieren. Ich bitte deshalb erneut und eindringlich um Verfügung über 20. Kompanie. Falls Euer Exzellenz sich meiner Auffassung nicht anschließen können, bitte ich um Befehl, daß trotz meiner Vorstellungen Verfügung über 20. Kompanie ausdrücklich abgelehnt wird, da ich nicht in der Lage bin, für einen so schweren Fehler, wie es der Ausfall der Lindi-Kompanie unter den jetzigen Verhältnissen ist, vor Seiner Majestät stichhaltige Gründe anführen zu können«.

Vom Gouverneur erhielt er die Antwort:

»Trotz Ihrer Vorstellungen erhalte Befehl aufrecht, 20. Kompanie im Lindi-Bezirk zu belassen, und lehne ausdrücklich vorgeschlagene anderweitige Verfügung ab. Verweise auf Erlaß 19. Juli. Lage im Süden unverändert. Beschränkt Maßnahmen gegen Kongo-Staat auf das durch Defensive Gebotene. Drahtet, inwiefern Besetzung linken Russisi-Ufers, die politisch wenig Wert hat, dafür notwendig.«

Lettow hielt zunächst an dem Plan fest, die Belgier schnell und gründlich zu schlagen, um die dort eingesetzten Truppen wieder abziehen zu können. General Wahle erhielt eine Kompanie aus Daressalam und hätte bis Ende November zehn Kompanien konzentrieren können. Aber auch der Gegner hatte die Befestigungen von Luvungi verstärkt. Die beginnende Beschießung deutscher Geschütze beantworteten die Belgier bald mit noch mehr Geschützen. Versuche, den Gegner aus den Befestigungen zu locken und im freien Feld zu schlagen, blieben ergebnislos. Der reißende Russisi (ohne Brücken) und die dichte Besiedelung mit einer zum Gegner haltenden Bevölkerung, verhinderten jede größere Unternehmung. Außerdem hatten die Belgier ihre Etappenstraße und, bis auf Luvungi, auch alle Stellungen zurückverlegt, um sie deutschen Angriffen zu entziehen.

Schließlich verschlechterte sich auch der Gesundheitszustand der Truppe im ungesunden Russisi-Tal. Am 12. Dezember mußte Lettow die Angriffsabsicht aufgeben. Er befahl General Wahle, zwei Kompanien nach Ruanda in Marsch zu setzen, drei Kompanien im Russisi-Tal zu belassen und mit dem Rest nach Kigoma zurückzukehren, denn von Lukuga her wurde die deutsche Herrschaft auf dem See bedroht. Das immer wieder zurückgestellte Unternehmen gegen den Dampferbau und den Betrieb der Lukuga-Bahn sollte nun durchgeführt werden.

Am 30. Oktober 1915 war Befehl ergangen, die zeitweilig Hauptmann Schulz im Norden unterstellten »Möwe«-Leute und das 8,8-cm-Geschütz nach Kigoma zurückzubringen. Dort war die »Abteilung Möwe« durch zwei 10,5-cm-Geschütze der »Königsberg« (eine auf »Graf Götzen) und ein britisches 4,7-cm-Geschütz (von »Adjutant«) verstärkt worden. Am 31. Oktober beantragte General Wahle auch die Überführung der »Wami« (eines Schwesterschiffs der »Kingani«) nach dem Tanganjika-See, wie schon Korvettenkapitän Zimmer im Juli nach Vernichtung der »Königsberg« angeregt hatte. Aber der inzwischen zum Kommandanten von Daressalam ernannte Fregattenkapitän Looff glaubte, die »Wami« als Torpedofahrzeug in Daressalam behalten zu müssen. Außerdem erklärte er einen solchen Transport für unzweckmäßig. Das Kommando stellte daher dem Westbefehlshaber die neugebildete Abteilung des Korvettenkapitäns Schönfeld zur Verfügung, die am 29. November im Udjidji einsatzbereit war.

»Hedwig von Wissmann« und »Kingani« waren im Patrouillendienst, der große Dampfer »Graf Götzen« hauptsächlich für Transporte eingesetzt. An den Hauptplätzen der belgischen Küste war eine beträchtliche Verstärkung der Artillerie festzustellen. Überall erhielten die deutschen Dampfer starkes Feuer, besonders nördlich und südlich von Lukuga. Näheres über die dortigen Entwicklungen war nicht in Erfahrung gebracht worden. Oberleutnant z. S. Rosenthal wurde zu einer Erkundungsaktion angesetzt, bei der er aber in belgische Gefangenschaft geriet.

Von der deutschen Seite unbemerkt war die am 3. Juli unter dem neuen Namen »Vengeur« von Stapel gelaufene ehemalige »Delcommune« mit zwei britischen Geschützen armiert worden. Der Zusammenbau der »Baron Dhanis« war noch nicht begonnen worden, wohl aber waren zwei belgische Motorboote eingetroffen.

Der eigentliche Stützpunkt lag nicht in Lukuga, da die Barre vor der Mündung ein Ein- und Auslaufen größerer Einheiten nur bei Hochwasser gestattete, sondern weiter südlich an der Mündung des kleinen Kalemie-Flusses, wo ein befestigter Hafen im Bau war.

Die neue Abteilung Schönfeld, der die »Kingani« zur Verfügung gestellt worden war, plante zunächst eine Sprengpatrouille gegen die Lukuga-Bahn. Dazu waren Erkundungen erforderlich. Mitte Dezember wurden von der Kalemie-Bucht Kundschafter abgesetzt. Da auch sie nicht zurückkehrten, ließ Korvettenkapitän Schönfeld den Führer der geplanten Sprengpatrouille, Leutnant z. S. Junge, mit »Kingani« zu weiteren Erkundungen am 25. Dezember abends in See gehen. Aber auch »Kingani« kehrte aus zunächst mysteriösen Gründen nicht zurück.

Nun gab das Kommando die Unternehmung gegen Lukuga auf. Am 28. Dezember wurde die Abteilung Schönfeld nach Morogoro zurückgezogen.

Als Ersatz für die vermißte »Kingani« erbat der Westbefehlshaber am 31. Dezember entweder »Adjutant« oder »Wami«. Wieder mußte das Kommando ablehnen, da der am 24. Dezember 1915 zu diesem Dienstgrad beförderte Kapitän z. S. Looff den Transport von »Adjutant« für unausführbar erklärte und auf »Wami« weiterhin nicht verzichten wollte.

Zwischenzeitliche Erkundungsfahrten der »Hedwig von Wissmann« zur Aufklärung des Schicksals der »Kingani« blieben ergebnislos. Es zeigten sich keinerlei feindliche Schiffe. Anfang Februar 1916 gingen Nachrichten ein, daß nachts gegnerischer Seeverkehr von Lukuga in südlicher Richtung dicht unter der Küste erfolge. »Kingani« sei in der Bucht von Ngubwa von einer neuen Landbatterie versenkt worden und läge in so flachem Wasser, daß der Schornstein hervorsähe. Zur Überprüfung dieser Nachrichten, zur Bekämpfung feindlicher Fahrzeuge und zur Sprengung der »Kingani« setzte Korvettenkapitän Zimmer ein Unternehmen mit »Graf Götzen«, »Hedwig von Wissmann« und einer Dampfpinasse an. »Hedwig von Wissmann« sollte am 9. Februar vor der belgischen Küste stehen, sich von Kundschaftern für die Nacht genauere Ansteuerungspunkte geben lassen und bei Kap Kungue auf »Graf Götzen« warten.

Der um 12.00 Uhr bei Kap Kungue eintreffende Dampfer »Graf Götzen« fand keine »Hedwig von Wissmann« vor, sondern mußte vom Führer der dort am Vorabend eingetroffenen Dampfpinasse erfahren, daß zwischen 9.00 und 11.00 Uhr starkes Artilleriefeuer aus Richtung Lukuga gehört worden war. »Graf Götzen« lief sofort bis zur Lukuga-Stellung, ohne eine Spur von der »Hedwig von Wissmann« oder von feindlichen Schiffen zu finden. Wieder wurde angenommen, daß auch »Hedwig von Wissmann« Küstenbatterien zum Opfer gefallen sei. Was war mit »Hedwig von Wissmann« und der Besatzung unter Leutnant z. S. Odebrecht geschehen?

Am 9. Februar 1916 um 7.00 Uhr stand »Hedwig von Wissmann« in der Nähe der Kalemie-Stellung und erkannte bald zwei aufkommende kleine Fahrzeuge. Odebrecht hielt darauf zu und war sicher, die beiden Gegner zu vernichten. Bald erschienen aber noch zwei, darunter ein Dampfer. Nun drehte Odebrecht ab und hielt auf Kap Kabogo zu.

Der bisher unbekannte Gegner lief sehr schnell, etwa mit 15 Seemeilen, »Hedwig von Wissmann« schaffte jedoch nur 6 bis 7 Seemeilen. Bald nahm der Gegner das Feuer auf etwa 8000 Meter Entfernung auf. Die Schußweite des deutschen Buggeschützes betrug jedoch nur 3200 Meter, die des Heckgeschützes etwa 2400 Meter. Trotz enormen Munitionsverbrauchs erzielte der Gegner bei der großen Entfernung zunächst keine Treffer, denn Odebrecht erschwerte ihm das Schießen durch Zickzackkurse. Der Gegner hielt sich mit seinen vier Schiffen nun dauernd auf einer Gefechtsentfernung von 6000 Meter. Gegen diese Taktik war »Hedwig von Wissmann« wehrlos. Mehrmals versuchte Odebrecht aufzudrehen, um auf Schußweite seiner Geschütze an den Gegner heranzukommen. Aber der Gegner drehte jedesmal sofort wieder ab und hielt seinen Abstand. Gegen 12.00 Uhr war Odebrecht dennoch in die Nähe von Kap Kabogo gekommen, wo er »Graf Götzen« zu treffen hoffte, aber dieser war nicht da. Jetzt schlug der erste Treffer ein, und zwar auf die Kuppel des Kessels. Durch Sprengstücke und Erschütterungen wurden Armaturteile, Wasserstandgläser, Wasserhähne, Manometer uw. abgerissen. Das mit Öl getränkte Brennholz fing Feuer, Dampf strömte derartig stark aus, daß der Maschinenraum verlassen werden mußte. Ein eingeborener Heizer, der nicht mehr rechtzeitig aus dem Maschinenraum herauskam, verbrühte. Das ganze Schiff war in beizenden, gelben Qualm gehüllt. Bald darauf, gegen 12.25 Uhr, schlug ein zweiter Treffer ein. »Hedwig von Wissmann« war manövrierunfähig, konnte weder entkommen, noch durch Zickzackkurse dem Gegner das Schießen erschweren, sie war nur noch eine Zielscheibe. »Graf Götzen« war immer noch nicht zu sehen, aber selbst wenn er jetzt auftauchte, mußte bis zu seinem Eingreifen eine halbe Stunde vergehen. Daher entschloß sich Odebrecht, dem nun fast vierstündigen aussichtslosen Gefecht ein Ende zu machen. Seinen eingeborenen Männern überließ er das anscheinend noch intakte Steuerbord-Boot, die weißen Besatzungsmitglieder erhielten Schwimmwesten. Dann gab er Befehl zum Verlassen des Schiffs. Er selbst ließ in den Maschinenraum, der wegen des dort herrschenden Feuers nicht mehr betreten werden konnte, eine Sprengpatrone fallen. Der Maschinist legte eine Sprengpatrone achtern auf den Rest der Munition. Daraufhin sprangen beide über Bord. Die Sprengungen funktionierten einwandfrei. »Hedwig von Wissmann« legte sich nach vorn über und sank gegen 13.00 Uhr sehr schnell. Zuletzt zeigte sie die am Heck gesetzte Flagge. Acht Mann waren gefallen, die Überlebenden wurden aus dem Wasser gezogen und gefangengenommen.

Wie hatte es zu dieser Niederlage kommen können?

6. »Mimi« und »Toutou« auf dem Weg nach Ostafrika

Ein britischer Großwildjäger namens John R. Lee, der als Prospektor in Zentralafrika unterwegs war, hatte um die Jahreswende 1914/15 Sorge und Empörung über die deutsche Seeherrschaft auf dem Tanganjika-See empfunden.

Schlaflos wälzte er Gedanken, wie den deutschen Kriegsschiffen, jener Ursache aller Schwierigkeiten auf dem See, beizukommen war. Auf eigene Kosten war er dann eilends nach England gereist, um der Admiralität seinen Plan für Abhilfe vorzulegen.

Und am 21. April 1915 erhielt er tatsächlich Gelegenheit zu einer Unterredung mit dem Ersten Seelord, Sir Henry Jackson. Wie alle hohen Amtsträger hatte der zwar seine Berater hinzugezogen, sich aber sehr interessiert gezeigt. Die Operationen gegen Deutsch-Ostafrika waren schließlich zum Stillstand gekommen, nach jenen bedauerlichen Rückschlägen von Tanga und Jassini. Der britische Oberkommandeur verwarf jeden Gedanken an eine Offensive ohne Unterstützung durch die Belgier, die Belgier ohne die Briten, und beide wollten im Westen nicht angreifen, bevor die deutsche Seeherrschaft auf dem Tanganjika-See gebrochen war. Man könne aber nur im Westen angreifen, da Lettow-Vorbeck selbst mit der ganzen Schutztruppe im Norden stand. Ein interessanter Vorschlag also. Aber in der Admiralität war keine Karte des Tanganjika-Sees zu finden. Eine Sekretärin wurde losgeschickt, wenigstens eine Karte von Afrika zu besorgen. Dann konnte der Großwildjäger der Admiralität seinen Plan erklären: Ein schnelles bewaffnetes Motortorpedoboot, schneller als die deutschen Kanonenboote, wollte er von Kapstadt heranführen, mit der Eisenbahn, über Elizabethville, die Hauptstadt von Katanga in Belgisch-Kongo. Von Fungurume, dem Ende der Eisenbahn, müßte das Boot mit Lokomobilen und Ochsengespannen etwa 200 Kilometer über die Mitumba-Berge nach Sankisia gebracht werden. Von dort könne es mit der Schmalspurbahn zum Lualaba-Fluß (dem Oberlauf des Kongo) gebracht werden und auf dem Fluß unter eigener Kraft nach Kabalo fahren, von wo es wieder mit der Eisenbahn bis wenige Kilometer vor Lukuga am Tanganjika-See gebracht werden würde.

Warum von Lukuga aus operieren, und nicht vom britischen Boden aus, fragten die Admirale. Das läge zu weit von der deutschen Basis Kigoma entfernt. Je länger man in der Admiralität nachdachte, um so weniger gab es ge-

gen den abenteuerlichen Plan des unbekannten Groß-
wildjägers einzuwenden.

Und schon am 22. April 1915 erteilte Sir Henry Jackson
die Genehmigung für die generelle Durchführung des
Plans und übertrug alles weitere dem Admiral Sir David
Gamble, jedoch mit dem Befehl, zwei Motorboote statt
nur einem vorzusehen.

Sir Henry Jackson hatte zunächst daran gedacht, dem
Initiator Lee die Leitung der Expedition zu übertragen
und diesem einen Marineoffizier als Stellvertreter mitzugeben. Die Berater aber waren anderer Meinung: Eine solche Expedition könne nur von einem aktiven Marineoffizier befehligt werden, Lee solle als zweiter Mann mitge-
schickt werden. Das habe es schließlich noch nie gegeben,
daß eine Marine-Expedition von einem Zivilisten befehligt wurde, auch wenn dieser einen Offiziersrang auf Zeit
hatte. Guten Mutes akzeptierte Lee die Zurücksetzung; er
hatte mehr erreicht, als er zu hoffen gewagt hatte, und die
Hauptsache war, daß etwas geschah. Jetzt aber mußten
auch das Colonial Office und das Army Council einge-
schaltet, Erkundigungen in Südafrika wegen verwendba-
rer Boote und bei der South African Railway eingezogen
werden. Die Admiralität sah sich derweil nach geeigne-
tem Marine-Personal um. Die Expedition wurde in einer
Stärke von etwa 30 Marineangehörigen genehmigt und
sollte 300 eingeborene Träger für den Transport anheuern
dürfen. Sie erhielt drei Dreipfünder-Geschütze und drei
Maxim-Maschinengewehre, 36 Gewehre, einen Dreitonner-LKW und alle erforderlichen Ausrüstungsgegenstän-
de für eine lange afrikanische Expedition. Verglichen mit
den massiven Verstärkungen, die die Kommandeure in
Afrika sonst anforderten, war dies alles ja kaum der Rede
wert.

Auch kleinere Minen (allerdings keine Torpedos) sollten
mitgegeben werden, sowie einige Spezialisten. Einen geeigneten Marineoffizier als Führer für die Expedition zu
finden, war schon schwieriger. Admiral Gamble dachte an
einen Offizier der Royal Marines. Aus diesem Grund
suchte er den zuständigen Personalreferenten auf. In des-

sen kleinem Büro in der Admiralität arbeitete auch Lieutenant-Commander Spicer-Simson an Personalfragen: der Versetzung von Handelsschiffsoffizieren zur Royal Navy. Das Gespräch mußte er mithören, und er meldete sich spontan für diese Aufgabe. Ein Zufallskandidat? Aber er hatte das richtige Alter, den richtigen Rang, in Afrika gedient und war sprachgewandt. Sir Henry Jackson übertrug ihm am 26. April dieses Kommando. Auch Generalmajor Tighe, Kommandeur der britischen Streitkräfte in Ostafrika, hatte sein Placet für das Vorhaben gegeben.

Inzwischen sah sich Mr. Lee nach geeigneten Fahrzeugen um. Commander Spicer-Simson hatte ihm erklärt, für Verbrennungsmotoren habe er »nicht viel übrig«. In Südafrika aber waren keine geeigneten Boote aufzutreiben. Lee hatte u. a. die Thorneycroft-Werke in Twickenham an der Themse angesprochen. Ein fertiges Motorboot, von zwei 200-PS-Benzinmotoren angetrieben und 19 Knoten schnell, war ihm angeboten worden; genau das, was er suchte. Ein Schwesterboot befand sich in Dundee schon in Dienst; es wurde ebenfalls requiriert und an die Themse gebracht. Es handelte sich um große Motorboote, die als Tender für Wasserflugzeuge für Griechenland gebaut worden waren.

Motorboote hatten keine Namen; sie trugen nur Nummern. Commander Spicer sollte sich die Namen selbst aussuchen. Er schlug »Cat« and »Dog« vor. Aber dagegen verwahrte sich der Admiral. Spicer dachte an die Katzen und Hunde, die er auf den Boulevards von Paris von eleganten Damen spazierengeführt bewundert hatte. So schlug er »Mimi« und »Toutou« vor. Entsetzte Stabsoffiziere protestierten, und auch die spätere Besatzung nannte die Boote stets nur »Mimmi« und »To-u-To-u«, das hochgestochene Französisch wollte ihnen nicht über die Lippen.

Aber bei »Mimi« und »Toutou« blieb es; sie wurden an der Werft für den Seekrieg vorbereitet, insbesondere die heiklen und gefährdeten Bezintanks durch Stahlbleche gegen Gewehrfeuer geschützt. Nach den Umbauten hatten sie einen etwas größeren Tiefgang und liefen auch langsamer, aber schnell genug im Vergleich zu den auf dem See operierenden deutschen Kanonenbooten. Die Thorneycroft-Werft baute auch zwei Spezialanhänger für den Landtransport.

Inzwischen war die Expeditionsmannschaft zusammengebracht und ein Arzt gewonnen worden. Und am 15. Juni 1915 war die Expedition auf dem Bahnhof Pancras in London abfahrbereit. Sie fuhr aber nur bis Tillbury, wo sie sich mit offiziellem Zeremoniell an Bord des Dampfers »Llanstephan Castle« begab.

Das militärische Schauspiel rief zwar unter den Handelsschiffsoffizieren ein belustigtes Lächeln hervor. Unter den Passagieren erhob sich jedoch Protest. Sie waren der Meinung, sie hätten kein Ticket für eine Marine-Expedition gekauft. Was würden denn die deutschen U-Boote dazu sagen? Die Schiffssirene des ablegenden Dampfers unterdrückte weitere Debatten.

Die Wichtigkeit der Aktion war am 15. Juni gleich durch eine Anfrage des Colonial Office an die Admiralität unterstrichen worden, wann denn nun Marineoperationen auf dem Tanganjika-See beginnen könnten. Die deutsche Schutztruppe habe innerhalb kürzester Frist einmal von Kigoma aus im Norden Uganda angegriffen und dann Truppen 320 Kilometer weit nach Süden verschieben können, um in Rhodesien anzugreifen. Diese Mobilität gäbe ihr nur der See. Eile sei geboten. Beruhigend konnte die Admiralität antworten: Die Expedition ist unterwegs.

Inzwischen hatte sich an Bord des Dampfers Commander Spicer darüber geärgert, daß jedermann nur von Lee's Expedition sprach. Formell versammelte er alle Leute und erklärte förmlich-streng: »Dies ist nicht die Expedition einer beliebigen Person, sondern eine Afrika-Expedition der königlichen Marine. Und ich bin der Kommandeur.« Dieser Zwischenfall hatte einige Betroffenheit ausgelöst.

Am 2. Juli war das Schiff in Kapstadt, die Offiziere logierten sich im vornehm rosarot gestrichenen Mount Nelson Hotel ein. Die Expedition mußte nun vor Ort praktisch geplant und vorbereitet werden. Am 6. Juli war Commander Spicer nach Salisbury vorausgereist, um mit

General Edwards zu konferieren. Der General erzählte Spicer, er habe schon allerlei Gerüchte über die Expedition gehört; anscheinend erzählte jemand, vielleicht unter dem Einfluß von Alkohol, alles mögliche darüber. Nach seinen Informationen sei kein anderer dafür verantwortlich als Lee, der von einem Offizier der Expedition deswegen angeschwärzt worden sei. Commander Spicer, auf seine Autorität bedacht, mögen diese Vorwürfe gegen seinen Stellvertreter nicht unwillkommen gewesen sein.

Mittlerweile waren die Boote in Kapstadt ausgeladen und für die lange Eisenbahnfahrt durch Südafrika vorbereitet worden. Der Expedition wurde ein Sonderzug zugeteilt, die zwei großen Boote auf Flachwagen den Personenwagen angehängt. Wegen der großen Feuergefahr durch Funkenflug der Lokomotiven wurde befohlen, daß auf dem Wagen mit den durch Persenninge bedeckten Booten stets eine Wache sein mußte, um den niedergehenden starken Funkenregen zu beobachten und etwaige beginnende Brände sicher zu löschen.

Am 2. Juli 1915 ging die lange Reise los, zunächst über den Oranje-Fluß, Kimberley und Mafeking, nach Bulawayo in Süd-Rhodesien, wo Commander Spicer-Simson zustieg, und bei Livingstone über den Sambesi nach Nord-Rhodesien. Elizabethville, die Hauptstadt der Provinz Katanga im belgischen Kongo, wurde am 26. Juli erreicht. Dort stieß Initiator Lee wieder dazu, der vorausgeeilt war, um alle Vorbereitungen zu treffen, und übergab seine Arbeitsunterlagen und Karten. Aufgrund des gegen ihn eingeleiteten Disziplinarverfahrens erhielt er von Spicer den Befehl, nach Kapstadt zurückzugehen und dort eine Entscheidung der Lords der Admiralität abzuwarten. Die anderen Teilnehmer der Expedition waren darüber betroffen, daß und wie der Vater des gesamten Unternehmens jetzt in der Versenkung verschwand.

Von Elizabethville ging es per Eisenbahn nur noch nach Fungurume, wo der Zug am 5. August ankam. Hier endeten die Eisenbahngeleise neben einigen Schuppen im afrikanischen Busch. Der Stationsvorsteher konnte einen Fünf-Tonnen-Kran beisteuern, als die schweren Boote aus den Eisenbahnwaggons auf ihre Spezialanhänger umgeladen wurden.

Am nächsten Tag schon standen »Mimi« und »Toutou« auf ihren Thorneycroft-Patentanhängern, zum Straßentransport bereit. Die bestellten Zugmittel waren noch nicht eingetroffen. Hatte man aber nicht den Dreitonner-LKW? Commander Spicer ließ ihn vor »Toutou« spannen. Der Anhänger mit seinem Kriegsschiff bewegte sich keinen Millimeter. Lange Taue wurden nun angebracht, und Hunderte von Eingeborenen konnten »Toutou« tatsächlich an diesem Tage auf der »Straße« vorwärtsbewegen, genau 200 Meter weit. Am nächsten Tag legte auch »Mimi« 200 Meter zurück, während »Toutou« wieder 200 Meter vorwärtskam bis vor eine Brücke, vor deren Überquerung die Anhänger überprüft wurden: Die Hinterräder waren verbogen, die Vorderachse gesplittert, wesentliche andere Teile waren beschädigt. Also mußte eine Reparaturpause eingelegt werden, und am 15. August trafen ratternd, zischend, pfeifend und mit großem Getöse zwei Lokomobile ein, die vorher in der Landwirtschaft eingesetzt gewesen waren.

Am Morgen des 18. August konnte es weitergehen. Unter dem aufgeregten Lärm der Eingeborenen, von denen stets mehrere singend und trommelnd vor dem Treck hertanzten, setzte sich mit lautem Pfeifen der Lokomobile die seltsame Karawane in Bewegung. Nur wenige hundert Meter kam das Lokomobil mit »Mimi« voran. Gleich die erste Brücke gab ein erschreckendes Krachen von sich, die Vorderräder des Lokomobils brachen in den Brückenbelag ein, Pfeiler und die Brücke schwankten. Schnell warf das zweite Lokomobil seinen Schlepp los und rollte zur Hilfe, zog zuerst »Mimi« und dann das eingebrochene Lokomobil von der Brücke, die jeden Augenblick einzustürzen drohte.

Nun mußte eine neue Brücke gebaut werden. Tage dauerte es, bis sie fertig war, und dann erwies sich der Neigungswinkel der Böschung zum Fluß hinunter als zu steil, weil die Brücke zu niedrig über dem Wasser gebaut worden war. Eine weitere Brücke mußte erstellt werden. Dem

Lokomobil Nr. 2 gelang es, mit »Toutou« den Fluß zu überwinden, dann kam es zurück und half der Nr. 1 mit »Mimi«. Es war geschafft: Die Lokomobile und beide Boote waren auf der anderen Flußseite. Spicer-Simson konnte eine der insgesamt 150 Brücken- und Flußüberquerungen, die zwischen ihm und dem Tanganjika-See lagen, abstreichen.

Am 28. August, etwa 50 Kilometer vom Eisenbahnkopf entfernt, wurde das Dorf Mwenda Makosi erreicht. Hier brachen die Anhänger erst einmal endgültig zusammen. Die Reparaturen brauchten ihre Zeit; ein Lager wurde aufgeschlagen.

Am 2. September war es soweit. »Mimi« und »Toutou« waren wieder verladen. Aber nun mußte auf die bestellten Ochsengespanne gewartet werden. Wie holländische Bergungsschlepper auf See unübertrefflich sind, so gab es in Afrika nur eine berühmte Hilfe für erfolgreiche, schwere Treckfahrten: Mit Geschrei und Peitschengeknall kamen drei Planenwagen, jeder von acht Paar Ochsen gezogen, voran liefen Zulu Voorlopers. Souverän wurden die riesigen Gespanne von Buren geführt, den Speditionsspezialisten des südlichen Afrikas. Die Erinnerungen an den letzten Krieg dort ließ die britischen Expeditionsteilnehmer nicht gerade jubeln ob der Tatsache, daß es ausgerechnet Buren waren, die britischen Kriegsschiffen durch Afrika halfen. Die Karawane wurde immer länger, denn alle Vorräte, Waffen und Munition mußten mitgeführt werden, zum Teil durch Trägerkolonnen. Die Boote waren schon schwer genug; alles Entbehrliche hatte man ausgebaut, entnommen. Es mußte nun auf schwarzen Köpfen mitmarschieren.

Von Mwenda Makosi aus konnten die Boote zehn Kilometer weit gebracht werden, wie ein Radfahrer an seinem Tachometer feststellte, der in der glühenden Sonne sein Fahrrad neben den Ochsenwagen hergeschoben hatte. Der Panda-Fluß wurde ohne große Schwierigkeiten überwunden, und dann erschien auch eine belgische Askarieinheit. Commander Spicer bedankte sich für den freundlichen Schutz. »Non, mon Commandeur«, sagte der Offizier lachend, »wir sind hier, den Kongo gegen Sie zu beschützen. Dreißig britische Seeleute, Gentlemen und Amateure, alle mit Gewehren bewaffnet, die sind doch zu allem fähig.« Für Humor waren die Briten stets zu haben. Auch sie lachten. Die Stimmung war gut, das Land sah eben aus, man kam gut voran. Am 4. September war Kabantu, 100 Kilometer von Fungurume, erreicht, am 5. sollte der schwierige Aufstieg auf ein Bergplateau begonnen werden, das größte Hindernis auf dem Weg.

Der Abhang war aber zu steil für Lokomobil Nr. 1 mit Anhänger. Das Lokomobil stöhnte, ächzte, zischte — und blieb stehen. »Toutou« mußte zurückgelassen werden. Beide Lokomobile wurden nun »Mimi« vorgespannt und zerrten. Aber immer noch rührte sich nichts. Schließlich mußten zwei Ochsengespanne vorgespannt werden, 32 Tiere insgesamt. Dann trat der Bure heran, knallte mit seiner Peitsche und rief seine Ochsen: »Engelsman«, »Baster«, schrie er, »Fransman«, »Hotnot« und »Boesman«, »Herero« und »Belg« und wieder »Engelsman«. Die Ochsen hoben aufmerksam die Ohren, wenn sie aufgerufen wurden. Dann kam der Peitschenknall, und die britischen Mariner hatten das Gefühl, daß gerade der arme »Engelsman« die Peitsche am häufigsten auf seinem schweißglänzenden Fell zu spüren bekam. Meter um Meter ging es aber vorwärts. Stets wurden Bremsklötze hinter die Räder gelegt und Taue an Bäumen befestigt. Und so gelang es, »Mimi« und »Toutou« auf das Plateau heraufzuwuchten, in Abschnitten von je 10 bis 20 Metern. Zwei Tage dauerte der Aufstieg. Doch dann waren die Kriegsschiffe von der Themse auf diesem afrikanischen Bergplateau, fast 2000 Meter über dem Meeresspiegel. Das Gelände auf dem Plateau setzte dem weiteren Vormarsch nur wenig Schwierigkeiten entgegen, und am 12. September kam der Treck vor dem riesigen Tal des Lulaba-Flusses an. Jetzt hieß es wieder absteigen. Vielleicht waren die Männer nun vom Sprichwort verführt, daß es hinunter immer leichter geht als hinauf: In einem Anflug von sorgloser Unaufmerksamkeit setzte sich Lokomobil Nr. 1 mit »Mimi« und einem weiteren Lastenanhänger immer schneller in Bewegung und schoß dann wie eine donnernde Lawine den Abhang hinab. Aber der Fahrer konnte Lokomobil und Anhänger, durch Bäume gebremst, am Fuß des Abhangs ohne große Schäden zum Stehen bringen. Am nächsten Tag wurde vorsichtiger gearbeitet und »Toutou« regelrecht abgeseilt. Schließlich waren Boote, Anhänger und Lokomobile sicher unten angekommen.

Jetzt gab es andere Schwierigkeiten. Auf der schlecht befestigten Straße sanken in den folgenden Tagen immer wieder die Räder der schweren Anhänger tief in den Weg ein. Die über die Anhänger vorstehenden Schrauben, Wellen und Ruder sanken gefährlich tief, fast auf den Boden hinunter. Sie durften aber keinesfalls den Boden berühren, sie wären sonst unwiederbringlich verbogen worden. Und was war die Ursache? Die Straße war durch Ameisenbären unterminiert worden. Wie später als Minensucher wurden nun Eingeborene mit Stöcken vorausgeschickt und stocherten die Straße ab. Mit grimmigem Humor meinte Spicer, daß dies wohl das erste Mal sei, daß zwei Kriegsschiffe Seiner Majestät in der Gefahr schwebten, durch Ameisenbären vernichtet zu werden.

Die Straße, oder besser Treckspur, war so weich, daß die Karawane manchmal nur 400 Meter am Tag vorankam. Immer wieder fehlte es an Wasser. Wassertrupps mußten ausschwärmen. Es war schier unheimlich, wie durstig die Lokomobile waren. »Zuerst die Kessel, dann die Eingeborenen«, befahl Spicer, »was dann noch übrig ist, wird abgekocht. Daß mir niemand ungekochtes Wasser trinkt: Das ist Selbstverstümmelung.« Zwanzig Kilometer vor Sankisia wurde etwas länger gelagert.

Am 28. September konnte Lokomobil Nr. 1 mit »Mimi« im Dorf Sankisia einfahren. »Toutou« war inzwischen weit hinter der Vorhut steckengeblieben. Das erste Lokomobil mußte zurückkehren, um »Toutou« und seinen Schlepper wieder flottzumachen. In Sankisia konnten die Buren ausbezahlt und entlassen werden. Die britischen Seeleute hätschelten noch einmal den Ochsen »Engelsman«, der doch die burische Peitsche am häufigsten hatte spüren müssen.

In Sankisia war der Anschluß an eine Schmalspurbahn erreicht, die zwar nur 25 Kilometer weit bis Bukama führte, aber von dort ging es auf dem Fluß weiter.

Schnell waren die Boote auf Eisenbahnwaggons umgeladen, die kurze Strecke in zwei Stunden zurückgelegt. Und am 1. Oktober 1915 waren die Boote auf dem Lualaba-Fluß zum erstenmal in ihrem Element und setzten die britische Kriegsflagge.

Die Flußfahrt begannen »Mimi« und »Toutou« am 6. Oktober im Schlepp von großen Flußkanus mit je 18 Ruderern. In jedem Motorboot saßen weitere acht Ruderer. Endlich einmal konnten sich die Expeditionsteilnehmer gemächlich zurücklehnen und die vorbeiziehenden dunkel bewaldeten Flußufer bewundern.

Aber schon stieß »Mimi« auf Grund und kam fest. Die eingeborenen Bootsleute sprangen sofort ins Wasser. An den außen angebrachten Handläufen konnten sie das Boot vorwärtswuchten, während die Mariner durch Staken halfen. Gleichzeitig hielten sie nach Krokodilen Ausschau. Dann ging es weiter durch die vielen Windungen des Flusses mit seinen Sandbänken und aufflatternden riesigen Vogelschwärmen. Mehrfach wurde am Ufer kampiert, bis endlich am 9. Oktober der belgische Flußdampfer »Constantin de Burlay« in Sicht kam. Sein Kapitän sprach nur Flämisch, und davon verstanden die Briten nur das Wort »Godverdomd«. Der Dampfer führte einen 200-Tonnen-Leichter mit. Zunächst sollte er hier auf die Ankunft der weiteren Versorgungsgüter warten. Commander Spicer fuhr mit »Mimi« und »Toutou« weiter, nachdem auf »Toutou« ein Leck gedichtet war. Mit fünf Knoten Fahrt setzten sich die Motorboote unter eigener Kraft in Bewegung, jedes schleppte ein Boot mit Nahrungsmitteln und Camping-Einrichtungen.

Am 11. Oktober erreichte man eine Stelle, an der sich der Fluß zu einem riesigen Sumpf voll starkem Schilfbestand verbreiterte, in dem das Vorankommen und die Orientierung schwierig waren. Damit die Schrauben nicht unklar wurden, mußten die Motoren gestoppt werden. Inmitten von Schilf und Vogelschwärmen wurde wieder bis zum klaren See Kisale gepaddelt. Hier fließt der Lufira in den Luluaba.

In Kadia ankerten die Boote, bis »Constantin de Burlay« mit dem schweren Leichter und allem Proviant, Munition und Versorgungsgütern herangekommen war. Am 14. Oktober konnte »Toutou« auf das Deck des großen Leichters gebracht werden, »Mimi« am 15. Oktober. Am 16. begann die weitere Flußreise, aber schon zwei Stunden nach dem Ablegen in Kadia geriet »Constantin de Burlay« auf Grund. Er konnte freigeschleppt werden. Am nächsten Morgen ging es einige Kilometer weiter, dann blieb der schleppende »Constantin de Burlay« (»Godverdomd«) endgültig auf Grund sitzen und konnte nicht mehr losgebracht werden. Schon wurde überlegt, ob die Boote wieder zu Wasser gelassen werden mußten, da erschien ein Flußdampfer geringeren Tiefgangs, »Baron Janssen«, der den Leichter flußabwärts schleppte. So erreichte die Expedition am 22. Oktober einen weiteren wichtigen Punkt: Kabalo. Von hier führte wieder eine Eisenbahn fast bis zum Tanganjika-See. Boote und Material wurden verladen, und drei Tage später ging es weiter in bergiges Gelände auf ein Plateau mit schönem Blick auf dem Nmemba-Fluß und vom Plateau wieder hinunter in das tiefe Tal des Lukuga-Flusses. Fünfzig Kilometer weiter, in Kulu, wurde die Lokomotive gewechselt und durch eine kleinere ersetzt, die nur ein Viertel so schwer war. Dies sei notwendig, erklärte der belgische Eisenbahningenieur, weil nun viele provisorische Holzbrücken zu überqueren seien, von denen man nicht so recht wisse, welche Last sie eigentlich tragen konnten.

Der Lokomotivführer der neuen Lokomotive warf einen zweifelnden Blick auf die zwei schweren Anhänger und weigerte sich, mit beiden Booten zugleich weiterzufahren, »Toutou« mußte zurückbleiben. Der Zug setzte sich nur mit »Mimi« in Bewegung. Das Schmalspurgleis folgte dem sich schlängelnden Lukuga-Fluß, vorbei an Wasserfällen, durch Urwald, an Seen und Sümpfen entlang. Auf den letzten 60 Kilometern der Reise waren 33 sehr »provisorisch« aussehende Brücken zu überqueren. Jedesmal stieg der Lokomotivführer aus, untersuchte die Brücke, und es erhoben sich lange Diskussionen, bevor es weiterging. Und die britischen Seeleute im Zug überkamen stets recht seltsame Gefühle bei der Überquerung all dieser ächzenden Brücken. Aber am 26. Oktober 1915 war Makala erreicht, der Endpunkt der belgischen Eisenbahn, etwa drei Kilometer vor Lukuga. Das Ziel, der Tanganjika-See, war in greifbare Nähe gerückt. Während am nächsten Tag die Lokomotive die zurückgebliebene »Toutou« holte, ließ es sich Commander Spicer mit einigen seiner Männer nicht nehmen, zum Tanganjika-See zu marschieren. Endlich standen sie auf dem hohen Ufer, den See zu ihren Füßen, und blickten über die gigantische graue Wasserfläche, mehr als 800 Meter über dem Meeresspiegel. Gegenüber lagen entfernt-verschwimmend die feindliche Küste Deutsch-Ostafrikas, dahinter die massive Bergspitze des Kungwe.

7. »Mimi« und »Toutou« am Tanganjika-See

In Lukuga waren ein Lager und Einrichtungen gegen Sicht von See geschützt angelegt. Der kommandierende belgische Offizier begrüßte Commander Spicer. Dann wurden die Boote auch die letzte Strecke zum See gebracht, halb geschoben, halb gezogen.

Als die ersten Briten schon in Lukuga waren, zeigte sich am 28. Oktober ein deutscher Dampfer, der langsam von Norden nach Süden patrouillierte. Die belgischen Hafenverteidiger besetzten ihre Geschütze. Der See lag ruhig und blau, aber landeinwärts über der belgischen Küste entquoll dem dunkelgrünen Meer von Bäumen eine Rauchwolke: Der Zug mit »Toutou« nahte. Die Belgier machten ihr Boot »Dix Tonnes« gefechtsklar. An diesem Tag kam es jedoch zu keinem Gefecht, denn der deutsche Dampfer war schon verschwunden, als die »Dix Tonnes« auslief.

Commander Spicer ließ durch die Belgier einen Hafen-

*Dampfer »Kingani«, »Hedwig von Wissmann«
und Geschützleichter auf dem Tanganjika.*

Dampfer »Graf von Götzen« auf dem Tanganjika.

Oben: »Toutou« mit Lokomobile.

Unten: MTBs vor Angriff auf »Kingani«.

Oben: Kapitän Conrad Sörensen.

Unten: Sperrbrecher »Marie«.

Oben: Kleines Askari-Lager.

Unten: Askari mit Maultier (schwimmend) wird im Einbaum übergesetzt.

schutz für »Mimi« und »Toutou« anlegen. Die Belgier wollten nicht so recht, und erst, als Spicer androhte, er würde die Boote zum britischen Südende des Sees verlegen, taten sie, was er angeordnet hatte. Über die wahren Stärkeverhältnisse auf dem See war sich Commander Spicer nicht sicher. Man hatte ihm immer wieder nur von einem deutschen Kanonenboot erzählt, der berüchtigten »Hedwig von Wissmann«. (Daß die Deutschen inzwischen aber auch die »Kingani« hatten und den großen »Graf von Götzen« bauten, davon wußte er nichts.) Der Commander überlegte die Taktik für seine beiden »Automobil-Kreuzer«, wie er sie nannte. Sie waren fast doppelt so schnell wie der erwartete Gegner, hatten aber nur Dreipfünder-Geschütze und Maschinengewehre. Spicer hielt Artillerie für wesentlicher als Geschwindigkeit. Aber er sollte nicht viel Zeit zum Überlegen haben.

Am 1. Dezember erklang Kanonendonner. Ein Einschlag in der Nähe des Ufers zeigte, daß sich der Gegner wieder genähert hatte. Die belgische Batterie eröffnete das Feuer, diesmal mit zwei Zwölfpfündern, die die Admiralität vorausgeschickt hatte, um den in Bau befindlichen Dampfer »Baron Dhanis« zu bewaffnen, dessen numerierte Sektionen immer noch in Kabolo dahinrosteten. Es schien kaum möglich, daß der Gegner noch entkommen konnte, so nah war er herangekommen. Einschläge stiegen rings um ihn aus dem Wasser. Aber mit höchster Fahrt und Zickzackkurse steuernd konnte er doch ablaufen.

Am 22. Dezember konnten die Boote von der Themse ihrem neuen Element auf dem Tanganjika-See überantwortet werden. »Toutou« wurde aus dem Buschversteck geholt und in den See gesetzt. Der Vorgang dauerte nur 20 Minuten. Am nächsten Tag geschah das gleiche mit »Mimi«. Nun wurden die Boote ausgerüstet, Geschütze und Maschinengewehre angebracht, die Benzintanks gefüllt und die Motoren getestet. Am Heiligabend des Jahres 1915 machten die Boote eine kurze Probefahrt: Sie fuhren 13,5 Knoten. Das Donnern der je zwei starken Motoren dieser Motorboote war viel lauter als das Knattern der belgischen »Netta« und verursachte schaudernde Bewunderung unter den Eingeborenen.

Auch die Geschütze wurden eingeschossen. Alles war in Ordnung, die britische Besatzung erwartete nun den Gegner. Und der kam am 1. Weihnachtsfeiertag. Spicer wollte den Kampf aufnehmen, aber er wollte nicht nur »Dix Tonnes«, sondern auch »Netta« dabeihaben. Daher forderte er die Belgier auf, beide Boote klarzumachen. Nach dem Gottesdienst ließ Spicer auch seine Boote gefechtsklar machen. Bald waren die beiden belgischen und beiden britischen Boote bereit. Das unbekannte Fahrzeug erwies sich als bewaffnetes deutsches Schiff. Langsam patrouillierte es die Küste entlang und kam dabei immer näher an das Ufer heran. Um 10.15 Uhr ließ Commander Spicer die »Dix Tonnes« auslaufen, er selbst folgte 20 Minuten später mit »Mimi« und »Toutou«, gefolgt von »Netta«. Schnell überholte er »Dix Tonnes«.

Vom hochgelegenen Ufer aus beobachteten die Zurückgebliebenen das Geschehen: »Mimi« und »Toutou« stießen in Dwarslinie vor, konnten das fremde Schiff schnell überholen, das sich keiner Gefahr bewußt zu sein schien. Plötzlich aber zackte das Fahrzeug um 90 Grad nach Backbord, erhöhte die Geschwindigkeit und eröffnete das Feuer auf »Mimi«. Gegen 11.47 Uhr waren die Motorboote herangekommen und konnten das Gefecht eröffnen. Das feindliche Fahrzeug drehte weiter nach Backbord, um Kurs nach Norden nehmen zu können. Dadurch geriet »Mimi« direkt achteraus, der Gegner beschoß nun »Toutou« mit Geschützen und »Mimi« mit Gewehren. Qualm drang aus dem Schornstein, die Heizer wollten die Fahrt auf Höchstgeschwindigkeit bringen. Der See war unruhig, alle drei kleinen Fahrzeuge schienen wie Korken auf dem Wasser zu tanzen. »Toutou« war ein heißer Empfang bereitet worden, Wasserfontänen schossen um das Boot auf, es fuhr einen wilden Zickzackkurs, als sich plötzlich auf dem Vorderdeck des Gegners eine Explosion ereignete. Das Schiff schien außer Kontrolle geraten und brannte. Schließlich winkte ein Mann mit einem weißen Tuch. »Toutou« ging heran, zwei Mann sprangen hinüber. Beim

Anlegen erlitt »Mimi« Schäden am Bug. An Bord des Gegners gab es nur zwei Überlebende. Der kleine Dampfer wurde eingebracht und erwies sich als »Kingani«. Er lag tief im Wasser.

Der gefangene Maschinist sprach etwas Englisch. Er erzählte, man sei völlig überrascht worden. Niemand habe geahnt, daß die Royal Navy Kriegsschiffe an den See gebracht hatte, bis sein Kapitän den »White Ensign« vor der dunkelgrünen Küste erkannt habe. Die toten Deutschen wurden an diesem Abend mit militärischen Ehren begraben.

Das siegreiche Gefecht hatte die Moral des kleinen britischen Expeditionskorps gewaltig gesteigert. »Kingani« erwies sich als seefestes Fahrzeug von etwa 45 Tonnen, fuhr eine Geschwindigkeit von 8 Knoten und war seetüchtiger als »Mimi« und »Toutou«. Vor allem konnte man ein schweres Geschütz darauf aufstellen, sofern man eines hatte. Daher mußte das Schiff wiederhergestellt werden. Es wurde gehoben, abgedichtet, und dann hat man eifrig die Maschinen wiederhergestellt. Zur Armierung ließ sich Spicer — nicht zur Freude der Belgier — eines der Zwölfpfünder-Geschütze abtreten. Sie überließen es ihm aber, weil sie gerade zwei neue französische 16-cm-Geschütze mit Schutzschilden erhalten hatten.

Inzwischen wogten zwischen der Admiralität und der britischen Regierung und zwischen dieser und der belgischen Regierung und den ihnen unterstellten Stellen in Afrika hitzige Debatten in den Korrespondenzen über die relativen Rangverhältnisse des belgischen Kommandanten von Lukuga und des Befehlshabers der britischen Marine-Expedition hin und her. Schließlich unterstellten die Belgier am 27. Dezember ihre gesamte Flottille dem Befehl von Commander Spicer.

Angesichts der Wiederherstellung der »Kingani« waren die belgischen Behörden der Meinung, die verstärkte belgisch-britische Flottille könne Kalemié ausreichend gegen deutsche Angriffe schützen. Sie gaben jedoch auch Befehl zum Weiterbau des »Baron Dhanis«; schließlich wurde auch der von den Deutschen früher zerstörte »Alexandre

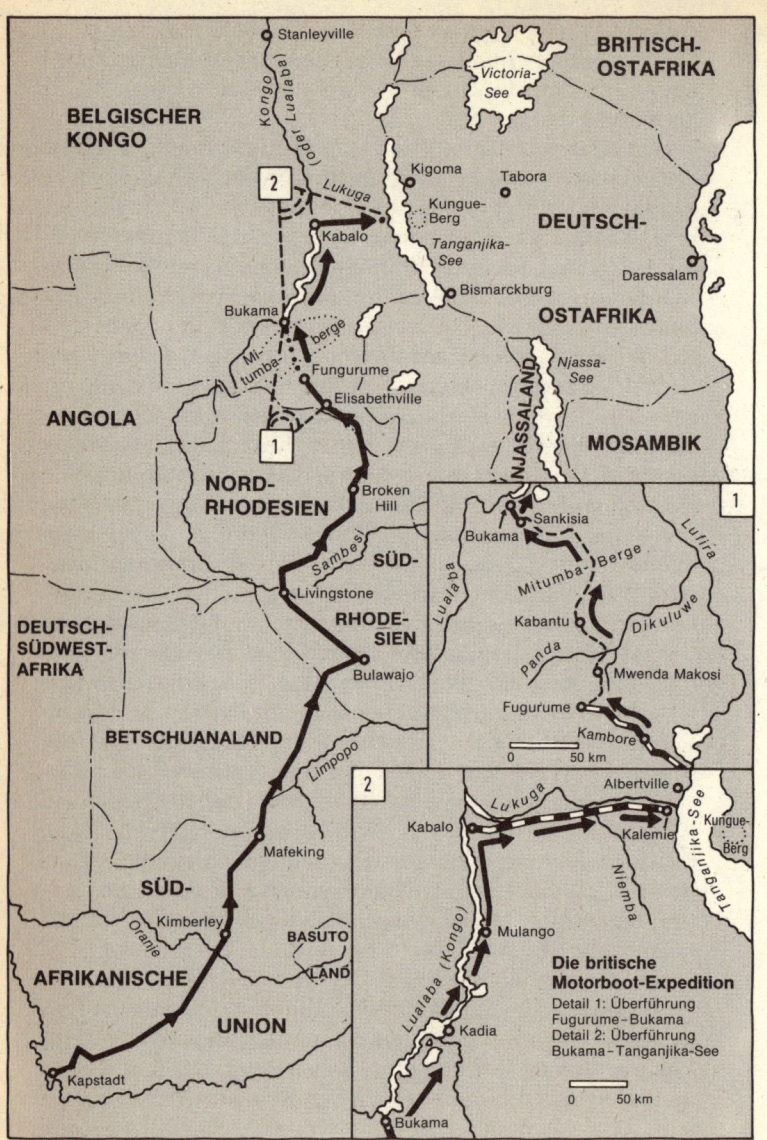

Die britische
Motorboot-Expedition
Detail 1: Überführung
Fugurume–Bukama
Detail 2: Überführung
Bukama–Tanganjika-See

0   50 km

Delcommune« wiederhergestellt und als »Vengeur« in
Dienst gestellt. Spicer bewaffnete ihn mit dem Sechspfün-
der der »Kingani«.

Eine Zeitlang ereignete sich außer Stürmen, Regenfäl-
len, Invasionen von Schwärmen von Schlangen im Lager
und Malaria-Anfällen unter den Männern nichts, und am
14. Januar 1916 briste der Sturm zum Orkan über dem See
auf. Die im Hafen liegende »Kingani« trieb ab und kolli-
dierte leicht mit »Vengeur«. Zur Vermeidung weiterer Beschädigungen wurde »Kingani« auf See geführt, aber vor
dem Hafen geriet eine Leine in die Schraube. Es befand
sich kein Anker an Bord, das Schiff rollte von einer Seite
zur anderen, trieb hilflos auf Felsen zu und schien verloren. Die drei britischen Seeleute der kleinen Wachbesat-
zung schraubten die Ankerwinsch los, befestigten sie an
einem starken Tau und warfen dies als Anker über Bord.
Er hielt. »Netta« war inzwischen im Hafen gestrandet.
Zwei ihrer drei Propellerschrauben waren verbogen.
»Vengeur« war gegen einen nördlichen Wellenbrecher getrieben und hatte zwei Blätter seiner Schraube verloren.
»Mimi« und »Toutou« hatte der Sturm verschont, aber sie
mußten dennoch repariert werden: »Mimi« hatte noch ihre Kollisionsschäden am Bord, und das Backdeck der »Toutou« hatte durch den starken Rückstoß des Geschützes gelitten.

Als in den nächsten Tagen der Sturm nachließ, erschien
wieder ein deutsches Kanonenboot vor Kalemié, patrouillierte dort suchend und aufklärend außerhalb der Reichweite der Batterien auf und ab, kam drei Tage später etwas näher heran. Spicer konnte jedoch nicht angreifen, da
seine ganze Flottille nicht einsatzbereit war.

Am 17. Januar war dann die armierte »Kingani« zur
Probefahrt unter neuer Flagge bereit. Das neue britische
Schiff taufte Spicer »H.M.S. Fifi«. Der Name schien ihm
gut zu »Mimi« und »Toutou« zu passen. Seinen Männern
erklärte er, das klänge wie Vogelzwitschern. Den britischen Matrosen war dies reichlich seltsam. Ihre Aussprache des Schiffsnamens reimte sich immer mit »Bye-bye«.
Immerhin HMS »Fifi« machte Geschichte: Es war das er-

ste deutsche Kriegsschiff, das im Kampf erobert und danach in die Royal Navy eingereiht wurde.

Ein deutsches Schiff mit Südkurs querab von der Kungwe-Bucht wurde gemeldet. Spicer ging an Bord seiner neuen »Fifi«. Auch »Mimi« und »Dix Tonnes« sowie das belgische Motorboot ließ er auslaufen. »Toutou« war nicht einsatzbereit.

Das gegnerische Schiff wurde nördlich von Buena Dengwe Point gesichtet. Es steuerte anscheinend den gleichen Kurs wie »Kingani« am 26. Dezember. Obwohl er jetzt mit der Geschwindigkeit durch Mitnahme der »Fifi« nur vielleicht ein oder zwei Knoten schneller war als das Gegnerschiff, wartete Spicer nicht mit dem Angriff auf den Gegner südlich von Kalemié. Er lief um 7.45 Uhr aus und wollte das fremde Schiff vor der Heimfahrt abschneiden. Spicer ging zuerst nordöstlich, dann Nordkurs und näherte sich dem Gegner mit halber Geschwindigkeit, um einerseits bei Beginn des Gefechts Fahrtüberschuß zu haben, jetzt aber »Dix Tonnes« die Chance zu geben mitzuhalten.

Zunächst hielt »Hedwig von Wissmann« — um sie handelte es sich bei dem fremden Schiff — den Kurs unbeirrt bei, wie wenn nichts geschähe. Dann aber, um 9.30 Uhr, drehte sie scharf nach Backbord ab, ging mit der Fahrt hinauf und steuerte nach Norden, wie es »Kingani« getan hatte. Langsam sackte »Fifi« achteraus. Sollte der deutsche Dampfer entkommen? Aber da rauschte »Mimi« an Spicers »Fifi« vorbei und griff auf 3000 Meter »Hedwig von Wissmann« an, die nur mit dem Heckgeschütz antworten konnte, das aber nicht weit genug reichte. Als die Entfernung gesunken war, drehte der deutsche Dampfer auf, um alle Geschütze zum Tragen zu bringen. Nun kam auch »Fifi« heran. Aber »Fifi« hatte fast ihre gesamte Munition für das große Geschütz auf weite Entfernung verschossen, ohne einen Treffer zu erzielen. Nur wenige Schuß blieben noch.

Nach dem nächsten Feuerbefehl ereignete sich nichts, ein Versager. Zwanzig Minuten dauerte es, bis der Verschluß geöffnet, das heiße Versagergeschoß über Bord geworfen und erneut geladen werden konnte. Aber der nächste Schuß, die Entfernung war inzwischen weiter gefallen, war ein Volltreffer, direkt auf das Deck der »Hedwig von Wissmann«. Er schlug in den Maschinenraum durch und verursachte ein Riesenleck an ihrer Seite. Der deutsche Dampfer schwenkte herum nach Steuerbord, blieb dann in Rauch und Flammen gehüllt liegen und sackte vorn tiefer. Einige Männer sprangen über Bord, andere wollten ein Boot zu Wasser setzen, das aber sofort sank, weil es beschädigt war. Zehn Minuten später, um 11.15 Uhr, hob sich das Heck des Schiffs aus dem Wasser. »Hedwig von Wissmann« sank.

»Mimi« rettete sechs farbige, »Fifi« elf weiße und drei farbige Männer der deutschen Besatzung. Um 11.40 Uhr kamen auch »Dix Tonnes« und das Motorboot heran, auf die Spicer die Gefangenen vorsichtshalber übersetzte, da sie ihm zu zahlreich waren.

Auf der Überführungsfahrt nach Kalemié rief einer der deutschen Gefangenen plötzlich: »Kingani!« Mit Erstaunen und Trauer erkannten sie, daß sie von einem ehemals eigenen Dampfer versenkt worden waren. Die Besatzung des deutschen Schiffs war ebenso überrascht worden wie die der »Kingani«. Die Deutschen hatten immer noch keine Ahnung davon, daß britische Schiffe auf dem See operierten.

Als am 15. Februar 1916 die Nachricht von der Vernichtung der »Hedwig von Wissmann« im britischen Hauptquartier in Nairobi einging, wurde bekanntgegeben, daß jetzt eine aktive Zusammenarbeit eingeleitet werden könnte. Die Belgier waren bereit, nun die Offensive zu übernehmen und Deutsch-Ostafrika von Westen nach Nordwesten anzugreifen, während die Briten eine Aktion von Norden und von Südwesten her planten. Für beide Oberkommandos war die »Hedwig von Wissmann« ein Symbol der deutschen Herrschaft auf dem See gewesen, ein Hindernis für ihre Pläne.

Die britische Expedition hatte viele Rekorde erzielt: an überwundenen Entfernungen und Schwierigkeiten, an Exotik und bezüglich ihres Erfolges, denn zwei gegnerische Kanonenboote waren ohne eigene Verluste versenkt worden. »Die seltsamste Geschichte des Krieges«, schrieb die Presse und nannte sie eine »Jules-Verne-Expedition«. In der Tat, es war eines der seltsamsten Begebnisse in jenem Krieg — und zugleich ein Erfolg für die britische Marine.

Die Admiralität war freigiebig mit Nachrichten über dieses Expeditions-Abenteuer am Tanganjika-See und seine Vorbereitungen. Orden wurden verteilt.

Für Lettow aber bedeutete der Erfolg der britischen Aktion den Verlust der großen Beweglichkeit seiner Truppen an der Westgrenze. Dieser Vorteil ging nun an die Belgier und Briten.

8. Rückzug von den Seen

Den Vorteil ihrer Überlegenheit auf dem See haben Belgier und Briten jedoch zunächst nicht auszunutzen gewußt. Spicer glaubte seine mit so großer Mühe zum Tanganjika-See geschafften Schnellboote dem deutschen »Graf Götzen« mit seiner 10,5-cm-Kanone unterlegen und bemerkte nicht, daß diese Kanone schon im Mai 1916 ausgebaut und nach Kondoa geschafft wurde, wo man sie dringend für den Landkrieg brauchte. Seither hatte »Graf Götzen« ihre Basis in Kigoma nicht mehr verlassen. Die kleine »Wami«, die auf der Mittellandbahn von der Küste schließlich doch herantransportiert worden war, wäre den belgischen und britischen armierten Dampfern und Schnellbooten hoffnungslos unterlegen gewesen. Die »Adjutant«, die ebenfalls von der Küste zum Tanganjika-See geschafft wurde, hatte für den Transport in mehrere Teile zerlegt werden müssen. Das 600-Tonnen-Schiff hätte erst im August wieder einsatzfähig werden können. Zu dem Zeitpunkt war Kigoma längst gefallen.

So war es zu einer Situation gekommen, in der beide Seiten sich mißtrauisch beobachteten, wegen der ungeheuren Größe des Sees aber kein Bild von der Stärke und den Absichten des Gegners gewinnen konnten und sich deshalb nur vorsichtig bewegten. Während dieser Zeit entstanden Kompetenz-Schwierigkeiten zwischen Belgiern und Briten. Commander Spicer zerstritt sich hoffnungslos mit dem neuernannten belgischen Oberbefehlshaber Moulaert. Die britischen Schnellboote wurden deshalb im Juni 1916 nach Bismarckburg am Südende des Sees gegenüber Rhodesien verlegt und nahmen an belgischen Aktionen nicht mehr teil.

Erst das Auftreten von Flugzeugen machte die Lage für die Belgier durchsichtiger, und am 10. Juni wurde »Graf Götzen« dann auch durch einen Fliegerangriff fahrtunfähig gemacht.

Ende Juli erreichte die belgische Offensive von Norden her den Hafen Kigoma und die Mittellandbahn. »Graf Götzen« und die übrigen Seefahrzeuge mußten gesprengt werden. »Wami« allein lief aus Kigoma aus und sollte einen letzten Transport nach Katanko bringen. Bei Annäherung des belgischen Kanonenboots »Netta« mußte die Besatzung unter Vermessungssteuermann Wettstein jedoch von Bord gehen und das kleine Schiff selbst versenken.

Der belgische General Tombeur richtete seinen weiteren Vorstoß an der Mittellandbahn entlang nach Tabora. Die deutschen Kräfte gingen kämpfend auf diesen Hauptort des Schutzgebiets zurück. Tabora selbst wurde am 19. Mai 1916 kampflos geräumt, da sich dort eine größere Zivilbevölkerung sowie in den Lazaretten mehrere hundert verwundete und kranke weiße und schwarze Angehörige der Schutztruppe befanden. Leider gab es besonders in Tabora Übergriffe der belgischen Truppen gegen deutsche Gefangene und Zivilisten, durch die man sich offensichtlich für die von deutschen Truppen beim Einmarsch in Belgien begangenen Grausamkeiten (summarische Geiselerschießungen wegen vereinzelter Beschießung durch Nicht-Kombattanten) rächen wollte.

Inzwischen hatte am 25. Mai 1916 auch am Südende des Tanganjika-Sees die britische Offensive begonnen. Die Schutztruppe wurde aus ihren Grenzstellungen bei Namema herausgeworfen und zog sich nach Norden zurück, um einem Weitermarsch der Briten und Südafrikaner auf Tabora Widerstand entgegenzusetzen. Diese folgten jedoch zunächst nicht, sondern stießen nach Westen auf Bismarckburg vor. Am 7. Juni verweigerte die schwache deutsche Besatzung die Übergabe, setzte sich jedoch in der Nacht über den See ab und marschierte ebenfalls nach Norden. Der Gegner nahm auch hier die Verfolgung nicht auf, sondern begnügte sich mit der Besetzung von Bismarckburg und verlegte den Rest der Truppen zur Front am Nordende des Njassa-Sees, wo bereits am 28. Mai Neu-Langenburg gefallen war und die Schutztruppe in Richtung Norden und Osten zurückgedrängt wurde.

Am 16. September 1916 landeten die Briten, ohne wesentlichen Widerstand zu finden, auf der Ostseite des Njassa-Sees in Wiedhafen und marschierten von dort in Richtung Ssongea weiter.

Ende 1916 war damit die Schutztruppe von den ostafrikanischen Seen abgedrängt.

TEIL III

Mariner im Busch

1. Beginn der großen Offensive vom März 1916

Nach dem Verlust der »Königsberg« hatten deren rund 200 Mann Besatzung und die ausgebauten Schiffsgeschütze die Verteidigung Deutsch-Ostafrikas verstärkt. Aber auf See hatten die Gegner nun freies Spiel. Nach der Niederlage von Tanga versuchten sie allerdings keine weitere Landung vor dem Beginn der großen Offensive im Frühjahr 1916. Immerhin wurde der Blockadering immer enger gezogen, fanden kleinere Aktionen zur Zerstörung der letzten deutschen Seefahrzeuge und Beschießungen der Hafenplätze statt.

Es scheint, daß eine große Landungsaktion gegen Daressalam geplant war. Diese Absicht wurde jedoch aufgegeben, als General Smuts auf dem Plan erschien.

Dieser hervorragende Guerilla-Kriegsmann aus dem Zweiten Freiheitskrieg Südafrikas (»Burenkrieg«), der sich später als Staatsmann und »Erfinder« des britischen Commonwealth einen großen Namen machte, war der erste Gegner, der Lettow an Erfahrung, Tatkraft und taktischem Können ebenbürtig war. Er plante eine großangelegte Offensive von der Basis der Ugandabahn aus. Westlich und östlich des Kilimandscharo-Massivs sollte gleichzeitig vorgegangen werden. Die Belgier sollten zur selben Zeit zwischen Viktoria- und Tanganjika-See eine Offensive vortragen, und ein vierter Vorstoß sollte durch britische und südafrikanische Truppen von Rhodesien aus erfolgen. Die große Offensive hätte bei der starken Überlegenheit an Menschen und Material, die eingesetzt werden konnte, schnell zum Ende der Schutztruppe geführt, wenn es sich nicht gezeigt hätte, daß die südafrikanischen Truppen keineswegs besser als Europäer auf das Klima in Ostafrika eingestellt waren. Die trockenen Hochebenen Südafrikas sind nicht mit den feuchten Niederungen Ostafrikas zu vergleichen, und ein abgesessener südafrikanischer Reiter, dem das Pferd an der Tsetse-Seuche gestorben ist, ist ein schlechter Kämpfer. Langsamer, als erwartet, kam die Offensive voran, immer wieder gelang es den deutschen

Kräften, sich einer Umklammerung zu entziehen, und nach einem Jahr mußte General Smuts froh sein, daß eine diplomatische Mission in Europa ihm die Möglichkeit bot, ohne das Gesicht zu verlieren, das Kommando an seinen Landsmann, General van Deventer, abzugeben. Seinen Gesichtsverlust konnte er dadurch vermeiden, daß zu diesem Zeitpunkt die deutsche Schutztruppe auf den Südosten der Kolonie zurückgedrängt war und man den Rest der Arbeit nur noch als eine Aufgabe der Säuberung dieses Gebiets bezeichnen konnte. Diese Rechnung wurde allerdings ohne Lettow aufgestellt, der im Laufe der Jahre 1917 und 1918 zeigte, daß er keineswegs am Ende seiner Ideen angelangt war, und der dafür sorgte, daß der Gegner immer wieder umfangreiche Umstellungen seiner Truppen vornehmen mußte. Generalleutnant van Deventer drückte Lettow zwar methodisch, und ohne Risiken einzugehen, aus Ostafrika hinaus, aber einen wirklichen Sieg errang auch er nicht, da Lettow bis zum Schluß handlungsfähig blieb, auf deutsches Territorium zurückkehrte und im Herbst 1918 sogar mit einem Einfall nach Rhodesien drohte.

Als Smuts nach Europa ging, hinterließ er jedenfalls keine fast erledigte Aufgabe. Er hatte den Rest der Schutztruppe, die nur noch aus 1100 kampffähigen Weißen und 6500 Askaris bestand, nicht niederkämpfen können, obwohl seinem Befehl 63 000 Mann (davon 34 000 Weiße) unterstanden, zu denen noch 15 000 Belgier, 5000 Rhodesier und fast 16 000 Portugiesen kamen.

Während Smuts von Februar bis September 1916 rund 1300 Mann im Kampf verlor, lagen im September 1917 9000 Mann krank in den Lazaretten, davon allein 4000 Weiße.

Nein, Smuts hinterließ van Deventer einen keineswegs erledigten Job! Auf deutscher Seite hat man sich verschiedentlich gefragt, warum die damalige Südafrikanische Union mit so großer Energie und Opferbereitschaft auf der Seite Englands in den Krieg eingetreten ist, erst in Südwestafrika, dann in Ostafrika die deutschen Kolonien besetzte und schließlich auch unter großen Verlusten in

Europa an der Westfront kämpfte. War nicht Südafrika selbst in einem grausamen Kolonialkrieg von England niedergeworfen worden? War nicht die südafrikanische Bevölkerung zu einem großen Teil deutscher Abkunft? Hatten nicht Smuts und Botha selbst zu den Führern des vergeblichen Kampfes gegen England gehört? Waren nicht während dieses Kampfes alle Sympathien der Deutschen auf der Seite der Buren gewesen? Hierauf gibt es drei wesentliche Antworten: Erstens hat sich tatsächlich eine Minderheit von Südafrikanern gegen den Kriegseintritt Südafrikas, sogar bewaffnet, zur Wehr gesetzt; dieser Widerstand wurde bald gebrochen (190 Tote auf seiten der Rebellen, 132 bei den Regierungskräften). Zweitens hatte Südafrika zu dieser Zeit unter den Weißen eine englisch-sprechende Mehrheit, und diese Mehrheit strebte nun eine möglichst weitgehende Selbstregierung innerhalb der britischen Einflußsphäre an, wozu eine Kriegs-Beteiligung moralische Unterstützung bot. Drittens aber, und das ist vielleicht das Wichtigste, bestand auch seitens der Afrikaans sprechenden Südafrikaner keineswegs eine Dankesschuld irgendeiner Art gegenüber Deutschland, denn außer der berüchtigten »Krügerdepesche« hatte Kaiser Wilhelm II. nichts für die Buren getan. Durch die Krügerdepesche, die den Präsidenten der Südafrikanischen Republik (Transvaal) zur Abwehr eines britischen Einfalls beglückwünscht hatte, wurden in Südafrika Hoffnungen geweckt, die, wie manche Historiker meinen, der Grund für eine Fehleinschätzung der weltpolitischen Lage durch die Staatsführung der Republiken gewesen sind und somit zu ihrem Untergang beigetragen haben. Das offizielle Deutschland hat jedenfalls zur Rettung des Oranje-Freistaats und der Südafrikanischen Republik keinen Finger gerührt. Kaiser Wilhelm II. hat Präsident Krüger auf seinem Bittgang von 1902 nicht einmal empfangen und tief gedemütigt. General Smuts hatte, wie Botha, nach 1902 den Weg der Verständigung mit England gewählt. Er war an den erfolgreichen Bemühungen um Selbstregierung 1907 beteiligt, gehörte zu den Mitgründern der Union von Südafrika 1910, war mehrfach Minister. 1914/15 nahm er

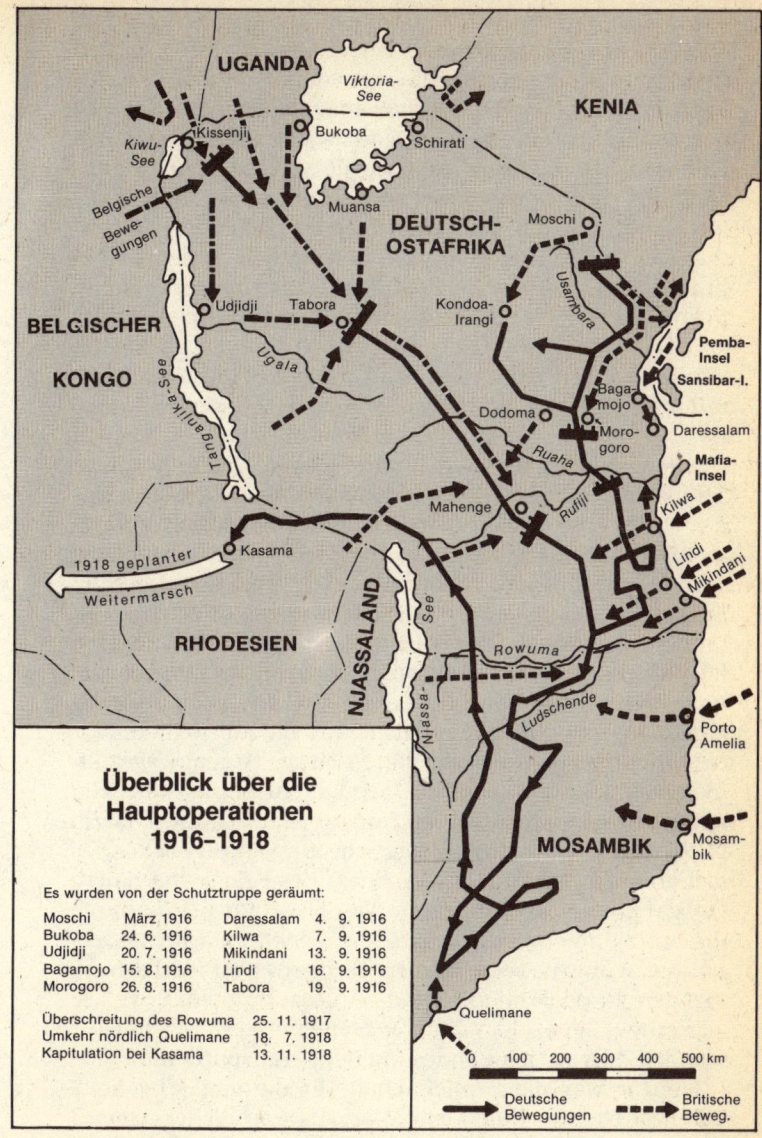

UGANDA

Viktoria-See

KENIA

Kiwu-See

Kissenji

Bukoba

Schirati

Belgische Bewegungen

Muansa

DEUTSCH-OSTAFRIKA

Moschi

Udjidji

Tabora

Kondoa-Irangi

Usambara

BELGISCHER KONGO

Ugala

Pemba-Insel

Sansibar-I.

Bagamojo

Dodoma

Daressalam

Morogoro

Ruaha

Mafia-Insel

Mahenge

Rufiji

Kilwa

Lindi

Mikindani

1918 geplanter Weitermarsch

Kasama

Rowuma

RHODESIEN

NJASSALAND

Niassa-See

Ludschende

Porto Amelia

MOSAMBIK

Mosambik

Überblick über die Hauptoperationen 1916–1918

Es wurden von der Schutztruppe geräumt:

Moschi	März 1916	Daressalam	4. 9. 1916
Bukoba	24. 6. 1916	Kilwa	7. 9. 1916
Udjidji	20. 7. 1916	Mikindani	13. 9. 1916
Bagamojo	15. 8. 1916	Lindi	16. 9. 1916
Morogoro	26. 8. 1916	Tabora	19. 9. 1916

Überschreitung des Rowuma	25. 11. 1917
Umkehr nördlich Quelimane	18. 7. 1918
Kapitulation bei Kasama	13. 11. 1918

Quelimane

0   100   200   300   400   500 km

Deutsche Bewegungen

Britische Beweg.

335

unter dem Oberbefehl Bothas an der Eroberung von Deutsch-Südwest teil. Nach seinem nur halb erfolgreichen Einsatz in Ostafrika arbeitete er an der Schaffung des Völkerbunds und des Mandatssystems mit. Von 1919 bis 1924 war er Premierminister der Union von Südafrika. Auch während des Zweiten Weltkrieges war er Premierminister und führte sein Land wiederum an der Seite Englands in den Krieg. 1945 war er maßgeblich an der Gründung der Vereinten Nationen beteiligt. Er verlor seinen Einfluß erst 1949 an die heute in Südafrika regierenden Kräfte, zu denen auch die alten Gegner des Kriegseintritts von 1914 und 1939 zählen. Smuts trat auch als Philosoph hervor (die Schöpfung der Richtung des »Holismus« wird ihm zugeschrieben). Er starb 1950 achtzigjährig bei Pretoria.

Smuts fand kein Gegenmittel gegen die Lettowsche Taktik des Guerilla-Krieges, die darin bestand, den Gegner durch kämpfende Rückzüge immer beschäftigt zu halten, ihn dort anzugreifen, wo man selbst lokal überlegene Stärke konzentrieren konnte, um nach strategischen Rückzügen an unerwarteten Stellen wieder aufzutauchen und zuzuschlagen. Auf die Dauer konnte die britische Führung darauf vertrauen, die deutsche Schutztruppe, die ohne Nachschub und Reserven war, in einem Abnutzungskrieg aufzureiben, aber gerade hierauf richtete sich die Hauptidee Lettows: Er hatte sich die Aufgabe gestellt, möglichst starke Kräfte des Gegners zu binden und von anderen Kriegsschauplätzen fernzuhalten. Lettows Taktik blieb überlegen, seine strategische Idee erfolgreich. Dies galt erst recht für die nächste Phase des Krieges nach dem Fortgang von General Smuts: Van Deventer wurde durch die Bewegungen von Lettows kleiner Streitmacht wiederholt gezwungen, seine großen Truppen- und Nachschubmengen zu den Hafenstädten zurückzubringen, über See zu verfrachten und an anderer Stelle mit gewaltigem Aufwand wiederum ins Landesinnere zu transportieren.

Hierfür war die Seeherrschaft für die englische Seite von Vorteil, die durch ein Blockadegeschwader von 13 Einheiten mit einer Gesamttonnage von 53000 Tonnen aufrechterhalten wurde, und hierfür war es notwendig, daß man sich in den Besitz der Häfen brachte. Dies erwies sich für die britische Seite aber auch deshalb als erforderlich, weil es offensichtlich durch noch so enge Blockade nicht ganz ausgeschlossen werden konnte, daß deutsche Sperrbrecher der Schutztruppe Hilfe brachten.

2. Sperrbrecher 15: »Marie«

In Berlin hatten die nur sporadisch und verstümmelt aus Ostafrika über das neutrale Ausland eingehenden Nachrichten über die Fahrt des ersten Hilfsschiffs »Rubens« zu einer überoptimistischen Einschätzung geführt: Von den Schwierigkeiten des Einlaufens, der Beschießung und Versenkung des Schiffs und der mühseligen Bergung nur eines Teils der Ladung war noch nichts nach Berlin gedrungen. Man stand dort weiter unter dem Eindruck, die gesamte Ladung sei ohne Komplikationen an Land gekommen, Deutsch-Ostafrika also für einige Zeit versorgt. Infolge dieser Verkennung der Lage lehnte das Reichskolonialamt zunächst die vom Reichs-Marineamt ursprünglich geplante Entsendung eines weiteren Hilfsschiffs ab. Ein längeres Hin und Her verzögerte Entscheidungen, wertvolle Zeit ging verloren, was um so mehr bedauert wurde, als dann Nachrichten über den tatsächlichen Verlauf der »Rubens«-Fahrt sowie ein dringendes Ersuchen des Gouverneurs von Deutsch-Ostafrika zur möglichst baldigen Entsendung eines weiteren Hilfsschiffs mit umfangreichen Versorgungsgütern Berlin erreichten. Der stets auf Mittel und Wege zur Versorgung deutscher Kriegsschiffe und Stützpunkte in Übersee sinnende Admiralstab hatte schon vor dem Auslaufen der »Rubens« die Entsendung eines Versorgungsschiffs von Buenos Aires nach Ostafrika geplant. Dort war der am 8. Januar 1915 eingelaufene Woermann-Dampfer »Muansa« durch einen Mittelsmann des Admiralstabs für »Königsberg« und Deutsch-Ostafrika ausgerüstet worden. Am

2. Februar 1915 hatte der deutsche Gesandte in Buenos Aires den Dampfer seeklar gemeldet und gleichzeitig den Vorschlag des mit den Schiffahrtsverhältnissen vor Deutsch-Ostafrika vertrauten Dampferkapitäns übermittelt, das Schiff nach Lindi, die Ssudi-Bucht oder Ssangarungu (bei Kilwa an der Südküste von Deutsch-Ostafrika) zu beordern. Dann aber hatte das Reichskolonialamt dringlichst die Mitgabe von Gewehren und Munition mit diesem Dampfer nach Afrika gewünscht. Der Admiralstab hatte daher am 23. Februar 1915 nach Buenos Aires telegraphiert: »Proviantdampfer für Ostafrika soll voraussichtlich erst April abgehen, auf besonderen Befehl.« Gleichzeitig hatte dem Kleinen Kreuzer »Dresden«, dem einzigen Überlebenden des Geschwaders Spee, die Anweisung übermittelt werden sollen, den Versorger nach Afrika zu begleiten und dann gemeinsam mit »Königsberg« im Indischen Ozean zu operieren. Denn »Dresden« lag damals noch fahr- und gefechtsbereit im Inselgewirr des Feuerlandes.

Dann gab es in Buenos Aires Schwierigkeiten infolge der für das Deutsche Reich zunehmend kritischer werdenden politischen Lage in Südamerika, weil sich der britische Druck auf die Regierungen dieser Länder nach dem Untergang des deutschen Kreuzergeschwaders bei den Falklandinseln erheblich verstärkt hatte. Schließlich mußte der Kleine Kreuzer »Dresden« nach seiner Fahrt an die amerikanische Westküste am 14. März 1915 vor der Insel Mas-a-Tierra in neutralen chilenischen Gewässern von seiner Besatzung bei Annäherung überlegener britischer Streitkräfte gesprengt werden. Admiralstab und Reichskolonialamt hatten danach den Plan, die »Muansa« mit Versorgungsgütern nach Deutsch-Ostafrika zu entsenden, endgültig aufgegeben.

Anfang Oktober 1915 wurden erneut Vorarbeiten für die Entsendung eines weiteren Hilfsschiffs aufgenommen. Es handelte sich um »Sperrbrecher 15«, den 1906 bei J. C. Thompson in Sunderland gebauten ehemaligen britischen Dampfer »Dacre Hill« (2674 BRT), der nach Kriegsausbruch 1914 in Hamburg beschlagnahmt worden war. Als

Kapitän des Hilfsschiffs wurde, wie vorher für die »Rubens«, wieder ein die dänische Sprache beherrschender umsichtiger Handelsschiffskapitän bestimmt, der Nordschleswiger Conrad Sörensen, derzeit in Flensburg wohnhaft. Für das Standes- und Departement-Denken dieser Zeit ist es bezeichnend, daß der Admiralstab bemerkte, dieser Mann sei »im Militärdienst zwar nur Obermatrose der Reserve geworden, erhält zum Zweck und für die Dauer der Unternehmung aber Rang und Titel eines Leutnants zur See«.

Die 1500-Tonnen-Ladung des »Sperrbrechers 15« wurde nach den Anforderungen des Gouverneurs zusammengestellt. Sie war bereits in 50 000 Träger-Lasten tropenmäßig verpackt, um das Löschen und den Abtransport zu erleichtern. Neben Kriegsmaterial wurden europäische Gebrauchsgegenstände, Medikamente, Bekleidung, Material für Post und Telegrafie sowie Eisenbahnbau, aber auch europäische Lebens- und Genußmittel und Halbfertigfabrikate aus Eisen und Metall beigegeben. Die militärische Ladung umfaßte insgesamt 5 Minen, vier 10,5-cm-Feldhaubitzen, zwei tragbare 7,5-cm-Berggeschütze, vier 8,8-mm-Maschinengewehre, vier Lafetten, vier 10,5-cm-Radlafetten für die von der »Königsberg« geborgenen 10,5-cm-Kanonen, 2000 Karabiner 98, 1500 Eierhandgranaten, 2000 Gewehrgranaten und 3 Millionen Schuß für Gewehre vom Modell 98. An Deck des Schiffs wurde zur Tarnung eine hohe Holzladung aufgestapelt, die auch zum Bau von Landungsbrücken und Landungsflößen bestimmt war.

Als militärischen Führer für den Fall von Kämpfen bei der Landung in Deutsch-Ostafrika sowie zur Unterweisung der Schutztruppe in der Bedienung der neuen Waffen wurde Hauptmann v. Kaltenborn-Stachau dem Dampfer mitgegeben. Von der DOAL kam Kapitän Schapp als Berater des Kapitäns und ortsvertrauter Lotse für die ostafrikanische Küste an Bord. Während der »Zivilreise« sollte er sich als »Supercargo« ausgeben.

Ladung und Ausrüstung des Schiffs hatte wieder Kapitänleutnant Kirchheim übernommen, der auch den ersten

Blockadebrecher »Rubens« in Dienst gestellt hatte. Kapitän Sörensen sammelte eine Besatzung. Jeder der 29 Männer sollte nicht nur ein tüchtiger Seemann und zuverlässig sein, sondern auch eine nordische Sprache beherrschen. Denn die Fiktion eines neutralen Schiffs mußte ja auch bei etwaigen Untersuchungen durch gegnerische Prisenkommandos aufrechterhalten werden können. Dann verwandelte sich der »Sperrbrecher 15«, als der er von der Marine stets geführt wurde, in den deutschen Dampfer »Marie« mit Heimathafen Stettin. Es wurden aber alle Vorkehrungen getroffen, das Schiff wahlweise als dänischen oder schwedischen Dampfer zu tarnen. Dazu waren in der Nacht vom 7. zum 8. Januar am Schornstein die Marke einer dänischen Reederei angebracht worden, das Heck sowie beide Seiten des Bugs wiesen das Schiff nun als »Nordamerika« mit Heimathafen København aus. Auf beiden Seiten des Schiffs bei Luken 1 und 4 waren dänische Flaggen aufgemalt. Aber alle diese dänischen Abzeichen wurden zunächst durch Platten verdeckt, die mit schwedischen Flaggen, Schornsteinmarken und Namen des schwedischen Dampfers »Ajax«, Heimathafen Gäfle, versehen war. Außerdem war das Aussehen des Schiffs dadurch verändert worden, daß mittschiffs und auf der Poop provisorische Deckhäuser errichtet waren. Am 9. Januar 1916 waren alle Vorbereitungen beendet, die Geheimlast unter der Deckslast versteckt, und um 13.15 Uhr verließ der »Sperrbrecher 15« die Reede von Wilhelmshaven unter schwedischer Flagge.

Vom Stationsboot wurde die »Marie« — und so wurde das Schiff von seiner Besatzung stets genannt — die Jade bis zum Jadeaußen-Feuerschiff hinuntergeführt, welches »Marie« um 17.50 Uhr passierte. Von hier steuerte der Blockadebrecher zum Eider-Feuerschiff, in dessen Sichtweite er beigedreht wegen Minengefahr die Nacht über von 20.30 Uhr bis 6.00 Uhr lag. Sodann dampfte er auf die Heultonne am Jungmannsloch zu und setzte Kurs auf das Horns-Riff-Feuerschiff (Blåvands Huk). Nach dem Passieren der Heultonne wurde das Aussehen des Schiffs geändert, die schwedische Flagge am Heck durch die dänische ersetzt. Um 11.00 Uhr nahm ein U-Boot die »Marie« auf und begleitete das Schiff bis 15.45 Uhr zum Skagerrak, tauchte dann aber, weil das Wetter für die Überwasserfahrt zu schlecht wurde. Um 18.50 Uhr sichtete die »Marie« das Feuerschiff. Das Horns-Riff-Feuerschiff wurde um 22.00 Uhr im Abstand von zehn Seemeilen passiert. »Marie« lief mit ihrer nicht eben neuen Maschine ganze acht Knoten. Es war dauernd unsichtig, so daß keine astronomischen Ortsbestimmungen möglich waren. Das Wetter war zum Teil sehr stürmisch mit schweren Schneeböen. Die »Marie« lotete sich an der norwegischen Tiefwassergrenze entlang.

Am 12. Januar wurde eine Hauptmusterung des Besatzungsgepäcks durchgeführt. Liebesgabenzigaretten, Schachteln mit Ansichtskarten, Tabakpfeifen mit Widmung, Hosenknöpfe mit Inschrift »Neue Mode«, alles flog über Bord. Ein einziges solches Objekt genügte, um ein Prisenkommando über die Nationalität des Schiffs aufzuklären. Jeder Mann hatte ein dänisches Seefahrtsbuch erhalten und mußte es auswendig lernen. Jedem wurden Liebesbriefe »seiner« dänischen Braut ausgehändigt. Wichtig war, daß die Männer Namen und Anschrift auswendig wußten. »Daß mir jede seine Liebste genau kennt, Kerls«, hämmerte es auf die Besatzung ein.

Am 15. Januar ergab sich beim Rein-Schiff eine unangenehme Überraschung: Als die Männer die Ärmel hochkrempelten, kamen Tätowierungen aller Farben und Formen zum Vorschein, Muster, gekreuzte Flaggen, »In Treue fest« und so fort. Nun wurde eine körperliche Untersuchung angeordnet. Auch manche Gesäßbacken waren patriotisch mit unlöschbaren Tätowierungen verziert. Es erging der strenge Befehl, im Fall einer Untersuchung alle kompromittierenden Körperteile bedeckt zu halten. Es wurde viel gelacht, aber bei Geheimunternehmungen mußte an jede Kleinigkeit gedacht werden.

Am 16. Januar konnte durch Mondbeobachtung der Schiffsort festgestellt werden. An diesem Abend setzte ein schwerer Sturm mit Orkanstärke ein, die »Marie« mußte bis zum 20. Januar beigedreht liegenbleiben. Große

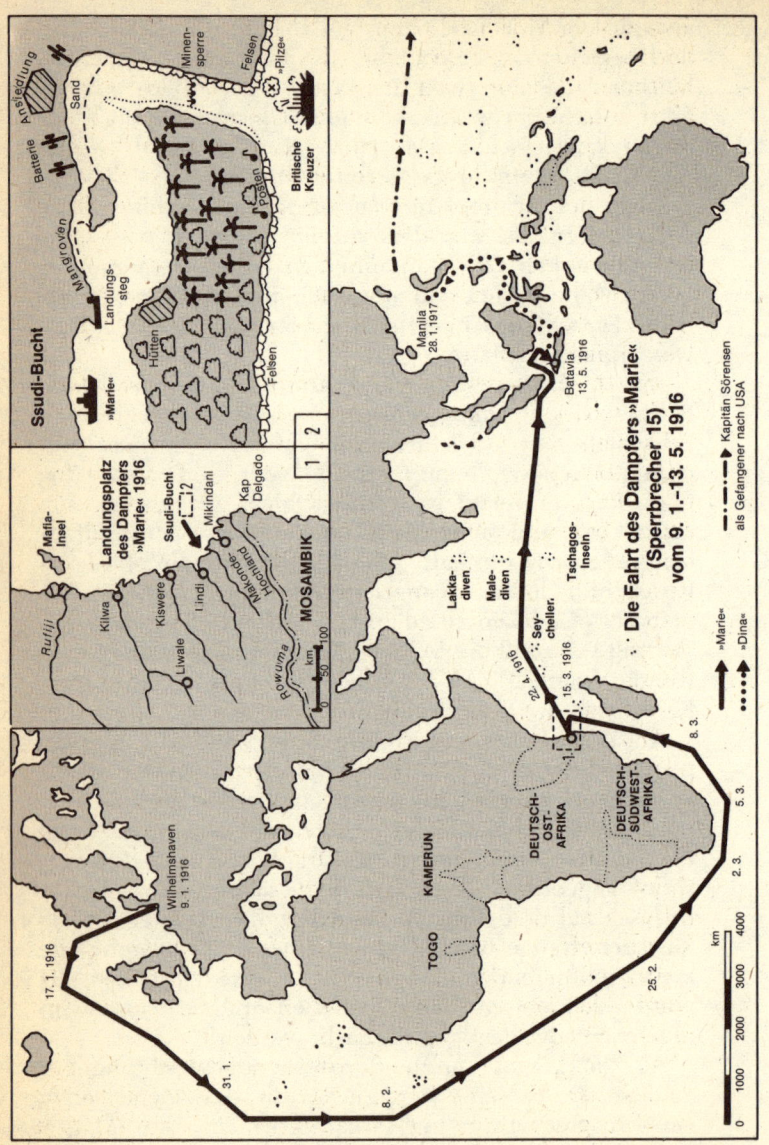

Ssudi-Bucht

Ansiedlung
Batterie
Sand
Mangroven
Landungssteg
Hütten
»Marie«
Felsen
Minensperre
Felsen
»Pilze«
Posten
Britische Kreuzer

1 2

Landungsplatz des Dampfers »Marie« 1916

Mafia-Insel
Rufiji
Kilwa
Kiswere
Liwale
Lindi
Ssudi-Bucht
»...«12
Mikindani
Kap Delgado
Rowuma
Hochebene
Hochland
MOSAMBIK

km
0 50 100

Wilhelmshaven
9. 1. 1916
17. 1. 1916
31. 1.
8. 2.
25. 2.
2. 3.
5. 3.
8. 3.

TOGO
KAMERUN
DEUTSCH-OST-AFRIKA
DEUTSCH-SÜDWEST-AFRIKA

km
0 1000 2000 3000 4000

Lakkadiven
Malediven
Seychellen
Tschagos-Inseln
22. 4. 1916
15. 3. 1916

Batavia
13. 5. 1916
Manila
28. 1. 1917

Die Fahrt des Dampfers »Marie« (Sperrbrecher 15) vom 9. 1.–13. 5. 1916

»Marie«
»Dina«
als Gefangener nach USA
Kapitän Sörensen

342

Teile der Decksladung wurden über Bord gespült, Geländerführungen durchschlagen, das Steuerbord-Nock der Kommandobrücke eingeschlagen, Ventilatoren gingen über Bord, die Steuerbord-Boote wurden aus den Zurr-Ringen gerissen und beschädigt. Am 22. Januar besserte sich das Wetter, das Schiff konnte seinen Kurs wieder aufnehmen und hatte während des restlichen Teils der Reise relativ gutes Wetter. Die Nordsee hatte sich in den schweren Stürmen wie reingefegt von Schiffen erwiesen, kein gegnerisches Kriegsschiff war zu sehen. So erreichte die »Marie« das offene Meer ohne weitere Schwierigkeiten. Der Kaiser-Geburtstag am 27. Januar 1916 fand den Dampfer mitten auf dem Dampfertreck von England nach Nordamerika.

Da nirgendwo eine Rauchfahne zu sehen war, ließ Kapitän Sörensen die Kriegsflagge setzen und die Besatzung in Uniform antreten. Nach dem »Kaiserhoch« gab er noch einmal bekannt, daß alle an Bord Soldaten seien und unter Kriegsrecht stünden und daß Deutsch-Ostafrika ihr Reiseziel sei. Ein dreifaches Hurra erscholl über den leeren Ozean, zehn Minuten später hatte sich das Schiff wieder in einen harmlosen Tramper verwandelt, mit vom Seeschlag etwas verminderter Holzladung und zivilen nordischen Seeleuten an Bord.

Am 29. Januar mußte das Schiff mit gestoppter Maschine beidrehen, um Reparaturen auszuführen. Am 1. Februar wurde in der Messe zur Kontrolle die Kommode beiseitegeschoben und einer der Geheimräume untersucht. Dabei wurde die unangenehme Entdeckung gemacht, daß während des Sturms Wasser eingedrungen war. Maschinengewehre und Karabiner hatten seit vierzehn Tagen im Wasser gelegen. Hauptmann v. Kaltenborn leitete die Reinigung und Instandsetzung. Auch das Gebirgsgeschütz wurde klargemacht. Wenn es hart auf hart ging, sollte es feuern bis zum letzten Schuß.

Am 15. Februar erfolgte die übliche Äquatortaufe. Am 25. Februar mußte Sörensen feststellen, daß ein Drittel der Besatzung schlappgemacht hatte und die je zwei Gramm loses Chinin, die täglich verabreicht wurden, einer ganzen

Wochenration entsprachen. Die Pferdekur wurde gestoppt, und die Kranken erholten sich prompt.

Am 4. März stand das Schiff nach einer sonst fast ereignislosen Reise in 70 Seemeilen Abstand südlich vom Kap der Guten Hoffnung und legte wieder Nordkurs an. Jetzt wurde natürlich die Gefahr größer, neutralen oder gegnerischen Schiffen zu begegnen. Die Besatzung befand sich stets in Alarmbereitschaft, bei Insichtkommen eines Schiffs mußte jeder an Bord sofort geweckt werden. Es war bekannt geworden, daß es ein beliebter Trick britischer Prisenkommandos war, beim Anbordkommen Schlafende mit deutschem Anruf zu wecken. Und jeder, der dann in deutsch antwortete, wurde mitgenommen. Am 11. März stand die »Marie« bei der kleinen Europa-Insel am Südende des Mosambik-Kanals. Bei Annäherung an die Ostafrika-Küste wuchs die Spannung an Bord. Die Besatzung konnte sich kaum vorstellen, daß an der angeblich eng blockierten Küste der Dampfer den britischen Blockade-Kräften entgehen könne.

Dennoch entschloß sich Sörensen, westlich von Madagaskar, mitten im gewöhnlichen Dampfertreck, durchzufahren. Das gelang, und nun galt es den schweren Entschluß zu fassen, welcher Hafen in Deutsch-Ostafrika anzulaufen war. Seit dem 8. März schon war die Funkantenne jede Nacht voll gehißt, der Funker in dauernder Bereitschaft, denn der Admiralstab hatte in seinem Operationsbefehl vermerkt, der Name des Anlaufhafens würde über Funk übermittelt werden. Aber das verabredete Signal blieb aus. Natürlich konnte Sörensen nicht bekannt sein, daß der Funkturm von Daressalam schon längst zerstört und damit die Möglichkeit für eine Weitergabe von Funkmeldungen aus der Heimat entfallen war. Eine Anfrage der »Marie« hätte nur den Gegner aufmerksam gemacht. Außerdem bestand der Verdacht, daß der zur Zeit der Abreise gebrauchte Geheimschlüssel den Briten längst in die Hände gefallen war. Aber viel Zeit durfte mit der Entscheidungsfindung nicht verlorengehen.

Gegen die nördlichen Häfen in Deutsch-Ostafrika sprach der Umstand, daß sie dem britischen Flottenstützpunkt Sansibar zu nahe lagen und nach letzten Nachrichten kaum noch in deutscher Hand sein konnten. Im Süden kamen nur Lindi und die Ssudi-Bucht in Frage. Das Segelhandbuch von Kapitän Schapp hielt die Bucht für größere Schiffe unbefahrbar. Aber bei Lindi sollte der Dampfer »President« im Creek versteckt liegen, wodurch ein Einlaufen in diesen Hafen ebenfalls sehr gefährlich sein mußte.

Vielleicht hätte sich Sörensen doch für Lindi entschieden. Das Schicksal aber wollte es, daß man keine Spezialkarte dieses Hafens an Bord gegeben hatte. Dieses zufällige Versehen der Ausrüster entschied nun den Zielpunkt und Erfolg des ganzen Unternehmens. (In Lindi lag damals nämlich der britische Kreuzer »Hyacinth«, er hätte »Marie« bei Annäherung an die Küste abgefangen.)

Von heftigen Regenböen begünstigt, konnte das Schiff alle blockierenden britischen Kriegsschiffe, die ständig die südliche Küste Deutsch-Ostafrikas absuchten, passieren und stand am 65. Seetag, am 15. März 1916, 100 Seemeilen vor der Ssudi-Bucht auf der Höhe der Insel Grande Comore. Die »Marie« drehte bei, um die Maschine noch einmal gründlich zu überholen. Aus dem Achterpiek wurden die Minen herausgeholt und am Heck klar zum Wurf aufgestellt, die Maschinengewehre und kleinen Geschütze an Deck klargemacht. Die Besatzung versah sich mit Handwaffen, Handgranaten wurden klargelegt und Zündschnüre an der Sprengladung des Schiffs angebracht.

Dann steuerte die »Marie« mit äußerster Kraft auf Ssudi zu. Bei Tagesanbruch am 16. März stand sie vor der Einfahrt. Der Ausguck vom Mast bestätigte, daß kein feindliches Fahrzeug in Sicht sei. Zur Aufklärung in dem gekrümmten und von See her nicht einzusehenden Ssudi-Fluß schickte Sörensen ein Motorboot in die Einfahrt voraus. Das Boot gab das Signal »Freie Fahrt«, und »Marie« folgte mit langsamer Fahrt in den Fluß, geriet im Fahrwasserwinkel von 90° an einer engen Stelle auf Grund, kam aber bei steigendem Wasser sehr schnell wieder flott. Das Motorboot lief lotsend voraus, »Marie« folgte, es ging alles klar, der Anker fiel, die Reise war erfolgreich beendet. Aber sofort wurden alle Boote ausgesetzt und mit den zerlegten Gebirgsgeschützen, den Minen und den auf See angefertigten Signalmasten, Rahen und Signalkörpern beladen. Es mußten ja schnellstens alle Vorkehrungen gegen einen britischen Angriff von See her getroffen werden. Außerdem war festzustellen, ob sich Lindi überhaupt noch in deutscher Hand befand.

Das eine Boot mit den Geschützen ging nach Ssudi-Dorf, wo die Geschütze sofort zusammengesetzt und aufgestellt wurden. Gleichzeitig wurde eine Signalstation in der Nähe dieser Batterie errichtet. Das Motorboot fuhr dann mit dem die Minen tragenden Boot nach dem Dorf Mgao, seewärts vom Liegeplatz der »Marie«. Hier wurden die Minen nach Anweisung von Kapitän Schapp in der Flußmündung mit einer Tiefenstellung von drei Meter unter Niedrigwasser ausgelegt. Querab der Minensperre wurde ein zweiter Signalmast und ein Maschinengewehr aufgestellt und eine Wache hinterlassen. Während dieser Arbeiten suchte Kapitän Sörensen nach einem geeigneten Löschplatz.

An Bord des Schiffs herrschte ein eigenartiges Gefühl: Palmen, Eingeborenenboote und einzelne Schwarze wurden sichtbar. Aber plötzlich waren alle lebenden Wesen vom Strand verschwunden. Wer war nun in Ssudi, die Deutschen oder schon der Gegner?

Ein von Land zurückkehrendes Boot meldete, daß die ganze Bevölkerung geflohen sei und sich versteckt habe. Aber ein junger Schwarzer konnte aufgegriffen werden. Als er wieder weglief, schrie jemand voller Ärger hinter ihm her: »Verfluchter Schweinehund!« Da blieb der Mann wie durch einen Zauberstab berührt stehen, kam zögernd zurück und fragte auf Kisuaheli: »Deutsche?« Die Antwort »Ja doch« schien er zu verstehen. Laut rufend lief er weiter, und dann wimmelte es an der ganzen Küste von schwarzen Menschen. Der Ortsvorsteher erschien und hielt eine Ansprache, in der nur die Worte »Kompanie« und »Lindi« zu verstehen waren. Das Rätsel löste sich allmählich. Die Bevölkerung hatte »Marie« für ein britisches Kriegsschiff gehalten und diese Meldung durch Boten nach Lindi gesandt. Sofort wurde eine Gegenmeldung nachgeschickt. Schon am nächsten Morgen erschien Kapitänleutnant Hinrichs — einst Navigationsoffizier der »Königsberg« — mit seiner ganzen Kompanie in Ssudi, um die Löschung und den Abtransport der wertvollen Ladung zu sichern.

Dank größter Leistung jedes einzelnen Mannes war mit Teilen der Holzladung schnell eine Holzbrücke vom Schiff zum Land gebaut worden. Aus dem weiten Umland eilten schwarze Träger und eine zweite Askari-Kompanie unter Leutnant Sprockhoff herbei. Tag und Nacht ratterten die Winschen, Kiste auf Kiste kam aus dem Laderaum und wurde sofort an Land geschafft. Bereits am 27. März war die gesamte Ladung in Sicherheit. Fast unendlich dehnten sich die Trägerreihen, die alle Lasten in das Landesinnere schafften. Haben wir das wirklich alles mitgebracht? fragten sich die Männer der »Marie« mit ungläubigem Stolz.

Um das nun leere Schiff, das auf Anweisung des Gouverneurs seine Rückfahrt wagen sollte, besser gegen Entdeckung der öfter vor der Flußmündung kreuzenden britischen Schiffe zu sichern, verholte »Marie« stromaufwärts an eine flache Stelle, wo sie bei Niedrigwasser auf ebenem Sandboden auf Grund liegen konnte.

Die Besatzung der »Marie« war beeindruckt von der freudigen und zuversichtlichen Stimmung in Deutsch-Ostafrika. Große Freude herrschte dort über die mitgebrachten Zeitungen, die Exemplare gingen von Hand zu Hand. — Auch die nächsten Tage vergingen mit angestrengter Arbeit zur gründlichen Überholung von Kessel und Maschinen, Aufräumungs- und Reinigungsarbeiten sowie zur Beschaffung von Brennholz, da der Kohlenbestand des Schiffs für eine lange Rückreise natürlich nicht ausgereicht hätte. Alle an Bord entbehrlichen Leute halfen beim Reinigen und Zusammensetzen der neuen Feld- und Gebirgskanonen und der Lafetten für die »Königsberg«-Geschütze. Drei Mann der Besatzung hatten vor Antritt der Reise einen Ausbildungskurs beim Hersteller der Lafetten mitgemacht und sollten in Afrika bleiben. Zwei weitere Besatzungsmitglieder schlossen sich ihnen an. Sie blieben bei den Geschützen. Die Lafetten gestatteten zwar eine Erhöhung der Rohre um 34 Grad, die Räder waren aber von der Herstellerfirma mit abnehmbaren Raupenbremsrädern versehen, die sich später nicht bewährten, da sie das ohnehin schon große Gewicht erheblich vermehrten und auch beim Marsch durch den Busch nicht wirksam waren. Die provisorisch von der Eisenbahnwerkstatt in Daressalam hergestellten Lafetten erwiesen sich für die »Königsberg«-Geschütze als weit brauchbarer.

3. Die Heimreise von Kapitän Sörensen

Die Vorbereitungen zum Auslaufen der »Marie« waren fast beendet. Am 11. April 1916 erschienen jedoch ein britischer Kreuzer und zwei kleinere Fahrzeuge, bewaffnete Fischdampfer, vor Ssudi. Die Art, wie die Fischdampfer die deutsche Minensperre umgingen und wie sie sich verhielten, so daß die kleine deutsche Batterie an Land sie nicht unter Feuer nehmen konnte, schien darauf hinzuweisen, daß die Briten über ausgezeichnete Spione verfügen mußten.

Auf nur wenige Meter Entfernung beschossen die beiden Hilfsschiffe die wehrlose »Marie«. Außerdem leiteten sie das Salvenfeuer des weiter auf See stehenden Kreuzers. Während der Beschießung befand sich Sörensen auf der Landungsbrücke, bereit, einen feindlichen Landungsversuch zu bekämpfen. An Bord löschte die Besatzung unter anderem den durch einen 14-cm-Treffer im Querbunker bei Luke 3 verursachten Brand. Wie durch ein Wunder wurde niemand verletzt. Als ein weiteres Ausharren an Bord nutzlos erschien, wurde die Besatzung von Bord befohlen.

Nach dreistündiger Beschießung glaubten die britischen Kriegsschiffe, den deutschen Dampfer gründlich zerstört zu haben, und zogen sich zurück. Sörensen, Schapp und drei Mann der Besatzung kehrten sofort an Bord ihres Schiffs zurück. Ihr erster Eindruck war trostlos: Das Schiff schien völlig zum Wrack geschossen zu sein. Etwa einhundertachtzig Treffer von 4,7-cm-Granaten, darunter 25 unter der Wasserlinie, und ferner sechs Treffer von 14-cm-Geschossen, hatten das Schiff besonders achtern arg zugerichtet. Der Proviantraum in der Poop, Offizierskammern und Mannschaftsräume, waren fast restlos zerstört und ausgebrannt, Schornstein, Ventilatoren und Masten durchlöchert, Ladebäume, Stagen und Hängerketten beschädigt oder weggeschossen. Das Achterschiff erwies sich als wüstes Gewirr von Eisentrümmern und zersplittertem Holz.

Dann aber stellte sich heraus, daß alle wesentlichen Teile des Schiffs, Kessel, Maschinen und Welle, nicht gelitten hatten und der Schiffsboden unbeschädigt geblieben war, obwohl Granatsplitter das Tankdeck durchschlagen hatten.

Kapitän Sörensen gewann die Überzeugung, daß sich sein Schiff mit Bordmitteln wieder seetüchtig machen ließ. Sofort ging man an die Arbeit; Lecks wurden durch Holzpropfen gedichtet, nicht mehr Brauchbares über Bord geworfen, der Brandschaden weitgehend behoben, die Takelage wieder in Ordnung gebracht.

Eine Heimreise nach Deutschland kam nun allerdings nicht mehr in Frage. Auf Ansuchen des Gouverneurs erklärte sich Sörensen bereit, mit wichtigen für Deutschland bestimmten Papieren nach Batavia zu gehen. Dort sollte er eine Ladung Lebensmittel und Medikamente sowie Gebrauchsgegenstände ankaufen und nach Deutsch-Ostafrika zurückbringen.

Durch die Abkommandierung von fünf Mann war die Besatzung auf 24 Mann zusammengeschrumpft, von denen zehn fieberkrank an Land lagen. Dennoch gelang es der Restmannschaft, die Arbeiten so zu beschleunigen, daß die »Marie« am 22. April 1916 wieder fahrbereit war. Pünktlich um 19.00 Uhr ging sie ankerauf und dampfte mit langsamer Fahrt stromabwärts. Nach einigen kleinen Zwischenfällen steuerte das Schiff mit Ostkurs in den Indischen Ozean und stand am nächsten Morgen bereits 60 Seemeilen von der Küste entfernt in relativer Sicherheit.

Zwischen dem 25. April und 9. Mai erkrankten weitere

neun Mann der Besatzung, zwei starben und erhielten ihr Seemannsgrab im Indischen Ozean.

Am 13. Mai steuerte die »Marie« in die Sunda-Straße. Am 14. Mai lief sie nach Tandjungperiuk und ankerte außerhalb des Hafens. Am 18. Mai wurde das Schiff in den Hafen verlegt und strengen Untersuchungen ausgesetzt. Alle Besatzungsmitglieder wurden verhört, Gerichtsverhandlungen fanden statt. Bald wurde klar, daß »Marie« für weitere Fahrten nicht mehr freigegeben werden würde.

Die Ausrüstung eines anderen Schiffs mit Ladung für Deutsch-Ostafrika erwies sich in Batavia als unmöglich. Sörensen entschloß sich, nach Manila zu reisen, um dort zu versuchen, eine Versorgungsfahrt nach Deutsch-Ostafrika in die Wege zu leiten. Durch Vermittlung eines Chinesen kaufte er sich ein 20 Fuß langes Küstenboot und verließ mit einer kleinen Besatzung von drei Mann am 30. August abends den Hafen von Alt-Batavia. Nach Übernahme des Proviants der »Marie« vor Tandjungperiuk versegelte Sörensen mit dem Boot, das auf den Namen »Dina« getauft wurde, in Richtung Philippinen.

In den nächsten Wochen segelte »Dina« an der Küste Javas entlang, drehte in der Höhe von Surabaja in die Straße von Makasar und stand am 28. Oktober vor Paleleh (Celebes), wo es vor Anker ging. Dort war die Reise auch des ›Hilfskreuzers‹ »Dina« beendet, eine holländische Regierungsbarkasse schleppte das Boot in den Hafen. Die kleine Besatzung gelangte nach abenteuerlichen Reisen am 28. Januar dennoch nach Manila, wo Sörensen vom deutschen Konsul erfuhr, daß er alle Briefe aus Batavia wegen der Ausrüstung eines Dampfers für Ostafrika erhalten und in doppelter Ausführung verneinend beantwortet habe. Andererseits hörte er aber auch, daß die Gesandtschaft in Washington ein Telegramm des Reichskanzlers erhalten habe, wonach die von Batavia abgesandten Postsachen und Berichte des Gouverneurs von Ostafrika in Deutschland angekommen seien.

Bei dem Versuch, Manila auf einem amerikanischen Truppentransporter zu verlassen, wurde Kapitän Sörensen verhaftet — mit der Begründung, es geschähe gemäß eines aus Washington eingegangenen Befehls und wegen der Befürchtung des Kriegsausbruches zwischen Deutschland und den USA. Über viele Stationen ging nun sein Weg, bis Sörensen am 8. März in Fort Douglas, in Utah, in einem Gefangenenlager landete. Im Frühjahr 1919 bemühte er sich um seine Freilassung, und Mitte Juni kam er über Charleston nach Hoek van Holland und meldete sich schließlich am 14. Juli 1919 beim Admiralstab aus Afrika zurück.

Aber bei der Marine hatte sich, wie im ganzen Land, vieles verändert. Die Abteilung, die Sörensen beauftragt hatte, bestand längst nicht mehr. Ein unbekannter Sachbearbeiter mußte erst in den Akten nachsehen: »Ach ja, Sperrbrecher 15, Ostafrika. Ja, schade, daß alles vergeblich war. Lettow-Vorbeck hat sich bis zuletzt gehalten, wenn auch nicht in der Kolonie selbst. Prachtvoller Soldat, der Lettow. Ja, Sie haben wohl auch dazu beigetragen, daß es in Deutsch-Ostafrika so lange gegangen ist. Der Kaiser hat Ihnen das Eiserne Kreuz Erster Klasse und den Rang eines Leutnants zur See für dauernd belassen. Ja, da haben Sie ein Zimmer und eine Schreibdame. Fassen Sie Ihren Bericht ab. Richten Sie sich ein, wie Sie wollen. Wer weiß, wie lange man uns hier überhaupt noch duldet.«

Das war die Heimkunft des Kapitän Sörensen nach drei Jahren.

4. Der Verlust der Häfen und der Küste

Seit März 1916 rollte die Offensive der Briten langsam aber unaufhaltsam vom Kilimandscharo-Gebiet nach Süden. Lettows Taktik bestand, wie schon beschrieben, darin, möglichst nirgendwo kampflos zurückzugehen, aber auf jeden Fall den Zusammenstoß mit überlegenen Kräften zu vermeiden. Alle seine Abteilungen entzogen sich fast immer den Umklammerungsversuchen der Briten und schickten ihrerseits Kampfpatrouillen in den Rücken des Gegners, um dessen Nachschub zu stören und seine Etappe zu beunruhigen.

Der Nachschub war der schwache Punkt von General Smuts, denn alle seine noch so überlegenen Kräfte kamen nur langsam an die Front. Sie mußten in Mombasa gelandet, auf der Ugandabahn ins Kilimandscharo-Gebiet geschafft und von dort über schlechte Nachschubstraßen zur deutschen Usambara-Bahn überführt werden. Auf dieser Nordbahn, die von der deutschen Schutztruppe Kilometer für Kilometer vor dem Rückzug zerstört wurde, konnten Menschen und Material der Briten erst nach schwierigen Reparatur-Arbeiten nach Südosten rollen.

Was geschah inzwischen in Tanga, dem Hafenplatz am Endpunkt der Nordbahn? Das britische Blockade-Geschwader beschränkte sich auf mehr oder weniger regelmäßige Beschießungen, nachdem alle deutschen Seefahrzeuge durch Handstreiche von See her zerstört worden waren.

Je weiter die Smutssche Offensive nach Süden vorstieß, desto mehr geriet die deutsche Besatzung von Tanga in die Gefahr, abgeschnitten zu werden. Das deutsche Kommando zog deshalb mehr und mehr Kräfte von dort ab und verlegte alle Vorräte und schweren Waffen nach Süden zur Mittellandbahn. Am 17. Juni 1916 erreichte indische Infanterie das zu Kriegsbeginn heftig umkämpfte Jassini. Seit dem 24. Juni wurde die Beschießung Tangas von See her heftiger, am 5. Juli landeten die Briten gegenüber der Kwale-Insel ein Bataillon unter Oberstleutnant Price.

Noch zwei Tage konnten die deutschen Kräfte Widerstand leisten, dann zogen sie sich nach Süden zurück und entgingen so der Umklammerung. Am 7. Juli 1916 vormittags marschierte Price von der Landseite in Tanga ein, während gleichzeitig das Geschwader in den Hafen einfuhr.

Mehr als eineinhalb Jahre nach der Blamage des mißglückten Landungsversuchs war Tanga in britischen Händen. Hierdurch wurde die Nachschubsituation von General Smuts wesentlich verbessert, aber nicht mehr rechtzeitig, um die gewaltigen Entbehrungen und Leiden zu vermindern, die der weitere Vormarsch den britischen Soldaten in den folgenden Monaten abverlangte.

Noch nach dem Krieg wurde darüber diskutiert, warum die Offensive von 1916 so ausschließlich auf den Hafen Mombasa und die Ugandabahn gestützt blieb und kein Vorstoß auf Tanga versucht wurde. In amtlichen britischen Darstellungen kommt man zu dem Ergebnis, daß auf jeden Fall die Wiederholung der Niederlage von 1914 vermieden werden sollte. Damals war die Grundlage des deutschen Sieges allerdings gewesen, daß Lettow über die Usambarabahn und Mittellandbahn äußerst rasch seine Kräfte auf Tanga konzentrieren konnte, während dies seit Beginn der Offensive im Norden und Westen nicht mehr möglich gewesen ist und Tanga schließlich nur noch von Landsturmabteilungen und den Soldaten des Rekrutendepots verteidigt wurde. So stark war die psychologische Nachwirkung des Sieges von Tanga 1914 geblieben!

Auch der Hafenplatz Pangani mußte geräumt werden, um einer Umklammerung zu entgehen. Er wurde am 23. Juli 1916 von See her besetzt. Das gleiche geschah am 1. August mit Sadani, wo allerdings die deutschen Kräfte unter Hauptmann Freiherr von Ledebur noch bis 4. August die britische Besatzung dieses Hafens in Schach hielten.

Je näher der britische Vorstoß der Mittellandbahn kam, um so heftiger mußte der deutsche Widerstand werden. Bagamojo, nur wenig mehr als fünf Kilometer nördlich von Daressalam gelegen, konnte und mußte deshalb stärker verteidigt werden. Bei Bagamojo standen unter Hauptmann von Bock 160 Gewehre zur Verfügung, 32 Europäer und 128 Askaris, allerdings wenig kampfstarke Truppenteile, die aus Rekrutenkompanien und Polizeiabteilungen gebildet waren. Ihnen standen ein 10,5-cm-Geschütz von der »Königsberg«, eine 3,7-cm-Revolverkanone und nur ein Maschinengewehr zur Verfügung. Seit dem 10. August 1916 hatten die Briten bereits vom Fesselballon-Schiff »Manica« aus und mit Hilfe zweier Flieger des Flugzeugmutterschiffs »Himalaya« die deutschen Stellungen ziemlich genau erkundet. Diese bessere Aufklärung scheint den britischen Erfolg garantiert zu haben, der diesmal vom Blockadegeschwader ohne Hilfe von Land her errungen wurde. Am 15. August landeten um

6.00 Uhr morgens unter heftigem Feuer vom Schlachtschiff »Vengeance« und dem Kreuzer »Challenger« sowie
der Monitore »Severn« und »Mersey« mehrere Schleppzüge 250 Mann Marine-Infanterie unter Hauptmann Thomas und über 60 Mann Zanzibar African Rifles unmittelbar am Strand vor der Stadt und damit zwischen der Stellung des 10,5-cm-Geschützes und den Hauptkräften, die
in Erwartung einer Landung nördlich der Stadt konzentriert waren. So konnte nach Abgabe von nur zwölf
Schuß das »Königsberg«-Geschütz von den Engländern
fast widerstandslos weggenommen werden, und ihr ge-
fährlichster Gegner war damit ausgeschaltet. Die deutschen Führer Hauptmann von Bock und Hauptmann von
Bodecker, die sich zur Aufklärung in der Stadt befanden,
fielen bei den ersten Gefechtsberührungen zwischen 6.00
und 7.00 Uhr, so daß die deutsche Seite kein einheitliches
Kommando mehr hatte. Bereits um 11.00 Uhr stellten die
britischen Schiffsgeschütze das Feuer ein, und die Stadt
wurde besetzt. Leutnant Holz sammelte die geschlagenen
deutschen Verteidiger drei Kilometer südlich der Stadt.
Die deutschen Verluste betrugen 6 Tote (einschließlich der
beiden Hauptleute), 24 Verwundete und 10 Gefangene.
(Unter den Gefangenen befand sich der 17jährige Schütze
Mayer, der in Sansibar seinen Wunden erlag.)

Die Verluste der britischen Seite betrugen vier Tote,
darunter Hauptmann Thomas, und sieben Verwundete.

Das nächste Ziel der Briten an der Küste war Daressalam. In Bagamojo wurden bald über 2000 Mann mit
20 Maschinengewehren unter Oberst Price zusammengezogen und traten am 31. August den Vormarsch auf Daressalam an.

Bei der Räumung von Daressalam unterliefen dem
deutschen Ostbefehlshaber, Fregattenkapitän Looff, dem
Kommandanten der »Königsberg«, mehrere taktische
Fehler, die ihm später zum Vorwurf gemacht wurden. Seit
dem 24. August wurden alle Hafenanlagen und Einrichtungen der Mittellandbahn zerstört. Am 26. August rückten die beiden »Königsberg«-Geschütze ab, die bis dahin
das Blockade-Geschwader auf Abstand gehalten hatten.

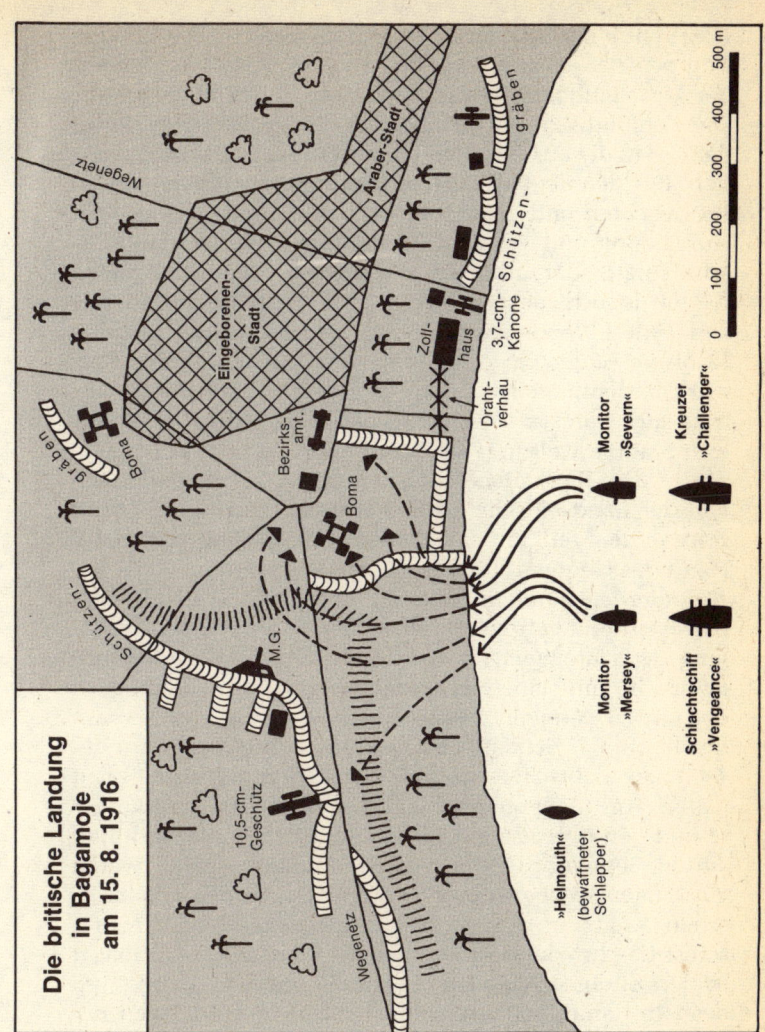

Die britische Landung in Bagamoje am 15. 8. 1916

Wegenetz

Eingeborenen-Stadt

Araber-Stadt

Schützen-gräben

Zoll-haus

3,7-cm-Kanone

Draht-verhau

Bezirks-amt.

Boma

graben

Boma

M.G.

Schützen-

10,5-cm-Geschütz

Wegenetz

»Helmouth« (bewaffneter Schlepper)

Monitor »Mersey«

Schlachtschiff »Vengeance«

Monitor »Severn«

Kreuzer »Challenger«

0   100   200   300   400   500 m

355

Looff hatte sie zum Rufiji in Marsch gesetzt. Die übrigen Truppen ließ er auf verschiedenen Wegen nach Westen, der Mittellandbahn entlang und nach Süden marschieren. Die Zersplitterung der Kräfte bei diesem Rückzug führte dazu, daß die aus Norden heranrückenden 40. Pathans einen Teil der deutschen Truppen an der Mittellandbahn überraschten und zersprengten, wobei große Mengen an Ausrüstung und Vorräten in ihre Hände fielen. Looff beschleunigte daraufhin den Rückzug, die 40. Pathans folgten jedoch nicht, sondern marschierten auf Daressalam. Am 1. September 1916 verließ Looff Daressalam in Richtung Süden. In der Nacht vom 3. zum 4. September zog Oberleutnant Treuge mit den letzten Landsturmmännern aus Daressalam ab. Als am 4. September morgens die Stadtverwaltung die Aufforderung zur Übergabe durch das Blockadegeschwader annahm, rückten auch von der Landseite die 40. Pathans auf Befehl von Oberst Price in die Stadt ein. Die deutsche Hauptstadt war in der Hand des Gegners.

Smuts legte nun in seinem Vormarsch zu Lande eine Pause ein und betrieb mit aller Energie die Wiederherstellung der Hafenanlagen von Daressalam und der Mittellandbahn, um seine Nachschubbasis so bald wie möglich dorthin zu verlegen. Während dieser Pause wurden von See her am 7. September Kilwa und Kilwa-Kissiwani besetzt, die deutscherseits nur von Küstenposten bewacht waren. Am 13. September landeten die Briten in Mikindani und von dort aus am 15. in Ssudi, am 16. in Lindi und am 18. September 1916 in Kiswere-Hafen. Damit waren alle Hafenplätze verloren. Allerdings blieben die britischen Kräfte im Süden längere Zeit auf die Hafenorte selbst beschränkt, da nunmehr die deutsche Hauptmacht in den Südosten des Landes zurückgedrängt wurde und deshalb immer stärkere Einheiten einem Vordringen der Briten ins Landesinnere entgegenstanden. Der britische Nachschub wurde jetzt allerdings über Daressalam geleitet. Die Besetzung der südlicheren Häfen diente zunächst ausschließlich der Absperrung der Küste gegen mögliche weitere Blockadebrecher.

5. Weitere Hilfsschiffe für Deutsch-Ostafrika?

Nach dem Erfolg der »Marie«-Fahrt hatte sich das Ansuchen zur Aussendung eines weiteren (dritten) Hilfsschiffs auf den in einem Bericht des Gouverneurs enthaltenen Vorschlag von Kapitän Looff gegründet, dem Hilfsschiff nach Deutsch-Ostafrika ein U-Boot zur Aufrollung der britischen Blockade mitzugeben. War es dem deutschen U-Boot »U 21« nicht bei den Dardanellen geglückt, den Gegner vor der Küste empfindlich zu treffen? Als Operationsbasis wurde eine der Inselgruppen nördlich von Madagaskar, etwa die Aldabra-Inselgruppe, vorgeschlagen.

Am 21. April 1916 richtete der Staatssekretär des Reichskolonialamts ein weiteres Hilfe-Ersuchen an den Admiralstab:

»Nach meiner Kenntnis der Lage in Deutsch-Ostafrika kann wenigstens ein Teil des Schutzgebietes gegen den feindlichen Ansturm gehalten werden. Wie aus Nachrichten aus dem Schutzgebiet hervorgeht, war Anfang Januar d.J. auch die Truppe selbst der Überzeugung, daß sie sich noch mindestens bis Mitte Juli d.J. werde halten können. Inzwischen hat sich die Möglichkeit des Durchhaltens für die Truppe nicht verschlechtert, sondern infolge der nun schon seit einigen Monaten andauernden Kampfpause eher verbessert, so daß mit der Möglichkeit eines Durchhaltens bis in den Herbst gerechnet werden kann, wenn es gelingt, die Zuversicht der Truppe zu verstärken. Um den Geist des Ausharrens aufrechtzuerhalten und neu zu beleben, wird es aber erforderlich sein, baldigst eine Hilfsaktion von der Heimat aus zu unternehmen. Leider ist es während der Sommermonate wohl ausgeschlossen, ein Hilfsschiff in der Weise der beiden früheren vortrefflich geglückten Unternehmungen, für die ich nicht verfehlen möchte, Euer Exzellenz erneut den Dank der Kolonialverwaltung auszusprechen, zu entsenden. Vielmehr wird ein derartiges Unternehmen verschoben werden müssen, bis längere und dunklere Nächte einer späteren Jahreszeit die Ausfahrt ermöglichen. Wohl aber scheint es mir möglich und für die Erhaltung eines Teils der Kolonie von höchster Bedeutung, in allernächster Zeit ein Unterseeboot großen Typs und mit großem Aktionsradius nach der Küste Deutsch-Ostafrikas zu entsenden. Die Aufgabe dieses Bootes würde sein (1.) durch Versenkung von Blockadeschiffen Furcht und Unruhe in die Blockadeflotte zu tragen; (2.) durch Vernichtung von Transport- und Handelsschiffen die Ergänzung der Zufuhr des englischen Expeditionskorps zu stören; (3.) durch Nachrichtenübermittlung an die deutsche Truppe deren Zuversicht und Ausdauer zu heben; (4.) die für den Herbst in Aussicht zu nehmende unmittelbare materielle Hilfssendung anzukündigen und vorzubereiten.

Im Herbst dieses Jahres würde alsdann ein Hilfsschiff oder deren mehrere, begleitet von einem Unterseeboot, die notwendige tatkräftige Unterstützung bringen können. Euer Exzellenz wäre ich für Prüfung und Verwirklichung des Plans außerordentlich dankbar. Ich verkenne nicht, daß, rein militärisch betrachtet, ein Unterseeboot in der gleichen Zeit in der Nordsee und dem Atlantischen Ozean wertvollere Arbeit leisten könnte als an der ostafrikanischen Küste, — politisch aber ist es, namentlich für den Friedensschluß von schwerwiegender Bedeutung, wenn das Reich wenigstens einen Teil seines Kolonialbesitzes fest in seiner Gewalt erhalten haben wird.

Auch der Herr Staatssekretär des Auswärtigen Amtes legt den größten Wert darauf, daß alles getan wird, um die Erhaltung des Restes unseres Kolonialbesitzes mit allen Mitteln zu sichern.«

Der Vorschlag zur Entsendung von sogar zwei weiteren Hilfsschiffen wurde vom Kaiser genehmigt, die Vorarbeiten zusammen mit dem Reichskolonialamt begonnen. Aber die im Verlauf des Sommers 1916 aus Deutsch-Ostafrika nach Deutschland dringenden Nachrichten, insbesondere über die schnelle britische Besetzung der Küste, hemmten die Entscheidungen. Schon waren größere Mengen Vorräte, Waffen und Munition, in tropenmäßiger Verpackung in Auftrag gegeben. So hatte z. B. das Artilleriedepot in Wilhelmshaven den Auftrag erhalten, bis 1. Oktober 1916 für jedes Schiff 3000 Schuß 10,5-cm-Munition für die geborgenen »Königsberg«-Geschütze freizuhalten.

Ab September 1916 lagen für die Blockadebrecherfahrt nach Deutsch-Ostafrika zwei Schiffe fahrbereit und ausgerüstet an der Werft von Blohm & Voss in Hamburg. 4000 Kubikmeter Holz als Tarnladung zum Bedecken der eigentlichen Hilfsschiffsladungen lagerten in Wilhelmshaven.

Dann aber wurde Ende September 1916 die vollständige

Besetzung der Küste Deutsch-Ostafrikas durch die Briten bekannt. Der Admiralstab fragte daher beim Reichskolonialamt, ob die zwei Schiffe noch bereitgehalten werden sollten. Das Reichskolonialamt bat, das Unternehmen zunächst noch nicht als aussichtslos aufzugeben, teilte aber am 28. November 1916 dem Admiralstab mit, das Unternehmen könne in absehbarer Zeit nicht durchgeführt werden. Die Schiffe seien daher dem Reichsmarineamt zur weiteren Verwendung wieder freizugeben. Ihr Umbauzustand solle aber möglichst bestehen bleiben für den Fall, daß sich doch noch eine Möglichkeit zur Durchführung ergäbe. Das Unternehmen »Drittes und viertes Hilfsschiff für Deutsch-Ostafrika« wurde dann Ende Dezember 1916 vom Reichskolonialamt und Admiralstab der Marine endgültig aufgegeben.

Tatsächlich gab es in Marine- wie Kolonialkreisen so manchen Sachverständigen, der eine erfolgreiche Durchführung solcher Unternehmungen optimistisch beurteilte. Hatte nicht »U 53« 1916 seine Amerikafahrt ohne größere Schwierigkeiten ausgeführt? Sollten nicht U-Kreuzer mit noch größeren Reichweiten in Dienst gestellt werden? Die Entscheidung des Admiralstabs aber war vor allem durch den immer dringenderen Bedarf an U-Booten für den europäischen Kriegsschauplatz beeinflußt. Ob das Unternehmen erfolgversprechend war, spielte daher eine untergeordnete Rolle. Der Chef des Admiralstabs der Marine, Admiral von Holtzendorff, teilte am 29. April 1917 dem Reichskolonialamt mit:

»Leider ist es aus technischen Gründen und angesichts der Tatsache, daß die Küste unserer Kolonie sich in Händen des Feindes befindet, weder jetzt mit Unterseebooten allein, noch im Herbst mit Dampfern, die mit Unterseebooten zusammenarbeiten, möglich, dies Ziel zu erreichen. Da auch keine anderen Mittel der Seekriegsführung zur Verfügung stehen, sehe ich mich zu meinem tiefen Bedauern außerstande, der Kolonie die erbetene Hilfe zu bringen.«

Auch der Chef des Generalstabs des Feldheeres, General Ludendorff, äußerte sich aus dem Großen Hauptquartier in diesem Sinne: Bei voller Würdigung des Wertes einer

Unternehmung an der ostafrikanischen Küste müsse er doch die Ansicht vertreten, daß Unterseeboote für diesen Zweck ihrer für den Krieg entscheidenden Tätigkeit auf See nicht entzogen werden dürften.

Zur Entsendung weiterer Hilfsschiffe für Deutsch-Ostafrika mit oder ohne U-Boote kam es daher nicht.

Für das Schwinden der Möglichkeit zur Durchführung solcher Versorgungsunternehmen glaubte die Marine später (von Looffschen Gedankengängen beeinflußt), unter anderem auch die Strategie v. Lettows verantwortlich machen zu müssen, denn die Kriegführung innerhalb der Kolonie immer mehr von der Küste fort ins Innere des Landes zu ziehen, sei dem geplanten Unternehmen nicht günstig gewesen, da dadurch ein Zusammenwirken mit den Hilfskräften aus der Heimat schwer durchführbar gewesen sei. Durch geschickte Benutzung der Funkentelegraphie oder durch Sonderboten wäre aber eine Beeinflussung der strategischen Maßnahmen zur Zusammenarbeit mit einem Unterseeboot oder mit Hilfsschiffen bis zum Juli des Jahres 1917 noch durchaus möglich gewesen. Bis zu diesem Zeitpunkt stand der Südbefehlshaber (Looff) noch ständig in Verbindung mit der Küste und hätte somit auch die Möglichkeit gehabt, mit deutschen Seestreitkräften in Verbindung zu treten und ein Zusammenarbeiten einzuleiten. Erst der Rückzug aller deutschen Truppen ins Innere nahm auch im Süden der Kolonie einer Hilfsschiffsunternehmung vom August 1917 ab jegliche Erfolgsmöglichkeit, soweit es sich auf eine direkte Unterstützung der Truppen der Kolonie bezog.

Ein solcher Vorwurf, wenn bei dieser Formulierung überhaupt anderes als Rechtfertigung gemeint gewesen sein sollte, wäre allerdings mehr als ungerecht gewesen: Denn gerade die Aufgabe der unverteidigten Küstenplätze war ja insbesondere zu Anfang des Krieges die energisch betriebene Strategie des Gouverneurs Schnee gewesen, den später in höchst ungewöhnlicher Weise Kapitän Looff gegen den Kommandeur der Schutztruppe unterstützte.

Dazu v. Lettow selbst:

»Die Art meiner Kriegführung ist mehrfach scharf kritisiert worden. Besonders der Älteste Seeoffizier der ostafrikanischen Station, Kapitän zur See Looff, hat sie für grundsätzlich falsch erklärt und sich dafür ausgesprochen, daß die Truppe sich geschlossen bei Mahenge verschanzen und hier bis zum Ende hätte kämpfen sollen. Ich glaube, daß man den Engländern keinen größeren Gefallen hätte tun können, als sich hier von ihrer Übermacht einschließen zu lassen; bald wäre die Verpflegung zu Ende, die Möglichkeit, Kriegsmaterial zu erbeuten, worauf wir doch angewiesen waren, wäre nicht vorhanden gewesen, ein Durchhalten bis zum Ende des Krieges hätte keine Aussicht gehabt.«

Und weiter schreibt er: »Wenn anfänglich das Bedauern ausgesprochen wurde, daß in Ostafrika der Kampf gegen einen äußeren Feind im Frieden so gar nicht vorbereitet war, so bedauere ich das gleiche auch für den Kampf zur See. Wohl war der Kreuzerkrieg im Indischen Ozean beschlossen, aber für dessen gegebene Basis, die ostafrikanische Küste, war nichts geschehen. Kein Hafen war geschützt, nicht eine einzige Batterie vorhanden. Der Kreuzer ›Königsberg‹ mußte sich, noch ehe England den Krieg erklärt hatte, aus dem Hafen von Daressalam durch die englischen Blockadeschiffe, die bereits davor lagen, hindurchpirschen und ist schließlich, in der Rufiji-Mündung vor Anker liegend, unter Fliegerbeobachtung zusammengeschossen worden. Seine Kanonen, die nun an Land verwandt wurden, bewiesen, daß einige Küstenbatterien einen wirksamen Schutz von Häfen und Küstenstädten gegen Seestreitkräfte auszuüben in der Lage gewesen wären.«

Immerhin war die Marine der Auffassung, daß im eingetretenen Fall des Verlustes der Küste »die Aufgabe der Störung der Blockade und des Nachschubs für die feindlichen Truppen immer noch ein lohnendes seestrategisches Ziel blieb, das indirekt den Verteidigern von Deutsch-Ostafrika zugute gekommen wäre.«

Die Lage in Deutsch-Ostafrika wurde in der Heimat vom Reichskolonialamt (Kommando der Schutztruppen), dem Admiralstab der Marine und dem Reichsmarineamt laufend verfolgt. Das Reichskolonialamt versorgte die Marinebehörden ständig mit über die Kolonie eingehenden Nachrichten, die aber nach Lage der Dinge fast ausschließlich aus Gegnerquellen stammten. Immerhin konnten sich die mit den Verhältnissen in der Kolonie vertrauten Schutztruppen- und Seeoffiziere auch aus Gegnermeldungen ein relativ zutreffendes Bild vom Verlauf des Feldzugs in der Kolonie machen, um übersehen zu können, ob und wie Hilfe zu bringen war, aus deren späterem Ausbleiben in Deutsch-Ostafrika selbst das Gefühl erwachsen war, die Heimat habe sich nicht genug um ihre einsam kämpfende Kolonie gekümmert, ein Vorwurf, gegen den sich die Marine immer wieder wehren zu müssen glaubte.

Der Wunsch, Deutsch-Ostafrika in irgendeiner Weise Hilfe zu bringen, ließ viele amtliche und private, mögliche und unmögliche Projekte entstehen, die bei zuständigen und nicht zuständigen Stellen fast dauernd vorgetragen wurden. Daher sollte später ein ungewöhnlicher Vorschlag eines alten Afrikaners, des früheren Stabsarztes in der Schutztruppe für Deutsch-Ostafrika, Professor Dr. Zupitza, auf gut vorbereiteten Boden fallen.

6. Die geheime »China«-Sache: Marineluftschiff L 59

Im Frühsommer 1917 wandte sich der Stabsarzt Dr. Zupitza, der zu dieser Zeit an der Ostfront in Rußland Dienst tat, aber mit seinen Gedanken als »alter Afrikaner« ständig bei der Schutztruppe in Ostafrika weilte, an das Reichskolonialamt mit dem verwegenen Vorschlag, einen Zeppelin mit Sanitäts- und Kriegsmaterial nach Ostafrika zu schicken.

Da inzwischen alle anderen Hilfsversuche ausgeschlossen werden mußten und die theoretische Möglichkeit einer derartigen Fernunternehmung durch ein Luftschiff technisch durchaus bestand, wurde der Vorschlag näher geprüft. Die Entwicklung der Luftschiffe und ihr Einsatz zu Kriegszwecken hatte zu dieser Zeit einen Stand erreicht, der zur Durchführung des Vorschlags ermutigte.

Eine starke Verzögerung trat allerdings dadurch ein, daß das zunächst für das Unternehmen ausersehene Luft-

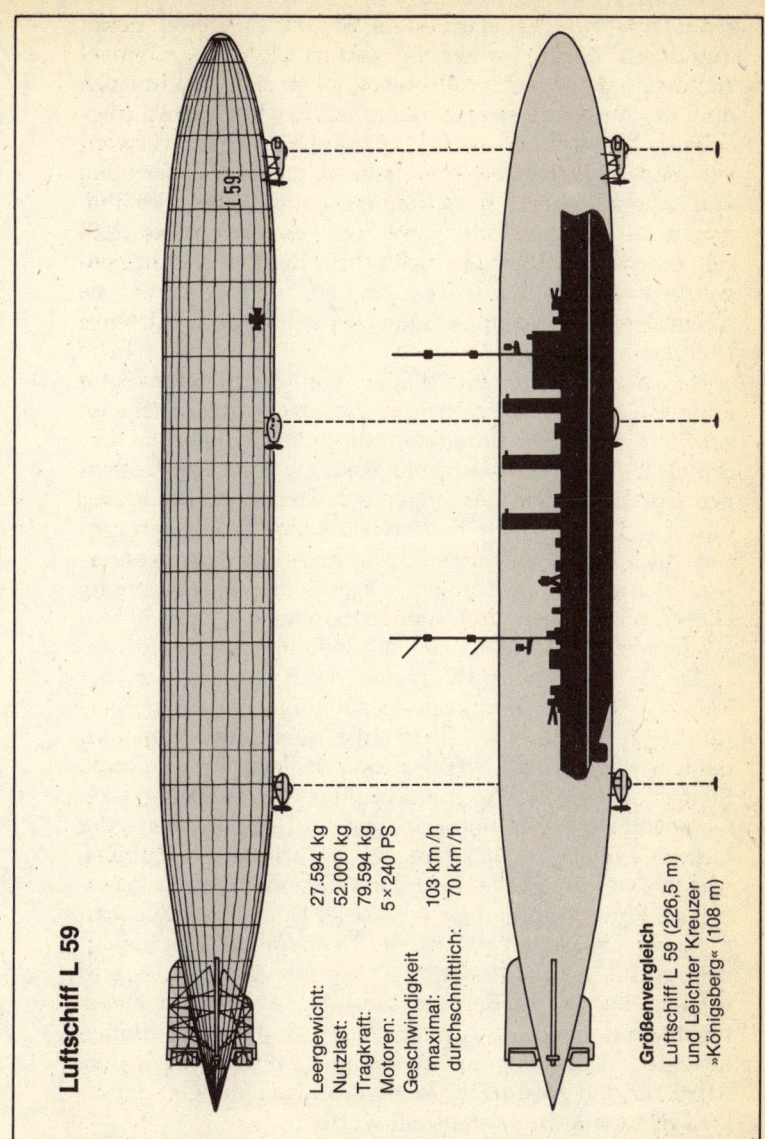

Luftschiff L 59

L 59

Leergewicht:	27.594 kg
Nutzlast:	52.000 kg
Tragkraft:	79.594 kg
Motoren:	5 × 240 PS
Geschwindigkeit	
maximal:	103 km/h
durchschnittlich:	70 km/h

Größenvergleich
Luftschiff L 59 (226,5 m)
und Leichter Kreuzer
»Königsberg« (108 m)

schiff L 57 bei Probefahrten in schlechtes Wetter geriet und durch Sturmböen zerstört wurde. Die geringe Widerstandsfähigkeit gegen Sturmwetter ist auch heute noch der entscheidende Grund dafür, daß das billige und tragkräftige Luftverkehrsmittel Zeppelin nicht mehr verwendet wird. Während die Brandgefahr, die zur Katastrophe von Lakehurst geführt hat, heute gebannt werden könnte, macht ihre geringe Fahr- und Steiggeschwindigkeit, daß sie, anders als Flugzeuge, Schlechtwetterzonen nicht ausweichen können. Es dauerte bis Oktober 1917, bevor als Nachfolger des verunglückten Zeppelins das Luftschiff L 59 fertig wurde.

Das Schiff hatte eine Länge von 226,5 Metern und konnte eine Nutzlast von etwa 52 Tonnen mit einer Geschwindigkeit von durchschnittlich 70 Kilometer in der Stunde bewegen. Zu der »Nutzlast«, wie sie hier berechnet wurde, zählen allerdings auch Treibstoff, Besatzung und Ausrüstung sowie Ballastwasser, so daß für den Einsatz nach Ostafrika nur eine wirkliche Zuladung von etwas weniger als 15 Tonnen vorgesehen werden konnte. Diese sollte neben drei Tonnen Sanitätsmaterial 30 Maschinengewehre und 400 000 Patronen umfassen.

Am 3. November 1917 wurde das Luftschiff von der Werft in Staaken (Berlin) nach Jamboli in Bulgarien überführt, wo bereits eine Luftschiffbasis bestand. Kommandant des Unternehmens war Kapitänleutnant Bockholt, Steuermann der Delag-Luftschifführer Feldwebelleutnant Grussendorf. Der Initiator des ganzen Unternehmens, der inzwischen zum Oberstabsarzt avancierte Dr. Zupitza, war mit von der Partie. Insgesamt befanden sich 22 Personen an Bord. Während sie von dieser Fahrt unversehrt zurückkehrten, fanden alle, bis auf Dr. Zupitza und zwei andere, am 7. April 1918 beim Absturz des Luftschiffs L 59 in der Otranto-Straße den Tod. Der Absturz in einem Flammenmeer wurde von fern durch deutsche Schiffe beobachtet, blieb aber ein Mysterium, da auch nach dem Krieg für den Absturztag keine Erfolgsmeldungen der alliierten Streitkräfte festgestellt wurden.

Im November 1917 erfolgten von Jamboli mehrere Auf-

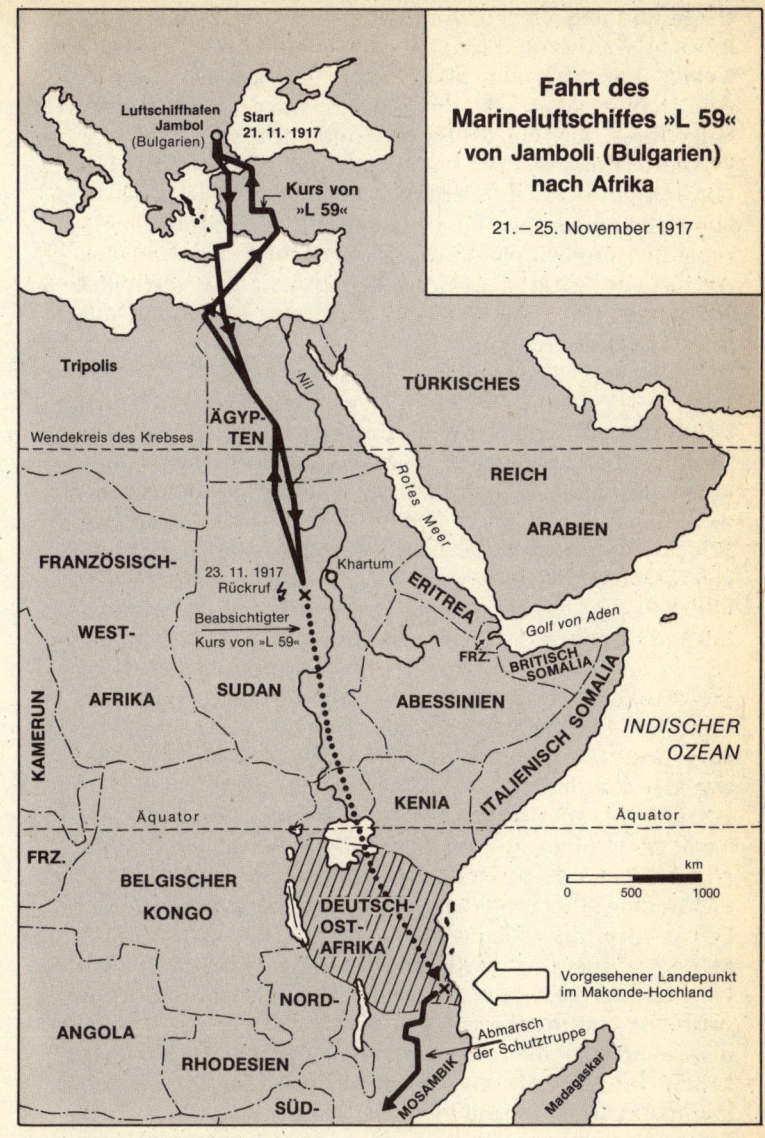

Luftschiffhafen
Jambol
(Bulgarien)

Start
21. 11. 1917

Kurs von
»L 59«

**Fahrt des
Marineluftschiffes »L 59«
von Jamboli (Bulgarien)
nach Afrika**

21.–25. November 1917

Tripolis

TÜRKISCHES

Nil

ÄGYP-
TEN

Wendekreis des Krebses

REICH

Rotes Meer

ARABIEN

FRANZÖSISCH-

23. 11. 1917
Rückruf

Khartum

ERITREA

Golf von Aden

WEST-

Beabsichtigter
Kurs von »L 59«

FRZ.

BRITISCH
SOMALIA

AFRIKA

SUDAN

ABESSINIEN

INDISCHER
OZEAN

KAMERUN

KENIA

ITALIENISCH SOMALIA

Äquator

Äquator

FRZ.

BELGISCHER

km

0   500   1000

KONGO

DEUTSCH-
OST-
AFRIKA

ANGOLA

NORD-

Vorgesehener Landepunkt
im Makonde-Hochland

RHODESIEN

Abmarsch
der Schutztruppe

MOSAMBIK

SÜD-

Madagaskar

stiege, die teils wegen technischer Schwierigkeiten abgebrochen werden mußten, teils weil man über türkischem Gebiet irrtümlich von Bodentruppen beschossen wurde. Am 21. November 1917 um 7.24 Uhr trat L 59 dann seine lange Reise über das Mittelmeer und nach Afrika an.

Alle technischen Schwierigkeiten konnten diesmal mit Bordmitteln behoben werden, zum Leidwesen der Besatzung auch eine am 21. November 1917 eingetretene Störung des Funkempfangs durch Vereisung der Antenne. Als das Funkgerät nämlich wieder auf Empfang geschaltet werden konnte, war die erste chiffrierte Mitteilung aus der Heimat der Rückrufbefehl.

Was war geschehen? Bei der Leitung des Unternehmens in Berlin war bekannt geworden, daß unter dem Druck der britischen Streitkräfte Lettow-Vorbeck das vorgesehene Landungsgebiet im Makonde-Hochland räumen mußte. Er hatte vom 15. bis 18. Oktober bei der Baumwollpflanzung Mahiwa seine letzte und siegreiche Schlacht auf dem Boden von Deutsch-Ostafrika geschlagen. Ohne den Gegnern, die um 2000 Mann verloren hatten, Zeit zu lassen, wesentliche Verstärkungen heranzuholen, wich er nach Südwesten zurück und überschritt am 25. November den Rowuma bei Ngomano mit dem Gros der verbliebenen Schutztruppe. Zug um Zug waren auch seine übrigen Truppenteile aus dem Makonde-Hochland abgerückt. Die Hilfe aus der Luft kam zu spät. Es wurde von der Leitung des Unternehmens in Deutschland als aussichtslos angesehen, Lettow von einem relativ unbeweglichen Luftschiff aus im Busch von Portugiesisch-Ostafrika aufzuspüren. Das damit verbundene Risiko konnte nicht eingegangen werden, denn das Luftschiff hätte bei Erfolg oder Mißerfolg seiner Mission nicht mehr zurückkehren können. Es hätte möglicherweise mitten in dem vom Gegner besetzten Gebiet landen müssen, und seine wertvolle Ladung wäre gegen die deutsche Schutztruppe ins Gewicht gefallen. Obwohl die Besatzung alle Möglichkeiten durchdiskutierte — unter anderem wollte Steuermann Grussendorf mit dem Fallschirm abspringen, um gegebenenfalls vom Boden aus zu signalisieren, ob und wo das Luftschiff landen könne — mußte man sich schließlich enttäuscht dem militärischen Befehl aus der Heimat beugen. Die Hilfsaktion war um wenige Wochen zu spät gekommen, Wochen, die durch den Absturz von L 57 verloren worden waren.

Am 24. November 1917 landete L 59 nach einer Fahrt von insgesamt 6757 Kilometern in 95 Stunden wieder in Jamboli in Bulgarien. Es hatte noch eine Brennstoff-Reserve für über zwei Tage an Bord. Die zurückgelegte Strecke war weit länger als die Fahrt bis zum vorgesehenen Landeplatz und selbst bis nach Mosambik. Kritiker des Rückrufentscheids weisen darauf hin, daß infolgedessen mehr als zwei Tage zur Verfügung gestanden hätten, Lettow im Busch aufzuspüren. Für den Rückrufbefehl sprach allerdings das völlige Fehlen von Funkkontakten.

7. Der Geist der »Königsberg«

Als am 11. Juli 1915 der Kreuzer »Königsberg« in der Rufiji-Mündung von den britischen Monitoren »Severn« und »Mersey« in Brand geschossen worden war und von seiner eigenen Besatzung verlassen, gesprengt und dadurch auf Grund gesetzt wurde, beging die britische Seite einen schwerwiegenden Fehler: Die kommandierenden Marineoffiziere konnten sich nicht vorstellen, welche Bedeutung die Schiffsgeschütze der »Königsberg« für den Buschkrieg in Ostafrika haben würden. Man begnügte sich damit, die endgültige Fahruntüchtigkeit des Schiffs festzustellen und zog sich aus dem ungesunden Delta zurück, ohne die »Königsberg« wirklich in Besitz zu nehmen oder gar abzuschleppen oder wenigstens zu zerstören.

Die gesamte intakt gebliebene Armierung der »Königsberg« wurde daraufhin mit primitiven Mitteln von Korvettenkapitän Schönfeld, dem Befehlshaber der Abteilung Delta, an Land gebracht.

Die britische Seite konnte ihren Fehler nicht wiedergutmachen, und noch lange nach dem Krieg berichteten britische Veteranen von Navy und Army, wie sie immer wieder in den Jahren 1915 bis 1917 den »sehr lebendigen Geschützen des toten Kreuzers« begegneten (E. Keble Chatterton). Ein Vergleich der Feuerkraft bei Beginn der Smuts-Offensive 1916 mag die Bedeutung der »Königsberg«-Geschütze klarmachen: Lettow-Vorbeck verfügte über etwa 3000 weiße und 12 000 schwarze Soldaten, die alliierten Belgier, Briten und Portugiesen über rund 30 000 weiße und 40 000 farbige (indische und afrikanische) Soldaten.

Für seine Offensive standen Smuts nur etwa ebensoviel Maschinengewehre zur Verfügung, wie Lettow besaß: zwischen 90 und 100. Die gute Ausrüstung mit Maschinengewehren war sicherlich einer der Gründe der Abwehrerfolge der Schutztruppe. Bei der Artillerie jedoch sah das Verhältnis anders aus. Die Schutztruppe verfügte nur über mittlere Artillerie (um die zwanzig 3,7-cm-Kanonen, davon die Hälfte Revolverkanonen, nur zwölf Kanonen mit einem Kaliber zwischen 4,0 und 6,5 cm). In Daressalam stand die berühmte 15,0-cm-Salutkanone. Hinzu kamen einige C 73-Kanonen, von denen mehrere zur Fliegerabwehr umgebaut wurden. Die schwere Artillerie Lettows kam ausschließlich von der »Königsberg«: zwei 8,8-cm-Geschütze und zehn 10,5-cm-Geschütze und vom Hilfsschiff »Marie« vier 10,5-cm-Haubitzen. Smuts verfügte für seine Offensive über 46 Kanonen mit einem Kaliber zwischen 7,5 und 8,0 cm, über drei 10,16-cm- (= 4 Zoll), sechs 12,7-cm- und vier 14,0-cm-Kanonen, also 14 Rohre schwere Artillerie, von denen allerdings viele wegen Transportschwierigkeiten nur spärlich zum Einsatz kamen. Mit anderen Worten, bei der schweren Artillerie stieg durch die »Königsberg«-Geschütze das Kräfteverhältnis zahlenmäßig von 0 : 46 auf immerhin etwa 1 : 4 und war in der Praxis noch besser.

Mit großer Energie und primitiven Mitteln wurden die zwölf schweren Rohre der Geschütze des Kreuzers 1915 zunächst vom Rufiji-Delta nach Norden bis Daressalam geschleppt, wo sie in der Eisenbahnwerkstatt Lafetten und Räder erhielten. Erfindungsreich machten die Eisenbahner in Tag- und Nachtarbeit ein Geschütz nach dem

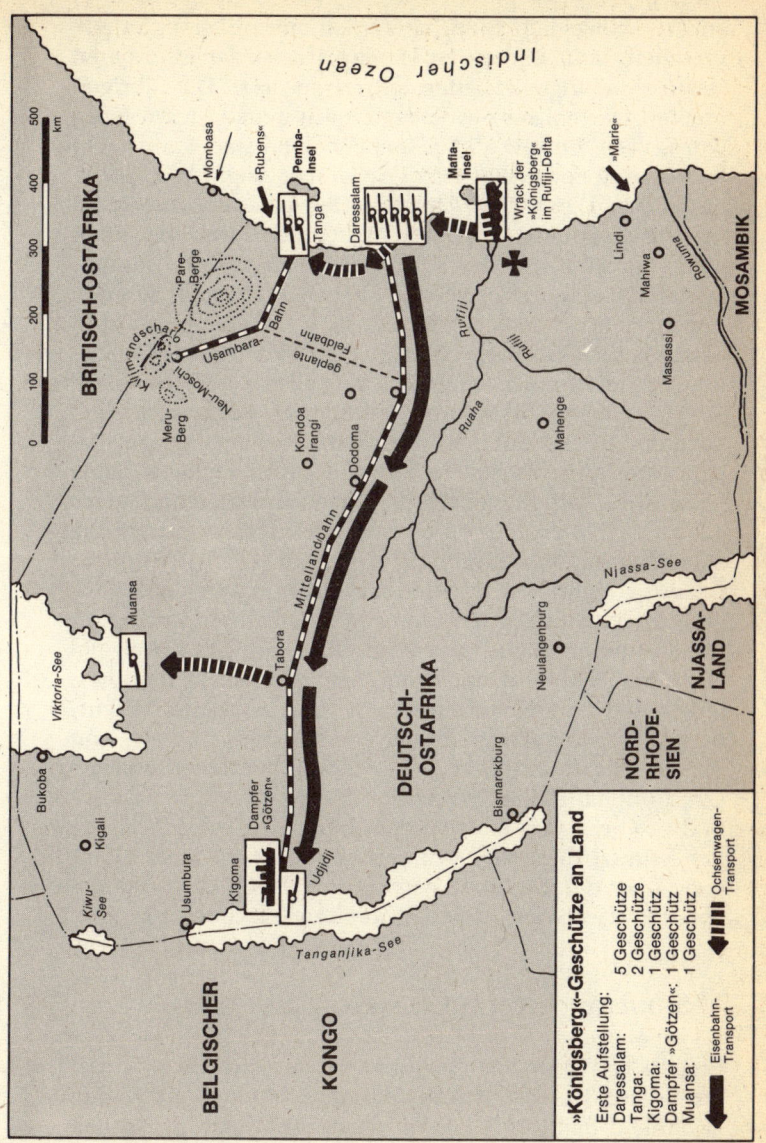

Indischer Ozean

BRITISCH-OSTAFRIKA

Mombasa
»Rubens«
Pemba-Insel
Tanga
Daressalam
Mafia-Insel
Wrack der »Königsberg« im Rufiji-Delta
»Marie«
Lindi
Mahiwa
Massassi
MOSAMBIK

Pare-Berge
Usambara-Bahn
Kilimandscharo
Neu-Moschi
Meru-Berg
geplante Feldbahn
Rufiji
Ruaha
Ruaha
Rufiji
Rowuma
Mahenge

Kondoa Irangi
Dodoma
Mittellandbahn

Njassa-See

Muansa
Viktoria-See
Tabora
Neulangenburg
NJASSA-LAND

Bukoba
Kigali
Kiwu-See
Usumbura
Dampfer »Götzen«
Kigoma
Udjidji
DEUTSCH-OSTAFRIKA
Bismarckburg
NORD-RHODE-SIEN

Tanganjika-See

BELGISCHER
KONGO

»Königsberg«-Geschütze an Land

Erste Aufstellung:
Daressalam: 5 Geschütze
Tanga: 2 Geschütze
Kigoma: 1 Geschütz
Dampfer »Götzen«: 1 Geschütz
Muansa: 1 Geschütz

◀ Eisenbahn-Transport
◀▮▮▮▮ Ochsenwagen-Transport

369

anderen beweglich. Manche wurden, nur mit einer Lafette versehen, zum Einbau an Hafenplätzen oder in anderen festen Stellungen wieder abtransportiert. Die übrigen mußten warten, bis ein Radsatz nach dem anderen fertig wurde. Der Einsatz der Eisenbahn-Werkstatt kann nicht hoch genug gewürdigt werden, denn es zeigte sich später, daß die in Daressalam angefertigten Lafetten und Räder für den Transport im Busch wesentlich besser geeignet waren, als die mit den Hilfsschiffen nach Ostafrika gesandten Lafetten, die in der Heimat hergestellt worden waren.

Sowie die einzelnen Geschütze die Werkstatt verließen, gingen sie zum Ort ihrer Erstaufstellung ab: zwei nach Tanga, eines nach Muansa, eines nach Kigoma an den Tanganjika-See und eines an den gleichen Ort zur Bewaffnung des Dampfers »Graf Götzen«. Bis Kigoma konnte die Mittellandbahn benutzt werden, jedoch nach Tanga und Muansa ging es per Ochsengespann über die staubigen Sandstraßen.

Später dann, nach Beginn der britischen Offensive, ging es öfter und öfter quer durch den Busch und meist im Mannschaftszug. Jedes einzelne Geschütz war ein wichtiger Faktor in dem kämpfenden Rückzug Lettows, jedes einzelne Geschütz spielte seine Rolle bei der Verhinderung von Umklammerungsversuchen des Gegners und bei der Niederkämpfung frontaler Angriffe. Jedes einzelne Geschütz hatte sein Schicksal.

Drei von ihnen marschierten bis zum Herbst 1917 mit der Schutztruppe und wurden erst kurz vor dem Übergang über den Rowuma nach Portugiesisch-Ostafrika gesprengt, nachdem die letzte Munition verschossen war.

8. Schiffsgeschütze auf dem Weg durch den Busch

Eine dicke Staubwolke lag über tiefen Sandwegen an der Straße von Daressalam, Kismagao nach Kilwa und Lindi. Dröhnend hallte hundertstimmiger Askarigesang. In den weiß-gelben Staubschwaden stampften Hunderte von schweißtriefenden und schmutzbedeckten schwarzen Gestalten, die Muskeln angespannt, mit den sehnigen Beinen im Gleichtakt langsam durch den sandigen Boden. Zehn Mann in einer Reihe nebeneinander, vornüber gebeugt, an einem langen Querholz ziehend. Reihe auf Reihe, im Abstand von zwei Schritten, alle schräg, fast liegend vor Anstrengung. In der Mitte waren die Querhölzer mit einer armdicken Stahltrosse verbunden. Ein-, zwei-, dreihundert, kaum mehr sichtbar im dicken Staub.

Dann eine Lücke, ausgefüllt von straffgespannten Stahltauen, danach eine mächtige Deichsel, gelenkt von zwei Europäern und zehn Schwarzen, eine Protze und daran ein in dieser Umgebung gewaltig wirkendes Geschütz. Tief drückten sich die fast mannshohen massigen Eisenräder des klirrenden, ratternden Ungetüms in den weichen Sand, zermalmten Äste und Baumstümpfe.

Ohne Unterbrechung, von Tagesanbruch bis in die Nacht hinein, knirschten die Räder, stampften die Beine. Der Gegner drängte nach. Hinter der Kolonne wurde alles zerstört, die wenigen Brücken abgebrochen.

Während des Tages wurde es unerträglich heiß, kaum ein Lufthauch fächelte Kühlung, matter wurde der Gesang, Rufe nach Wasser klangen auf. Der Kommandeur war ein wenig vorausgeeilt. Eine kurze, sumpfige Niederung unterbrach die Sandstrecke und — endlich einige Wasserlöcher. »Das Ganze halt«. Das Stampfen, der Gesang verstummte, die Staubwolken verzogen sich, die Träger dampften in der Sonne. Kette um Kette wurde zum Wasserloch geführt, Gespräche kamen auf, Lachen. Dann verschwanden die Männer im Grün, legten sich reihenweise auf den Bauch, schlürften das bräunliche, klebrige Wasser oder reichten gefüllte Kokosnußschalen herum, füllten ihre Trinkgefäße.

Inzwischen fällte eine Arbeitskolonne Bäume, schnitt Laubwerk, schlug Äste ab. Die sumpfige Niederung mußte für das Geschütz passierbar gemacht werden. Stamm an Stamm wurde über Kreuz in den Sumpf gelegt, Zweige und Gras darauf verteilt, Erde und Sand darüber geschüttet.

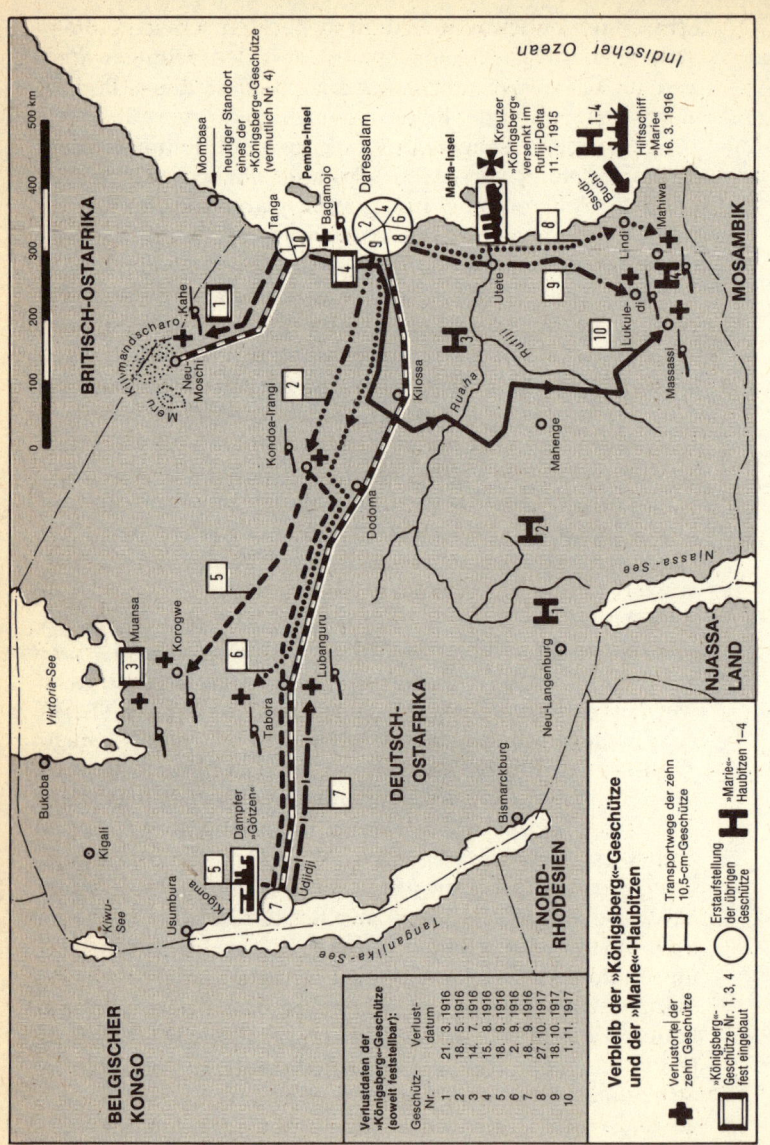

Verbleib der »Königsberg«-Geschütze und der »Marie«-Haubitzen

Transportwege der zehn 10,5-cm-Geschütze

✚ Erstaufstellung der übrigen Geschütze

🔟 Königsberg-Geschütz Nr. 1, 3, 4 fest eingebaut

H »Marie«-Haubitzen 1–4

✚ Verlustorte der zehn Geschütze

Verlustdaten der »Königsberg«-Geschütze (soweit feststellbar):

Geschütz-Nr.	Verlust-datum
1	21. 3. 1916
2	18. 5. 1916
3	14. 7. 1916
4	15. 8. 1916
5	18. 9. 1916
6	2. 9. 1916
7	18. 9. 1916
8	27. 10. 1917
9	18. 10. 1917
10	1. 11. 1917

Nach kurzer Ruhepause kam ein lang hinhallender Befehl, die Menschenmasse zog an, zwei-, dreimal, vergebens, dann ein Ruck, die wuchtigen Räder bewegten sich wieder knirschend vorwärts.

Die ersten Trägerreihen schritten bereits über die Baumstammbrücke und erklommen die jenseitige Böschung. Dazu mußten sie rennen, denn das Geschütz mußte im Schwung durch die Senke gebracht werden, sonst versanken die Stämme im Sumpf. Polternd rasselte es den Abhang hinunter, die Protze torkelte auf der Brücke, die schwerfällige Lafette schwankte. Rufen, Schreien, ein Rad rutschte, zwei Stämme verschoben sich, nach vorn überliegend versank das Geschütz bis zur Achse, es steckte fest.

Mit Hacken und Schaufeln arbeiteten die Männer, hockten dann tiefatmend mit angezogenen Beinen, um Kräfte für die erneute Anstrengung zu sammeln. Ein kurzer Gang war freigegraben. Links und rechts türmten sich Lehm und Schlamm. »Auf!« Wieder zogen die schweißglänzenden Leiber an, das Zuggeschirr ächzte, Muskeln und Adern der Träger waren zum Platzen gespannt. Aber das Geschütz rührte sich nicht. Nochmals und nochmals, das gleiche Ergebnis. Alle Reserven und Arbeitskolonnen waren vorgespannt, die Männer legten sich in die Speichen. Umsonst. Boten wurden nach hinten gesandt. Die Zugmannschaften des zweiten Geschützes mußten herangeholt werden. Sie kamen im Trab, die dicken Zugseile am Boden schleifend, weitere vierhundert Mann. Auch sie wurden vorgespannt. Die Reihen waren so lang, daß ein Kommandoruf sie nicht mehr lenken konnte. Fast achthundert Mann standen da und warteten. Die weißen Artilleristen wurden verteilt, um anzuspornen und die Befehle weiterzugeben. »Achtung!« Die Massen beugten sich nach vorn, den rechten Fuß vorgesetzt, eisern umklammerten die Finger die Zughölzer. »Hol an!« Fast waagrecht lagen die Körper. Dann ein heller Ton, wie wenn ein plötzlicher Windstoß weithin das Steppengras niederdrückte, so lagen die Menschenmassen auf den Boden gemäht, wie ein Knäuel durcheinander: Das Zugtau war gerissen. Mit Mühe entwirrte sich das Durcheinander, Verletzte wurden verbunden, der Schaden repariert.

Von neuem mußte es versucht werden, denn das hintere Geschütz wartete, und die Briten drängten nach. Wieder und wieder zogen die Achthundert, aber dann hob sich das Geschütz plötzlich, rollte krachend über berstende Stämme, und im Galopp wurde es aus der Senke herausgeholt. Der Vorspann wurde wieder abgekuppelt, trabte zu seinem eigenen Gespann zurück. Und weiter ging es, Stunden um Stunden.

Am Nachmittag tauchten hohe Kokospalmen, verfilzte Grasdächer, gelbbraune Lehmwände auf: das verlassene Dorf Kismagao. Seine Bewohner waren vor dem Krieg geflohen.

Die Sonne neigte sich zum Untergang. Der Arbeitsgesang war lange schon verstummt. Nur noch automatisch stampften die Beine, kaum ein lauter Ruf ertönte, schwerfällig, wie ein vorweltliches Urwaldtier, rumpelte das Geschütz durch den hohen Palmenwald. Eine weitere Lichtung bot die letzten Sonnenstrahlen. Ein Lagerplatz für die Nacht!

Das lange Zuggeschirr wurde niedergelegt, Posten zogen auf, müde hinkend suchten sich die Träger Brennholz und Äste, holten Wasser. Lagerfeuer blitzten auf, von brodelnden Kesseln und Kochtöpfen stieg Dampf auf. Die Träger waren so müde, daß sie sofort eingeschlafen waren. Nur mit Mühe konnten sie zum Essen geweckt werden. Danach sanken sie sofort um, einer an den anderen gepreßt, zum Schutz gegen die Kühle der Nacht. Der menschliche Tausendfüßler fiel in den Schlaf der Erschöpfung. Längst war das gedämpfte Gemurmel des Lagers verstummt. Die Feuer brannten herunter. Posten umkreisten das Lager.

Zwischen hohem Gebüsch streckte die dunkle Masse des verstaubten Geschützes das Rohr in den Himmel. Ein flackerndes Feuer warf seinen roten Schein darauf, dunkel glitten die Schatten wiegender Äste darüber.

Zwei Geschütze der »Königsberg« waren auf dem Weg nach dem Süden.

374

Viele Gefechte hatten die Geschütze durchzustehen, viele Kilometer durch den Busch und über Sandstraßen, Furten und primitive Brücken hatten die Bedienungen und Zugmannschaften zu bewältigen. Ein Geschütz nach dem anderen mußte gesprengt werden, wenn ein Weitertransport nicht mehr möglich war, wenn die letzte Munition verschossen war.

Das letzte der Geschütze wurde nach der viertägigen Schlacht von Mahiwa gesprengt.

Mahiwa, Baumwollstation am Lukuledi-Fluß, nördlich vom Makondeplateau. Am 18. Oktober 1917 kam von Westen her ein Donnern, von der am Uferlauf des Lukuledi liegenden Mission Ndanda. Sie war auf einer Anhöhe hinter dem Naungosumpf angelegt, dort sah man die eingefallenen rötlichen Mauerreste eines Steinhauses.

Zwischen den Bäumen, das heiße Rohr emporgestreckt und mit darüber gebundenem Laub getarnt, stand das letzte der zehn Geschütze des Kreuzers »Königsberg«, es verschoß seine letzte Munition am letzten Tag der Schlacht von Mahiwa.

Die Sonne neigte sich stark nach Westen, als vorn in der Linie das Telefon des Batterieführers schrillte: »Gesamter Munitionsvorrat noch neun Schuß«, meldete die Geschützbedienung. Noch einmal barsten Granaten des Geschützes in die Gegnerstellung, dann war es still im Miombowald.

Auf seinem Maultier ritt der Batterieführer zurück, um das Geschütz zu sprengen. Der Weg nach hinten war angefüllt mit Trägern, die Schwerverwundete in Hängematten zurückbrachten. Eine Askarikompanie rückte vorbei, überanstrengte Gesichter, zerfetzte Khakiuniformen, sie ging in Ruhestellung. Verdorrt hing das zur Tarnung angesteckte Laub an Tarbusch und Tropenhelmen der Weißen.

Links erstreckten sich die schwarzen Abhänge des Makondeplateaus, nach Norden die blauen Mueraberge. In der Nordwestecke, fast im wogenden Dunst verschwimmend, lagen die bizarren langgestreckten Höhenzüge von Ruponda. Dort stand bereits der Gegner. Klein war das

Gebiet geworden, in dem sich die deutsche Schutztruppe noch aufhielt. Zwei starke Tagesmärsche, und es war durchmessen. Rundherum hatte der Gegner einen eisernen Ring gelegt.

Auf einer kleinen Lichtung dehnte sich der Naungosumpf. Eine niedrige Anhöhe: Hier meldete ein Deckoffizier der »Königsberg« sein »Klar zum Sprengen«.

Zwischen dichten Büschen unter dem Laubdach des Miombowaldes stand das Geschütz, verbogen die Speichen, manche Nieten abgesprengt, und nun sollte es vernichtet werden. Nach dem langen Marsch von Daressalam zum Rufiji, vom Rufiji zum Rovuma, vom Rovuma zum Lukuledi durch Urwälder und Sümpfe, über Steppen und Hochländer, sollte es jetzt vernichtet werden. Das Rohr war mit Dynamit gefüllt, eine fast fünfzig Meter lange Abzugsschnur hing am Verschluß. Die Leute traten in den Busch zurück. Der Batterieführer ließ es sich nicht nehmen, selbst zu sprengen. Er trat hinter einen dicken Baum, die Leine in der Hand.

Ein kurzer Ruck, ein donnernder gewaltiger Schlag, Eisenteile flogen in dichtem Rauch herum, die Schnur wurde ihm aus der Hand gerissen. Ein langer Sprung klaffte das ganze Rohr entlang, der Verschluß war in Fetzen herausgeschleudert, das Bodenstück trichterförmig ausgeweitet.

Emsig wurden die Geschützreste abmontiert, im Buschland vergraben. Keine Spur sollte der Gegner vorfinden: Hunderte von Trägern schleppten das gespaltene Rohr in den dunklen Urwald. Es war fast wie ein Begräbnis.

9. Rückzug nach Südosten

Anfang 1916 hatte man im Kilimandscharo-Gebiet das Eintreffen starker britischer Verstärkungen, besonders aus Südafrika, bemerkt. Rege Aufklärungstätigkeit und verschiedene kleinere Angriffe zeigten, daß General Smuts die deutschen Stellungen, aber auch die Kampfkraft seiner eigenen Truppen testen wollte. Am Oldoboroberg (britischerseits spricht man von Salaita) kam es zu einem ersten für die Südafrikaner äußerst verlustreichen Gefecht. Die jungen Kriegsfreiwilligen aus Südafrika waren trotz ihres Kampfgeistes den Deutschen und ihren Askaris, die mittlerweile mehr als ein Jahr Krieg geführt hatten, nicht gewachsen.

Am 8. März 1916 begann dann trotzdem die große Offensive. Smuts stieß gleichzeitig westlich und östlich des Kilimandscharo-Massivs vor. Von Taveta aus erreichte General van Deventer das Gebiet der beiden benachbarten Berge Reata und Latema, wo ihm Lettow ein zweitägiges verlustreiches Gefecht lieferte. Obwohl die britische Seite den kürzeren zog, konnte Lettow wegen der Unübersichtlichkeit der Lage und Übermittlungsmängeln den taktischen Sieg nicht zu einem strategischen Verteidigungserfolg ausbauen. Er konnte sich jedenfalls nicht gegen General Stewart wenden, der inzwischen vom Longido-Berg, westlich des Kilimandscharo, die dortigen schwachen deutschen Kräfte zurückdrängte. In der Gefahr, umzingelt zu werden, mußte Lettow mit den Hauptkräften auf die Usambarabahn bei Kahe zurückweichen. Am 18. März besetzte Smuts mit Alt-Moschi den ersten wichtigen deutschen Ort. General Stewart rückte nach Neu-Moschi, dem Endpunkt der Usambarabahn vor. Am 22. März entbrannte ein heftiges Gefecht um die Bahnstation Kahe, wo erstmals eines der 10,5-cm-»Königsberg«-Geschütze den Briten zu schaffen machte; es war von Tanga hierher gebracht worden. Da es nicht fahrbar, sondern fest eingebaut war, mußte es, nachdem die vorhandene Munition verschossen war, vor dem Rückzug gesprengt werden. Lettows Leute zerstörten die Strecken der Nordbahn, ehe sie sie verließen, so gründlich wie möglich, was allerdings den britischen Vormarsch nicht allzulange aufhielt, da Smuts sich indische Eisenbahn-Pionier-Einheiten mitgebracht hatte, die alles dicht hinter der Front wieder reparierten. Lettow war sich darüber im klaren, daß sein Rückzug nicht auf Tanga erfolgen konnte, da er dort eingekreist werden würde. Er verließ deshalb die Usambarabahn, das 1914 heiß umkämpfte Tanga fiel später fast kampflos. (Siehe oben, Abschnitt 4.)

Lettow zog sich auf Morogoro an der Mittellandbahn zurück, indem er mit allen seinen Truppen quer durch den Busch marschierte, jedoch nicht, ohne bei Buiko am 31. Mai und bei Korogwe (noch an der Usambarabahn), dann bei Handeni am 18. Juni und bei Makinda heftige Gefechte geliefert zu haben.

Weiter westlich war am 3. April Aruscha, am 18. April Kondoa-Irangi von den Briten besetzt worden. Durch hinhaltenden deutschen Widerstand und wegen der Verlängerung ihrer Nachschubwege erreichten die Briten jedoch erst am 29. Juli Dodoma an der Mittellandbahn.

Der südafrikanische General Crewe hatte am 14. Juli, über den Viktoria-See vorgehend, Muansa besetzt und marschierte seinerseits gegen die Mittellandbahn. Dort eingetroffen, wandte er sich jedoch nach Osten und überließ die Besetzung des Hauptortes Tabora den Belgiern. Diese waren unter General Tombeur gleichzeitig mit der Smutsschen Offensive im März auf deutsches Gebiet vorgedrungen und hatten in verlustreichen Kämpfen Ruanda und Urundi besetzt sowie im Juli Kigoma am Tanganjika-See. Tabora wurde am 19. September von den Deutschen kampflos geräumt, doch westlich des Ortes hatte General Wahle den Belgiern noch ein heftiges Gefecht geliefert.

Zwischen Tanganjika- und Njassa-See war gleichfalls im März 1916 der britische Vormarsch unter General Northey mit 3000 Mann rhodesischer Truppen erfolgt. Northey erreichte über Neu-Langenburg und Malangali am 26. August die Bezirkshauptstadt Iringa und sandte einen Teil seiner Streitmacht auch südwärts nach Songea.

Nachdem Morogoro am 26. August gefallen war, zog sich Lettow mit seinen Haupttruppen auf die Rufiji-Linie zurück. Dorthin marschierten auch seine übrigen Abteilungen, geführt von Kraut und Wahle.

Wegen Schwierigkeiten der Befehlsübermittlung waren ihm allerdings einige Truppenteile entglitten. So marschierte die Abteilung Wintgens und Naumann wieder nach Norden und führte auf eigene Faust Buschkrieg, bis sie teils aufgerieben wurden, teils wegen Krankheit, Nahrungs- und Munitionsmangel kapitulieren mußte.

Aber gegen Ende 1916 war auch die britische Seite erschöpft. Die Nachschublinien wurden immer länger. Obwohl jetzt die von Übersee eintreffenden Truppen und Güter über Daressalam (das am 4. September kampflos geräumt wurde) herangeschafft werden konnten, war der Transport zur Rufiji-Front maßlos strapaziös. Die Automobile blieben stecken oder konnten bei Schäden nicht repariert werden. Auch der britische Nachschub mußte von Trägern durch den Busch geschafft werden. Das bedeutete höchstens 30 Kilogramm pro Träger und höchstens 30 Kilometer pro Tag, wobei berücksichtigt werden mußte, daß auch die Verpflegung der Träger selbst wiederum von anderen Trägern transportiert werden mußte, wenn Nahrung nicht entlang der Nachschublinien beschafft werden konnte. Hinzu kam, daß Lettow immer stärker wurde, je weiter er nach Südosten zurückwich, da seine Truppen sich immer mehr konzentrierten.

Als Smuts am 20. Januar 1917 zur Kriegskonferenz des Britischen Empire nach London abreiste, waren zwar alle deutschen Hauptorte besetzt, aber die Schutztruppe keineswegs entscheidend geschlagen. Ihre Verluste hatten sich in Grenzen gehalten, und sie war nach wie vor in der Lage, der britischen Seite in taktisch günstigen Situationen schwere Verluste beizubringen.

10. Die letzten Kämpfe im Südosten Deutsch-Ostafrikas

Der zweimalige Kommando-Wechsel von Smuts zu Hoskins und von ihm zu van Deventer verursachte auf der britischen Seite einige Schwierigkeiten bei der Planung der nächsten Aktionen. Hauptsächlich war es aber die Regenzeit, die eine Kampfpause hervorrief. Van Deventer beschloß, seine Kräfte umzugruppieren und die nächsten Vorstöße von den Häfen Kilwa und Lindi aus vorzunehmen. Beide Häfen waren schon seit September 1916 in britischer Hand, bisher aber nur als kleine Brückenköpfe gehalten worden. Jetzt wurden Flugplätze ausgebaut, Transportwege angelegt und schweres Material herangeschafft.

Als van Deventer im September 1917 von den Häfen aus eine neue Front errichtete, war Lettow gut vorbereitet und durch die Truppenteile verstärkt, die unter General Wahle vom Nordwesten quer durch die Kolonie immer kämpfend in den Südosten marschiert waren. Umgekehrt war die Abteilung Kraut vom Nordosten in den Südwesten marschiert und näherte sich jetzt, von General Northey verfolgt, ebenfalls dem neuen Kampfplatz. Diese scheinbaren Konzentrationspläne der deutschen Seite mögen van Deventer in seiner Meinung bestärkt haben, daß jetzt der Augenblick für die Entscheidungsschlacht kam. Er konzentrierte seine beiden Kolonnen von Kilwa und Lindi ebenfalls.

Lettow gewann zwei taktische Vorteile: Er konnte den Ort des Zusammenstoßes wählen und sich starke Verteidigungsstellungen schaffen, und er konnte, ob Sieg oder Niederlage, wählen, in welcher Richtung er abziehen würde. Am 14. Oktober war es so weit: Der Ort des Zusammenstoßes war Mahiwa, ein Plantagenort am Lukuledi-Fluß. Es entwickelte sich die — wie Lettow es später bewertete — zweitgrößte Schlacht nach Tanga. Die Briten griffen mit etwa 6000 Mann frontal an, ohne Umgehungsversuche zu unternehmen. Lettow hatte nur 1500 Gewehre, aber die bessere Stellung. Nach einer viertägigen Schlacht hatten die Briten über fünfzig Prozent ihrer Truppen verloren, Lettow rund 100 Tote und 400 Verwundete. Van Deventer mußte erschöpft eine Pause in seinem Vorstoß einlegen. Lettow benutzte dies zum geplanten Rückzug und zur Umgruppierung und Neuordnung seiner Truppen, wiederum für das Unerwartete: für den Angriff auf Portugiesisch-Ostafrika. Er erreichte den Rowuma in geordnetem Rückmarsch, legte ebenfalls eine Pause ein und eröffnete dann voll handlungsfähig seinerseits eine neue Front, eine neue Phase des Krieges.

Schmerzlich war für ihn allein, daß es wegen Kommunikationsschwierigkeiten nicht gelang, die große Abteilung Kraut ebenfalls heranzuziehen, die in dauernden

Rückzugsgefechten gegen Northey stand, am Oberlauf des Rowuma keine Lebensmittel mehr vorfinden konnte und schließlich nach einem Verzweiflungsvorstoß nach Norden kapitulieren mußte.

11. Über den Rowuma

Wiederum hatte die britische Seite Lettows Absichten falsch beurteilt. Seine strategische Idee war nicht, irgendwelche Lorbeeren zu ernten, sondern ganz nüchtern möglichst starke Kräfte des Gegners auf sich zu ziehen und von anderen Kriegsschauplätzen fernzuhalten. Dazu gehörte ebenso das harte Zuschlagen, wenn eigene Kräfte gegen einen zersplitterten Gegner konzentriert werden konnten, wie der strategische Rückzug.

Was nach Mahiwa folgte, war ein Schulbeispiel hierfür. Lettow tat wieder das Unerwartete, er überquerte den Rowuma, verließ damit deutsches Gebiet, fiel nach Portugiesisch-Ostafrika ein und entging damit den riesigen Truppenmengen, die General van Deventer mit gewaltigem Nachschub in den Südosten des Schutzgebiets herangezogen hatte.

Gleichzeitig eröffnete Lettow einen neuen Kriegsschauplatz, da er nun Mosambik insgesamt bedrohte und auch die Vermutung nicht ausgeschlossen werden konnte, daß er sich irgendwo an der Küste von Mosambik mit Sperrbrechern oder U-Booten treffen wollte. Die Briten wurden zu einer schwierigen Umgruppierung ihrer Kräfte gezwungen. Sie mußten ihre Truppen an die Küsten zurückbringen und von dort nach den portugiesischen Häfen, im Mai erst nach Porto Amelia, dann im Juni nach Mosambik und schließlich im Juli nach Quelimane verschiffen. Im Januar 1918 setzten sie das Korps der Kap-Farbigen vom Njassa-See aus nach Osten in Marsch und vom Südende dieses Sees später Truppen, die nach Fort Johnston verlegt werden mußten.

Im Dezember 1917 hatten zunächst die Portugiesen die Aufgabe, die Nordgrenze von Mosambik abzuriegeln.

Aber Lettow bereitete sich gut auf den Einfall in Mosambik vor. Von jetzt an war er in Feindesland, und die Beschaffung von Verpflegung und Ausrüstung konnte noch schwerer werden als bisher. Waffen mußten wie bisher vom Gegner erbeutet werden. Es war von vornherein klar, daß alles auf äußerste Beweglichkeit ankam, die immer etwas größer sein mußte als die des Gegners.

Lettow ließ deshalb alle Kranken, Verwundeten und Marschunfähigen auf dem Nordufer zurück. Alle, die sich selbst gesund fühlten, mußten Mann für Mann und Offizier für Offizier vom Stabsarzt untersucht und darauf geprüft werden, ob sie die zu erwartenden Strapazen durchhalten konnten. Viele wurden gegen ihren Willen zurückgelassen und damit in britische Gefangenschaft geschickt, unter ihnen der zweimal verwundete Korvettenkapitän Looff, ehemaliger Kommandant der »Königsberg«. Vier von den »Königsberg«-Offizieren wurden jedoch für tauglich befunden, weiter mitzumarschieren. Die Oberleutnants z. S. Wunderlich und Freund fielen in Mosambik. Die unverwüstlichen Seeoffiziere Apel und Wenig blieben bis zuletzt mit einigen Marinesoldaten dabei.

Zu den zähen Naturen, denen der Weitermarsch ärztlich erlaubt wurde, gehörte auch der Gouverneur Dr. Schnee. Ihn mitzunehmen, war für den Kommandeur keine reine Freude, da er stets eine gewisse besondere Aufmerksamkeit beanspruchen konnte und einen besonderen Schutz erfahren mußte. Trotz aller Härte der bisherigen Reibereien war er jetzt jedoch ein loyaler Teilnehmer am Guerilla-Krieg geworden. Seine Mitnahme über den Rowuma war ein so großer politischer Vorteil für die Gesamtlage, da ohne ihn, solange er lebte, Deutsch-Ostafrika nicht offiziell kapitulieren konnte, daß Lettow alle durch ihn zu erwartenden Schwierigkeiten in Kauf nahm. Tatsächlich geriet Schnee während der folgenden Monate einmal in einen britischen Hinterhalt, aus dem er nur mit Not entkam. Er verlor alle seine Lasten und mußte von den übrigen Teilnehmern mit dem Dringendsten ausgestattet werden. Auch Lettow selbst beteiligte sich an den »Spenden« für den ausgeplünderten Gouverneur und

schenkte ihm ein Paar blaue Socken (wie er in seinen Erinnerungen mit bärbeißigem Humor hinzufügte, war es
ein Paar Socken, das die Frau des Gouverneurs für ihn ge-
strickt hatte, und »sie färbten leider ab«). Jedenfalls machte der Gouverneur alle Strapazen des Marsches durch
Portugiesisch-Ostafrika mit.

Am 25. November 1917 bewerkstelligte Lettow den
Übergang der Hauptkräfte über den Rowuma. Insgesamt
bestand seine Truppe nun aus 278 Europäern (davon etwa
noch 50 Marine-Angehörige von der »Königsberg« und
von anderen Schiffen sowie Reservisten), 1600 Askaris,
4000 Träger und rund 1000 Askari-Frauen und Askari-
Boys. Das waren 1878 Gewehre und 5000 Personen Troß.
Während die Mitführung der Träger die einzige Möglichkeit war, alle Transportprobleme zu lösen, war eine andere Besonderheit der Kriegführung in Ostafrika, daß die
schwarzen Askari-Krieger das Recht hatten, zu ihrer Bedienung ihre Frauen und Boys mitzunehmen, so daß sie
selbst voll für militärische Aufgaben zur Verfügung standen.

Der portugiesische Riegel im Norden von Mosambik
konnte dem entschlossenen Vormarsch der Schutztruppe
nicht widerstehen, als Lettow nahe der Einmündung des
Lujenda in den Rowuma auf portugiesisches Territorium
vordrang. Noch am 25. wurde Fort Ngomano gestürmt
und viel Kriegsmaterial erbeutet. Eine Stellung, ein Fort
der Portugiesen nach dem anderen wurde überrannt. Die
kampfungewohnten portugiesischen weißen und schwarzen Soldaten hatten dem Angriffsgeist der deutschen Askaris nicht viel entgegenzusetzen. Die Deutschen wußten,
daß sie Munition, Ausrüstung und Verpflegung, oft sogar
Wasser, vom Gegner erobern mußten. Lettow hatte die
Parole ausgegeben, daß bei jedem Gefecht mehr Munition
erbeutet als verschossen werden müsse.

Die Regenzeit gab Lettow schließlich eine Atempause
bis zum April. Dann aber waren die britischen Truppen
von Porto Amelia und vom Njassa-See herangekommen.
In schweren und verlustreichen Kämpfen konnte sich Lettow ihrer Umklammerung entziehen, jedoch erst ab Juli

wieder genügend Kriegsmaterial erbeuten, um weitere größere Zusammenstöße annehmen zu können. Er durfte sich nicht auf einen Abnutzungskrieg einlassen, dazu war seine Truppe zu klein. So marschierte er zügig durch den Busch. Wie ein Fuchs (so beschrieben dies später seine britischen Gegner) entzog er sich ihren Umklammerungs- und Einkreisungsversuchen. Insgesamt marschierte er in zehn Monaten 2500 Kilometer durch den Busch von Mosambik.

Am 3./4. Juli 1918 hatte er seinen südlichsten Punkt bei Namacurru (Kokosani) erreicht, wo er die dortige Eisenbahn angriff und den Hafen Quelimane ernstlich bedrohte. Nach einem erfolgreichen Gefecht und Eroberung großer Mengen an Waffen und Verpflegung, insbesondere auch von Sanitätsmaterial, verzichtete er jedoch wiederum auf eine »Entscheidungsschlacht« und wandte sich nach Norden. Er blieb zunächst in der Nähe der Küste, so daß die Gegner wiederum einen anderen Hafenplatz als sein Ziel vermuteten. Am 7. August schlug er bei Chalau jedoch einen Haken und ging in Eilmärschen durch den Gegner hindurch nach Westen.

Bei diesen Bewegungen kam es zu den merkwürdigsten Situationen. Oft marschierten Deutsche und Briten wenige hundert Meter aneinander vorbei, ohne sich im dichten Busch gegenseitig zu bemerken. Oder sie marschierten hintereinander her, bis die Vorhut der einen die Nachhut der anderen einholte. Ein Problem, an dem Deutsche wie Briten litten und durch das sie Verluste hatten, war die Schwierigkeit, in unübersichtlichem Gelände den Zusammenstoß mit eigenen Truppen zu vermeiden. Mindestens einmal ist es passiert, daß schwarze Soldaten beider Seiten gemeinsam nebeneinander Stellung bezogen, Zigaretten und Informationen austauschten und erst nach dem Abmarsch bemerkten, daß es gegnerische Soldaten gewesen waren.

Die Briten hatten zwar viele Funkgeräte im Einsatz und wußten über die Gesamtlage oft besser Bescheid, sie warteten aber bei Annäherung der Deutschen jeweils auf Befehle über Funk, während die deutschen Unterführer

Oben: Luftschiff »L59«.
Unten: Die Besatzung von »L59«.

Askaris (1918).

Die letzten Offiziere der Schutztruppe mit Gouverneur Schnee.

Nach dem Waffenstillstand in Daressalam. Die deutschen Unteroffiziere und Mannschaften. In der Mitte, auf dem Stuhl sitzend, General v. Lettow-Vorbeck.

Heimkehr der Afrikakämpfer, Berlin 1919.

*General Paul
v. Lettow-Vorbeck
nach dem Krieg.*

*Eines der
»Königsberg«-
Geschütze in
Mombasa
(wahrschein-
lich das aus
Bagamojo).*

blitzschnelle Entscheidungen treffen konnten, da eine Rückfrage beim Kommando sowieso nicht möglich war.

Während Lettow nach Westen marschierte, glaubten die Gegner, daß sein nächstes Ziel Blantyre in Rhodesien wäre. Tatsächlich war dies eine der Möglichkeiten, die sich Lettow offenhielt. Sein Entscheidungsprozeß war jedoch davon abhängig, daß auch das genauere Kartenmaterial über das vorausliegende Gelände erst beim Gegner erbeutet werden mußte, wie alles andere auch. So entschied er sich Ende August 1918 auf Grund ungünstiger Nachrichten über Gelände und Flußübergänge sowie Verpflegungsmöglichkeiten im Westen, nach Norden umzubiegen und in Eilmärschen nach Deutsch-Ostafrika zurückzukehren.

Damit hatten die Briten am wenigsten gerechnet. Ihre in den portugiesischen Südhäfen angelangten Truppen konnten nun wegen zu langer Nachschubwege nicht weiter folgen. In aller Eile mußten Verstärkungen über die Häfen des Njassa-Sees herangeführt werden. Die Südtruppen der Briten wurden eingeschifft und nach Daressalam verfrachtet, um von dort mit der Eisenbahn nach Tabora zu rollen, weil man nun vermutete, daß Lettow diesen deutschen Hauptort erreichen wollte.

Lettow rückte mit seiner Marschgeschwindigkeit von etwa 30 Kilometern pro Tag nach Norden vor. Seine Truppe war jetzt besser bewaffnet als je: keine Rede mehr von rauchstarken deutschen »Gewehren 71«; sie waren inzwischen alle durch moderne britische und portugiesische Gewehre ersetzt worden. Für die verlorenen Maschinengewehre waren neue erbeutet worden. Sogar Feldgeschütze wurden weiter mitgeführt.

Auf diesem Marsch nach Norden begann jedoch eine ansteckende Lungenseuche die Truppe zu quälen und Verluste zu verursachen. Ein Vorspiel für die Spanische Grippe, die später nach der Kapitulation mehr als zehn Prozent der Kämpfer das Leben kostete, darunter Hauptmann Spangenberg.

12. Zurück nach Deutsch-Ostafrika und nach Rhodesien

Es gelang den Briten und Portugiesen aber nicht, Lettow zu stellen. Am 28. September 1918 überschritt er, voll kampffähig mit seiner Truppe, bei Nagwamire den Rowuma erneut und kehrte damit nach Deutsch-Ostafrika zurück. Bei Ubena lieferte er den Engländern ein heftiges Gefecht. Die großen Kräfte, die von Tabora aus gegen ihn in Marsch gesetzt worden waren, ließ er jedoch stehen und wandte sich Ende Oktober nach Südwesten: nach Rhodesien. Dort hatten ihm die Gegner nicht viel entgegenzusetzen, da ihre Kampftruppen von Rhodesien über den Njassa-See nach Mosambik geschickt worden waren und nun erst zurückbeordert werden mußten. Lettow marschierte zwischen Njassa- und Tanganjika-See hindurch und überschritt die rhodesische Grenze am 6. November 1918 bei Fife. Am 9. November fand bei Kasama die letzte Gefechtsberührung mit den Briten statt. Lettow marschierte zum Chambezi-Fluß. Was waren seine weiteren Absichten? Wollte er nun nach Salisbury marschieren oder nach Angola? Die Gegner trauten ihm alles zu.

Tatsächlich jedoch hatte Lettow wie gewöhnlich keineswegs bereits entschieden, wohin er sich wenden wollte. Dies würde von den Reaktionen der Gegner abhängen. Lettow hatte sich jedenfalls die volle Handlungsfreiheit bewahrt, und seine Truppe war so kampftüchtig und gefechtsbereit wie eh und je. Er selbst hatte damals mit einer Fortsetzung des Krieges um mindestens ein weiteres Jahr gerechnet und fühlte sich einer solchen Aufgabe durchaus gewachsen.

Dann aber kam der 13. November mit der Nachricht von der Kapitulation in Deutschland.

13. Waffenstillstand und Gefangenschaft

Die Nachricht von der bedingungslosen Kapitulation des Deutschen Reiches am 11. November 1918 erhielt Lettow zwei Tage später zunächst durch einen gefangengenommenen britischen Motorradmelder. General van Deventer richtete durch eines der erbeuteten Papiere den Auftrag an den in vorderster Linie befindlichen britischen Befehlshaber, einen Parlamentär unter weißer Flagge zu Lettow zu schicken, um ihm folgende Nachricht zu überbringen:

»Der Premierminister Englands hat verkündet, daß ein Waffenstillstand am 11. November um 5.00 Uhr unterzeichnet worden ist und daß die Feindseligkeiten an allen Fronten am 11. November um 11.00 Uhr eingestellt werden sollen. Ich befehle meinen Truppen, ab sofort alle Feindseligkeiten einzustellen, außer wenn sie angegriffen werden, und ich gehe selbstverständlich davon aus, daß Sie dasselbe tun werden. Die Bedingungen des Waffenstillstands werden Ihnen mitgeteilt werden, sobald ich sie erhalte. Inzwischen schlage ich vor, daß Sie in Ihrer gegenwärtigen Stellung bleiben, um die Kommunikation zu erleichtern. General van Deventer.«

Später forderte van Deventer den deutschen Kommandeur auf, nach Abercorn zu marschieren und dort die Waffen zu strecken. Angesichts des »gallant fight« — wie van Deventer sich ausdrückte — wolle er den Europäern der Schutztruppe ihre persönlichen Waffen belassen.

Am 25. November 1918 traf Lettows Mannschaft in Abercorn ein. Es waren noch 155 Europäer, 1168 Askaris und rund 3000 andere Farbige.

Unter den Waffen, die übergeben wurden, befand sich kein einziges deutsches Gewehr, von den 37 Maschinengewehren waren nur sieben aus deutscher Produktion. Ein einziges (portugiesisches) Geschütz mit 40 Schuß Munition war noch bei der Truppe.

Am 3. Dezember begann der Abtransport auf Dampfern über den Tanganjika-See nach Kigoma und von dort mit der Zentralbahn nach Daressalam. Lettow protestierte dagegen, daß seine Soldaten als Kriegsgefangene behandelt wurden, die britische Seite berief sich jedoch auf eine unklare Klausel in dem Waffenstillstandsabkommen, die dies zu rechtfertigen schien. Lettow hatte mit freiem Abzug, wenn auch ohne Waffen, gerechnet.

Am 8. Dezember 1918 kam der Transport in Daressalam an. Dort traf man mit den früher in Gefangenschaft gegangenen Mitgliedern der deutschen Schutztruppe zusammen, u. a. General Wahle, der beim letzten Durchmarsch durch Deutsch-Ostafrika bei Ubena krank zurückgelassen worden war.

Wie in vielen Häfen der Welt verbreitete sich auch in Daressalam gegen Jahresende die sogenannte Spanische Influenza, eine bis dahin unbekannte Form der Grippe, die weltweit Hunderttausende von Todesopfern forderte, als ob der Krieg noch nicht genug Menschen verschlungen hätte. Von den Kämpfern, die bis zuletzt alle Strapazen ausgehalten hatten, weiße wie schwarze, starben an dieser Seuche in Daressalam mehr als zehn Prozent im Gefangenenlager.

Als Lettow am 17. Januar 1919 Ostafrika mit dem Gefangenen-Transport auf dem Dampfer »Fieldmarshall« verlassen mußte, kam die Stunde der Trennung von den tapferen und treuen schwarzen Mitkämpfern. Besonders belastete Lettow die Tatsache, daß diesen braven Soldaten ihr rückständiger Wehrsold nicht ausgezahlt werden konnte, da die britische Seite sich weigerte, diese Kosten zu übernehmen und eine Zahlung aus Deutschland nicht möglich war. Lettow konnte nichts anderes tun, als jedem Askari und Träger eine Bescheinigung über die rückständigen Soldzahlungen auszustellen. Erst 1926 erhielten sie ihr Geld. Noch in unseren Tagen, fast siebzig Jahre später, zahlt die Bundesrepublik an einige überlebende Veteranen einen Ehrensold und eine Reihe von Hinterbliebenen-Renten.

14. Zurück nach Deutschland

Die »Fieldmarshall« dampfte — völlig überladen mit Gefangenen und Bewachungsmannschaften — um das Kap der Guten Hoffnung herum nach Rotterdam. Dort wurden Gouverneur Schnee, Lettow, General Wahle und die übrigen Überlebenden der Schutztruppe ins neutrale Holland entlassen. Auf einem anderen Schiff traf gleichzeitig der ehemalige Kommandant der »Königsberg«, Looff, in Rotterdam ein. Gemeinsam reiste man nach Berlin, wo am 2. März 1919 eine kleine Parade durch das Brandenburger Tor organisiert wurde.

Ost-Afrika war verloren, die deutsche Kolonialzeit zu Ende, aber die Berliner Bevölkerung bereitete der kleinen Schar der Schutztruppe und Marine, die in einem abenteuerlichen Guerilla-Krieg unbesiegt geblieben war, einen herzlichen Empfang.

Charakterbild
des Kommandeurs
Lettow-Vorbeck

1. Lettows Strategie und Taktik

Es ist Lettow-Vorbeck vorgeworfen worden, seine Strategie habe zu wenig darauf abgezielt, Deutsch-Ostafrika zu verteidigen, und zu ausschließlich darauf, den Gegner maximal zu schädigen, zunächst durch Offensiv-Vorstöße, dann auch durch zähe Verteidigung, schließlich durch ausweichendes Operieren auf gegnerischem Boden. Hierauf gibt es klare Antworten.

Natürlich folgte Lettow nicht der Schlachtfeldtaktik alter Provenienz. Durch bewegliche, unter eigener Initiative handelnde, kleine, später sogar etappen-unabhängige »Kampfgruppen« nach Guerilla-Manier zwang er den Gegner zu zermürbender maximaler Bindung von Truppen und Material, die von anderen Schauplätzen des Krieges ferngehalten wurden. Dies gelang ihm bis zum Schluß. Nicht auf Lehrbuchschlachten kam es ihm an. Vielmehr bewies er auch für den Landkrieg den Erfolg der »Fleet-in-being«-Doktrin, daß man nämlich durch bloße Existenz den Gegner wesentlich schädigen konnte.

Lettows Konzeption der Improvisation machte so sehr Schule, daß zu völlig anderen Zeiten und in gänzlich anderen Situationen und Gebieten immer wieder auf sein Beispiel verwiesen wurde. Gab doch im schneebedeckten Norwegen des April/Mai 1940 der norwegische Oberkommandierende General Ruge einem seiner isolierten Truppenführer (General Liljedahl), der sich bewußt war, daß jeder Widerstand von einer Idee getragen werden mußte, die für die Männer an der Front einleuchtend und verständlich war und die Hoffnung aufrechterhalten konnte, folgende Antwort: »Eine Kapitulation muß wegen des niederdrückenden Eindrucks, den dies auf das ganze Volk machen würde, vermieden werden. Hilf denen, die weiterkämpfen wollen, so gut Du kannst, damit sie sich anderen Abteilungen anschließen können, auf dem Wege ostwärts oder nach Westen.« Er solle ihn (Ruge) in Richtung Osten suchen und zu ihm stoßen, sonst an die Möglichkeit denken, »eine langdauernde bewegliche Verteidigung wie einst General Lettow-Vorbeck in Afrika zu führen«, ein Hinweis, der dem Empfänger der Empfehlung persönlich gut gefiel. Neben dem Norweger Ruge findet man z. B. in der Taktik und Strategie von Rommel, Tito, Mao Tse-tung, Fidel Castro und des Vietkong viele der Lettowschen Lehren beherzigt. Wichtig dabei aber waren vor allem Charakterstärke, Überzeugung und professionelle Fähigkeit. Lettows über vierjähriger Feldzug unter den widrigsten klimatischen Bedingungen, bei hoffnungsloser Unterlegenheit, ohne Aussicht auf gesicherte Versorgung oder Ersatz, muß zu den hervorragendsten Beispielen nicht nur militärischer Führerschaft gezählt werden, sondern auch einer »Inneren Führung«, weil noch stets gegolten hat: Glauben verloren, alles verloren.

Was hatte Lettow neben Temperament und Können dazu befähigt? Sicher seine umfangreichen Auslandserfahrungen, die seinen Blick erweitert hatten, Sprachkenntnisse und der Drang, nicht in überkommenen starren Kategorien zu denken. Er hatte ein unbestechliches Auge auch für die Wichtigkeit selbst kleinster Details, in denen nicht nur der sprichwörtliche Teufel, sondern auch der Schlüssel zum Erfolg steckt. General Lettow war ein Mensch des asketischen Typs, bereit und fähig, alle Strapazen persönlich mitzutragen. Vor allem hatte er ein sicheres Gespür für das, was heute als »Innere Führung« mühevoll theoretisch versucht wird. Er hatte die für den Soldaten wichtige Überzeugung, daß Krieg mit allen Mitteln vermieden werden mußte, wenn aber gekämpft wurde, dann mußte durchgehalten werden, mit vollem Wissen wofür.

Lettow war streng und anspruchsvoll gegen sich selbst, daher auch gegenüber anderen. Die beste Beurteilung, die er je für einen seiner Unterführer geschrieben haben soll, war diese: »Er füllt seinen Posten aus!«

Immer wieder galt es bei mangelhafter Informationslage mit Intuition Entscheidungen zu treffen. Kartenmaterial zur genauen Disposition nach Raum und Zeit war nicht vorhanden. So war Lettow oft nur auf die Meldungen von Patrouillengängern oder Eingeborenen angewiesen. Was aber war anzufangen mit Meldungen, wie dieser: »Ich bin gegangen, ich habe geschlafen, ich bin gegangen, ich habe geschlafen, ich bin gegangen und bin angekommen. Da habe ich Feinde gesehen, zahlreich wie Gras.«

Die Erkundung der (größtenteils nicht kartographisch erfaßten, geschweige denn vermessenen) Gebiete war das A und O. Immer wieder begab sich Lettow, anfänglich per Auto, dann zu Fuß oder per Fahrrad, selbst auf Kundschaftsreisen: Berge, Straßen, Orte, Flüsse und Sümpfe, sie lagen oft nicht da, wo sie auf der Karte verzeichnet standen, oder waren gar nicht da, oder es gab sie, obwohl die Karten an dieser Stelle leer waren. Daher mußten unaufhörlich Informationen gesammelt, Karten gezeichnet und Wege markiert werden. Aber dem Gegner ging es darin auch nicht besser. Und so war ein gut Teil der Operationen ein Blinde-Kuh-Spiel im unübersichtlichen Busch, bei dem sich die Gegner (oder Freunde) auf Schleichmärschen oft nur um wenige Meter verfehlten. Auch die Flugaufklärung half dem Gegner zumeist nicht viel; denn im dichten Busch war von oben nichts zu erkennen. Nur im offenen Gelände standen über Marschkolonnen riesige Staubwolken. Offenes Gelände mußte daher möglichst vermieden werden.

Auf topographische Überraschungen und solche durch den Gegner mußten alle Einheiten stets gefaßt sein. Mitdenken und Eigeninitiative auf unterster Ebene war wichtig. Ausgeklügelte Operationsbefehle für einzelne Kolonnen, Kampfgruppen, Patrouillen und Abteilungen wären völlig verfehlt gewesen. Die Voraussetzungen hierzu waren nicht gegeben: nämlich einigermaßen sichere Informationen über geographische Verhältnisse und über die Operationen des Gegners sowie der eigenen Verbände, deren Standorte und Bewegungen bei der schwierigen Orientierung und Kommunikation oft ebenso unbekannt waren, wie die des Gegners.

Meldungen und Befehle konnten später nur noch durch Meldegänger überbracht werden. Modernere Kommunikationsmittel wurden gelegentlich improvisiert: Bei den Operationen im Rücken des Gegners, oder auf feindlichem Gebiet, zapften deutsche Patrouillen die Fernsprech- und Telegrafenleitungen des Gegners an, verständigten sich und schalteten sich wieder aus den Leitungen aus, die als »deutsche Amtsleitungen« bestehen blieben. Allerdings mußten sich britische, belgische und portugiesische Fernmelder mit häufig unerklärlichen Störgeräuschen abfinden.

Und zur Taktik: Besonders in der Spätphase des Krieges ließ Lettow gern den Gegner von allen Seiten herankommen. Das kostete diesen große Vorbereitungen beim Aufbau eines ausreichenden Etappengebiets. Dann kam es darauf an, möglichst im letzten Augenblick den Kopf aus der Schlinge zu ziehen und so weiter zu operieren, daß alle Vorbereitungen und Vorstöße des Gegners ins Leere trafen. Bald hatte sich ein »ostafrikanisches Gefechtschema« herausgebildet: Sobald stärkere gegnerische Kräfte festgestellt waren, wurde ein Teil der zur Verfügung stehenden eigenen Truppen frontal als Sperre gegen ihn angesetzt. Je nach Lage und Umstand wurden dann der rechte oder der linke oder beide Flügel verlängert und verstärkt und schließlich mit einem Teil der Reserve rechts oder links eine Umgehung versucht. Im allgemeinen waren dies auch keine riesigen Schlachtfelder, sondern wenig raumgreifende Buschkämpfe, wo auf 50 Meter schon nichts mehr zu erkennen war. Die Briten bevorzugten Frontalangriffe und frontale Durchbruchversuche und verzichteten häufig auf Möglichkeiten zur Umgehung. Lettow dagegen stellte seine Front zunächst nur schwach auf und legte den Hauptnachdruck auf Umgehungs- und Flankenmanöver, um die rückwärtigen Verbindungen des Gegners zu stören. Dadurch gelang es immer wieder, den Gegner geradezu nach Wunsch längere Zeit aufzuhalten.

Mit innerer Kraft und Energie, mit praktischem Verständnis und eigenem Zugreifen, nicht nur Befehlen, ohne Schematismus, sondern mit Flexibilität und Improvisationsgabe, wurden unlösbar scheinende Aufgaben gemeistert: Man denke an Lettows lakonische Anweisung, wenn immer eine Einheit Waffen, Munition und Versorgungsgüter anforderte: »Holt Euch, was Ihr braucht, vom Feind.«

Viele, später fast alle Gefechte waren reine »Beschaffungsscharmützel«. Die Schutztruppe kämpfte um ihr tägliches Brot. Denn Truppen ohne Waffen, Munition, Proviant und andere Versorgungsgüter sind keine Truppen mehr. Daher galt Lettows Anweisung, daß Gefechte nur dann anzunehmen waren, wenn die kämpfende Truppe nach dem Gefecht über mehr Munition verfügte als vorher. Überspitzt läßt sich sagen, daß niemand für das eigene Land je so kostengünstig Krieg geführt hat, wie Lettows Schutztruppe.

2. Lettows Persönlichkeit

Er war ein in der Form und Sache unbequemer Kommandeur, denn das »suaviter in modo, fortiter in re« ist in extremen Situationen dann unmöglich, wenn das »suaviter« als Schwäche ausgelegt werden kann. Seine Sorge und Hochachtung galt seinen Soldaten, besonders auch seinen schwarzen Soldaten, wie der Vorfall um das Tanga-Denkmal zeigte.

Geschichten wie diese freuten Lettow: Ein Askari-Feldwebel, der den Feldzug von Anfang an in der Front mitgemacht hatte und durch zahlreiche Buschgefechte zu der erforderlichen Vorsicht erzogen worden war, war in einem Gefecht mitten im Feuer aufgesprungen und hatte stehend weitergeschossen. Der Kompanieführer schrie: »Leg dich nieder!« Da rief der schwarze Feldwebel: »Der deutsche Kaiser hat mir 25 Jahre lang pünktlich meine Löhnung gezahlt, da werde ich wohl einmal für ihn fallen dürfen.«

Sicher legte Lettow strengste Maßstäbe an, aber die von ihm Befehligten nahmen sie ihm nicht übel, weil er von sich selbst den gleichen vollen Einsatz für die Sache als Selbstverständlichkeit ansah.

Über Beispiele der mannigfaltigen persönlichen Unbill,

die es zu ertragen galt, lassen wir dem General selbst das Wort:

>Die Zeit der Ruhe (während der Regenzeit) benutze ich, um meinen rechten Fuß, der mir infolge eines Sandflohs seit einem halben Jahr Unbequemlichkeiten machte, in Ordnung bringen zu lassen. Die in manchen Lagern in Unmengen vorhandenen Sandflöhe bohren sich mit Vorliebe an den Rändern der Fußnägel in das Fleisch und verursachen dort schmerzhafte Entzündungen. Wird nicht aufgepaßt, so greifen diese weiter um sich, und nach ärztlicher Ansicht ist die Verstümmelung vieler Füße der Eingeborenen und der Verlust der Zehen häufig auf solche Sandflöhe zurückzuführen. Auch ich litt unter dieser Unbequemlichkeit, und beim Gehen bildeten sich immer wieder Entzündungen. Stabsarzt Taute konnte mir glücklicherweise den Zeh unempfindlich machen, um dann den Nagel herauszureißen.<

(Dieser Fußschmerzen wegen hatte Lettow von einem Paar englischer Beuteschuhe die Spitzenkappen abgeschnitten, so daß die Zehen nackt heraussahen. Dem so >Beschuhten< war ein kriegsgefangener britischer Offizier begegnet, der sich nach dem Krieg über den tiefen Eindruck äußerte, den diese Begegnung mit dem >preußischen General< hinterlassen hatte.)
Weiter berichtete Lettow:

>Auch in anderer Weise war ich einmal etwas gehindert. Auf einem Erkundungsgange hatte mir ein Halm des übermannshohen Grases in mein rechtes Auge geschnitten, und bei der nachfolgenden Behandlung war infolge von Atropin die Anpassungsfähigkeit der Linse beeinträchtigt; ich konnte deshalb mit dem rechten Auge nicht ordentlich sehen und keine Schrift oder Kartenskizze erkennen. Dieser Zustand war lästig, weil mein linkes Auge durch eine im Jahre 1906 beim Hottentottenaufstand in Südwestafrika erhaltene Schußverletzung so stark beschädigt worden ist, daß ich mit diesem nur vermittelst Starbrille lesen kann. Eine solche war aber nicht verfügbar, und ich war gezwungen, an verschiedene Unternehmungen heranzugehen, ohne richtig sehen zu können.<

Oft marschierte die Truppe geschlossen in Gewaltmärschen. Voran die Askaris, die häufig erst mit Buschmessern und Seitengewehren durch Dornen und Busch den Weg schlagen mußten. Dahinter, in langer Reihe, die weißen und schwarzen Soldaten, Maschinengewehrträger, Munitionsträger, Krankenträger und der lange Troß. Das waren Marschkolonnen von weit über 20 Kilometer Länge. Ständig bestand die Gefahr, daß die Kolonne auseinanderriß, wenn eine Kompanie nach einem Marsch von 30 oder 40 Kilometern in der tropischen Sonne erschöpft anhielt. Lettow patrouillierte wie ein Schäferhund auf und ab: »Nicht halten bleiben, weitermarschieren!« Daher war es vorgekommen, daß ein Mann, dem es etwas viel wurde, ausrief: »Ich glaube, der Kerl stammt aus einer Landbriefträgerfamilie.«

An eine andere Begegnung erinnerte sich ein anderer Mitmarschierer:

»Roter Staub kündete auf der alten Karawanenstraße Wanderer an. Vorn schritt der immer frohe Adjutant Lettows. Dann kam in kurzen englischen Hosen der Führer selbst — aus irgendeiner britischen Quelle wußten wir, daß er Generalmajor geworden war — und hielt mit der Hand den Gewehrriemen fest. Er sah sehr gealtert aus. Das Gesicht war abgespannt, die Backen hingen schlaff herab. Am unrasierten Kinn standen wenige dicke, graue Haare ab. Seine Augen aber waren groß, dunkel, mehr fragend als energisch und hoben sich in ihrer Lebendigkeit sehr von dem übrigen Gesicht ab. Im Osten hatte Lettow dem Gegner soeben wieder einen großen Verlust beigebracht, jetzt eilte er, die innere Linie ausnutzend, den fast trockenen Lukulediflluß hinauf, um den im Westen nachdrängenden Gegner zu fassen.«

Aber nicht um militärische Erfolge um des Erfolges willen ging es ihm oder um gewonnene »Schlachten«, es sei denn, sie »brachten« etwas im Sinne der übergeordneten Aufgabe: »Wir haben Befehl, Krieg zu führen; wir hören nicht auf, bis Gegenbefehl erfolgt.«

Vielleicht war Lettow der erste wirklich moderne Truppenführer: Fêten, Honneurs, gesellschaftliche Ereignisse und Salonlöwen-Machismo waren ihm im Tiefsten zuwider, wie Schmeicheleien und höfische Etikette. — Freunden, Tapferen und Tüchtigen war er ohne Lobhudelei von

Herzen zugetan. Aber ohne Ansehen von Person, Rang oder früherer Freundschaft ließ er Versagende ablösen.

Immer wieder haben Mitkämpfer die persönliche Anspruchslosigkeit und Bescheidenheit ihres Kommandeurs hervorgehoben. So erinnerte sich ein freiwilliger Militärarzt an seine Ankunft bei der Schutztruppe:

> »Der Zug hielt am nächsten Morgen in Moschi. Ehe wir recht wach geworden waren, lachten uns auf dem Bahnsteig Bekannte aus Daressalam an. Der mich abholende Stabsarzt teilte mir gerade mit, ich solle gleich zur 13. Feldkompanie weitermarschieren, als ein Landsturmmann oder Bur in grauer Südwesterjacke, mit der Barttracht des alten Kaisers, uns aufmerksam betrachtete und herantrat. Ich fragte den Stabsarzt, ob er den Mann kenne. Da sprachen beide gleichzeitig. Der Landsturmmann sagte: ›Guten Tag, Herr Doktor‹, und der Stabsarzt: ›Wollen Sie sich nicht melden???‹ Der fremde Mann mit dem Vollbart und dem Cordjackett war niemand anderes als der Kommandeur selbst.«

Und noch eine bezeichnende Anekdote: Im Lazarett von Neu-Moschi wurden die Verwundeten einer Patrouille hereingetragen und verbunden. Keiner verzog eine Miene. Nur Asmani, ein wetterharter Sudanese, fluchte laut, als er hereingebracht wurde, über den »ndefu«, den verdammten Bart, wie er den langbärtigen »englischen Buren« nannte, der ihn angeschossen hatte. Einige Tage später besuchte Lettow mit einem ganzen Stab die Verwundeten. Alle lagen vorschriftsmäßig da, Hände an der Hosennaht, die Augen fest auf das Gesicht des Kommandeurs gerichtet. Nur Asmani fiel aus der Rolle, er fluchte laut, sein Gesicht war rot angelaufen. Ein Herr aus dem Stab trat heran und fragte ihn, ob er so große Schmerzen habe. »Schmerzen? Nicht im geringsten.« — »Was fluchst du dann so? Freue dich doch, daß dich der Herr Kommandeur besuchen kommt. Du kennst doch den Bwana Obas?« — »Und ob ich den Bart kenne! Der sieht aus wie der verfluchte englische Bur, der mich am Engare Len in den Hintern geschossen hat!« Kleine Ursache, große Wirkung: Am nächsten Morgen war der Kaiser-Wilhelm-Bart des

Kommandeurs der kaiserlichen Schutztruppe für Deutsch-Ostafrika für immer dahin.

Klassen- und Rangunterschiede galten bei Lettow nichts. Er erkannte nur Tüchtigkeit und Stehvermögen an. Und als nach Kriegsende, im Gefangenenlager von Daressalam, die Überlebenden vom Gegner fotografiert wurden, ließ sich der kaiserliche Gouverneur inmitten der Herren Offiziere der Schutztruppe und der Marine abporträtieren; General v. Lettow dagegen setzte sich zu seinen Soldaten, Unteroffizieren und Feldwebeln.

Vor allem galt Kameradschaft: In den ersten Jahren des Krieges brauchten nicht alle Kräfte ständig an der Front zu sein. Viele Kompanien lagen zur Ausbildung in Ruhelagern. Wenn dort auch für die Männer gut gesorgt wurde, so hatte mancher der deutschen Freiwilligen doch den Wunsch, einmal etwas anderes zu sehen oder zu erleben: vielleicht Freunde in der Nähe zu besuchen oder im nächsten Ort einzukaufen. Dies war zwar streng untersagt, aber so mancher Vorgesetzte drückte häufig ein Auge zu: »In Gottes Namen, gehen Sie. Ich weiß von nichts. Aber lassen Sie sich nicht vom Kommandeur erwischen.« Eines Tages war wieder ein Landsturm-Mann ohne Erlaubnis unterwegs. Sicherheitshalber machte er einen Umweg um den Ort, wo der Kommandeur sein Hauptquartier hatte. Prompt verlief er sich und fragte einen Eingeborenen nach dem Weg. Der zeigte auf den Buschpfad nach vorn: »Dort geht noch ein Deutscher. Er frißt seinen Spazierstock auf. Frag ihn.« Der Verirrte holte seinen Landsmann ein, der eine Stange Zuckerrohr kaute. »Gehst du auch nach Moschi?« »Ja. Und was hast du vor?« »Ich will dort bloß was einkaufen. Wenn nur der Kommandeur nichts davon erfährt. Er soll dann ziemlich eklig werden.« Beim Auseinandergehen schärfte der Landsturm-Mann seinem staubigen Mitwanderer noch einmal bittend ein: »Du verrätst mich doch bestimmt nicht?!« »Nein, keine Angst«, sagte Lettow zu dem Weggenossen, »du hast doch mit einem Kameraden gesprochen. Der wird bestimmt dem Kommandeur nichts weitersagen!«

3. Die Position des Kommandeurs neben Gouverneur und Ältestem Seeoffizier der Ostafrikanischen Station

Zur Kennzeichnung der schwierigen Lage Lettows neben Schnee und Looff sollen die vier folgenden Briefe dienen, die kommentarlos wiedergegeben werden können.

Brief des Kapitän z. S. Looff an v. Lettow aus Daressalam, datiert vom 15. Januar 1916
»Nun nochmals von Herzen aufrichtigsten Glückwunsch zu der endlich herausgelangten Allerhöchsten Auszeichnung! Aus vielen Gründen ist meine Freude eine besonders herzliche und bedaure ich daher lebhaft, es Ihnen nicht mündlich sagen zu können. Wenn etwas meine Freude damals über die mir zuteil gewordene Auszeichnung beeinträchtigt hatte, so war es das Gefühl, daß Sie der Erste hätten sein müssen, dem hier draußen die Anerkennung für alles Erreichte hätte zukommen müssen. Ich lasse Ihnen gleichzeitig in einem anderen Briefe, den Sie vielleicht ohne Erläuterungen nicht ganz verstehen werden, ein Stückchen schwarzweißes Band zugehen, das hier jetzt gar nicht mehr zu bekommen ist. Der Brief ging eine halbe Stunde, ehe ich die offizielle Nachricht erhielt, zur Post. Aus einer Quelle, die ich nicht kompromittieren möchte, hörte ich heute, daß vor circa 10 Tagen diese Ihre Auszeichnung bringende Nachricht aus P.O.A. eingetroffen sei. Da die Veröffentlichung durch den Gouverneur m.E. schon hätte erfolgen können, nahm ich an, daß S.E. sie bis Kaisers Geburtstag aufsparen wolle. Aus diesem Grunde schrieb ich auf das Kuvert ›Bitte erst am 27. öffnen‹, um loyal zu bleiben und dem Gouverneur nicht die beabsichtigte Überraschung zu stören. Nun kam ja gleich darauf die offizielle Nachricht. — Die anderen Nachrichten werden ja wohl auch bald veröffentlicht werden. Ich hoffe noch immer, daß auch Ihre Beförderung darunter ist. Ich hörte nur von einigen ›Beförderungen‹.

Ich könnte heute manchen Bogen im Meinungsaustausch mit Ihnen füllen, die Zeit ist aber gar zu knapp, deshalb später. Mein Bericht an S.E. betreffs Unterstellungsverhältnis werden Sie sicher, auch ohne vorherige Erläuterung auf die richtige Ursache zurückgeführt haben. Mir wurde brieflich mitgeteilt, daß General Wahle die Entscheidung einer von Schönfeld eingerichteten Beschwerde vertagen wolle, bis er die Geschäfte der Etappenleitung wieder übernommen haben würde, also mein Vorgesetzter wäre. Da ich *dann* leider die Kompetenzfrage hätte aufrollen müssen, beeilte ich mich, die Sache vorher ins Lot zu bringen, um den nötigen Friktionen *vorzubeugen*. Sie wissen sicher genau, daß ich nie und nimmer Ihnen auch nur den kleinsten Stein in den Weg legen werde und meine größte Freude jetzt ist, mit Ihnen an einem Strang ziehen zu dürfen zur Erreichung des *einen* Ziels! — Aber bei Wahle bin ich nie sicher, ob bei ihm schwarz auch wirklich schwarz ist, ich habe doch zu viele abweichende Ansichten über ihn gehört, obwohl ich ihn als Mensch wirklich gern habe ...«

Brief von General Wahle an v. Lettow aus Kigoma,
datiert vom 30. Januar 1916
»... Zunächst nachträglich noch meinen herzlichen Glückwunsch zum begonnenen neuen Kriegsjahr und dann meine ebenso warmen Glückwünsche zur Beförderung. Das letztere freut mich ganz besonders, auch wegen des Termins, der doch erkennen läßt, daß Euer Hochwohlgeboren auch in dieser Beziehung vor Looff rangieren ... Über Looffs Qualifikationen habe ich noch kein Urteil, aber ich möchte Euer Hochwohlgeboren von vornherein Recht geben, für größere Verhältnisse des Landkrieges wird er keine Vorkenntnisse haben, das hat er ja eigentlich, ohne in irgendeiner Weise seinen Ruhm schmälern zu wollen, schon im Rufiji bei Aufstellung seines Schiffes und der ihm zur Verfügung stehenden Mittel bewiesen. Aber er hat hier das Ohr des Gouverneurs, oder noch mehr dasjenige der Frau des Gouverneurs, und das nutzt er aus. Eigentlich ist das ja eine unglaubliche Sache, aber auch nur hier möglich. Jeder in der Kolonie weiß, daß der Gouverneur tun muß, was die Frau will. Es wäre zu wün-

402

schen, daß nach dem Kriege die Allerhöchste Person einmal solche Dinge zu hören bekäme. Wie kann man solche Leute in die größte Kolonie als Vertreter des Kaisers senden! Wie so vieles nach dem Kriege einer Änderung unterzogen werden muß, so muß jedenfalls dem Kommandeur einer Schutztruppe mehr Recht verliehen werden, und er muß zum mindesten dasselbe verfügen können, wie ein Kapitän auf einem Auslandsschiff ...«

Brief des ehem. Reichstagsabgeordneten Dr. Arning an
v. Lettow aus Daressalam, datiert vom 12. Februar 1916
»... Zunächst meinen herzlichen Glückwunsch zur Beförderung, die hoffentlich bald noch überholt werden wird. Mein Glückwunsch ist um so aufrichtiger gemeint, als ich nicht unberechtigt gewesen zu sein glaube anzunehmen, daß eine Gefahr für die Einheit der Befehlsführung hätte nahen können, die, wenn nicht mehr, so doch unter Umständen unnötige Inanspruchnahme Ihrer wertvollen Arbeitskraft hätte veranlassen können ...«

Brief des ehem. Reichstagsabgeordneten Dr. Arning an v. Lettow
aus Morogoro, datiert vom 11. März 1916
»Ich halte mich für verpflichtet und berechtigt, Sie zu bitten, daß Sie von den beiden Anlagen Kenntnis nehmen mögen, und ich bitte zugleich, diese Angelegenheit als vertraulich zu behandeln.

Es handelt sich um eine mündliche vor etwa 3 Monaten, gleich nach meiner Ankunft an der Mittellandbahn, ergangene und vor 6 Wochen wiederholte Anfrage des Herrn Gouverneurs, ob ich bereit sei, in die Verwaltung des Schutzgebietes einzutreten. Ich bat mir Zeit zur Entscheidung aus, bis ich meine notwendigen persönlichen Arbeiten im Bereich der Mittellandbahn erledigt haben würde. Das war nunmehr der Fall und ich habe abgelehnt. Ich habe einigen wenigen Herren von der Sache Kenntnis gegeben, um sie um Rat zu fragen, da ich infolge meiner politischen Stellung Vorsicht glaubte üben zu sollen. Die Antworten lauteten durchweg abratend. Nur mein Kollege, Herr Otto Gruson (preußischer Landtagsabgeordneter, der sich bei Kriegsausbruch in der Kolonie

aufgehalten hatte) meinte, ich hätte die Verpflichtung anzunehmen, wenn ich der Überzeugung sei, dadurch Nutzen für das Schutzgebiet schaffen zu können. Ich war un-
bescheiden genug zu glauben, daß dies der Fall sei. Aber
ich stehe — was ich hier eigentlich kaum zu erwähnen
brauche — mit meiner Anschauung über das Militärische
auf Ihrer Seite. Ich empfand allerdings einen Reiz darin,
in amtlicher Stellung diese meine Meinung zum Nutzen
der Kolonie vielleicht zur Geltung bringen zu können.
Doch, hier an der Quelle weilend, glaube ich erkannt zu
haben, daß eine solche Leistung im bestehenden persönlichen Rahmen der Verhältnisse nicht erzielbar sei, und daß
das mir gemachte Angebot auch darauf hinauskommen
könne, mich für Anschauungen festzulegen, die ich nicht
teile, und meine Unabhängigkeit durch amtliche Diploma-
tie zu binden ...«

4. Ränge in Afrika

Die Rang- und Dienstverhältnisse in der Schutztruppe
waren infolge der Unterbrechung der Verbindung mit der
Heimat — und nicht nur deshalb — eigenartig und wurden um so abnormaler, je länger der Krieg dauerte. So
wurde z. B. die bereits zum 18. August 1915 erfolgte Beförderung v. Lettow-Vorbecks zum Oberst erst am 21. Januar
1916 im Schutzgebiet bekannt. Besonders benachteiligt
waren alle nicht-aktiven Offiziere sowie die wegen Tapferkeit vor dem Feind zur Beförderung zum Offizier vorgesehenen Unteroffiziere. Beförderungen von Offizieren
waren nur durch eine Allerhöchste Kabinettsorder möglich. Das Militärkabinett in der Heimat konnte, außer in
den auch ohne Krieg routinemäßig anstehenden Fällen,
ohne Unterlagen über aktive Verwendung oder ohne Vor-
schläge keine Beförderung aussprechen.

In friedensmäßiger Reihenfolge und auf Grund von
Nachrichten aus dem Schutzgebiet, die bis August 1916
von Zeit zu Zeit in die Heimat gelangten, wurden einige
Beförderungen auch ausgesprochen, sind aber bis auf ver-

schwindende Ausnahmen im Schutzgebiet nicht bekannt geworden. Die meisten Offiziere wurden erst 1919 und 1920 nach Rückkehr in die Heimat unter Rückdatierung der Patente befördert und schieden mit einem noch höheren Dienstgrad oder Charakter aus der Schutztruppe aus.

Am härtesten betroffen waren einige verabschiedete Offiziere, deren Rehabilitierung in Ostafrika nicht bekannt wurde, so der Fall eines ehemaligen Leutnants, der am 1. Oktober 1916 als Kriegsfreiwilliger einer schweren Verwundung erlag, obwohl er durch A.K.O. vom 8. August 1914 für die Dauer des mobilen Verhältnisses als Offizier zu verwenden war; oder der eines ehemaligen Kapitänleutnants, der als Kriegsfreiwilliger eingetreten und wegen Tapferkeit vor dem Feind mehrfach befördert worden war, am 30. September 1917 als Vizefeldwebel fiel, obwohl er bereits am 17. Oktober 1915 durch A.K.O rehabilitiert und als Kapitänleutnant zu verwenden war.

Das Kommando der Schutztruppe erkannte aber grundsätzlich nur solche Beförderugen an, die durch Nachrichten aus der Heimat bestätigt waren.

Nun hatte aber das vom »Ältesten Offizier der Ostafrikanischen Station« (Looff) für die Dauer der Unterbrechung der Verbindung mit den Heimatbehörden zur Erledigung der reinen Marine- und Personalangelegenheiten gebildete »Kommando der Marinetruppen« schon mit dem 1. Oktober 1916 z. B. einen Oberleutnant zum Kapitänleutnant »befördert«. Als es durch eine am 28. März 1917 beim Kommando der Schutztruppe eingehende Mitteilung den Kapitänleutnant K. zum Korvettenkapitän »beförderte«, entschloß sich das Kommando, den drei ältesten Oberleutnants, Müller, Langen und Spangenberg, deren bereits erfolgte Beförderung mit Sicherheit anzunehmen war, die Berechtigung zur Führung der Dienstbezeichnung als Hauptmann zu geben, um zu verhüten, daß allmählich alle (ohnehin in der Chargierung höheren) Marineoffiziere befördert und damit dienstälter würden als die Schutztruppenoffiziere. Während diese drei Offiziere auch alle tatsächlich längst durch A.K.O. befördert waren, hat der Chef des Admiralstabs noch am 22. September 1919 entschieden, daß weder eine Beförderung noch eine Charakterisierung des Kapitänleutnants K. anhängig sei. Übrigens schrieb der Gouverneur am 10. Mai 1917 an das Kommando, daß es zu den Beförderungen nicht berechtigt gewesen sei; gegen die »Beförderung« K.'s hingegen hatte er nichts einzuwenden.

Bei allen Rang- und Kompetenzstreitigkeiten zwischen dem Dreieck Schnee-Lettow-Looff ist es erholsam festzustellen, daß der höchstrangige deutsche Offizier in Ostafrika, Generalmajor z. D. Wahle, der zufällig bei Kriegsausbruch (aus privaten Gründen) in Ostafrika war, sich Lettow bei erster Gelegenheit zur Verfügung stellte, sich dem Kommandeur loyal unterordnete und bis 1918 mitkämpfte, zuerst als Organisator der Etappe, dann als Westbefehlshaber, schließlich als Führer der »Abteilung Wahle« im Buschkrieg.

Die Region heute (1984)

Siebzig Jahre sind vergangen, seit der Ausbruch des Ersten Weltkriegs die deutsche Kolonialarbeit in Ostafrika beendete. Aus Deutsch-Ostafrika wurde zuerst Tanganjika, dann Tansania; aus Bismarckburg wurde Kassanga, aus Neu-Langenburg wurde Tukuyu, aus dem mit 5895 Metern höchsten Berg Afrikas, dem Kibo im Kilimandscharo-Massiv, wurde Uhuru-Peak, Freiheitsspitze.

Die alten Bande sind zerrissen. Die Bundesrepublik Deutschland zahlt nur noch an wenige überlebende Veteranen der Askari-Truppen einen Ehrensold. Nur wenige Deutsche leben heute in Tansania. Andererseits kennen Tausende von deutschen Touristen die Luxus-Hotels von Dar-es-Salaam, Aruscha und Mwanza. Millionen von Fernsehzuschauern kennen die Serengeti-Steppe, den Ngorongoro-Krater und die vierzehn anderen Naturschutzparks und Wildreservate besser als die Lüneburger Heide.

Die deutsche Kolonialzeit und der Buschkrieg Lettow-Vorbecks sind nur noch schwache Erinnerungen, über die man nicht gerne spricht, die man am liebsten verdrängt. Der alte Ruf »Heia, Safari!« ist zum Spottruf gegen militaristische Marschierer geworden, und man schämt sich der deutschen Beteiligung an der Kolonialpolitik der europäischen Industrie-Nationen als einer Politik der imperialistischen Versklavung der Völker Afrikas.

Und dennoch: Dem Fernweh und dem Tatendrang der damaligen »Afrikaner« entspricht die heutige Begeisterung und Einsatzfreude der Jugend für die Entwicklungshilfe. Der Kolonialismus ist heute als Unrecht erkannt und wird zu Recht verdammt. Es muß aber zugegeben werden, daß auch die Begeisterung für die Entwicklungshilfe nach Jahrzehnten der Mißerfolge abzuflauen beginnt. Die Kolonialverwaltungen haben damals Fehler gemacht, sie haben ohne Rücksicht auf Traditionen willkürliche Grenzen quer durch Afrika gezogen. Sie haben die Rohstoffe geplündert, ohne die Industrialisierung der Kolonien ausreichend zu fördern. Sie haben durch Übertragung der Segnungen der modernen Hygiene und Medizin eine Bevölkerungsexplosion ausgelöst, ohne die notwendigen Grundlagen für die Ernährung der wachsenden Menschenmengen zu schaffen. Sie haben im Gegenteil die Einwohner riesiger Landstriche dazu verleitet oder dazu gezwungen, Monokulturen von landwirtschaftlichen Exportprodukten anzulegen, während die Bevölkerung hungerte. Eine gerechte Beurteilung des deutschen Anteils an diesen Entwicklungen der Kolonialzeit muß zu dem Ergebnis kommen, daß die deutschen Kolonialverwaltungen nicht schlimmer und nicht besser waren als alle anderen. Die deutsche Kolonialzeit war 1919 zu Ende und hat deshalb nur wenige Jahrzehnte gedauert. Insgesamt kann man auf deutscher Seite froh darüber sein, daß man die Verantwortung 1919 los wurde. Denn es blieb Deutschland der schmerzliche Prozeß der Entkolonialisierung erspart, der den Engländern, Franzosen, Belgiern, Holländern und Portugiesen so große Wunden auf allen Lebensgebieten geschlagen hat. Waren aber die deutschen Fehler schlimmer als die der anderen?

Der Maji-Maji-Aufstand von 1905 bis 1907 in Deutsch-Ostafrika war ein Kinderspiel gegen das, was ein halbes Jahrhundert später nördlich der Grenze geschah, als der Mau-Mau-Aufstand losbrach. Die Fehlplanungen der Kolonialverwaltungen vor der Jahrhundertwende sind nicht erwähnenswert neben den gigantischen Fehlplanungen der Entwicklungspolitik unserer Zeit, an der sich alle Industrie-Staaten beteiligen: Wird der Assuan-Staudamm verschlammen und eines Tages brechen? Wird bis dahin die fehlende Düngung durch die früheren Schlamm-Überflutungen die wachsende Bevölkerung des Niltals nach Tausenden von Jahren relativen Wohlstands dem Hunger ausliefern? Werden die Völker Afrikas weiterhin Prestige- und Prachtbauten für Verwaltungen und Flughäfen bezahlen müssen, während sie ihre Lebensmittel in Konserven aus den Industrie-Staaten einführen?

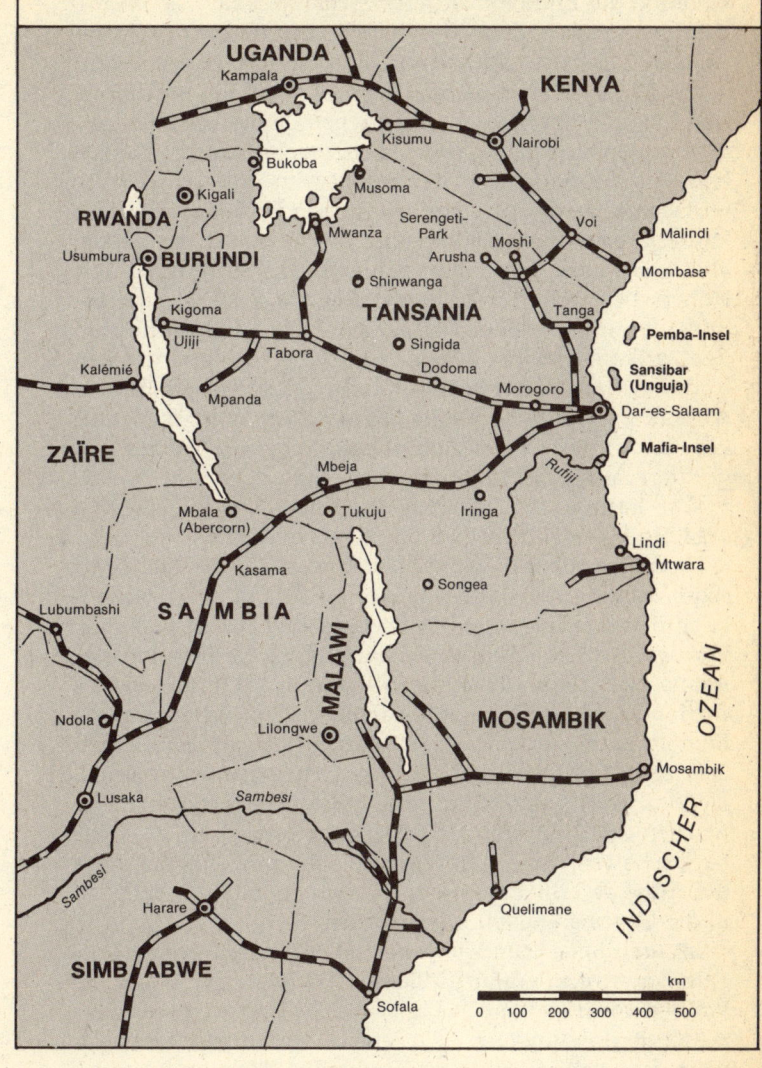

Die Region heute (1984)

UGANDA

Kampala

KENYA

Kisumu

Bukoba

Nairobi

Musoma

Kigali

Serengeti-Park

Voi

Malindi

RWANDA

Moshi

Mwanza

Arusha

Mombasa

Usumbura

BURUNDI

Shinwanga

Tanga

Kigoma

TANSANIA

Pemba-Insel

Ujiji

Singida

Sansibar
(Unguja)

Kalémié

Tabora

Dodoma

Mpanda

Morogoro

Dar-es-Salaam

Mafia-Insel

ZAÏRE

Mbeja

Rufiji

Mbala
(Abercorn)

Tukuju

Iringa

Lindi

Kasama

Mtwara

Lubumbashi

SAMBIA

Songea

Ndola

MALAWI

MOSAMBIK

Lilongwe

Lusaka

Mosambik

Sambesi

INDISCHER OZEAN

Sambesi

Harare

Quelimane

SIMBABWE

km

Sofala

0 100 200 300 400 500

Die Geschichte rückt manches in eine neue Perspektive. Trotz großer Bemühungen der früheren Kolonialmächte während der Entkolonialisierungszeit ist es fast nirgendwo gelungen, stabile demokratische Verhältnisse in den neuen afrikanischen Ländern zu hinterlassen. Stammesfehden und Ausrottungskriege sind an der Tagesordnung. Fast alle Afrika-Staaten unterliegen heute Zwangsregimen autoritärer Herrscher oder revolutionärer Einparteien-Diktaturen. Viele der politischen ebenso wie der wirtschaftlichen Schwierigkeiten werden der schweren Hinterlassenschaft des Kolonialsystems zugeschrieben, aber nicht alles läßt sich so erklären. In Wirklichkeit entstehen die meisten Schwierigkeiten aus dem Zusammenprall der industriellen Kultur, die kleine Elite-Schichten der Afrikaner in ihre Länder übertragen wollen, mit den traditionellen Lebensweisen und Gesellschaftsformen Afrikas. Aber dieses Problem überfordert heute die Politiker des entkolonialisierten Afrikas ebenso, wie es vor hundert Jahren die Kolonialpolitiker überforderte.

Was ist aus den Ländern des Kriegsschauplatzes von 1914 bis 1918 in Ostafrika inzwischen geworden?

Deutsch-Ostafrika wurde 1920 aufgeteilt in das britische Völkerbund-Mandatsgebiet (»B-Mandat«) Tanganjika und in das belgische B-Mandatsgebiet Ruanda-Urundi. Portugal erhielt das kleine Landdreieck südlich des Rowuma-Deltas mit den Orten Kionga und Kilindi, das als C-Mandat der Kolonie Mosambik zugeschlagen wurde. Bemühungen der britischen Mandatsverwaltung in den 20er und 30er Jahren, einen Zusammenschluß von Kenia, Uganda und Tanganjika zu erreichen, scheiterten. 1946 wurden die verfallenen Völkerbundsmandate in Treuhandschaften der Vereinten Nationen umgewandelt, die die Aufgabe erhielten, diese Gebiete so bald wie möglich in die Unabhängigkeit zu entlassen.

In *Tanganjika* gründete Julius Nyerere 1954 seine »Tanganyika African National Union« (TANU), mit der er die Wahlen von 1958 und 1960 gewann. Er bildete 1960 die erste Regierung, und am 9. Dezember 1961 wurde Tanganjika in die Freiheit entlassen. Tanganjika blieb ein Jahr lang

Königreich unter der britischen Krone, erklärte sich dann aber zur Republik.

Die Insel *Sansibar*, die 1891 gegen Helgoland getauscht und dadurch britisch geworden war, erhielt am 10. Dezember 1963 von Großbritannien die Unabhängigkeit. Das arabische Sultansregime wurde aber schon einen Monat später von afrikanischen Nationalisten durch einen grausamen Staatsstreich gestürzt. Gleichzeitig erhob sich eine Meuterei der Truppen von Tanganjika gegen Nyerere, der sich nur mit britischer militärischer Hilfe in seinen Ämtern halten konnte. Am 26. April 1964 schloß er beide Gebiete zur Vereinigten Republik von Tanganjika und Sansibar zusammen, die ab Oktober 1964 den synthetischen Namen Tansania annahm.

Nyerere gewann in der Weltöffentlichkeit viele Sympathien für sich, weil er einen eigenen afrikanischen Weg zur Modernisierung seines Staates erfand, der vielen als hoffnungsvoll erschien: »Ujamaa«. Er verzichtete auf schnelle Industrialisierung und setzte stärker auf die Landwirtschaft. Er förderte das ländliche Genossenschaftswesen, das der traditionellen Lebensweise mehr zu entsprechen schien. Immerhin wurden Straßen und Eisenbahnen weiter ausgebaut.

Seit dem Ende der deutschen Kolonialzeit ist das Eisenbahnnetz um zwei Verbindungen ergänzt worden, die schon damals geplant oder in Angriff genommen worden waren, nämlich die Linie von Tabora hinauf zum Viktoria-See und die Verbindung zwischen Nordbahn und Mittellandbahn, diese allerdings weiter östlich in Küstennähe. Ferner wurde nach Kenia hinüber die Verbindung zur Uganda-Bahn bei Voi hergestellt.

Als Geschenk der Volksrepublik China erhielt Tansania die 1860 Kilometer der Tansam oder »Uhuru-Eisenbahn«, die quer durch den Süden des Landes nach Sambia verlaufen. Diese Linie nutzt allerdings Sambia mehr für den Export seiner Bergbauprodukte als Tansania, und selbst für Sambia ist sie nur interessant, falls die über Südafrika und Mosambik führenden Bahnverbindungen blockiert werden sollten.

Tansania gehört zu den Assoziierten Staaten der EG und erhält von dieser im Rahmen der verschiedenen Abkommen von Lomé viel Unterstützung, wie es auch vom Commonwealth und Ostblockländern Hilfe annimmt.

Aus einem Einparteien-Staat entwickelte sich Tansania aber immer mehr zu einem autoritären Regime hin, dessen Staatschef Nyerere sich als Mwalimu, Lehrer der Nation, feiern läßt. Nyerere enteignete die Farmen der Weißen und vertrieb den indischen Bevölkerungsanteil. Versuche, eine Wirtschafts-Union mit Kenia und Uganda herzustellen, scheiterten auch nach der Entkolonialisierung. Tansania wird beschuldigt, politische Gegner aus dem eigenen Land, aber auch unter den Flüchtigen aus anderen afrikanischen Staaten unter Verletzung der Menschenrechte gefangenzuhalten. Heute zählt Tansania zu den 15 ärmsten Ländern der Welt. Der afrikanische Weg zum Sozialismus wird von vielen als gescheitert angesehen. Nyerere, 1922 geboren, soll sich mit Rücktrittsabsichten tragen. Was geschehen wird, wenn der Mann abtritt, der als »milder Diktator« die Geschichte des Landes fast 25 Jahre hindurch ausschließlich in eigenen Händen hielt, ist nicht abzusehen. Inzwischen (1983) ist die Bevölkerung Tansanias von den geschätzten 2,9 Millionen Menschen der Jahrhundertwende und 5,1 Millionen von 1919 (ohne Kionga-Dreieck und Sansibar) auf 20,4 Millionen (davon entfallen rund 0,5 Millionen auf Sansibar) angewachsen.

Ruanda und *Burundi* bildeten schon in Deutsch-Ostafrika einen besonderen Gebietsteil, in dem keine direkte Verwaltung eingesetzt wurde, sondern im Rahmen einer »Indirect Rule« die traditionellen Watussi-Königreiche aufrechterhalten blieben. Die besondere Situation war dort, daß eine Bevölkerung von 15 Prozent Watussi die große Mehrheit von 85 Prozent Wahutu in halb-leibeigener Abhängigkeit hielt. Die Viehzüchter beherrschten die Ackerbauern. Der Fernhandel, einschließlich Sklavenhandel, war vor der deutschen Zeit in den Händen der Araber und lief über Udjidji und Tabora nach Daressalam. Urundi wurde 1890 deutsch und Ruanda 1899. An der Sozial-

Struktur und den politischen Verhältnissen änderte sich nicht viel, nur der Sklavenhandel hörte auf.

1920 wurde Ruanda-Urundi von Belgien verwaltetes B-Mandat des Völkerbundes. Versuche von belgischer Seite, eine direktere Verwaltung einzuführen, kamen nicht zu einem durchschlagenden Erfolg. Als Ruanda-Burundi 1946 UNO-Treuhandgebiet wurde, mit der Auflage einer baldmöglichen Entlassung in die Freiheit, strebte man eine Wiederherstellung der alten Königreiche an. Gegen diesen Gedanken erhoben sich jedoch in Ruanda die Wahutu-Völker und vertrieben 1959 einen Großteil ihrer Watussi-Herren nach blutigen Auseinandersetzungen, die Belgien nicht verhindern konnte. So wurde Ruanda 1962 zur Republik Rwanda mit dem Staatspräsidenten Grégoire Kayibanda, der alsbald (1965) eine Einheitspartei gründete und alle anderen Parteien ausschaltete. Am 5. Juli 1973 wurde er jedoch durch General Juvénal Habyarimana in einem unblutigen Putsch vertrieben. Der General gründete 1975 seinerseits eine neue Einheitspartei und schaltete in seiner »Zweiten Republik« das gesamte politische Leben gleich. Mit Hilfe seiner »Nationalen Revolutionsbewegung für Entwicklung« steuerte er das Land mit seinen (1983) 5,8 Millionen Einwohnern in die »Blockfreiheit«, was allerdings einer Assoziation mit der Europäischen Gemeinschaft nicht im Wege stand. Sein Land bleibt bedroht von der großen Zahl der Watussi-Flüchtlinge, die teils in Uganda, teils in Burundi auf eine Rückkehr hoffen.

Im südlichen Teil von Ruanda-Urundi, dem heutigen *Burundi*, lief die Entwicklung nämlich anders herum: Hier gelang die Wiederherstellung eines Watussi-Königreichs, gegen das sich die Wahutus mehrfach vergeblich erhoben. Ihre Aufstände wurden von den regierenden Watussi blutig niedergeschlagen. 1964 wurde die endgültige Trennung von Rwanda vollzogen.

Daran änderte sich nichts, als nach mehreren Staatsstreichen innerhalb der Königsfamilie und schließlich gegen sie am 28. November 1966 auch hier die Republik ausgerufen wurde. Staats- und Regierungschef wurde Michel Micombero, ein Watussi, Gründer der UPRONA-Partei.

Besonders blutig wurde durch einen Rachefeldzug der Watussi die Erhebung der Wahutus von 1972 niedergeschlagen. Die gesamte Elite der Wahutus wurde ausgelöscht, insgesamt schätzt man das Blutbad auf 100 000 Tote. 200 000 Flüchtlinge strömten in die Nachbarländer, besonders nach Rwanda.

Am 1. November 1976 wurde Micombero durch seinen Vetter Oberstleutnant Jean-Baptiste Bagaza gestürzt und auch in Burundi eine »Zweite Republik« ausgerufen. Weiterhin ist die UPRONA einzige legale Partei des Landes. Bagaza strebte durch Landreformen eine nationale Versöhnung der (1983) 4,4 Millionen Einwohner des Landes an und räumte den Wahutus größere Mitspracherechte ein.

Im Fall von Rwanda und Burundi kann also niemand sagen, daß durch willkürliche Grenzziehung der Kolonialmächte alle Probleme entstanden sind. Im Gegenteil, hier wurden die traditionellen Grenzen aus der Zeit vor der europäischen Kolonisation wiederhergestellt. Es wurden damit die alten Probleme wieder geschaffen, wie sie vor 1890 bestanden, mit einer Ausnahme: Der arabische Sklavenhandel kam nicht wieder, der möglicherweise Grundlage des relativen Reichtums der Watussi-Könige gewesen war, die ihre Wahutu-Untertanen als Sklaven an die Araber zu verkaufen pflegten. Ruanda-Burundi galt in der deutschen Zeit als einer der reichsten Teile der Kolonie, heute zählen Rwanda und Burundi zusammen mit Tansania zu den ärmsten Ländern der Welt. Es ist in Kigali und Bujumbura nicht gelungen, die wirtschaftlichen und politischen Probleme, die sich insbesondere aus dem großen Bevölkerungswachstum ergeben, zu lösen.

Was die Nachbarstaaten anbetrifft, so wurde *Kenya* allerdings nicht ohne vorherige grausame Auseinandersetzungen am 12. Dezember 1963 frei. Von 1952 bis 1956 tobte in Kenya der blutige Mau-Mau-Aufstand. Jedes Mitglied der schwarzen Befreiungs-Organisation mußte schwören, auf gegebenes Zeichen hin mindestens einen Weißen zu töten. Nach Zerschlagung der Geheimorganisation wurde bis 1960 ein mehr oder weniger ununterbrochener Bürgerkrieg gegen das britische Kolonialregime geführt. Kenya stand am Befreiungstag ein überragender Staatsmann in der Person von Jomo Kenyatta zur Verfügung. Kenyatta hat in der Zeit seiner Universitätsausbildung hervorragende soziologische Studien über Ostafrika und besonders über sein Kikuyu-Volk geliefert. Er war Mitglied der Mau-Mau-Geheimgesellschaft und entging dem britischen Galgen nur dadurch, daß er bereits im Gefängnis saß, als die ersten Bluttaten verübt wurden. Kenyatta bemühte sich, eine Art von Demokratie aufrechtzuerhalten. 1964 rief er die Republik aus. Nach der Ermordung von Tom M'Boya und der Ausschaltung von Oginga Odinga, dem Oppositionsführer, war jedoch Kenya ab 1969 ebenfalls ein Einparteien-Staat.

Nach dem Tode von Jomo Kenyatta am 22. August 1978 wurde Arap Moi von der Einheitspartei KANU zum Nachfolger bestimmt. Arap Moi ließ sich durch allgemeine Wahlen in seinem Amt bestätigen, hatte jedoch seither Mühe, mehrere Staatsstreiche abzuwehren. Das große Wachstum der Bevölkerung (1983: 18,8 Millionen Menschen) und periodisch wiederkehrende verheerende Trockenjahre machen dem Land wirtschaftlich schwer zu schaffen.

Uganda wurde bereits am 9. Oktober 1962 als eine konstitutionelle Monarchie und Föderation unter dem König von Buganda unabhängig. Am 22. Februar 1966 setzte jedoch Milton Obote den König ab. Obote war anfangs Führer der Opposition im Parlament, seit 1962 Premierminister gewesen. Eine Republik wurde ausgerufen, und Uganda wurde mehr und mehr zum Einparteien-Staat. Obote verstaatlichte die ausländischen Industrien und wies die Inder aus dem Land. Nicht zuletzt hierdurch ruinierte er die Wirtschaft Ugandas. 1971 wurde er durch einen Militärputsch seines bisherigen Mitarbeiters, Idi Amin, vertrieben. Amin errichtete eine blutige Diktatur und Willkürherrschaft, die Uganda zum Horror und Gespött der Welt machte. Nur das Regime von »Kaiser Bokassa« war schlimmer. Erst durch eine Invasion von Tansania wurde Idi Amins Schreckensregierung beendet. Nyerere setzte seinen Freund Obote wieder in seine Ämter in Uganda ein. Aber Obote ist es bisher nicht gelungen, seine Autorität im Lande wieder voll herzustellen, und er steht einem wachsenden Bürgerkrieg von marodierenden Armee-Einheiten und Rebellen gegenüber. Ugandas politische Zukunft und die seiner 14,6 Millionen Einwohner (1983) ist äußerst unsicher.

Der *Belgische Kongo* mit seinen (1983) 31,2 Millionen Einwohnern wurde am 30. Juni 1960 von Belgien — wie heute alle sagen: überstürzt — in die Freiheit entlassen.

Der erste Ministerpräsident, Patrice Lumumba, wurde bereits am 17. Januar 1961 ermordet. Schon am 11. Juli 1960 hatte die Katanga-Sezession begonnen. In dieser reichsten Provinz des Kongo gewann Moise Tschombé (ermordet 1967 in Algerien), unter anderem mit Hilfe von weißen Söldnern, die Oberhand. Nach blutigen Bürgerkriegszuständen ergriff 1965 durch einen Militärputsch Mobutu die Macht. Er rief 1967 die Demokratische Republik Kongo aus, die sich am 21. Oktober 1971 den Namen Republik Zaire gab. Mobutu schuf eine Einheitspartei »Volksbewegung der Revolution« und errichtete ein autoritäres Regime mit allen Attributen des Personenkults. Als Mobutu Sese Seko und Marschall von eigenen Gnaden regierte er das Land wie einst König Leopold II., nur daß die Kongo-Greuel von damals (1907) gegen die Polizeimethoden der Diktatur von heute verblassen. Einer Assoziierung mit der EG stand alles das nicht im Wege.

Das frühere Nordrhodesien, heute *Sambia*, war als Kolonial-Gebiet eine Schöpfung der British South African Company. 1911 hatten sich die britischen Siedler geweigert, der Union von Südafrika beizutreten. Erst 1924 übernahm die britische Regierung die Kolonie in direkte Verwaltung. 1953 bildete man eine Föderation aus Nordrhodesien (heute Sambia), Südrhodesien (heute Simbabwe) und Njassaland (heute Malawi). Diese Föderation wurde am 31. Dezember 1963 aufgelöst, und Nordrhodesien erhielt als Sambia am 24. Oktober 1964 seine Unabhängigkeit. Das 6,2-Millionen-Einwohner-Land (1983) wird seit der Unabhängigkeit von Kenneth Kaunda als Präsident der Republik in der Form einer milden Diktatur regiert. Kaunda gelang es, die Fehden der traditionellen Stämme in Grenzen zu halten. Er gründete 1971 die United Progressive Party (UPP) und rief 1972 den Einparteien-Staat aus.

Auf diese Weise gelang es ihm auch, die Schwierigkeiten mit seinem Militär und mit den starken Gewerkschaften im »Kupfer-Gürtel« zu überwinden. 1980 entging er knapp einem versuchten Staatsstreich. Der Kupfer-Export verschafft Sambia einen relativen Wohlstand, der jedoch durch die Schwankungen der Kupferpreise immer gefährdet bleibt. China schenkte und baute insbesondere zum Vorteil von Sambia die Tansam-Eisenbahn nach Daressalam, die jedoch seit Beendigung des Kolonialkrieges in Mosambik viel von ihrer politischen Bedeutung verloren hat, seit nämlich die Eisenbahnen und Häfen von Mosambik wieder offen sind.

Das frühere *Njassaland* (heute Malawi) hat, obwohl flächenmäßig viel kleiner, heute mehr Einwohner als Sambia (1983: 6,6 Millionen).

Die britische Kolonialherrschaft ging dort am 6. Juli 1964 zu Ende. Schon seit 1959 waren bürgerkriegsartige Erhebungen gegen das Kolonialregime entstanden. Der Sprecher der Freiheitsbewegung, Dr. Hastings Banda, wurde ins Gefängnis geworfen. Seine Kongreß-Partei gewann jedoch die ersten Wahlen von 1961; er selbst wurde 1963 Ministerpräsident und führte sein Land in die Freiheit. Eine 1966 ausgerufene Verfassung erklärt Malawi zum Einparteien-Staat mit Präsidial-Regime. Dr. Hastings Banda ließ sich 1971 zum Präsidenten auf Lebenszeit machen.

Die relativ milde Diktatur von Dr. Banda geht ihrem Ende entgegen, da der Staatschef bereits das Alter von 80 Jahren erreicht hat. Was nach ihm kommt, ist nicht abzusehen.

Mosambik gehörte fast 500 Jahre lang zu Portugal. Während die Ausbeutung der Bergbau- und Landwirtschaftsprodukte des Landes traditionell im Vordergrund gestanden hatte, wurde seit 1950 eine aktivere Besiedlungspolitik durchgeführt. Jährlich wurden etwa 5000 Siedler nach Mosambik geschickt. Wegen der strikten Segregation und einer grausamen Eingeborenen-Gesetzgebung, die unter anderem Zwangsarbeit in sklaverei-ähnlicher Form vorsah, entstanden jedoch immer bedrohlichere Rassen-Spannungen. 1961 wurde die Eingeborenen-Gesetzgebung reformiert, und den sogenannten »Civilizados« die portugiesische Staatsbürgerschaft gewährt. Dies wurde jedoch in einem Land mit 98 Prozent Analphabeten als plumpe Beruhigungspolitik betrachtet (es wurden insgesamt etwa 6000 Personen zu Civilizados erklärt). Auch die Erklärung Mosambiks zur Überseeprovinz Portugals wurde in der Weltöffentlichkeit und im Lande selbst als Versuch angesehen, das Kolonialproblem hinwegzudefinieren. 1962 wurde die Frelimo gegründet, die seit 1964 den Portugiesen einen blutigen Guerilla-Krieg lieferte. Seit der Ermordung von Eduardo Mondlane im Jahre 1969 ist Samora Machel unbestrittener Führer der Frelimo. Er wurde Präsident der Volksrepublik Mosambik, nachdem die Revolution der Nelken das faschistische Regime in Portugal gestürzt hatte und auf Grund von Abkommen des Jahres 1974 Mosambik am 25. Juni 1975 die völlige Freiheit erhielt. Die Frelimo errichtete in Mosambik ein Einparteien-System nach marxistisch-leninistischen Vorstellungen. Mosambik arbeitete von Anfang an mit der Sowjetunion und anderen Ostblock-Ländern zusammen und hat Beobachter-Status beim Comecon. Gleichzeitig bemüht man sich jedoch um eine Assoziierung mit der EG. Seit dem Abkommen von Nkomati vom 15. März 1984 versucht Mosambik aus wirtschaftlichen Gründen, einen modus vivendi mit Südafrika zu finden. Beide Länder verzichten darauf, die Widerstandsbewegungen im anderen Land zu unterstützen. Dies ist in Mosambik die MNR (Mosambiks Nationale Resistenz), die allerdings auch nach dem Abkommen weiterkämpfte. Das Regime des 13,3-Millionen-Einwohner-Landes bleibt weiterhin bedroht.

Soviel über die heutige Lage in Ostafrika.

Die meisten Deutschen schämen sich heute der Tatsache, daß auch Deutschland an der kolonialen Unterwerfung afrikanischer Länder teilgenommen hat. Deutschland war der Nachzügler unter den Kolonialmächten. Die Kolonialpolitik war während ihrer ganzen Dauer in Deutschland nie unumstritten. Eigentlich nur das Argument »Wenn alle dabei sind, wollen wir auch dabei sein!« gab den Ausschlag.

Deutschland wurde als erste der Kolonialmächte von seinen Kolonien »befreit«, was man wohl als einen Glücksumstand ansehen muß, wenn man bedenkt, wieviel Schuld an Bürgerkrieg, Mord und Blut die Kolonialmächte während der Entkolonialisierungsperiode auf sich geladen haben. Andererseits kann man getrost bei der eingangs aufgestellten These bleiben, daß die deutsche Kolonialverwaltung vielleicht nicht besser, aber auch nicht schlechter als die der anderen Länder war.

Die Tatsache, daß Lettow-Vorbeck sich über vier Jahre in Ostafrika halten konnte, beweist jedenfalls, daß er nach der später entwickelten Guerilla-Theorie Mao Tse-tungs »wie ein Fisch im Wasser sich in der Landesbevölkerung bewegen« konnte. Nur wenige Ostafrikaner haben sich gegen die deutsche Schutztruppe erhoben.

Trotz jahrzehntelanger entgegenstehender Propaganda blieben viele Einzelleistungen deutscher Afrikaner in guter Erinnerung. Will man einige davon hervorheben, so kann man die Verdienste von Robert Koch um die Bekämpfung der Schlafkrankheit erwähnen oder den Einsatz des Militärarztes Zupitza (desselben, der später die Zeppelin-Aktion vorschlug und mitmachte) bei der Erforschung der Pestepidemien. Aber auch große wirtschaftliche Leistungen für das Wohlergehen der Kolonie, wie der Bau der 352 Kilometer langen Usambara-Bahn und die Herstellung der 1250 Kilometer der Zentralbahn, die kurz vor Kriegsausbruch 1914 fertig wurde, können erwähnt werden. Daressalam und Tanga waren zu modernen Häfen ausgebaut worden.

Insgesamt dauerte die deutsche Kolonialzeit in Ostafrika nur von Februar 1885 bis August 1914, also weniger als dreißig Jahre. Meistens wird auch die Zahl der deutschen Kolonisten maßlos überschätzt. Im Jahre 1914 befanden sich etwa 5000 Deutsche in Ostafrika, Frauen und Kinder mitgezählt. Es bestanden etwa 700 europäische Pflanzungen mit 100 000 Hektar Land, also keine Rede von Zwang zur Monokultur eines ganzen Landes.

Die Zerstörung der ursprünglichen Natur durch Ausdehnung des Ackerbaus hatte allerdings auch in Ostafrika bereits begonnen, und zwar schon vor der deutschen kolonialen Besitzergreifung, wie man in den Reiseberichten der siebziger und achtziger Jahre des vorigen Jahrhunderts über die dichter bevölkerten Gebiete, wie Ruanda-Urundi, nachlesen kann. Die Auslösung der Südwanderung der Sahara in die Sahelzone durch Vernichtung jeden Baumbestands und Verwendung der letzten Wurzelstöcke als Brennholz für die wachsende Bevölkerung blieb den sechziger und siebziger Jahren unseres Jahrhunderts mit ihrer angeblich so großartigen Entwicklungsplanung vorbehalten.

Es ist eine besonders traurige Tatsache, daß die größte Leistung an Einsatzfreude, Ausharrungsvermögen, Opfersinn und Erfindungsreichtum nicht mehr dem friedlichen Ausbau der Kolonie dienen konnte, sondern eine militärische sein mußte: die vierjährige Verteidigung Deutsch-Ostafrikas gegen eine gewaltige Übermacht durch eine Schutztruppe von ursprünglich etwa 220 deutschen Soldaten, zu der später 60 Polizeibeamte und 600 Marine-Angehörige überstellt wurden, sowie rund 2700 Wehrpflichtige. Die Gesamtstärke der Schutztruppe mit den jeweiligen Zugängen und Verlusten betrug zu keinem Zeitpunkt mehr als rund 3000 weiße Soldaten und 12 000 Askaris. Diese Höchststärke war Anfang März 1916 beim Beginn der großen britischen Offensive erreicht.

Es wäre zu wünschen, daß der heutige Einsatz für die Entwicklung der Dritten Welt ein ebensolches Maß an Solidarität und Energie freisetzt wie die damaligen deutschen Kolonialbemühungen, die in einem vierjährigen, unvorstellbar entbehrungsreichen Buschkrieg untergingen.

Zeittafel

1848	Krapf und Rebmann entdecken den Kilimandscharo
1858	Burton und Speke in Udjidji
28. 10. 1871	Stanley trifft Livingstone in Udjidji
1880/1882	Hermann von Wissmann durchquert Afrika
10. 11. 1884	Dr. Carl Peters landet in Ostafrika im Auftrag der »Gesellschaft für deutsche Kolonisation«
27. 2. 1885	Kaiser Wilhelm II. unterzeichnet Schutzbrief
1. 11. 1886	Deutsch-britischer Vertrag über Interessenabgrenzung
30. 12. 1886	Deutsch-portugiesischer Grenzvertrag
2. 12. 1888	Deutsch-britische Seeblockade der ostafrikanischen Küste gegen Sklavenhandel
15. 12. 1888	Buschiri-Aufstand der Araber
3. 2. 1889	Hermann von Wissmann Reichskommisar, wirbt Askari im Sudan und in Mosambik an
8. 5. 1889	Buschiri-Aufstand niedergeschlagen
1. 7. 1890	Sansibar/Helgoland-Vertrag
20. 11. 1890	Deutsches Reich übernimmt Verwaltung von der Deutsch-Ostafrikanischen Gesellschaft
17. 8. 1891	Wahehe-Aufstand (1898 niedergeschlagen)
1893/1894	Graf von Götzen entdeckt Kiwu-See, erforscht Ruanda
1904	Aufhebung der Sklaverei
1905/1906	Maji-Maji-Aufstand
1912	Dr. Heinrich Schnee Gouverneur von Deutsch-Ostafrika

12. 12. 1913	Oberstleutnant Paul von Lettow-Vorbeck Kommandeur der Schutztruppe
1. 4. 1914	Kreuzer »Königsberg« verläßt Kiel (Kommandant Korvettenkapitän Max Looff)
6. 6. 1914	Kreuzer »Königsberg« trifft in Daressalam ein
5. 8. 1914	Meldung der Kriegserklärung Englands an Deutschland wird in Ostafrika bekannt
5. 8. 1914	Englischer Kreuzer »Pegasus« beschießt deutsches Hilfsschiff »König«
6. 8. 1914	Belgischer Dampfer »Alexandre Delcommune« wird beim Auslaufen aus Kigoma am Tanganjika-See nicht behindert
8. 8. 1914	»Pegasus« und »Astraea« beschießen Daressalam
8. 8. 1914	Belgische Behörden in Albertville setzen Verwaltungs-Assessor Dr. Dieterich und Besatzung seiner Dau gefangen; Dau wird beschlagnahmt
13. 8. 1914	Am Njassa-See zerstören Engländer den Dampfer »Hermann von Wissmann« und nehmen vom Kriegsausbruch nicht informierte Besatzung gefangen
15. 8. 1914	Deutsche Schutztruppe greift Taveta (Kenia) an
17. 8. 1914	England lehnt belgisch-französischen Vorschlag auf Neutralisierungsverhandlungen gemäß Kongo-Akte ab
22. 8. 1914	»Alexandre Delcommune« am Tanganjika-See fahruntüchtig geschossen
28. 8. 1914	Belgien gibt endgültig die Absicht auf, über Neutralisierung zu verhandeln
20. 9. 1914	»Königsberg« versenkt »Pegasus« vor Sansibar
2./4. 11. 1914	Bei Tanga schlägt die Schutztruppe den

	Landungsversuch eines großen britischen Expeditionskorps ab
28./30. 11. 1914	Zweite Beschießung Daressalams
18. 1. 1915	Gefecht bei Jassini bringt Sieg der Schutztruppe
14. 4. 1915	Sperrbrecher »Rubens« in der Mansabucht bei Tanga
11. 7. 1915	»Königsberg« im Rufiji-Delta versenkt
8. 3. 1916	Offensive von General Smuts beginnt
15. 3. 1916	Sperrbrecher »Marie« in der Ssudi-Bucht
6. 4. 1916	Belgische Offensive beginnt
26. 8. 1916	Briten besetzen Morogoro
4. 9. 1916	Daressalam übergeben
18. 9. 1916	Mit Kiswere wird letzter deutscher Hafen besetzt
19. 9. 1916	Tabora von Belgiern besetzt
20. 1. 1917	General Smuts verläßt den Kriegsschauplatz (Oberbefehl geht zunächst an General Hoskins, da General van Deventer krank)
29. 5. 1917	General van Deventer zurück nach Ostafrika, übernimmt den Oberbefehl auf britischer Seite
14./18. 10. 1917	Gefecht von Mahiwa
23. 11. 1917	Luftschiff L 59 (von Bulgarien gestartet) wird in Höhe von Khartum zurückgerufen
25. 11. 1917	Schutztruppe überschreitet den Rowuma nach Mosambik (Gouverneur Schnee bleibt bei der Truppe)
28. 11. 1917	Westtruppen unter Hauptmann Tafel kapitulieren am Rowuma (110 Europäer, 1200 Askari)
24. 8. 1918	Schutztruppe beginnt nach 10 Monaten Guerilla-Krieg in Mosambik Rückmarsch nach Deutsch-Ostafrika
28. 9. 1918	Rowuma bei Magwamira überschritten. Gouverneur Schnee ist nach wie vor bei der Truppe

1. 11. 1918	Einfall nach Rhodesien bei Fife
14. 11. 1918	Kapitulation bei Kasama
17. 11. 1918	Beginn der Rückreise an Bord der »Fieldmarshall« (ex »Feldmarschall«)
25. 11. 1918	Übergabe bei Abercorn
8. 12. 1918	Ankunft in Daressalam. General Wahle stößt zu dem Rücktransport
28. 2. 1919	Eintreffen in Rotterdam. Kapitän Looff (aus Gefangenschaft entlassen) stößt zu dem Rücktransport
2. 3. 1919	Die heimkehrende Schutztruppe marschiert mit Gouverneur Schnee, Lettow-Vorbeck, Kapitän Looff und General Wahle durchs Brandenburger Tor
10. 1. 1920	Deutsch-Ostafrika wird aufgeteilt in drei Völkerbundsmandate: Britisches B-Mandat »Tanganjika-Territorium«, Belgisches B-Mandat »Ruanda-Urundi« und portugiesisches C-Mandat »Kionga-Dreieck«
18. 4. 1946	Völkerbunds-Mandate werden UNO-Treuhandgebiete mit der Auflage, sie sobald wie möglich in die Freiheit zu entlassen
9. 12. 1961	Tanganjika wird unabhängig, zunächst noch unter der britischen Krone, ein Jahr später Republik. Julius Nyerere wird zunächst Ministerpräsident, dann Staatspräsident
1. 7. 1962	Ruanda wird Republik Rwanda Urundi wird als Königreich Burundi unabhängig
26. 4. 1964	Tanganjika und Sansibar werden zusammengeschlossen, ab Oktober 1964 unter dem Namen Tansania
28. 11. 1966	Burundi wird Republik
25. 6. 1975	Mosambik wird unabhängig (damit verfällt endgültig das Völkerbund C-Mandat, bzw. die UNO-Treuhandschaft über Kionga-Dreieck)

*Liste der Offiziere und im Offiziersrang
stehenden Beamten, die sich am 14. November 1918
bei der Schutztruppe befanden*

Gouverneur	Dr. Schnee	
Generalmajor	von Lettow-Vorbeck	
Major	Kraut	
Kapitänleutnant	Apel	
Hauptmann	Köhl	
Hauptmann	Meyer	
Hauptmann	Müller	
Hauptmann	Otto	
Hauptmann	Spangenberg	starb in Gefangenschaft am 18. 12. 1918 an Spanischer Influenza
Hauptmann	Stemmermann	
Oberleutnant d. R.	von Busse	
Oberleutnant d. L.	Merensky	
Oberleutnant d. R.	von Ruckteschell	
Oberleutnant d. L.	Treuge	
Oberleutnant z. S.	Wenig	
Leutnant d. R.	Brixner	
Leutnant d. R.	Dieterich	
Leutnant z. S. d. R.	Dringler	
Leutnant d. R.	Kempner	
Leutnant d. R.	von Scherbening	
Leutnant d. L.	Vortisch	
Stabsarzt	Dr. Taute	
Stabsarzt	Dr. Müller	
Abteilungsarzt	Regierungsarzt Dr. Deppe	

Abteilungsarzt	Oberarzt Dr. Klemm	
Abteilungsarzt	Dr. Marshall	
Oberveterinär d. R.	Dr. Huber	
Oberapotheker d. R.	Beyer	
Feldtelegraphensekr.	Schmidt	
Unterzahlmeister	Dohmen	
Offizierstellv.	Sabath	
Untervet. d. R.	Dr. Ruprecht	
Unterapotheker d. R.	Hochstetter	
sowie 122	Unteroffiziere und Mannschaften	10 starben in Gefangenschaft an Influenza
also 155	Europäer ins- gesamt	11 Influenza- Opfer
sowie 1168	Askaris	162 starben in Gefangenschaft an Influenza
also 1323	Soldaten ins- gesamt	173 Influenza- Opfer

Literaturauswahl

Anon., Anleitung zum Felddienst in Deutsch-Ostafrika, 1911

Anon., Der Krieg in den deutschen Kolonien, Berlin (E. S. Mittler & Sohn) 1922

Anon., Deutschland in den Kolonien, Berlin (Otto Stollberg & Co., Verlag für Politik und Wirtschaft) o. J. (ca. 1922)

Anon., Les Campagnes Coloniales Belges 1914—1918, Brüssel, o. J.

Anon., The Union of South Africa and the Great War 1914—1918, Official History

Admiralty, British, Naval Africa Expedition 1915—1916, Official Admiralty Account, London 1966

Armstrong, H. C., Grey Steel: J. C. Smuts, London (Arthur Barker) 1937

Arning, Wilhelm, Vier Jahre Weltkrieg in Deutsch-Ostafrika, Hannover (Jänecke) 1920

Arning, Wilhelm, Deutsch-Ostafrika gestern und heute, Berlin (D. Reimer) 1936

Assmann, Kurt, Die Kämpfe der Kaiserlichen Marine in den Deutschen Kolonien (Zweiter Teil: Deutsch-Ostafrika) (Marine-Archiv: Der Krieg zur See 1914—1918) Berlin 1935

Assmann, Kurt, Deutsche Seestrategie in zwei Weltkriegen, Heidelberg (Scharnhorst Buchk.) 1956 und Heidelberg (Vowinckel) 1957

Baer, C. H., Der Völkerkrieg — eine Chronik der Ereignisse seit dem 1. Juli 1914, 2. Bd., Stuttgart (Julius Hoffmann) 1917

Baumann, Oscar, Usambara und seine Nachbargebiete. Allgemeine Beschreibung des nördlichen Deutsch-Ostafrikas und seiner Bewohner, Berlin 1891

Baumbach, Norbert v., Ruhmestage der deutschen Marine. Bilddokumente des Seekriegs, Hamburg (Broscheck) 1933

Beckmann, Walther, Unsere Kolonien und Schutztruppen, Berlin (Kyffhäuser) 1934

Behr, H. F. von, Kriegsbilder aus dem Araberaufstand in Deutsch-Ostafrika, Leipzig (Brockhaus) 1891

Belot, Admiral de, und Reussner, A., La Puissance Navale dans l'histoire de 1914 à 1959, Paris (Editions maritimes et d'outre-mer) 1971

Bennett, Geoffrey, Naval Battles of the First World War, London (Batsford) 1966, New York (Scribner's) 1968

Berger, Arthur, Kampf um Afrika, Berlin (Büchergilde Gutenberg) 1938

Blöcker, H., Deutsch-Ost-Afrika, einst und jetzt, 1928

Blumberg, General, Britain's Sea Soldiers 1914—1919, (Kapitel 19: Ostafrika), London 1919

Boell, Ludwig, Der Waffenstillstand 1918 und die ostafrikanische Schutztruppe, in: *Wehrwissenschaftliche Rundschau*, Jg. 14, H. 6, S. 324—336

Boell, Ludwig, Die Operationen in Ost-Afrika. Weltkrieg 1914—1918, Hamburg (Privatdruck) 1951

Bolsinger, W., und Rauschanbel, H., Jambo watu, Stuttgart-Gablenberg (Christoph Steffen) 1926

Brose, W., Die deutsche Kolonialliteratur von 1884—1895, Berlin 1897

Buchanan, Angus, Three Years of War in East Africa, London (John Murray) 1919

Busch, F. O., Unter der alten Flagge 1914—1918, Berlin 1935

Busch, F. O., und Ramlow, G., Traditionshandbuch der Kriegsmarine, Berlin 1937

Busch, F. O., und Forstner Georg G. Frh. v., »Die Kriegstätigkeit S. M. S. ›Königsberg‹«, in: Unsere Marine im Weltkrieg, Berlin (Brunnen-Verlag Willi Bischoff) 1934

Busch, F. O., und Forstner, G. G. Frh. v., »Hilfsschiff Rubens«, in: Krieg auf Sieben Ozeanen, Berlin (Brunnenverlag Willi Bischoff) 1935; »Hilfsschiff Marie«, in: ebd.; »L 59 fährt nach Deutsch-Ostafrika«, in: ebd.

Busch, F. O., und Ramlow, Gerhard, Deutsche Seekriegsgeschichte, Gütersloh (Bertelsmann) 1943

Buschan, Georg, Illustrierte Völkerkunde, Stuttgart (Strecker & Schröder) 1922

Büttner, K., »Die Anfänge der deutschen Kolonialpolitik in Afrika«, in: Studien zur Kolonialgeschichte, Bd. 1, Berlin (Ost) 1959

Caprivi, Leopold, von, Die ostafrikanische Frage und der Helgoland-Sansibar-Vertrag, Berlin (Triltsch & Huther) 1934

Cato, Conrad, »The Navy in East Africa«, in: The Navy Everywhere, London (Constable & Co., Ltd.) 1919

Chack, Paul, La Guerre des Croiseurs, du 4 aout 1914 à la Bataille des Falkland, 2 Bde., Paris (Soc. d'Editions géographiques, maritimes et coloniales) 1922/23

Chack, Paul und Antier, Jean-Jacques, Histoire Maritime de la Première Guerre Mondiale, 3 Bde., Paris (Editions France Empire) 1969, 1970, 1971

Chatterton, E. Keble, Gallant Gentlemen, London (Hurst & Blackett Ltd.) 1932

Chatterton, E. Keble, Severn's Saga, London (Hurst & Blackett) 1938

Chatterton, E. Keble, L'Aventure du »Königsberg« Aout 1914—Juillet 1915, Paris (Payot) 1932

Christiansen, Carl, Durch! Mit Kriegsmaterial zu Lettow-Vorbeck, Stuttgart (Verlag für Volkskunst Rich. Keutel) 1918

Churchill, Winston S., The World Crisis 1911—1918, 3 Bde., London (Thornton Butterworth Ltd.) 1923, 1923, 1927; überarbeitete und gekürzte Ausgabe 1931

Clifford, Sir Hugh, The Gold Coast Regiment in The East African Campaign, London (John Murray) 1920

Collyer, J., The South Africans with General Smuts in German East Africa, 1916, London und Pretoria (Union of South African Govnmt.) 1939

Corbett, Sir Julian, »Naval Operations 1914—1918« (History of the Great War, Vol. I—III, 5 Bde.), London (Longmans, Green & Co.) 1920—1923

Cranwell, J. P., Spoilers of the Sea. Wartime Raiders in the Age of Steam, London 1941

Cranworth, Lord, Kenya Chronicles, London (Macmillan) 1939

Crowe, J. H. V., General Smuts's Campaign in East Africa, London (John Murray) 1918

Cruttwell, C. R. M. F., A History of the Great War 1914—1918, Oxford (Clarendon Press) 1934

Dammann, Ernst, Polyglott-Sprachführer Suaheli für Ostafrika, München (Polyglott) 7. Auflage 1984

Dane, E., British Campaigns in Africa and the Pacific 1914—1918, London (Hodder & Stoughton) 1919

Daniell, David Scott, Sea Fights, London (Batsford) 1966

Daveluy, Admiral, L'Action Maritime pendant la guerre anti-germanique, Paris (Challamel) 1920

Deppe, Ludwig, Mit Lettow-Vorbeck durch Afrika, Berlin (Scherl) 1921

Deppe, Charlotte und Ludwig, Um Ostafrika, Dresden (E. Bentelspacker & Co) 1925

Deutsches Kolonialblatt, Amtsblatt für die Schutzgebiete des Deutschen Reiches. Herausgegeben in der Kolonialabteilung des Auswärtigen Amtes, Berlin (Mittler & Sohn) 1890—1921

Deutsche Kolonial-Zeitung, Berlin (Monatsschrift des Reichskolonialbundes) 1884—1922, 1939—1944

Deutscher Kolonialkriegerbund, Unvergessenes Heldentum. Das Kolonisationswerk der Deutschen Schutztruppe und Marine, Berlin (Verlag Kolonialwarte) o. J. (ca. 1934)

Dinglreiter, Senta, Wann kommen die Deutschen endlich wieder, Leipzig (Koehler & Amelang) 1935

Dix, Arthur, Was Deutschland an seinen Kolonien verlor, Berlin (Verlag Reimar Hobbing) o. J.

Dobbertin, Walther, Die Soldaten Lettow-Vorbecks, Hamburg o. J. (ca. 1930)

Dolbey, R. V., Sketches of the East Africa Campaign, London (John Murray) 1918

Dove, K., Die deutschen Kolonien, Leipzig (Göschen) 1912

Downes, W. D., With the Nigerians in German East Africa, London (Methuen) 1919

Draeger, Hans, Gouverneur Schnee. Ein Künder und Mehrer deutscher Geltung, Berlin 1931

Dupuy, Trevor Nevitt, Naval and Overseas War 1914/15, New York (Franklin Watts) 1967

Eckart, Peter, Blockadebrecher »Marie«. Abenteuer-Fahrten des Kapitäns Sörensen im Weltkrieg, Berlin (Ullstein) 1937.

Eckart, Peter, Marineblau und Khaki. Der Heldenkampf des Kreuzers Königsberg, Stuttgart (Frank'sche Verlagsbuchh.) 1939

Eisenhart-Rothe, Ernst v., Ehrendenkmal der deutschen Armee und Marine, Berlin/München (Deutscher National-Verlag A. G.) 1934

Engelhardt, Th., Meine Reise durch Uhehe usw., Beiträge zur Kolonialpolitik und Kolonialwirtschaft 1901/1902 II, Berlin (Wilh. Süsserott), o. J.

Erdmann, Gustav Adolf, Die Taten der deutschen Flotte im Weltkrieg, Bielefeld und Leipzig (Velhagen & Klasing) 1915

Erstorff, L. v., Wanderungen und Kämpfe in Südwestafrika, Ostafrika und Südafrika, 1894—1910, hg. v. C. F. Kutscher, 1968

Farrère, Claude und Chack, Paul, Combat et Batailles sur mer, Paris (Flammarion) 1925

Fayle, C. Ernest, History of the Great War, 3 Bde., London (John Murray) 1920—1924

Fayle, C. Ernest, Seaborne Trade, 3 Bde., London (Longmans, Green & Co) und New York (Murray) 1920—1924

Ferguson, B., The Watery Maze, London (Collins) 1961

Feudall, C. P., The East African Field Force 1915—1919, London (Witherby) 1921

Floerke, H., Von der Nordsee zu den Dardanellen — Neue Heldentaten unserer Flotte, München (Georg Müller) 1916

Floerke, G., und Gärtner G., Unserer Flotten Heldentaten — Seekriegserlebnisse, Bd. 1, München (Georg Müller)1915

Förster, B., Deutsch-Ostafrika — Geographie und Geschichte der Kolonie, Leipzig 1890

Förster, Wolfgang, Kämpfer an vergessenen Fronten, Berlin (Deutsche Buchvertriebsstelle) 1931

Finck, Heinrich, Deutsch-Ostafrika. Eine Schilderung deutscher Tropen nach 10 Wanderjahren, Berlin (Vossische Buchhandlung) 1907

Foss, Max, »Bagamoyo und Dar-es-Salam durch die Marine gehalten«, in: Scheel, Willy (Hg.), Deutschlands Seegeltung, Halle/Saale 1905

Frothingham, Thomas G., The Naval History of the World War, 3 Bde., Cambridge/U. S. (Harward University Press) 1924—1926

Funke, Alfred, Schwarz-weiß-rot über Ostafrika (Roman), Hannover (Adolf Sponholtz) 1933

Galle, Josef, Der Krieg auf dem Meere, Langensalza (J. Beltz) 1916

Gardner, Brian, German East. The Story of the First World War in East Africa, London (Cassell) 1963

Gleichen, Lord E., Chronology of the War, 3 Bde. und 1 Atlas, London (British Ministry of Information) 1918—1920

Goebel, J. und Förster, Walter, Afrika zu unseren Füßen. 40 000 km Zeppelin-Kriegsfahrt — Lettow-Vorbeck entgegen, Leipzig (v. Hase & Koehler) 1925

Giordani P., The German Colonial Empire, London 1916

Götzen, Gustav Adolf Grav v., Deutsch-Ost im Aufstand 1905/06, Berlin (Verlag Dietrich Reimer u. Ernst Vohsen) 1909

Gommes da Costa, A guerra nas Colonias, Lissabon o. J.

Goote, Thor, Peter Strasser, der Führer der Luftschiffe, Berlin (Deutsche Buch-Gemeinschaft) 1938

Gotthardt, Wilhelm (Hg.), Germany's Colonial Work in Africa. Objectively viewed by American and British experts, Bielefeld und Leipzig (Verlag von Velhagen & Klasing) 1937

Gregorius, K., Bwana Mzungu, der weiße Mann — Selbsterlebnisse unter Lettow-Vorbeck, 1953

Gröner, Erich, Die deutschen Kriegsschiffe 1815—1945, 2 Bde., München (J. F. Lehmanns Verlag) 1966 und 1968. Neuauflage Bd. 1, München (Bernard & Graefe) 1982

Grove, Jan Pieter, Vergeltung für Daressalam, Kolonial-Bücherei Heft 5, Berlin (Steininger) 1940

Grube, Elsa, und Wrage, Werner, Polyglott-Reiseführer Ostafrika. Kenia, Tansania, Uganda, München (Polyglott) 12. Aufl. 1981/1982

Haas, Rudolf de, Piet Nieuwenhuizen, der Pfadfinder Lettow-Vorbecks, Berlin (Safari-Verlag) 1921

Hamshere, C. E., »The Campaign in German East Africa«, in: History Today, April 1965

Hassert, Kurt, Deutschlands Kolonien, Leipzig/Berlin (Teubner) 1910

Hassert, Kurt, »Die Erwerbsgeschichte der deutschen Schutzgebiete und die Flotte«, in: Scheel, Willy (Hg.): Deutschlands Seegeltung, Halle/Saale 1905

Hauer, August, Kumbuke — Erlebnisse eines Arztes in Deutsch-Ostafrika, Berlin (Hobbing) 1923

Heichen, Walter, Helden der See — Heldentaten unserer Marine 1914/1918, Berlin (A. Weichert) o. J.

Heichen, Walter, Helden der Kolonien, Berlin (A. Weichert) 1938

Heil, Mathilde, Erlebnisse einer Schwester im In- und Ausland. Deutsch-Ostafrika-Weltkrieg, Rudolfstadt (F. Mitzlaff) 1936

Henningsen, N., Unserer Auslandskreuzer Ruhm und Ende 1914, nach Berichten und Briefen von Augenzeugen dargestellt, Köln 1913

Henoch, H., »Repertorium der deutschen Kolonialliteratur«, Sonderhefte in *Koloniales Jahrbuch* (Nr. 13), *Zeitschrift für Kolonialpolitik* usw. (Nr. 18)

Herbert, Carl, Kriegsfahrten deutscher Handelsschiffe, Hamburg (Broschek) 1934

Heuler, Felix, Mit Volldampf ran an den Feind. Ein Heldenbuch der deutschen Marine aus den Kriegsjahren 1914/15, Würzburg 1916

Heye, Arthur, Vitani, Kriegs- und Jagderlebnisse in Ostafrika 1914—1916, Leipzig (Grunow & Co) 1922

Hildebrandt, Dr. med., Eine deutsche Militärstation im Inneren Afrikas, Wolfenbüttel (Heckners Verlag) 1905

Hirschberg, Ein deutscher Seeoffizier, III. Abt.: »Neunzehn Monate Kommandant des Kreuzers Schwalbe«, Wiesbaden 1898

Hirst, Lloyd, Coronel and After, London (Peter Davies) 1934

Hislam, Percival H., The Admiralty of the Atlantic — An Enquiry into the Development of German Sea Power, London 1908

Hoehling, A. A., »On Safari for the Königsberg«, in: The Great War at Sea S. 83 ff; New York (Thomas Y. Crowell) 1965

Hoffmann, Kurt, »Der Hafen von Tanga«, in: *Deutsche Kolonialzeitung*, 1900, S. 501—503

Hordern, Charles, Official History of the Great War — Military Operations — East Africa, August 1914—September 1916, Vol. 1, London (H.M.S.O.) 1941

Hoyt, Edwin P., The Germans who never lost, London (Leslie Frewin) 1969 (US-Edition: 1968)

Hubert. F., La guerra navale, mers du nord — mers lointaines, Paris (Payot) 1916

Hurd, Archibald, From Helgoland to Keeling Island, London (H. C. Bywater) 1914

Hurd, Archibald, Sound of the Admiralty — A Short History of the Naval War 1914—1918, London (H. H. Batford) 1919

Hurd, Archibald, The Merchant Navy, 3 Bde., London (Longmans, Green & Co.) 1921—1929

Hurd, Archibald, The German Fleet, London (Hodder & Stoughton) 1915

Hurd, Archibald, The British Fleet in the Great War, London (Constable) 1919

Iliffe, John, Tanganyika under German Rule 1905—1912, Dar-es-Salaam (East African Publishing House) 1969, reprinted 1972

Jambo, Unterhaltungs- und Belehrungshefte über Kolonien und Übersee; Nachkriegsjahrgänge, Leipzig (Verlag M. Hörhold) o. J.

Jungblut, Carl, Vierzig Jahre Afrika 1900—1940, Berlin (Spiegel-Verlag Paul Lippa), ca. 1941

Kalau vom Hofe, Eugen, Unsere Flotte im Weltkrieg 1914/15, Berlin (Mittler) 1916

Kalau vom Hofe, Eugen, Unsere Flotte im Weltkrieg 1914/1916, Berlin (Mittler) 1917

Kallenberg, Friedrich, Auf dem Kriegspfad gegen die Massai, München (C. H. Becksche Verlagsbuchhandlung) 1892

Karstedt, Oskar, Hermann v. Wissmann: Der Überwinder des Sklavenhandels, (Deutsche Kolonialhelden, Bd. III), Berlin (Verlag Otto Stollberg) 1933

Karstedt, Oskar, Deutsch-Ostafrika und seine Nachbargebiete, Berlin (Verlag Dietrich Reimer) 1914

Kempner, Staatssekretär z. D. Dr. Franz, »Verwaltung und Verteidigung von Deutsch-Ostafrika«, in: Draeger, Gouverneur Schnee (s. d.)

Kienitz, Ernst, Zeittafel zur deutschen Kolonialgeschichte, München (Fichte-Verlag) 1941 (Berlin 1934)

King-Hall, Sir Herbert, Naval Memories and Traditions, London (Hutchinson) 1926

Kirchhoff, Hermann, Der Seekrieg 1914—15. Schiffspost- und Feldpostbriefe, sowie andere Berichte von Mitkämpfern und Augenzeugen, Leipzig (Hesse & Becker) 1915

Kirchhoff, Hermann, »Der Krieg zur See«, in: Der Krieg 1914/1919 in Wort und Bild, Bd. 1: S. 104—112, 131—147, 206—223, 358—383, Bd. 2: S. 801—834, Berlin (Deutsches Verlagshaus Bong & Co.) 1919

Kirchhoff, Hermann, »Der Krieg in den Kolonien«, in: Der Krieg 1914/1919 in Wort und Bild. Bd. 1: S. 241—251, 383—384, Bd. 2: S. 835—840, Berlin (Deutsches Verlagshaus Bong & Co.) 1919

Knudsen, Knud, Fahrt nach Ostafrika — Bericht über die Hilfsfahrt der »Marie«, Flensburg (Soltan) 1917

Koch, Geheimer Admiralitätsrath, Beiträge zur Geschichte unserer Marine, Neue Folge, Berlin (E. S. Mittler & Sohn) 1906

Koch, P., Geschichte der deutschen Marine, 2. Aufl., Berlin 1906

Kock, N. und Christensen, C. P. (Ed), Blockade and Jungle, London (Robert Hale) 1941

Koenig, Harry, Heiß Flagge. Deutsche Kolonialgründungen durch SMS Elisabeth, Leipzig (Voigtländer) 1934

Koerner, Peter, Der Krieg zur See (Bd. IV der Dokumentation »Der Erste Weltkrieg 1914—1918), München (Wilhelm Heyne Verlag) 1968

Köhl, Franz, Der Kampf um Deutsch-Ostafrika 1914/1918 (Kriegsschriften des Kaiser-Wilhelm-Dank, Heft 147/50). Berlin (Verlag Kameradschaft Verlagsges.) 1919

Köhler, Wilhelm, (Hg.), Deutsches Heldentum zur See, Minden (Köhler) 1915

Köhlers illustr. deutscher Kolonialkalender, Minden (Köhler), mehrere Jahrgänge

Kolonialpost, Berlin, mehrere Jahrgänge

Kolonie und Heimat, Organ des Deutschen Kolonialen Frauenbundes, Berlin ab 1907, mehrere Jahrgänge

Kolonie und Heimat: Eine Reise durch die deutschen Kolonien, Bd. I—IV, Berlin (»Kolonie und Heimat«-Verlagsges.mbH.) 1909—1913 (Bd. D. O. A. 1909)

Kuntze, Paul H., Das Volksbuch unserer Kolonien, Leipzig (Georg Dollheimer Verlag) 1938

Kuntze, Paul H., Das neue Volksbuch unserer Kolonien, Leipzig (Georg Dollheimer Verlag) 1942

Langheld, Wilhelm, Zwanzig Jahre in deutschen Kolonien (Ostafrika und Kamerun), Berlin (Verlag Wilhelm Weicher) 1909

Langmaid, Kenneth, The Sea Raider, London (Jarrolds) 1963

Langsdorff, Werner v., (Hg.), Deutsche Flagge über Sand und Palmen, Berlin u. Gütersloh (Ullstein) 1936

Leinen los, (»Kampf um die Königsberg vor 53 Jahren«), Jg. 15, 1968, Heft 6/S. 25

Lettow-Vorbeck, Paul v., Meine Erinnerungen aus Ostafrika, Leipzig (K. F. Koehler) 1920 (englisch: »My Reminiscences of East Africa«, London, Hurst & Blackett, 1920)

Lettow-Vorbeck, Paul v., Heia Safari, Deutschlands Kampf in Ostafrika, Leipzig (Hase & Koehler) 1920 (englisch: 1927)

Lettow-Vorbeck, Paul v., »Die Ostafrikaner im Weltkrieg«, in: G. v. Dickhuth-Harrach (Hg.): Im Felde unbesiegt, Bd. 1, München (J. F. Lehmanns Verlag) 1921

Lettow-Vorbeck, Paul v., Was mir die Engländer über Ost-Afrika erzählten, Leipzig (K. F. Koehler) 1932

Lettow-Vorbeck, Paul, v., Afrika, wie ich es wiedersah, München (J. F. Lehmanns Verlag) 1955

Lettow-Vorbeck, Paul v., Mein Leben, Jugenheim (Koehler) 1957

Leue, A., Dar-es-Salaam. Bilder aus dem Kolonialleben, Berlin (Süsserott) 1903

Leue, A., Udjidji. Beiträge zur Kolonialpolitik und Kolonialwirtschaft 1900—1901, Bd. II, Berlin (Wilh. Süsserott) 1902

Liersemann, Heinrich, Klar zum Gefecht. Unsere blauen Jungen im Weltkrieg 1914/1915, Berlin (Weichert) 1915

Lindenberg, Paul, Unter Lettow-Vorbecks Fahnen in Ostafrika, Stuttgart (Bonz) o. J.

Lloyd-Jones, W., K.A.R. (History of the King's African Rifles), London (Arrowsmith) 1926

Lockhart, J. G., The Sea, Our Heritage, London (Geoffrey Bles) 1940

Lohmeyer/Wislicenus, Auf weiter Fahrt, 6 Bde., 1902/09

Looff, Max, »Der Anteil der Marine an der Verteidigung Deutsch-Ostafrikas«, in: *Marine-Rundschau* 1921 (Jahrg. 26), Heft 4, S. 173—181, und Heft 5, S. 236—244

Looff, Max, »SMS Königsberg, Kreuzerfahrten und letzter Kampf«, in: Mantey, Eberhard v. (Hg.), Auf See unbesiegt, Bd. 1/S. 124 ff. und 135 ff., München (J. F. Lehmanns Verlag) 1921

Looff, Max, »SMS Königsberg. Kämpfe in Deutsch-Ostafrika zu Wasser und zu Lande«, in: Reinhard Scheer und Willy Stöwer (Hg): Die deutsche Flotte in großer Zeit, S. 137 ff., Braunschweig (Westermann) 1926

Looff, Max, »SMS Königsberg«, in: Mantey, Eberhard v. (Hg.), Unsere Marine im Weltkrieg 1914—1918, S. 129, Berlin (Verlag C. A. Weller) 1927

Looff, Max, Deutsche Kolonie in Not, Berlin (Bertinetti) 1928

Looff, Max, Kreuzerfahrt und Buschkampf. Mit SMS Königsberg in Deutsch-Ostafrika, Berlin (Bertinetti) 1929

Looff, Max, Tufani — Sturm über Deutsch-Ostafrika (Bd. 12 v. Deutsche Tat im Weltkrieg 1914/18 — Darstellungen der Kämpfe deutscher Truppen), Berlin (Bernard & Graefe) 1936

Lucas, Sir Charles, The Empire at War, Vol. IV, London (Oxford) 1926

Macpherson, Sir W. G., and Mitchell, T. J., Official History of the Great War — Medical Services General History, Vol. IV, (H.M.S.O.) 1924

Mader, Friedrich Wilhelm, Am Kilimandjaro — Abenteuer und Kämpfe in Deutsch-Ostafrika, Stuttgart/Berlin/Leipzig (Union) o. J.

Mader, Friedrich Wilhelm, Vom Pangani zum Rowuma — Kämpfe und Jagdabenteuer in Deutsch-Ostafrika, Stuttgart/Berlin/Leipzig (Union) o. J.

Mader, Friedrich Wilhelm, In unbekannte Fernen — Deutsche Heldentaten in Portugiesisch-Ostafrika und in Rhodesien, Stuttgart/Berlin/Leipzig (Union) o. J.

Maerker, Georg, Unsere Schutztruppe in Ostafrika, Berlin (Siegismund) 1893

Mantey, Eberhard v., Auf See unbesiegt. Einzeldarstellungen aus dem Seekrieg, 2 Bde., München (J. F. Lehmanns Verlag), 1921 und 1922

Mantey, Eberhard v., Deutsche Marinegeschichte, Berlin-Charlottenburg, 1926

Mantey, Eberhard v., Histoire de la Marine allemande, Paris (Payot) 1929

Mantey, Eberhard v., Les Marins allemands au combat, Paris (Payot) 1930

Mantey, Eberhard v., Unsere Kriegsmarine vom Großen Kurfürst bis zur Gegenwart, Berlin (Verlag Offene Worte) 1934

Mantey, Eberhard v., (Hg.), So war die alte Kriegsmarine, Berlin 1935

Mantey, Eberhard v., (Hg.), Die Kapitäne Christiansen, nach Logbüchern erzählt, Berlin (Mittler) 4. Aufl. 1942

Marder, Arthur J., From the Dreadnought to Scapa Flow. The Royal Navy in the Fisher Era 1904—1919, 5 Bde., London (Oxford University Press) 1961/70

Marine-Rundschau: »Die Tätigkeit der Marine während der Niederwerfung des Eingeborenenaufstands in Ostafrika 1905/06«, Berlin 1907 = Beihefte zur *Marine-Rundschau* 1907 (Jg. XVIII)

Marine-Rundschau 1898, S. 1017: »Ausrüstung und Verwendung der Blockade-Boote des deutschen Geschwaders an der Ostküste Afrikas 1888/89«

Marinearchiv, Siehe Assmann, Raeder, Waldeyer-Hartz

Marine-Befehl 1890: »Bericht des Korvettenkapitäns Hirschberg über die Einnahme des Südens« (April/Mai 1890)

Mayer, Anton, Das Buch der deutschen Kolonien, Potsdam/Leipzig (Verlag Volk und Heimat) 1933

McCann, Hugh Wray, Utmost Fish (Roman über den Krieg auf den afrikanischen Seen), London (William Heinemann) 1966, London (Panther Books) 1967

Meinertzhagen, Richard, Army Diary, 1899—1926, London (Oliver & Boyd) 1960

Merker, Moritz, Die Massai, Berlin (Dietrich Reimer) 1904

Methner, Wilhelm, »Die Häfen Deutsch-Ostafrikas«, Berlin 1927 = *Meereskunde*, Bd. 15.4 = H. 170

Meyer, Hans, Deutsch-Ostafrika (Das deutsche Kolonialreich). Eine Länderkunde der deutschen Schutzgebiete, 2 Bde. Leipzig/Wien (Bibliogr. Institut) 1909

Middlemas, Keith, Command of the Far Sea, London (Hutchinson) 1961

Mielke, O., In die Enge getrieben. SM Kleiner Kreuzer Königsberg, München (SOS-Heft 49) 1954

Mielke, O., Auf Deutsch-Ostafrikas Seen. Dampfer »Hermann von Wissmann«, Dampfer »Hedwig von Wissmann«. Reihe Schicksale deutscher Schiffe, Rastatt (Rastatter Versandbuchhandlung) 1980

Millais, J. G., Live of F. C. Selous, London (Longmanns) 1918

Moulaert, G., La campagne du Tanganika, Brüssel (L'edition universelle) 1934

Moyse-Bartlett, H., The King's African Rifles, London (Gale & Polden) 1956

Mumby, F. A., (Ed.), »›And all for what?‹ D. W. J. Cuddeford«, (Heath Cranton) 1933, in: The Great World War — a History, London (Gresham) 1920

Nagel, A. G., S.M.S. Königsberg, Berlin-Lichterfelde 1929

Nigmann, Ernst, Geschichte der kaiserlichen Schutztruppe für Deutsch-Ostafrika, Berlin (Mittler & Sohn) 1911

Nigmann, Ernst, Die Wahehe, Berlin (Mittler & Sohn) 1908

O'Neil, H. C., The War in Africa and in the Far East, London (Longmans) 1919

O'Neil, H. C., The Royal Fusiliers in the Great War, London (Heinemann) 1922

Office de l'Information et des Relations Publiques pour le Congo belge et le Ruanda-Urundi, Congo Belge et Ruanda-Urundi. Guide du Voyageur, Brüssel (4. Ausgabe) 1958

Paasche, H., Deutsch-Ostafrika, Wirtschaftliche Studien, Berlin (Schwetschke) 1906

Pahl, Walther (Hg.), Farmer, Forscher und Askaris, Stuttgart (Deutsche Verlags-Expedition) 1939

Paschen, Vizeadmiral, Aus der Werdezeit zweier Marinen. Erinnerungen, Berlin (Mittler) 1908

Patera, Herbert, Der weiße Herr ohne Furcht, Berlin (Deutscher Verlag) 1939

Perbandt, C. v./Richelmann, G./Schmidt, R., Hermann von Wissmann. Deutschlands großer Afrikaner, Berlin (Verlagsbuchhandlung Alfr. Schall) 1906

Peters, Carl, Das deutsch-ostafrikanische Schutzgebiet, München-Leipzig (Verlag R. Oldenburg) 1895

Peters, Carl, Die Gründung von Deutsch-Ostafrika. — Kolonialpolitische Erinnerungen und Betrachtungen, Berlin (Schwetschke) 1906

Peters, Carl, Wie Deutsch-Ostafrika entstand — Persönlicher Bericht des Gründers, Leipzig (Verlag R. Voigtländer) 1912, Neuauflage Leipzig (Koehler & Voigtländer) 1940

Pfeiffer, Hans Ernst, Heiß war der Tag, Leipzig (Otto Janke) 1938

Pfeil, Joachim Graf v., Zur Erwerbung von Deutsch-Ostafrika. Ein Beitrag zu seiner Geschichte, Berlin (Curtius) 1907

Philipp., O., Englands Flotte im Kampf mit der deutschen Flotte im Weltkrieg 1914—1916, Leipzig 1920

Poggi, Marco (G. C. Angiolillo), Le Navi fantasma — Gli ultimi Corsari. La Guerra di corsa degli incrociatori tedeschi 1914—1918, 2. Ausgabe, Neapel (Bianco) 1960

Prince, Magdalene v., Eine deutsche Frau im Inneren Deutsch-Ostafrikas, Berlin (E. S. Mittler) 1905

Prince, Tom v., Gegen Araber und Wahehe. Erinnerungen an meine ostafrikanische Leutnantszeit 1890—1895, Berlin (E. S. Mittler & Sohn) 1914

Raeder, Erich, Der Kreuzerkrieg in den ausländischen Gewässern, 2 Bde. (in dem vom Marine-Archiv herausgegebenen Seekriegswerk »Der Krieg zur See 1914—1918«) insbes. Bd. 2: »Die Tätigkeit der Kleinen Kreuzer Emden, Königsberg und Karlsruhe«, Berlin (Mittler & Sohn) 1923

Rehfeldt, Walter, Bilder vom Kriege in Deutsch-Ostafrika (30 Bilder nach Aquarellen), Hamburg (Charles Fuchs) 1920

Reichard, Paul, Deutsch-Ostafrika. Das Land und seine Bewohner, Leipzig (Verlag Otto Spanner) 1892

Reichsarchiv, Der Weltkrieg 1914 bis 1918, 12 Bde., Berlin 1925—1939

Reitz, Deneys, Trekking on, London (Faber & Faber) 1933

Reussner, André, und Nicolas, L., La puissance navale dans l'histoire de 1815 à 1914, Paris (Editions maritimes et d'outre-mer) 1974

Reventlow, Ernst Graf zu, Der Einfluß der Seemacht Im Großen Krieg, Berlin (Mittler) 1918

Richelmann, G., Mit Wissmann durch Afrika, Magdeburg (Creutz'sche Verlagsbuchh.) 1892

Richter, O., Die Tätigkeit der Marine bei der Niederwerfung des Araberaufstandes in Ostafrika 1888/1889 (Deutsche Seebücherei, 12. Bd.), Altenburg (Verlag Stephan Göbel) 1906

Rigmann, Ernst, Geschichte der kaiserlichen Schutztruppe für Deutsch-Ostafrika, Berlin (E. S. Mittler & Sohn) 1911

Ritter, Paul (Hg.), Afrika spricht zu Dir. Selbsterlebnisse deutscher Kolonialpioniere, Mühlhausen/Thüringen (Bergwald Verlag) 1938

Roegels, Fritz Carl, Mit Carl Peters in Afrika, Berlin (Otto Stollberg) 1933

Röhle, Reinhard, Auf großer Safari mit treuen Askaris, Stuttgart/Berlin/Leipzig (Union Deutsche Verlagsges.) o. J.

Rohrbach, Paul, Die deutschen Kolonien, Dachau (Der Gelbe Verlag, Mundt & Blumtritt) 1914

Roscher, Von Nauen ins tropische Afrika, Berlin (Kolonialverlag Sachers & Kuschel) 1925

Roscher, »Die Funkentelegraphie in den deutschen Schutzgebieten«, in: *Tel.- und Fernspr.-Technik*, IX. Jg., Berlin, August 1920

Rudolf, Elmar Vinibert v., Heldenkämpfe in unseren Kolonien, Leipzig (v. Hase & Koehler) 1939

Rucksteschell, W. v., Der Feldzug in Ostafrika, Berlin-Lichterfelde 1919

Ruhland, »Verwendung von Schiffsgeschützen im ostafrikanischen Feldzuge 1914—1918, in: *Marine-Rundschau*, Jg. 1927, Heft 3

Sander, L., Die deutschen Kolonien in Wort und Bild, Leipzig (Verlag für Allgemeines Wissen) 1906

Schantz, Moritz, Deutsche Kolonialzeitung, 1901

Scheel, Willy (Hg.), Deutsche Seegeltung, Halle/Saale (Verlag der Buchhandlung des Waisenhauses) 1950

Scheel, Willy (Hg.), Deutschlands Kolonien, Berlin (Verlagsanstalt für Farbenphotographie Carl Weller) 1912, 1914

Scheer, Reinhard, Deutschlands Hochseeflotte im Weltkrieg — Persönliche Erinnerungen, Berlin (Scherl) 1920 (englisch: Germany's High Sea Fleet in the World War, New York, Peter Smith, 1934)

Schirge, A., Mit Lettow-Vorbeck durch Ostafrika 1914—1919, Berlin (Evangelische Missionsges.) o. J.

Schleinitz, Hauptmann v., »Bericht des ... über seine Reise durch das Massai-Gebiet von Ikoma bis zum ostafrikanischen Graben im März 1904«, in: *Deutsches Kolonialblatt*, 1904

Schlieper, Konteradmiral a. D., Klar Schiff — Unsere Seehelden im Weltkrieg, Leipzig (Buchh. Gustav Fock GmbH) 2. Aufl. ca. 1917

Schmidt, Rochus, Geschichte des Araberaufstandes in Ost-Afrika. Seine Entstehung, seine Niederwerfung und seine Folgen, Frankfurt/Oder (Verlag der kgl. Hofbuchdruckerei Trowitzsch & Sohn) 1892

Schmidt, Rochus, Deutschlands Kolonien. Ihre Gestaltung, Entwicklung und Hilfsquellen, Berlin (Verlag des Vereins für Bücherfreunde Schall & Grund) 1894

Schnee, Ada, Meine Erlebnisse während der Kriegszeit in Deutsch-Ost-Afrika, Leipzig (Quelle & Meyer) 1918

Schnee, Heinrich, Deutsch-Ostafrika im Weltkriege. Wie wir lebten und kämpften, Leipzig (Quelle & Meyer) 1919

Schnee, Heinrich, »Die koloniale Schuldlüge«, in: *Süddeutsche Monatshefte*, Heft 4, Jg. 21, München 1924, bis 12. Aufl. München 1940

Schnee, Heinrich (Hg.), Deutsches Koloniallexikon, 3 Bde., Leipzig (Quelle & Meyer) 1920

Schnee, Heinrich, Weltpolitik vor, in und nach dem Kriege, Leipzig (Quelle & Meyer) 1923

Schnee, Heinrich u.a. (Hg.), Das Buch der deutschen Kolonien, Leipzig (Goldmann) 1937

Schnee, Heinrich, Als letzter Gouverneur in Deutsch-Ostafrika. Erinnerungen, Heidelberg 1964

Schoen, Walter v., Kreuzerkrieg führen! Die Heldenfahrten unserer Auslandskreuzer, Berlin (Ullstein/Deutscher Verlag) 1936

Schoen, Walter v., Auf Vorposten für Deutschland. Unsere Kolonien im Weltkrieg, Berlin (Ullstein) 1935

Schoen, Walter v., Deutschlands Kolonialweg. Die Geschichte unserer Schutzgebiete, Berlin (Deutscher Verlag) 1939

Schoifer, O., »Die Saline Gottorp«, in: *Deutsche Kolonialzeitung,* 1905

Scholefield, Alan, Kanonenboot am Tanganjika-See (englisch: Alpha Raid, 1976), Berlin (Ullstein) 1984

Schultz-Ewerth, E., Deutschlands Weg zur Kolonialmacht, Berlin (Scherl) 1934

Schulz, Chr., Auf Großtierfang für Hagenbeck. Selbsterlebtes aus afrikanischer Wildnis, Dresden (Deutsche Buchwerkstätten) 1921

Schwabe, Kurd, Die deutschen Kolonien, 2 Bde., Berlin (Weller & Hüttich) 1910

Schweinitz, H. Hermann Graf v., Deutsch-Ostafrika im Krieg und Frieden, Berlin (Verlag Hermann Walther) 1894

Selow-Serman, K. E., Blockade-Brecher (über Hilfsschiff »Marie«), Berlin (Scherl) 1917

Shackleton, C. W. S., East African Experiences 1916, London (Knox, Durban) 1940

Shankland, Peter, The Phantom Flotilla. The Story of the Naval Africa Expedition 1915—1916, London (Collins) 1968; Taschenbuchausgabe: London (Mayflower Books) 1969

Sibley, Roger J., Tanganyikan Guerilla. The East African Campaign 1914—1918, Bd. 4 der Ballantine Illustrated History of the First World War, London (Pan Books Ltd.) 1973 (USA-Edition 1971)

Smith, Wilbur, Shout at the Devil (Roman), London (William Heinemann Ltd.) 1968

Smuts, J. C., Jan Christian Smuts, London (Cassell) 1952

Solf, Wilhelm, »Schnee und Lettow-Vorbeck«, in: *Die Deutsche Nation,* Februar 1920

Sörensen, Conrad, »Im Kriege rings um die Erde« (über Dampfer »Marie«), in: Mantey, Eberhard v. (Hg.), Auf See unbesiegt, Bd. 2, S. 219 ff., München (J. F. Lehmanns Verlag) 1922

Southworth, John van Duyn, The Age of Steam, Vol. 1, New York (Twayne Publishers Inc.) 1970

Stegemann, Hermann, Geschichte des Krieges, 3. Bd., Stuttgart und Berlin (Deutsche Verlagsanstalt) 1919

Stentzler, J., Deutsch-Ostafrika. Kriegs- und Friedensbilder, Berlin (W. Weicher) 1906

Stevenson, William, The Ghosts of Africa. The epic story of an astonishing military hero (Roman über Lettow-Vorbeck), New York (Harcourt Brace) 1980; Taschenbuchausgabe: New York (Ballantine Books) 1981

Stoelzel (Hg.), Ehrenrangliste der kaiserlich-deutschen Marine 1914—1918, bearb. v. Konteradmiral a. D. Stoelzel, Berlin (Verlag Marine-Offizier-Verband) 1930

Sturtz, J., und Wangemann, Land und Leute in Deutsch-Ost-Afrika. Erinnerungen an die Zeit des Araberaufstandes, Berlin (Mittler & Sohn) 1889

Strandes, Die Portugiesenzeit von Deutsch- und Englisch-Ostafrika, Berlin 1899

Stuemer, v., Kolonialfibel, 1936

Taylor, A. J. P., Germany's First Bid for Colonies 1884—1885, London 1938

Teltz, Camillo, Zur See. Erlebnisse eines Seeoffiziers auf Schiffen und Meeren, Minden (Köhler) 1930

Tesdorpf, A., Geschichte der Kaiserlich-Deutschen Marine, Kiel 1889

Thatcher, W. S., The Fourth Battalion Duke of Connaught's Own Tenth Baluch Regiment in the Great War, 129th D.C.O. Baluchs, London, o. J.

The Illustrated Star, 10. 2. 1917

Times Diary and Index of the War 1914—1918, London (Times) 1921

Tirpitz, Alfred v., Erinnerungen, Leipzig (Köhler) 1919 (englisch: My Memoirs, London, Hurst & Blackett, 1919)

Tirpitz, Alfred v., Der Aufbau der deutschen Weltmacht, Stuttgart (Cotta) 1924, (englisch: New York, Dodd, Mead & Co, 1919)

Tirpitz, Alfred v., Deutsche Ohnmachtspolitik im Weltkriege, Hamburg (Hanseatische Verlagsanst.) 1926

Toeche-Mittler, Siegfried, Unsere Auslandskreuzer im Weltkrieg 1914—1915, Berlin (Mittler) 1915

Toland, John, Die große Zeit der Luftschiffe (englisch: The Great Dirigibles), 1978; Taschenbuchausgabe: Bergisch-Gladbach (Bastei-Lübbe) 1980

Townsend, M. E., The Rise and Fall of Germany's Colonial Empire 1884—1918, New York 1930 (deutsch: Macht und Ende des deutschen Kolonialreiches, Leipzig 1926)

Tramond Loaunès und Reussner, André, Elements d'Histoire Maritime et Coloniale Contemporaine (1815—1914), Paris (Soc. d'Editions géographique maritimes et coloniales) 1922/24

Tuchmann, Barbara, The Guns of August, New York (Macmillan) 1962

Viera, Josef, Mit Lettow-Vorbeck im Busch (3 Teile in einem Band), Stuttgart (Loewes Verlag) 1937

Viera, Josef, Deutsch-Ostafrika unverloren! Erzählungen aus den deutschen Kolonialkämpfen im Weltkrieg, Stuttgart (Loewes Verlag Ferdinand Carl) 1936

Wagner, W., Wir Schutztruppler, Berlin (Verlagsges. Buntdruck) 1913

Waldeyer-Hartz, Hugo v., Ran an den Feind, Berlin 1915

Waldeyer-Hartz, Hugo v., »Der Kreuzerkrieg 1914—1918« (Marinearchiv: Einzeldarstellungen des Seekriegs 1914—1918, Bd. II), Oldenburg (Stalling) 1931

Waldeyer-Hartz, Hugo v., Kreuzertaten der Weltgeschichte, Potsdam (Rütten & Loening) 1942

Waldeyer-Hartz, Hugo v., Der Weltkrieg 1914—1918 in seiner rauhen Wirklichkeit, Berlin o. J.

Wehrenalp, Erwin Barth von, »Unbesiegt in Ostafrika«, in: *Köhlers Kolonial-Kalender 1941*, S. 103—108, Minden (Wilhelm Köhler) 1941

Wenig, Richard, Kriegssafari. Erlebnisse und Eindrücke auf den Zügen Lettow-Vorbecks durch das östliche Afrika, Berlin (Scherl) 1920

Wenig, Richard, »SMS Königsberg. Die Vernichtung des englischen Kreuzers ›Pegasus‹ vor Sansibar«, in: Mantey, Eberhard v. (Hg.), Auf See unbesiegt, Bd. 1, S. 131 ff., München (J. F. Lehmanns Verlag) 1921

Wenig, Richard, In Monsum und Pori, Berlin (Safari-Verlag) 1922

Wenig, Richard, SMS Königsberg, Ruhm und Untergang, Berlin (Safari-Verlag) 1939

Wienholt, A., The Story of a Lion Hunt, London (Melrose) 1922

Wilson, R., The First Year of the Great War, London 1915

Wilson, H. W., Les Flottes de Guerre au Combat, Paris (Payot) 1928

Winterer, Wilhelm, Werben und Sterben. Ein Traum aus Ostafrika, Freiburg/Brsg. (Afrika-Verlag) 1923

Wislicenus, Georg, Deutschlands Seemacht sonst und jetzt, Leipzig 1896

Wolfslast, Wilhelm, Der Seekrieg 1914—1918, Leipzig (Hase & Koehler) 1938

Woodward, Great Britain and the German Navy, Oxford 1935

W. P., »Vor 50 Jahren. Die Erwerbung Deutsch-Ostafrikas«, in: *Marine-Rundschau* Jg. 40, 1935, Heft 8, S. 346—452

Wyllie, W. L., und Wren, M. F., Sea Fights of the Great War, London (Cassell) 1918

Wylly, H. C., The Loyal North Lancashire Regiment, Vol. II, London (R.U.S.I.) 1933

Wynn, W. E., Ambush, London (Hutchinson) 1937

Young, Francis Brett, Marching on Tanga, London (Collins) 1917

Zache, Hans (Hg.), Das deutsche Kolonialbuch, Berlin u. Leipzig (W. Andermann) 1925

Zimmer, Gustav, »Die Möwe-Mannschaft auf dem Tanganjika-See«, in: Mantey, Eberhard v. (Hg.), Auf See unbesiegt, Bd. 1, S. 200 ff., München (J. F. Lehmanns Verlag) 1921

Zimmermann, Emil, Unsere Kolonien, Berlin-Wien (Ullstein) 1912

Zupitza, Maximilian, »Luftschiff als Sperrbrecher«, in: v. Langsdorff (Hg.), Deutsche Flagge über Sand und Palme (s. d.)

Verzeichnis der Graphiken

44444

44444444

Verzeichnis der Photos mit Quellenangaben

1. Photoseite (1) — Hafen von Daressalam und »Königsberg« (Reichsarchiv)
(2) — Kilimandscharo (Dobbertin)
2. Photoseite (3) — Askari-Schildwache (Dobbertin)
(4) — Usambara-Bahn (Dobbertin)
3. Photoseite (5) — Gouverneur Schnee und v. Lettow-Vorbeck (Drüppel)
(6) — Askari-Kompanie (Reichsarchiv)
4. Photoseite (7) — Kapitän z. S. Looff (Schnee)
(8) — »Königsberg« läuft aus (Drüppel)
(9) — »Königsberg« vor Arabien (Reichsarchiv)
5. Photoseite (10) — Versenktes Vermessungsschiff »Möwe« (Drüppel)
(11) — Askari-MG (Boell)
6. Photoseite (12) — Askari-Lager (Dobbertin)
(13) — Kompanie im Feld (Reichsarchiv)
7. Photoseite (14) — »Goliath« vor Sansibar (Imperial War Museum)
(15) — »Pegasus« (Imperial War Museum)
(16) — »Pegasus«-Masten (Reichsarchiv)
8. Photoseite (17) — Bucht von Tanga (Drüppel)
(18) — Askaris im Angriff (Reichsarchiv)
9. Photoseite (19) — Britische Landungsflotte vor Tanga (Imperial War Museum)
(20) — Feldgeschütz im Feuer (Reichsarchiv)
10. Photoseite (21) — Rufiji-Schleife (Imperial War Museum)
(22) — Blockschiff »Newbridge« (Bundesarchiv, Koblenz)
11. Photoseite (23) — »Königsberg« liegt trocken (Reichsarchiv)
(24) — »Somali« (Bundesarchiv, Koblenz)
12. Photoseite (25) — Kapitän Carl Christiansen (Dobbertin)
(26) — »Rubens« (Dobbertin)
13. Photoseite (27) — »Königsberg«-Wrack, Mittelschiff (Drüppel)
(28) — Wrack der »Königsberg«, Luftbild (Imperial War Museum)
14. Photoseite (29) — Bergung der »Königsberg«-Geschütze (Bundesarchiv, Koblenz)
(30) — Trägerkolonne mit berittenem Maat (Kraut)

HEYNE
ALLGEMEINE REIHE

*Zum Thema
Zeitgeschichte:
Kriegsromane
und Tatsachen-
berichte im
Heyne-
Taschenbuch*

DAVID IRVING
HITLERS KRIEG
DIE SIEGE
1939–1942

01/6501 – DM 16,80

Paul Lund/Harry Ludlam
Die Nacht der U-BOOTE
Die Vernichtung des britischen
Geleitzugs SC 7

01/6137 – DM 6,80

Hans Georg Prager
Panzerschiff DEUTSCHLAND
Schwerer Kreuzer
LÜTZOW
Ein Schiffs-Schicksal
vor den Hintergründen
seiner Zeit

01/6269 – DM 12,80

EGBERT KIESER
DANZIGER BUCHT 1945
Dokumentation
einer Katastrophe

01/6340 – DM 7,80

LEN **DEIGHTON**
LUFT SCHLACHT ÜBER ENGLAND
TATSACHENBERICHT

01/5985 – DM 10,80

Alistair MacLean
Einsame See
DEUTSCHE ERSTAUSGABE

01/6772 – DM 6,80

Franz Kurowski
AUF ALLEN MEEREN
Der Kreuzerkrieg
im Zweiten Weltkrieg

01/6783 – DM 12,80

Hans Hellmut
KIRST
Blitz-mädel
Roman

01/6746 – DM 7,80